Ethnic Groups of North, East, and Central Asia: An Encyclopedia

北東・中央アジア民族百科事典

ジェームズ・B・ミナハン *James B. Minahan* [著] 猪口 孝 [日本語版監修] 村田 綾子 [訳]

柊風舎

Copyright © 2014 by ABC-CLIO, LLC
Japanese translation rights arranged with
Bloomsbury Publishing Inc.
through Japan UNI Agency, Inc., Tokyo

目　次

項目見出し一覧　2

はじめに　5

序文　9

『北東・中央アジア民族百科事典』　33

日本語版監修者あとがき　411

民族名索引　413

言語名索引　421

事項・人名・地名索引　427

英和対照索引　451

項目見出し一覧

【あ行】

アイヌ民族　33
アイマーク族　36
アカ族　40
アゼリ族　43
アチャン（阿昌）族　49
アルタイ族　51
イ(彝)族　55
イテリメン族　59
ウイグル族　62
ウズベク人　68
ウツル族　74
ウリチ族　77
エイヌ族　80
エヴェンキ族　83
オイラト族　85
オロチョン(鄂倫春)族　88

【か行】

回族　91
カザフ人　96
カラカルパク族　101
漢族　105
キルギス人　112
キン（京）族　117
ケート族　119
高山族　122
コーラオ(仡佬)族　127
コリヤーク族　130

【さ行】

在日韓国・朝鮮人　135
サハ人　138
サラール(撒拉)族　143
山岳ユダヤ人　146
シボ(錫伯)族　151
ショオ(畬)族　154
ショル族　156
ジンポー(景頗)族　160
スイ(水)族　162
セリクプ族　165

【た行】

傣族　169
ダウール（達斡爾）族　173
タジク人　176
タート族　182
タリシュ族　185
チノー(基諾)族　190
チベット族　192
チャン(羌)族　198
チュクチ族　200
朝鮮民族　204
チワン(壮)族　209
デカセギ　213
トゥ(土)族　217
ドゥアン(徳昂)族　219
トゥヴァ族　222
トゥチャ(土家)族　227

ドゥンガン(東干)族　229
ドルガン族　232
トルクメン人　236
トールン(独龍)族　243
トン(侗)族　245
トンシャン(東郷)族　248
屯堡人　251

【な行】
ナシ(納西)族　255
ナーナイ族　257
ニヴフ族　260
日本人　263
ヌー(怒)族　269
ヌリスタン族　271
ネネツ族　275

【は行】
バオアン(保安)族　279
ハカス族　281
ハザーラ族　284
パシャイ族　291
パシュトゥーン族　294
客家(ハッカ)　300
ハニ(哈尼)族　303
パミール族　305
バローチ民族　308
ハンティ族　314
ビャオ(標)族　317
プイ(布依)族　319
ブハラ・ユダヤ人　324
プミ(普米)族　328

プーラン(布朗)族　330
ブリヤート人　333
ペー(白)族　337
ヘジェ(赫哲)族　341

【ま行】
マオナン(毛南)族　347
マカイエンサ　349
マンシ族　353
満州族　356
ミャオ(苗)族　361
ムーラオ(仏佬)族　364
メンパ(門巴)族　366
モンゴル民族　369

【や行】
ヤオ(瑶)族　375
ヤグノブ族　378
ユカギール族　383
ユグル(裕固)族　387
ユピック　389

【ら行】
ラフ(拉祜)族　393
リー(黎)族　395
リス(傈僳)族　397
琉球民族　400
ロッパ(珞巴)族　403

【わ行】
ワ(佤)族　407

凡　例

1．本書は James B. Minahan, *Ethnic Groups of North, East, and Central Asia: An Encyclopedia*, Bloomsbury Publishing Inc. 2014 の全訳である。
1．原書では項目がアルファベット順に示されているが、本書ではそれを五十音順に並べ替えてある。
1．民族名については原則として「族」を使用し、「人」については、「国を単位とする場合」に使用している。
1．民族名は、できるかぎり「通例」を採用している。
1．言語に関する術語については、原則として以下のようにしている。
　　languages →諸語
　　branch →語派
　　language family →語族
　　language group →語群
1．項目末の「もっと知りたい人のために」には日本語による参考文献を追加した。

はじめに

　世界の平和と繁栄を守るためには、寛容さと受容が何よりも必要だ。そして、そのためにはますますつながりを深める世界のさまざまな大陸に住む多様な民族集団と、その民族性をしっかりと理解することがきわめて重要になる。異なる文化や宗教に対する知識が欠けていることと不寛容が、暴力や戦争の大きな原因となってきた。そして今も世界の多くの地域を引き裂いている。本書は北アジア、東アジア、中央アジアに住む民族集団とその文化に関する手引書である。その目的は、アジアの広大な地域に暮らす多数の民族集団に関する最新かつ正確な情報をわかりやすくお届けすることにある。本書は、民族性や民族間の関係、移民、地域紛争が国際関係の重要な要素となっているこの時代に、世界をよりよく知るために不可欠のガイドブックである。世界に存在する無数の民族集団、文化、信仰の多様性は、人類の最大の強みであると同時に、争いや誤解が絶えない原因ともなっている。民族性は現代文化を形づくるうえで何よりも重要な要素のひとつであり、異文化への理解は自分をとりまく世界を認識するための根本となる部分である。

　本書『北東・中央アジア民族百科事典』は、世界の多数の民族集団とその文化のほとんどを網羅している。北東・中央アジアの人びとと民族集団をとりあげ、広大な地理的地域に住む重要な民族集団の数々を項目別に簡潔にまとめている。個々の項目では、この地域の国や地域の人口を構成する民族集団を紹介している。本書の価値は、地域の多数の民族集団の最新情報とその文化の変遷が明確に分かる点にある。

　この10年で出版された民族関連の参考図書は、大半が国とその主要民族をとりあげているだけだ。多数の少数民族集団については、数行触れられることもあるが、ほとんどは脚注に追いやられている。本書で紹介する集団の選定はひじょうに困難をきわめた。なかでも厄介だったのが一貫した基準を設けることだった。本書に出てくる民族集団は多岐にわたる。居住する国や地域の中核をなしていたり、多数を占める主要民族の場合もあれば、その地域に関する参考図書やテキストではまずとりあげられることのない、まったくといっていいほど知られていない小さな民族集団も多い。本書で紹介する文化と民族集団は、古代の民族集団や孤立した部族グループから発展した社会や、広大で重要なアジア地域の住民で構成される現代文化まで

幅広く含まれている。また民族集団によっては、独自の文化や宗教的伝統を頑なに守り続けた結果や、崩壊した帝国や国家の副産物として比較的近年に独自の文化として発展したものもある。本書に登場する民族集団は、共通する歴史や言語、信仰をもっていたり、地理的な位置や文化の共有、民族としてのアイデンティティ意識や独立した集団として認識されているかなど、一連の基準に照らして選出されている。概して、この地域の中央政府が公表する情報は、政治的考慮を含んでいたり、国や地域ごとの民族政策に関連する多様な思惑が絡んでいることが多いため、厳密さが守られているとはいいがたい。地域の民族の多様性を研究するうえで、ひとつの集団が別個の異なる文化とみなされるのはどのような属性をもっている場合か、という基準について一般的な合意が欠如していることが問題をさらに複雑にしている。たとえば、本書でも中華人民共和国が公式に認定している56の民族集団を紹介しているが、そうした公認集団の多くには地理的、歴史的、そして文化的にまったく異なる下位集団が含まれている。また国によっては、使用する言語や信奉する宗教、地理的な位置によって少数民族に分類されることもある。その場合はたいてい、国の主要な人口として独自の民族意識をもつ大規模な民族集団が存在する。

『北東・中央アジア民族百科事典』は、有史時代の初期から現在にいたるまでの北・東・中央アジアの人びとの進化をとりあげている。各民族の概説には、それぞれの集団の文化や言語、信仰、地理的分布に関する情報が含まれる。この広大で多様な地域の民族集団は、しばしば誤解されたり、無視されたりしてきた。居住地域以外ではほとんど知られていない集団も多い。いってみれば、本書は北東および中央アジアの民族の魅力がつまった人文地理学的な万華鏡である。民族の概要は、各民族集団の歴史的、政治的、文化的、宗教的な発展を際立たせ、彼らと地域の近隣民族、中央政府との関係を浮き彫りにしている。

本書で紹介している文化や民族集団のなかには、その地域の主要民族としてよく知っているものもあるだろう。だが、大部分はその固有の歴史や文化、言語が、それぞれの国や地域の社会の重要な要素を担っているにもかかわらず、ほとんど知られていない集団になる。一部の民族の名称は多くの読者にとってなじみの薄いものであることから、その民族の正式名称または通称、自称にくわえて、別称や歴史上の呼称も紹介している。民族名には植民地時代の呼称や強制された呼称も多く、軽蔑的とみなされたり、支配する国家による虐待と抑圧の長い歴史を物語るものも少なくない。

それぞれの民族の項目は、いくつかの部分にわかれている。まずは、民族集団の正式名称と通称や別称。おもな居住地域とそれ以外で代表的なコミュニティが分布

する地域。推定人口と言語的、宗教的な帰属。19世紀までの民族集団の歴史と文化的な特徴、伝統や習慣。その民族集団の19世紀から現在にいたるまでの歴史にも触れている。また、最後にその民族に関する書籍やウェブサイト、論文などを含む推奨文献リスト（「もっと知りたい人のために」）も付記している。人口統計は、公式および非公式の多数の情報源に基づき、2013年に著者が推定した数字である。入手可能な場合は最新の国勢調査の統計、政府や非公式の推定値、さらには民族集団自体が公表した人口統計などから収集した数字をもとにしている。この地域の多くの中央政府は、自国内の少数民族の数を人口に含めていないため、信頼度の低いほかの人口推定値を情報源に用いることも必要だった。本書に登場する民族集団は、それぞれが独自の出来事や紛争、発展の歴史を築いてきたため、各項目の大部分は、その民族のもっとも古い歴史記録から現在にいたるまでの統合や進化、領土の分断などを含めた歴史的展開をともなう、民族の歴史的な発展についての説明に費やされている。

　本書では、アジアの諸国家の歴史的な主要民族だけでなく、人口を構成するそのほかの多くの民族集団についてもとりあげている。この地域の民族集団の多くは、征服や植民地化、さまざまな民族間の敵対関係のなかを生き抜いてきた。そして、ますます統合化の進む世界の一部として、自分たちの独自のアイデンティティが認識されることを求めている。本書は、21世紀のもっとも広範で強力な政治運動を主導する民族の復興——アイデンティティの基盤として民族、宗教、地域文化を再生させる運動——のすばらしい参考資料としても役立つだろう。

序　文

ロバート・アンドレ・ラフラー [1]
アンドラス・ボロス＝カザイ

文化の多層性

　小さな人形を思い浮かべてほしい。身長 15 センチくらいで、華やかな装飾品を身に着け、鮮やかな色彩の服を着ている。性別もひじょうにわかりやすい（ほとんどが女性だ）。その隣りに別の小さな人形が立っている。大きさは同じくらいだが、異なる装飾や色で飾られている。こちらも女性だ。視界を広げると、さらに多くの人形、さまざまな装飾、多彩な色があふれている。1 歩下がると、56 体の小さな人形をすべて見ることができる。人形のひとつひとつが、複雑な社会における独自の――だが、お互いが強く結びついた――立場をあらわしている。近づいてみれば、それぞれの人形の物語が見えてくる。そして、少し離れたところから眺めたときにだけ、どんなふうに組み合わさっているのかを知ることができる。

　これは想像の世界の話ではない。人形たちは中華人民共和国の 56 の民族集団で、入り組んだ民族の図式を構築している。だが、これも今日のアジア世界に生きる民族のありようをわずかに垣間見る程度にすぎない。政府の迎賓館の大広間のような部屋のなかで、民族集団が隣り合い、ときには重なり合っている。民族集団は大きく、多様で、真の意味で"異なっている"。大広間というひとつ屋根の下に、すべての民族が一堂に会している。この 56 体の人形セットを購入したり、上海博物館の 5 階にあがるか、国営の中央電視台（CCTV）が制作する毎年恒例の春節聯歓晩会を見ているようなイメージだ。CCTV が毎年 1 月下旬か 2 月初旬に放送する番組を約 5 億人が視聴している。力強い動きと色鮮やかな衣服に身を包んだそれぞれの集団がダイナミックな動きで、約 4 時間のテレビ番組のほぼ半分を軽やかに回り、舞い踊る。2008 年の北京オリンピックの開会式を覚えている人もいるだろう。そこでも 56 の民族集団が際立つように配置されていた。彼らのうちの 55 の民族集団は人口に占める割合こそ 10 パーセント程度だが、それをはるかに超えた存在である。

　そして、これは（宇宙論学者が好みそうな）60 でもなければ、70 でもなく、56 である。今日の中華人民共和国には、公式に認定された民族集団が 56 ある。その分類はこの 60 年間で、中国における民族に関する議論の基準となり、さらには東

アジアの残りの地域全体にも根づいている。56の別個の民族体は、まるで広大な広間に敷かれた56枚の絨毯のようだ。

　もう一度イメージしてほしい。大きな広間に色とりどりの敷物が敷かれている光景は、さきほどの人形のイメージをより明確にしてくれるだろう。中央アジアの絨毯に描かれた独特な渦巻文様のように、アジアの民族集団は多種多様な特徴をもち、みずからが定義する独立した存在として民族を結びつけている。まずは、広大な空間に100枚以上の絨毯がきちんと並んで敷かれているところを想像してほしい。では続けて、大きな広間で盛大なイベントが開催されているとしよう。おおぜいの人びとが入れ替わり立ち替わりたえず出入りしている。そこに流れを変える大きな変化が生じる（ダンスやフェスティバル、そしていくつかの殴り合い）。夕べの終わりには、絨毯は取りのぞかれ、重ね合わせて折りたたまれて、その様相を変える。

　その同じホールで、そうしたイベントが20世紀以上にわたって繰り返されてきたとしたら？

　絨毯はもはや整然と並べられてはいないだろうし、その配置は数えきれないくらい変化してきた。絨毯自体も取り替えられただろう——現代の習慣や特定の要求に合わせて新調される。管理する者がどれだけひんぱんに直しても、絨毯はたえず動き、ほかのものと代わり、場所を変え、まわりの絨毯とぶつかり続ける。

　民族集団もこれとよく似ている。

＊＊＊＊＊＊

　本書は、アジアの100を超える民族集団の詳細な調査のもとに描かれている。これは著者ジェームズ・ミナハンのすばらしい功績である。彼のおかげで、どの項目も正確かつ学術的な配慮がなされ、読む者が民族ごとの重要な点をつかむとともに、彼らの歴史、変わりゆく文化、社会生活を知ることができる。本書のような百科事典的な著作物の大きなメリットのひとつは、読者が個々の要素——さきほどイメージした広間の絨毯や中国の民族人形セットのひとつひとつの人形など——に焦点をあてて、その織り方や質感、厚さ、色、形を感じとることができるという点だ。これがないと漠然とした概念しかもてない。本書は、アジアの特定の民族集団を具体的に説明し、彼らを理解する方法をしめすだけでなく、その相互作用のダイナミクスについても教えてくれる。

　ダイナミクスというのは、隠れた課題でもある。百科事典のような書物には、その構成上、ささいな欠点がある。というのは、個々の項目だけでは大きな流れやパ

ターン化された変化、歴史的な激変といったダイナミクスを描くことができないからだ。言い換えるなら、すべての絨毯がどんなふうに山積みになっていったのかを説明することができないのだ。約3000年にわたる民族間の結婚や活動、シルクロードに沿って、あるいは船に乗ってどのように四方八方に移動していったのかといった動きの流れがわかりにくいのだ。

　だが、それぞれの項目は、各集団の視点から彼らの物語の一片をしっかりと伝えている。これこそが項目別の意義だろう。そして、この序文の目的は個々の民族集団の項目というレンズを通して見るだけでは知ることが難しい、より大きな問題を明確にすることにある。本書の原題が『*Ethnic Groups of North, East, and Central Asia: An Encyclopedia*（北、東、中央アジアの民族集団：百科事典）』なので、この序文を「*Ethnicity in North, East, and Central Asia*（北、東、中央アジアの民族性）」としたい。もっと言うなら、「アジアの民族集団」でもいい。個々の項目を作成するのに使用された高倍率の顕微鏡に、広角レンズのカメラという私たちの調査をつけくわえてみたい。読者の皆さんが、「タジク人」と「アイヌ民族」のようにまったく異なる項目がより広い枠組みのなかでどのように考察されているかを理解する一助となるだろう。そして、民族がアジア全域の現代の民族主義と急成長する観光産業において、強力な役割を果たすようになった過程についても把握しやすくなるだろう。

アジアの民族集団　用語の定義

　まずは、タイトルの3つのキーワード「アジア」、「民族」、「集団」から考えていこう。これらの基本的な用語は、驚くほど厄介な言葉でもある。修飾語（北・中央・東の）でさえ、一見したよりもずっと複雑だ。そこで、少し時間をかけてもっと詳しくひも解き、個々の項目への理解を深めて有用なものにするために、これらがどのように結びつくのかをみていきたい。「アジアの民族集団」は強力な言葉の組み合わせであり、本書の議論のすべての根底となっている。

「アジア」

　まず、「アジア」とは？　ヨーロッパとアジアは複雑に融合しており、それぞれの歴史は過去3000年にわたって、いくつもの時点で交差してきた。「アジア」はかなり広大な大陸で、明白な境界はない。その意味では、アフリカや南北アメリカとは違う。学校で地図作成したときのように、心のスケッチに複雑なつながりや（マダガスカル共和国やフォークランド諸島などの）付属物をつけくわえる必要がある

としても、私たちはそれらを「描く」ことができる。

　13世紀のモンゴルの学童なら誰もが分かっていただろうが、アジアは流れるようにヨーロッパに溶け込んでいる。少なくとも、ひとつの支配勢力――同じモンゴル民族――が海から試みたときよりも、はるかに上手に陸地でやり遂げた。「東アジア」と「西ヨーロッパ」を描くのはたやすいが、それらのあいだには多くのものが混在しており、「東ヨーロッパ」や「西アジア」（さらには、それ以前の「近東」も）と呼ばれる地域の帝国や民族国家、民族集団の歴史は不確かである。

　まさにその不確かさこそが、このテーマを複雑かつ魅力的なものにしている。一口に言えば、アジアは大きなスパンの大陸である。「ユーラシア」はさらに大きく、よりいっそう混沌としている（この「混成語」も不確かさを物語っている）。本書のすばらしいところは、物事をあまり細かく分断しすぎない点にある。もちろん、分類上、世界の一部を定義する必要があった。とはいえ、その規模は大きく、多くの歴史的、文化的な様式におよぶ。北アジア、中央アジア、東アジアを取りあげた本書は、中国文明の強力な（そして多くの場合、圧倒的な）文化的影響にあまりにも支配されすぎてきた中央および北アジアを完全に浮き彫りにするという計り知れないほどの利点をもっている。全体像を広げることで――さらには中華人民共和国が公認する56の民族集団の枠を超えて――本書はすべての読者がもっと複雑なアジアの民族像を描き、より深く理解するのに役立つだろう。

「民族」

　「アジア」という言葉も理解しにくいと思うが、「民族」はさらに難解だ。民族について学ぶうえでの最大の課題は、まさに本書の方向性がしめしている。個々の集団を入念に調査しなければ、それらを構成する下位集団を理解することは不可能だ。テーマを学ぶこともできなければ、何が集団に連帯感を与え、その歴史と共通の未来の可能性を感じさせるのかを十分に理解することも無理だ。さらには、個々の集団を理解していなければ、この序文が提示するさらに大きな疑問を与えることもできない。実際のところ、世界中に存在しているのは、重なり合う民族性の束である。私たちの研究は、個々のエンジンの部品の機能、すなわち強力な機械内で連携して動く円滑で分離可能なシステムの働きを精査するだけにはとどまらない。この機械のイメージこそが、まさに中華人民共和国が独自の民族性の表現で伝えようとしていることであり、力強いメッセージである（けっして虚偽ではなく）。問題は、民族が明白で分離可能にしか見えないことだ。私たちが「全体の一部」というレトリックを使い続けるかぎり、アジア――そして、それ以外の地域――における民族

論争のあらゆる側面に、どれほどの融合と同化、そして、率直に言って戦闘が生じているのかを強調することはできないのである。

これが、次の厄介な定義「集団」につながる。

「集団」

わかりやすい例を挙げてみよう。わずか数行、民族集団を描写するだけでもかなりの問題が生じかねない。次の一節は、一般的な中国の観光ガイドブックを訳したものである。たった一文だが、いくつかの問題が見られる。

> ……ペー（白）族は雲南省の洱海の近くに住んでいて、色鮮やかな衣服を身にまとい、竹から遊び道具をつくっている……[2]

とくに問題がなさそうに見えるかもしれないが、実際はかなり観念的で限定的だ。情報はどれも間違っていないが、ペー族を本質化する（本質にいたるまで削り込む）絵を描いている。客観的なように思わせて、ペー族がこうした特徴に「似ている」というイメージをつくり出す。この文の問題のひとつは、慌ただしく、駆け引きに満ちた都会での苦労や争いとは無縁の生活を伝えるかのような、幸せなイメージの組み合わせだということだ。日常のよくある問題とのこうした距離感は、私たちが集団を説明する際の特徴づけでほぼ毎回生じる。集団の描写で必ずと言っていいほどこのような特徴づけがおこなわれているのだ。"個々の民族集団"について書かれた最高の文章でも、そのダイナミズムと変化を伝えるのは難しく、この集団はこんな感じ、あんな感じといった意味合いの印象を与えるくらいだ。ダイナミズムと変化を学んだとしても、多くの場合、集団そのものについては断片的な情報しか得られない。どんな相互作用がもたらされるのかとか、何が彼らをまとめているのかについてはよくわからないままだ。

この問題を解決するには、視点を小さくしたり、大きくしたり変えることが必要になる。集団の歴史につながる大きなテーマを思い出し、同様に、個々の集団（そして、そのなかの個人）の詳細も学ぶ以外にない。つまり、民族の集団化という概念そのものが、ひどく入り混じった主観の寄せ集めを生み出している。中国各地の百貨店で購入できる、民族衣装に身を包んだ少数民族の人形のように、あまりにも明らかできれいすぎて本質が伝わりにくい。

この序文ならびに本書は、そうした人形のひとつの変化のかたちと考えてほしい。はっきりと表現され、完璧に着飾った人形が徐々に混ざり合い、戦い、分裂し、権

力を握り、敗北し、結婚する……3000年以上の歴史を紡いできた。それらの民族人形に子供や孫がいたら？　何百万という人びとが住む都市に暮らし、最高の教育を得ようと努力し、世界の市場原理を懸念し、老後の健康管理を心配する。何世代にもわたって、民族が結婚し、移動し、悩み、変化していく。それが今日のアジアである。民族——それは複雑でしかるべきなのだ。本書を最大限に活用する読み方は、それぞれの項目、この序文、それから、また別の項目とを行ったり来たりしながら、アジアの民族集団に関するイメージを重ね、深めていくことだ。

　では、アジアの歴史を通して、とりわけ今日のダイナミクスにおいて、広大なアジアを結びつけるテーマやパターンのいくつかに目を向けてみよう。北アジアおよび中央アジアは、復活した中国やそのほかの東アジア世界と困難な関係にある。

北アジア、中央アジア

　中央および北東アジアの３つの大きな生物気候帯が「ツンドラ」「タイガ」「ステップ」である。この３つが地域の大部分を占め、山岳地帯と一連の砂漠のオアシスが、中央・北東アジアのごく小さな——だが、文化的にははるかに需要な——部分を構成している。この地域は内陸部がひじょうに多く、沿岸地域でさえ外界とのアクセスは容易ではない。資源、機会、さらには人間といったさまざまな欠乏が、この地域全体を決定づける共通の要素となっている。この地域に定住した人びとは、生き延びるために厳しい困難に直面した。考古学的な調査から、彼らの多数——今日まで存続している120以上の異なる"エトニー"を上回る——がこの困難を乗り越えられなかったことがわかっている。彼らに必要だったのは、物的環境に適応するためのすぐれた創意工夫と順応性だった。「牧畜遊牧」という完全に独特な（革命的とも言える）生活様式はおそらく、これほど普及し、歴史的に成功した革新の最たる例だろう。

　ここから学べることは、中央・北東アジアにおいて、国家を形成する可能性のある民族アイデンティティは、共通の言語や歴史（民族性の要素としてもっともよく挙げられるもののひとつである）よりも、根本的な生存に結びついた環境や物事に基づいていたということだ。これは、ある段階においては、自然がもたらす２、３の特徴に絞り込むことができる。内陸地域の大部分では、生き残るための闘いにおいて決定的な成功要因となるのが、耕作者に生計手段を与える馬とさまざまな家畜（おもにラクダと羊）だった。沿岸部や河川地域では、魚や海洋哺乳類が同様に必要不可欠な生存の源となる。この意味において、根本となる相違（アイデンティティ）を追求する際に、海岸沿いで漁撈を営む人びとと、広大な草原地帯で馬を操る人びとと、

ツンドラのトナカイ牧畜民に言及するのは当然だろう。中央・北東アジアにおける民族アイデンティティの発展は、主として生活様式を決定づける数々の環境要因に基づいていたと言えるかもしれない。何と言っても、チンギス・ハーンも、ただモンゴル民族や多数のモンゴル系"エトニー"を統治するのではなく、「フェルトのテントに暮らすあらゆる人びと」を支配下に置くと主張したくらいなのだから。

中央および北・東アジアの伝統的な生活における非物質的な側面は、同じく広く適用できる要素をしめしている。自然の力はその顕現のすべてのなかで、つねに存在し、たえず感じるものだった。生存するためのたえまない闘争は、その地域の人びとに厳しい現実について熟考する機会をほとんど与えなかった。人知を超えた――風、寒さ、雨、雷、霜――は恐れられ、否応なしに畏敬の念を感じさせ、その力を鎮める必要があった。その助けは何としても求め、どんなことをしても得るべきものだった。少なくとも超自然的な怒りを防ぐために、あらゆる努力を払う必要があった。概してこれは、もっと温暖な地域の歴史では考えられない――少なくとも生命を脅かす脅威とはみなされないことである。中央アジアと北方アジアの世界と、中国、日本、台湾、フィリピン、朝鮮の南に伸びる地域の大部分に広がるより南の気候帯との重要な相違点のひとつである。導きを得るために、人びとは生きている者の世界を超えた世界、つまり霊界に目を向ける必要があった。男女を問わず才能をもち、訓練や経験を積んだ「シャーマン」が、この別世界――多大な利益をもたらす可能性もあれば、大惨劇をもたらす可能性もある世界――と交信・仲介するというきわめて重要な任務を担っていた。そのために必要な恍惚状態に陥るための儀式や行為は、この地域の民族のあいだでかなり似通っている。

中央アジアと北東アジアの民族アイデンティティのルーツをたどるときには、親族関係、リネージ、さらには帰属意識の概念に目を向ける必要がある。親族、擬制的親族関係、地域への帰属意識を物語る、こんな言葉がある。

> 私は兄弟と対立している。私と兄弟は隣人と対立している。私と私の兄弟と私の隣人は、隣りの村と対立している。私と私の兄弟と私の隣人と近隣の村々はよそ者と対立している。

存続するための生業――海洋哺乳類を捕まえることから羊の大きな群れの世話をすることまで――には、集団での協調の取り組みが必要だった。家族全員が参加するのはもちろんのこと、大きな作業の際にはより大きなチームが必要になった。その結果、血縁が擬制的親族関係のネットワークを通して仕事や居住地域に関連した

つながりにまで広がり、最終的には共通する慣習や習俗、言語の発展もともなった。氏族や部族の構成は、そうした人間社会の名称（または自称）と識別（または自己識別）によって形づくられた。この主要な発展はアジアの歴史に深く影響をおよぼすことになる。

　小さなグループは、拡大家族の系統でまとまることが多かった。とはいえ、氏族や部族も新たな方法で管理し、組織し、管轄する必要があった。中央アジアおよび北東アジアの統治は、超越した力に対する住民の見方を反映する傾向にあった。至上神（テングリ〈天神〉など）という概念は存在したが、多数の神々の力が認められ、尊崇されていた。同様に、地上の支配権にも多少の専門化が見られた。軍事的指導者は戦争に勝利する責務を負っていたが、平時における日常の管理権限はほかの統治者に与えられることが多く、おそらく霊的な導きを与える者も別にいた。

　この特有の統治形態は16世紀以降、一神教のムスリム支配者たちが権力の座を獲得したことで排除されていったが、過去3000年の大半における中央・北東アジアの統治の多面的な性質をしめす名残は今も残っている。それは、ある面では中国文明（中央と北東から見て東と南に接している）の歴史と並行し、別の面では中国文明から大きく逸れている。さらに、ひとつの厳しい現実に目を向けなければならない。中国の過去1000年間の歴史の半分以上の期間にわたって、中国本土外の北方の諸集団が中国の広大な地域を支配してきたのである。つまり、中国文明を北方や中央部の近隣諸国から切り離して見ることができるというふりをする選択肢はないのだ。広く普及しているテキストの数々が、どれほどひんぱんにそれを示唆していようとも。

＊＊＊＊＊＊

　今日の中央および北東アジアには、旧ソ連と現在のロシア、中華人民共和国の勢力拡大によって移りゆく権力——と財政——構造によって形づくられてきた複雑な力関係が存在する。まず、最初に考えるべきことは、都市中心部と貿易ネットワークのあいだに広がる空間の広大さである。東海道や東廻り航路沿いの主要道、天津（てんしん）から福州（ふくしゅう）にいたる中国沿岸部、あるいは朝鮮半島の南端から中北部までをつなぐ地域に大都市が点在する日本や韓国／北朝鮮、中国の主要な都市中心部とは異なり、中央アジアと北東アジアでは規模を問わず、旅の中継地点となる場所がはるかに少ないのである。

　都市部と農村部が発達した理由についても、地理的地域の違いと同じくらいに明

白だ。まず、ほとんどの場合、モンゴルの都市ができた正確な時期を特定するのは難しい。また、地域の遊牧民の歴史に基づくという実際的な理由もある。近代都市は、テントや移動可能な住居からなる野営地や町から発展した。ウランバートルは、定着と移動の半遊牧民的なパターンを生み出した一例にすぎない。中国の古都、開封（かいほう）やローマと同じく、その起源を特定することは不可能である。文字どおりに、そして比喩的にも川を上り下りし、都市推進者が言いそうな「移動する都市」だったのである。

　この考えの基盤は、中国の定住地域以外の地域の生活についてひじょうに多くのことを教えてくれる。まず、定着農業の開始は（北部と北東部の状態はそれほど適しているとは言えなかったが）、文明と帝国の成長の絶好の機会となった。中国初期の歴史家である司馬遷（しばせん）によると、最北部や北西部に住む子供たちは、幼い頃から羊に乗り、厄介なあぶみに足をかけて、大草原で齧歯類（げっし）を狩って育つという[3]。土を耕して育つ中国の子供たちとの対比は——もちろん、この表現にはいくつかの意味合いが含まれるが——際立つ。アジアの初期の歴史で大きな役割を果たしたモンゴル民族や満州族（まんしゅう）をはじめとする多くの集団（匈奴（きょうど）など）は、中国の平原地帯に大混乱をもたらす可能性もあったが、はるかに大規模でずっと多くの都市部の農業・商業人口の存在に対応する方法を見つけないかぎり、長期にわたる存在感を築くことはできなかった。

　北部では、今日でも小さな都市間の距離がとてつもなく離れていることが多い。ジープや長距離トラック、いくつかの鉄道路線が長距離の旅にはかかせない。こうした交通結節点の歴史を考えると、中心部そのものもかなり興味深い。多くは仏教の僧院として始まり、仏教の教団を超えた存在のコミュニティへとゆっくりと成長していった。初期の小さな都市でさえ、フランスの民族学者マルセル・モースが評したように、休息と活動のダイナミクスを帯びていた[4]。中心部は寒い季節に休息と再生の場所を与え、牧畜民は春、夏、秋にさらに遠く離れた目的地に家畜の群れを連れていく。この活動と再結合のパターンは中央および北東アジアの生活の一部をなしているため、その歴史における大きなダイナミクスのひとつとみなされるべきである。

　中国や朝鮮半島（そして、20世紀まで征服者がその海岸に侵入したことはなかったが、日本も）の定住地域とはきわめて対照的だ。定住農耕生活はそれにともなう市場と明確な農事暦をもたらし、北方（または中央部）のグループが大規模な征服軍を組織した場合をのぞいて、いかなるときも大きな支配につながるダイナミクスを生み出した。これは、中国の過去の1000年の歴史のなかで幾度となく起きてい

る（その物語はほぼ間違いなく、その年月の半分以上を占めている）。これはとるに足らないことではない。本書の各項目が、そうしたグループの民族としての持続性を知るのに役立つだろう。

******

今日の中国中央部および北部を理解するうえでの課題は、これらの地域のダイナミックな歴史と目まぐるしく変化する経済・政治・社会情勢のバランスをとることにある。アジアの中央部、北部、北東部の地域は東アジアのより大きな歴史物語のなかで重要な位置を占めてきたが、それでも一度に数世紀にすぎない。現在、この地域は年老いた（旧）ソ連と、成長著しく、ますます挑戦的な中華人民共和国というかつてとは逆向きの鎖のなかにある。これは、通常、分析家たちが見落としているいくつかの例からも分かる。鉄道は、どの"向き"に進んでいるだろうか？　そう、ほとんどがいまだにモスクワかその近郊に向かっている。いっぽう、トラックはどこに向かって走っているか？　北京（あるいはその周辺地域）だ。問題の多い、起伏のある、でこぼこの道路を通って。旧ソ連の影響力はなおも北アジア全域の鉱山都市におよんでいる。同様の圧力が、複雑な民族と宗教、経済実体が入り混じる中央アジア諸国の政治と経済のすべてに関わっている。

この地域を理解するにあたって、簡単に分析できるようなことはひとつもない。たとえば、仏教は強力な影響力をもつが、環境や生産様式とは——少なくとも直接的には——結びついていない。中国やそのほかのアジア諸国で見られるように、この地域の歴史のなかで強力な位置を占めており、中央部と北部のさまざまな地域の書き言葉から伝統にいたるあらゆることに影響をおよぼしてきた。人類学者たちは、状況に応じて個人の家族ネットワークをはるかに超えて拡張したり、回避的に距離を置いたりできる、複雑なレベルの擬制的親族関係について説明している。

最後に、言語学者たちは過去2000年にわたるそれらのダイナミクスの多くに注目してきた。「木蘭詩（もくらんし）」でさえ、テュルク系民族に由来することは広く知られている[5]。東アジアの歴史全体が、昨今の多くのテキストがしめしているよりも、中央・北アジアの文化的なダイナミクスとずっと深い関わりをもっている。実際、東アジアの民族史ですら、この地域の一般的な概要で説明されているよりも複雑な民族、地域、状況が混在していることをしめしている。

******

次は、東アジアとそのなかで中国が果たしてきたきわめて重要な歴史的役割についてみていきたいと思う。

東アジア

東アジアの民族集団の歴史でも、同じく中心となるのは生存の営みである。その関心は、北西から南東に強まる傾向にあり、ある気候史家は、降雨量は最北西部のごく少量——かろうじて農耕生活に耐えられるほど——から、最南東部の豊富でありあまるほどの水量まで多岐にわたると述べている[6]。これと同じことが、残りの東アジア全域にもあてはまる。中央および北東アジアの過酷な環境は、南東に移動すると、農業にはるかに適した環境にとってかわる。

だが、忘れてはならないのは、農耕と土地での自給自足——中国、日本、そして朝鮮の文明のほとんどのまさしく根幹である——へのまさに同じ順応が、東アジアの農耕民にとって大きな弱点のひとつとなっていたという点だ。馬に乗り、羊を飼育する社会を形成したのと同じ北部の厳しい気候が、一見すると怠惰で孤立しているように見える南部の農民への過酷な動きを促進したのである。

中心（のようなもの）としての中国

東アジアの民族に関する考察において、中国はもっとも深いレベルまでその影響をおよぼしている。数百年、さらには数千年以上も前の動きや変化をあとから解き明かすのは難しい。欧米人が中国文化（部分的だが実り多い類似である）について考えるときは、類似するギリシャとヘレニズム文化の関係を思い浮かべるとわかりやすいだろう。18世紀にジャン＝ジャック・ルソーがプラトンを学んだとき、彼は間違いなく、ギリシャの著作物も読んでいた。と同時に、彼が受け継いできた文化の遺産も読んだ。もはやギリシャ"だけ"ではなく、西洋の文明でもあった。同様に18世紀の徳川幕府時代の日本の若い学者は、孔子や歴史家の司馬遷、あるいは哲学者の王陽明(おうようめい)の著作を読んだかもしれない。彼もまた国外の作品を読んでいた。だが、それはひとつの意味にすぎず、もっとも重要な意味ではなかった。はるかに重要な意味で、彼は自分の文明の偉大な作品を読んでいた。それらは、中国と同じくらい、日本人の生活の一部だったからだ（おそらく、隣国の韓国(かんこく)ではさらにそうだろう）。国家や帝国として、中国よりも大きかった。それは"東アジア"の文明だった。ただ、中国で生まれたというだけ。中国が支配的に見えるのは、日本や朝鮮——そして、北や西の多くの地域において国内のダイナミクスがどのように

働いているのかが見えていない場合に限られる。

　このアナロジーは、東アジア最大の国々である中国、日本、韓国にまっすぐに貫いている。それぞれの国は、ある種の文化的な優位性（圧倒的多数の民族）が多様性を失わせ、一種の単一文化として刻み込まれる可能性をもっていた。しかし、日本や韓国がより大きな東アジア文化のなかで（中国の古典を読みながら）独自のアイデンティティを育んだように、中国の、日本の、韓国の民族集団も圧倒的多数派に適応しつつも、差別化を図ってきたのである。

　だが、その単純な大きさを忘れてはならない。中国、日本、韓国の最大の民族集団は、自国の歴史をほぼ独占してきたため、数百の民族集団を「平等に」扱う付属物としてではなく、「最前列」として理解する必要がある。これは——はっきりさせておく——より重要だからではない。たんに、それぞれの民族国家が発展してきた過程と、民族を研究する際の過程が3つの集団に深く形づくられてきたためである。各集団は自国の定義による民族の90パーセント以上を構成している。中国の漢族、日本の大和民族、韓国の朝鮮民族は、それぞれの文明の歴史そのものに結びついている。そして、これらの集団そのものがどのように支配し、同化し、適合し、変化してきたかをつなぎあわせる作業ができるのは民族の研究においてしかない。

漢族（中国）

　今日の中国において、圧倒的大多数を占めるのが漢族である。人口の90パーセント以上がこの民族に分類される。これは中国の歴史のほとんどの期間にあてはまるが、それほど優勢というわけではなかった。実際、過去3000年の中国の歴史を紐解いてみると、中国の漢族と現在は少数民族と呼ばれる民族集団のあいだに深く、ときにきわめて対立的な揺れ動きがあったことがわかる。漢族以外が最初に中国本土を完全に掌握したのは、モンゴル民族による北京の征服王朝、元王朝（1271～1368年）である。その後の清王朝（1644～1911年）ほど、非漢族による占領が劇的におこなわれた時代はなかった。帝国の機構による満州族の支配は漢族の社会生活に浸透し、中国の人口の大多数を占める漢族の男性は服従のしるしとして辮髪を強制されたのである。

　中国史に多く見られるのが、漢族の支配下で中国の歴史が漢族の歴史として描かれることである。世界中の中国語の講義や講座がこのパターンにひどく影響されているため、圧倒的大多数を占めているとはいえ、漢族も過去3000年間にわたって中国の歴史と文化を構築してきた民族交流の広大な相互作用のなかのひとつの歯車にすぎない、ということがときどきわかりにくくなる。

漢族は中国人だが、漢は中国ではない。

多数派を占める漢族は、中国の歴史において大きな役割を果たした。その後の2000年以上にわたる中国国家の成長は、中国初期の歴史のほとんどが展開された黄河流域への、またはそこからの民族の移動の物語である。忘れてはならないのは、漢王朝（紀元前206〜後220年）が成立するずっと前から、漢族以外を起源とする領域や民族による、途切れることのない関わりが続いていたということだ。これは中国の歴史において、もっともドラマチックなテーマのひとつだが、中国のテキストではあまり重視されていないため、中国の歴史を漢族の記録だと完全に誤解する人もいるかもしれない。

本書では個々の文化、成長、衰退の豊かな多数の例を通してこの誤りを正していく。

漢族以外の55の民族集団（実際には何百もあった）が、ただ補助的な役割を果たしただけだと考えるのはばかげている。たしかに、彼らは複雑に成長する中国国家のなかに組み込まれ、さまざまなかたちをとって現在にいたる。この融合はしばしば、単純な同化のようなものとみなされることが多い。教科書では、外部の者たちがほぼ例外なく中国（おもに漢）文化に適応したという見方で書かれていることも少なくない。そして、（話し手から見て）外部者が漢族の文化に深い影響を与えた、つまり逆に彼らが重大な変化をもたらしたと語られることはきわめてまれだ。実際にそれが事実であることは明白だが、中国語圏の歴史の教科書では、それとなく認められているだけのことがほとんどだ。実際、文化・言語的な融合は中国の歴史でたえまなく繰り返されてきた。そして、2つの大きな動きを見ることができる。

ひとつめは、北東部および北西部に領土をもつ民族が中国に侵攻してきた際の、北方からの圧力によるものだった。なかには、周王朝（紀元前1050年頃〜前221年頃）の時代にまでさかのぼるものもあり、漢族をその領土から追い出す軍事侵攻も含まれていた。そのほかに、中央集権的な中国国家と北方に領土をもつ集団のほぼ継続的な対等な外交関係の一環という場合もあった。民族間の結婚やさまざまな使節が人びとの文化交流に大きな役割を果たした。

ふたつめの相互交流の大きな波は、領土拡大のいっぽうで、黄河流域が北方の民族に占領されたことで漢族がさらなる南下を強いられたという2つの影響が重なって生じたものだった。孔子の『論語』にも見られるこの過程は、西暦の最初の千年紀に本格的に加速した。南東部の大きな民族集団は、中央国家が商業・行政的な影響力を増大させていくという状況に直面することが多くなっていく。中国南西部の多数の民族集団もほぼ同時期に文化変容の長いプロセスに踏み出した。つまり、中

国の歴史は黄河と長江(ちょうこう)のあいだとその周辺地域における3000年以上にわたる民族の適応と領土拡大の歴史なのである。

　その適応の多くは、婚姻による結びつきによってもたらされた。こうした交流がどのようにおこなわれたか——3000年以上にわたって文書記録が世代から世代へと受け継がれてきた——は、中国における民族の歴史と切り離して考えることはできない。漢族が支配的な地位を占めるようになったのは戦略的な結婚と、単純に数の強みも一因だった。何世紀ものあいだに、父系制という構造と異族結婚（民族を超えて婚姻関係を結ぶ）の慣行という組み合わせが、漢族に大きな利益をもたらした。漢族の男性がほかの民族の女性と結婚すると、彼らの子供は漢族の男性の家系に属することになる。それが20世紀以上にわたって何千回と繰り返され、連綿と受け継がれてくればその影響は甚大なものとなる。すでに強大な漢族がほかの民族集団をとり込み、関連するすべての者に影響をおよぼしながらそのプロセスを続けてきたのである。

日本の「大和」民族
　多くの民族集団は強いアイデンティティ意識をもち、ほとんどの場合、内部グループと外部グループの相違を著しく際立たせるが、日本の支配的な民族集団が優勢になったのには歴史的、文化的理由がある。島国という独特の環境と、その文化史の一貫した解釈が、そうした認識の背景にいくぶん関係している。

　東アジアの初期の歴史において、日本が特殊な役割を果たした大きな理由は、その地理的な位置にあった。日本は朝鮮半島から約160キロ以上も離れた群島で、隣接する島々や民族集団の探検がおこなわれたのも日本の歴史のごく最近になってからである。東アジアの近隣諸国の韓国やベトナムと違って、20世紀にまで日本が外国の軍隊に占領されることはなかった。朝鮮半島に比べて、外国の影響はより顕著に日本に浸透した。彼らは国境を越えて入ったのではなく、海から船でやってきた。

　そのすべてを通して、民族および国家的アイデンティティの強力な力が不変の文化として流れていた。大和国家の初期の数十年から続く太陽の女神、天照大神(あまてらすおおみかみ)につながる皇室の存在だ。今日にいたるまで、126代の天皇が連綿と皇位を継承し、その全員が太陽の女神と一体となる秘儀（最後は2019年）をとりおこなってきた。何百年にもわたって、天皇の神性は平和目的だけでなく、軍事的にも大いに利用されてきた。1945年に昭和天皇は天皇の神性を否定したが、1989年にその皇子の即位の儀式がとりおこなわれたことの意義は大きい。現代の巨大な政治システムのな

かに初期の大和像の正統性と重要性を垣間見ることができる一例である。

1970年代、80年代にピークを迎えた後に急落した経済や出生率の低下から回復していないにもかかわらず、日本は依然として世界の舞台の中心的存在であり続けている。昨今、日本の民族的同質性が国際政治に影響をおよぼしており、日本の数々の強みがまさにこの同質性によるところが大きいと非公式に語られることも珍しくない。こうした見方は、日本国内で多くの問題を引き起こしているが、日本の国家アイデンティティをあらわすうえでなおも重要なテーマである。

そして、これはけっして隠れた問題ではない。1989年、日本の中曽根康弘首相の発言が、世界の注目を集めた。

> しかも日本はこれだけ高学歴社会になって、相当インテリジェントなソサエティーになってきておる。アメリカなんかよりはるかにそうだ。平均点から見たら、アメリカには黒人とかプエルトリコとかメキシカンとか、そういうのが相当おって、平均的にみたら非常にまだ低い[7]

外交問題に発展したため、中曽根首相は発言の意図を明確にしようと、次のように釈明した。

> 米国はアポロ計画や戦略防衛構想で大きな成果を上げているが、複合民族なので、教育などで手の届かないところもある。日本は単一民族だから手が届きやすいということだ

この考えは、もちろん普遍的なものではないが、日本ではわりと一般的で、日本の主島となる本州および日本の全歴史を通しての大和民族の優位性の帰結であることは明らかだ。しかし、大和民族の血統といったものについては、一貫した（とはいえ完全ではないが）主張のようなものができるのは日本の皇室だけである。日本の歴史は——韓国や中国の歴史と同様に——集団内や集団間の相互作用をしめしている。一部の人びとが民族的優位性を表明しているが、パターンは変化し続け、今日では、記録にある過去のどの時期よりも異民族間の結婚が多くなっている。

これはとくに、日本社会における2大先住民族集団である北方の北海道のアイヌ民族と、沖縄県の琉球民族にあてはまる。どちらの場合も、同化と異民族との結婚が集団の文化構造に著しい変化をもたらした。けっしてスムーズに進んだわけでもなければ、衝突がなかったわけでもない。

おそらく、今日の日本でこの種の現在進行形のもっとも困難な状況と言えば、厳密には民族的に区別されていないグループで生じている。部落の人びとは何世紀にもわたって偏見を受けてきた。「不浄」とされる仕事をしていたために、階級外の職業をもつ者として認識されていた。階級制度は明治時代初期に廃止されたにもかかわらず、雇用や結婚などにおいて——今日ではずいぶんまれになったが——差別は残っている。

これらのグループはいずれも、日本の国内外でこれまでになく高い注目を集めている。数十年、さらには何世紀にわたる日本の大和文化との相互作用によって、そうした文化もかなりの程度まで明確にされてきた。これは同じく、今日の日本のほかのグループにも当てはまり、その多くはさらに規模が大きい。中国（台湾の中華民国も含む）、朝鮮（おもに韓国）、ブラジル、フィリピンの出身者もかなりの数にのぼる。それでも、外国人の総数は 2 パーセントを超えることはなく、あらゆる民族政策が数の優位性を前提におこなわれている。

朝鮮、階級と民族性

朝鮮は山がちな半島で、かなり独特で同族結婚を主体とする民族グループがずっと昔から居住している。耕作に適しているのは土地のわずか 20 パーセントで、朝鮮の歴史においては、地理的な分割者が民族紛争よりもはるかに重要な役割を果たしてきた。朝鮮民族は北方——遠くはシベリアからやってきた。満州族やアルタイ語族と遠いつながりがあり、彼らはさらにモンゴル民族やテュルク系民族、その他の北アジアの民族と関連をもっている。2000 年のあいだ、朝鮮は中国と日本のあいだの文化的なパイプ役として機能し、両国の文明の歴史的な発展においても朝鮮そのものが重要な役割を担ってきた。半島の歴史の初期には多数の政治体にわかれていたが、私たちの一般的な民族の概念との著しい対照が見られるのは近世に入ってからである。

5 世紀におよんだ朝鮮の王朝、李氏朝鮮（1392～1910 年）の時代に、朝鮮半島における生活に大きな社会的、経済的変化が訪れる。とりわけ重要だったのが、中国からとり入れ、朝鮮の社会および経済状況に適合させた試験制度、科挙にしたがって、個人と家族の経済的成功と名声を構築することだった。試験制度の全面的な導入によって、朝鮮は当時の中国王朝を思わせたが、中国との根本的な違いは依然として残っていた。

成功を求める人びとには教育的な、ひいては経済的な制約があるだけではなかった。階級の壁もあった。試験の合格者は、そのほとんどが世襲の支配階級に限られ、

彼らは"両班(ヤンバン)"として知られるようになる。文字通りの意味は「2つの班」で、2つとは国家の文班と武班だった。試験で優位に立つことで、両班の一族は政治の支配機構と上級官僚職を独占した。さらには、土地の大半も所有するようになった。その結果、社会的地位、土地所有権、政治的指導力が両班階級の手に集中した。ここでも民族的な類似性によって、階級の区別が悪化する。

両班の下は、比較的小規模で法的に定義されていない階級があり、"中人(チュンイン)"と呼ばれていた。彼らは下級役人として、政府内でさまざまな専門的な役割を果たしていた。政府の運営全体において、彼らは絶対不可欠な存在であったにもかかわらず、政府の要職に就く機会はほとんど与えられていなかった。本質的に世襲制のこの集団は、両班の多数の非嫡出子のなかから新たにその地位に就いた。このダイナミクス――余分な貴族が低い地位に格下げされる流れは、民族ではなく階級のプロセスとしておこなわれたことがわかっている。

人口の大多数が"常民(サンミン)"で構成され、彼らの大部分が政府の土地を使用して税をおさめる労働者、または両班の所有する土地の半農奴だった。最下層の階級は"賤民(チョンミン)"だった。政府や個人の奴隷や産業労働者、食肉処理業者(もともと仏教が動物の命を奪うことを禁じていたため軽蔑されていた)、芸人、そして、のちの日本の芸者にあたる妓生(キーセン)というもてなしをする女性などの専門的な職業についていた。賤民は、あたかも朝鮮民族とは別の民族かのように扱われていたが、これはもちろん事実ではなかった。民族ではなく、職業に基づく厳格な形の階級差別のあらわれだった。

民族のダイナミクス

本文に入る前に、ここで2人の文化理論家についてみていきたい。過去30年間、彼らの仕事は私たちに多大な影響を与え、民族をもっぱら――例の人形や絨毯、エンジンの部品と同じように――個々の要素でとらえることから、類似点と相違点が複雑に織りなすものとみなすように変わってきた。ホミ・バーバとピエール・ブルデューは、アジアやそのほかの地域における民族のダイナミクスについて、新たなアプローチ法を教えてくれる。

最初のカギとなる考えは、先のセクションに手がかりと方向性を見つけることができる。手短に言うと、ホミ・バーバは真の意味で文化の影響力のある魅力的な諸相は、行動や生活様式、知識を獲得する方法の交点、すなわち裂け目に見つかるはずだと主張する。集団のアイデンティティがどのように生じたかを研究することはたしかに重要だが、理解のダイナミクスは、広大な広間の床に敷かれた多数の絨毯

のように、さまざまな文化的な集合体がお互いにぶつかり合うことで流れていく。バーバの言葉を紹介しよう。彼が単独のもの（私たちの絨毯や人形、そして民族）はそれだけで理解されるべきではないと強調していることに注目してほしい。

> 「階級」や「ジェンダー」といった主要概念の組織的なカテゴリーを単独のものとみなすのをやめたことで、現代社会で主張されるあらゆるアイデンティティに見つかる人種、ジェンダー、世代、組織や制度の位置づけ、地政学的な地域、性的指向といった主体の立場が意識されるようになってきた。理論的に革新的で、政治的にも重要なのは、起源となる物語ともともとの主観を超えて考え、文化的な相違の狭間に生み出される局面やプロセスに焦点を当てる必要性である。そうした「中間」の空間は、社会そのものの概念を定義するなかで、アイデンティティの新たな兆しや革新的な協調の場や論争の機会を生み出す自己性の戦略——単独のものでも共同のものでも——を練りあげるための領域を与える。
>
> 「国民性」やコミュニティの利益、あるいは文化的価値の間主観的かつ集合的な経験が活かされるのは、相違の領域が重なりあい、ずれることで出現する裂け目があってこそなのだ。[8]

こうした考えは解きほぐし、熟考する価値がある。アジアの民族集団を理解するうえで、私たちが直面する課題まさにそのものだからだ。個々の項目を詳細に理解すべきなのはもちろんだが、モンゴル民族や満州族といった民族集団から、韓国や日本、フィリピン、さらには台湾（または、政治的用語としてますます"曖昧"になっている中華民国台湾）などの近世の新進国家にいたるまで、アジアの歴史におけるもっともダイナミックで継続的な変化は、それらの存在がつながって生じたことをけっして忘れてはならない。たしかに私たちは個々の存在を理解することができるし、そうするように努めるべきである。だがそれは、人類の歴史の流れのなかで、彼らが反応し、衝突し、さらにはほかのものにとってかわるなかに見つかる。バーバが主張するように、たとえば漢族とペー族の対立（と結婚）や、もっと小さなミャオ族とチワン族、アチャン族とプイ族などの集団間に見られる対立や償いのありかたなどは隙間のなかにしか見つけることができない。

バーバが「論争」という言葉を使っていることに注目してほしい。定義を学ぶとき、私たちはそのものとして考えることが多い。バーバは、定義にはつねに異論があることを思い出させてくれる。これだけで見ると理解が難しいが、具体的な意味を与

えるとそれほどでもなくなる。野球を例に考えてみよう。ボストン・レッドソックスとニューヨーク・ヤンキースは年間十数回対戦する。それぞれの都市に住むファンは、自分たちのチームに強い思い入れがある。ヤンキースファンにレッドソックスについて聞いてみよう。実際、チームの説明を書いてもらおう。では、ヤンキースファンにホームチームのヤンキースについてたずねてみよう。

　先が見えてきただろう。レッドソックスファンにも同じことを頼んだら、ヤンキース「と」ホームチームのレッドソックスの両方について説明してもらえば、かなり厳しい意見が出てくるだろう。なぜか？　対立しているからこそ、である。答えてくれた人たちは、自分側がどう説明されるかにとても関心があり、自分に合ったやりかたで相手側を精一杯表現しようとする。バーバの言葉を借りるなら、彼らは物事の中心にいる。

　隙間に移動すると、レッドソックスとヤンキースが混ざり、まとまり、反発する様子が感じとれるようになる。では、別の観察者、たとえばセントルイス・カージナルスを応援する人に、ヤンキースとレッドソックスについて意見を求めたらどうなるだろう？　その人の答えは、きっと両チームのファンの答えほどうんざりさせられるものではないだろう。だが、それは正しいものだろうか？　もう一歩踏み込んでみよう。野球に詳しいけれど、とくにどのチームのファンでもない、野球に対する情熱がないというより、ほかのものに興味を抱いている、すぐれたライターを参加させてみよう。この人物は、レッドソックスやヤンキースについて別の説明をするだろう。主題に少しも関心がないという理由だけで、それが正しいと言えるだろうか？

　ホミ・バーバはもちろん断固としてノーと言うだろう。彼の考えでは、傍観者の立場は存在しない。私たちはみな、そしてつねに複雑な主観をもっている。外部の観察者であってもチームを斜めの角度から見ている。なかにはこれを問題視し、私たちの認識に対してポストモダニズムの批判をする人もいるだろう。この序文の意図は異なる。私たちは正確な事実に基づく説明を求めることができるし、そうすべきだが（詳細の多くを、さらには大部分を正しく得ることは"できる"）、私たちの見解のすべては、まさに私たちの人間性そのものから生み出されたものである。これはつねに主観的なもので（カントの時代から変わらない）、複雑な社会を理解するための真のカギである。

　バーバは——彼がアメリカの野球に興味があったなら——理解へのカギは多様な意見を一緒につめ込むことだと言うかもしれない。それは、あたかも理解の複雑な地質をイメージするかのようだ。さまざまな見解は無数の構造プレートで、お互い

にぶつかり合って「新しい」広大な知識の山脈をつくりあげる。私たちはレッドソックスやヤンキース"そのもの"を知ることはできない。だが、大きな流れのなかでひじょうに多くのことを知ることはできるため、孤立した肖像画だけという偽りの見せかけには二度と戻らない。

　アジアの民族に同じダイナミクスの働きを見るのは難しいことではない。13世紀のモンゴル民族に、大陸に襲来してきた北方の集団について尋ねてみれば、ひとつの絵が得られるだろう。黄河流域に定住する漢族の農民に同じことを聞いたら、まるで別の答えが返ってくるだろう。では、中国の……中国出身の……歴史家に同じ質問をしてみよう。最後に、中国の別の歴史家に……出身は、そう、イギリス……に同じ問いかけをしてみよう。

　民族は多層で、複雑である。

＊＊＊＊＊＊

　本書の項目を最大限に活用するためには、この難問にもうひとつの様相をつけくわえる必要がある。そのために、少しだけ先ほどの野球の例に戻ってみよう。2010年代に、ボストンの住民の誰もがレッドソックスのファンだと仮定できるだろうか？　すでに私たちは、ニューヨークの全住民が——地域を絞っても——ヤンキースのファンだという可能性はないことを知っている（市内にはほぼつねに2つ、さらには3つのチームが存在する）。ブルックリンに住むボルチモア・オリオールズのファンや、ボストンに暮らすミネソタ・ツインズのファンは？　ボストンは単一のイディオムだろうか？

　もちろん、違う。

　民族に関する議論があまりにも多すぎると、この人びとやあの人びとはグループ全体に共通するやり方で行動したり、働いたり、役割を果たしたりしていると主張していると思われるかもしれない。もちろん、ここには一片の真実がある。ひとつのグループ（ボストン・レッドソックスのファン、タジク人）がグループと呼ばれうる限り、特定の属性を共有していなければならない。個々の説明の目的は、各項目の概要を正確に描くことにある。それらを十分に分析すれば、主観的なものだが、ボストン・レッドソックスが彼らの本拠地の球場フェンウェイ・パークで試合をおこない、それがニューイングランド全州で中継され、2004年、2007年、2013年、2018年のワールドシリーズで優勝したことはどの読者にも明らかになる。主観が介在しなければ何も知りえないと主張しようとする人たちは、要点を見失っている。

複雑なグループを理解するには、まさにそういった詳細な情報が必要なのだ。

そのいっぽうで、そうした情報が導いてくれる範囲には限界がある。ホミ・バーバなら、「よろしい。覚えておいてほしい……では、ダイナミクスの流れで……始動させよう」と言うかもしれない。私たちはヤンキースとレッドソックスがどのように試合（過去の無数の試合）をおこなったかを理解する必要がある。ペー族と漢族との婚姻による同盟、確執、協定を理解しなければならない。つまり、私たちは隙間を、論争を理解する必要があるのだ。

"そのため"には、個人がそれぞれの民族的、文化的領域に住んでいることを理解する必要がある。文化（さらに言うなら民族）が何かをおこなったり、行動したり、争ったりすることはない。個人がそれをおこない、個人がそうする（しばしば奇妙だったり、特異な）選択をおこなう。ときにはとんでもないミスをすることもある。ときには三振に終わることもある。

そして、ときにはホームランを放つ。個人がホームランを打つのだ。チームがホームランを打つのではない。チームはさまざまなかたちでその実現を支え、そこから利益を得る。ホームランを打つことができるのは個人だけなのだ。

もうひとりの文化理論家ピエール・ブルデューも、けっして個人を忘れたりしない。彼の視点はバーバの見方とは少し異なるが、みごとに融合している。社会的行動に関する彼の概念は、きわめて複雑で繊細だが、人びとがどのようにふるまうかを「決定」する「ルール」は存在しないという有用な考えに要約できる。たとえば、研究者がチワン族の行動様式を重視すれば、より広範で有力な要点を見逃すことになる。人びとは膨大なやり取りや課題のなかで、個々の選択をおこなう。漢族とミャオ族の婚姻同盟から、国家の歴史と文化の一部として民族を重視する中華人民共和国の複雑な決定にいたるまで、ありとあらゆる社会的行動は戦略的なものである。そうした選択は個人的な場合もあれば、何層にも重なる人びとや意見が関わっている可能性もある。選択はつねに事柄の大部分をなしている。

わかりきったことのように思えるかもしれないが、それぞれのグループの物語を「深読みしすぎる」ことで多大な誤解が生じる。たとえば、若い世代の繁栄を願う少数民族の家族は、ビジネス取引といった多くの場面でよりエキュメニカルな行動をとりながらも、民族性を利用することも多い（大学のマイノリティ代表制度を受け入れるなど）。民族性はあらゆる状況で同じように用いられるようなものではない。時間や場所のなかで変化を重ねるもので、そのときどきの微妙な解釈——と行動——はごく当たり前である。

＊＊＊＊＊＊

　バーバとブルデューの洞察を組み合わせてみると、2つのテーマが洗練されたかたちで織り込まれることがわかる。民族の分類の境界や隙間に目を向けることで、民族性などの概念をもっともよく理解できる。そのいっぽうで、ブルデューが言うように、そうした周縁のあらゆる行動、結局のところ、すべての行動は歴史的、文化的な状況における（入り組んで）幾層にも重なった選択の連続ということだ。では、これがアジアの民族集団の研究において何を意味するのか。本書の百科事典的な項目の恐ろしく膨大な情報から得られる詳細な知識と、プロセス、変化、選択にまつわる知識とのバランスをとる必要がある、ということだ。今日、あるモンゴル系民族の家族が漢族のエリート階級との結婚を選択することは、モンゴル征服王朝時代（1279〜1368年）に同じ文化的行為（自分の民族集団外と婚姻を結ぶこと）をおこなった家族とは権力、階級、動機の点で同じではない。

　民族はたえず動いている。本書は北アジア、中央アジア、東アジアの民族集団に共通するダイナミクスと重要な要素の両方を理解するのに役立つだろう。

民族の動き

　民族の動きについて考えるとき、近年の歴史で生じた大きな出来事に関連してさまざまな民族集団がどのようにまとまり、分散していったのかを知るのもひとつの方法である。その好例を、2008年に中国で開催された北京オリンピックに見ることができる。中国国外の大多数の人は、このオリンピックを中国国家が観光事業を促進し、歴史ある文明と活気あふれる現代国家としてひとつのまとまる絶好の機会とみなした。もちろん、2008年のオリンピックの成功は、間違いなく中国を華々しく世界に誇示した。しかし、洞察力のある視聴者のなかには、2010年の上海国際博覧会はさまざまな意味でさらに大きなものになると気づいた者もいた。2010年、これは明白になった。上海国際博覧会は国内の観光産業をしっかりとつかみ、あらゆる記録を塗り替え、（オリンピックの開会式に倣って）中華人民共和国の民族の多様性と文化的団結を称賛する物語を確固たるものにするのを助けた。さらには──私は国家のメッセージだと思っているが──複雑な世界における「一貫した多様性」の物語もしっかり伝えられた。中国のあらゆる省の、56の民族集団すべての中国人観光客が万博に押し寄せた。

　本書の目的は、こうした集団の詳細を伝えると「同時」に、大きな隙間（論争と対立の巨大な洞窟）を見せることにある。さらに言うなら、しばしば中国国家に支

配されながらも、社会、文化、経済、そしてもちろん歴史的に中国をはるかに凌駕するアジア社会の詳細とダイナミズムをしめすことを目的としている。本書では中央アジア、北アジアから中国を経て、さらに南や東の国々にいたる広大なアジアの民族集団がまとめられ、全体を通して細部とより大きな変化のパターンが融合されている。

注

1) ベロイト大学 2011 年卒業生の Yitian Liao に感謝を捧げます。彼女がサンガー・サマー・リサーチ・フェローシップで取り組んでくれた作業に深く感謝します。彼女が多数の民族に関する情報を精査し、すばらしい資料をもたらしてくれたおかげで、私は本書とそのセミナーをつくりあげることができました。
2) "Travel Guide to Yunnan Province" (Yunnan luxing shuju, 1996), 68.
3) Sima Qian, Historical Records (Beijing: Zhonghua Shuju, 1982), 110.（司馬遷『史記』）
4) Marcel Mauss, Seasonal Variations of the Eskimo: A Study in Social Morphology [Translated by Ian Cunnison] (London: Routledge and Kegan Paul, 1979), 76-77.(マルセル・モース『エスキモー社会　その季節的変異に関する社会形態学的研究』宮本卓也訳、未來社、1981 年)
5) Chen Sanping, Multicultural China in the Early Middle Ages (Philadelphia: University of Pennsylvania Press, 2012), 39-41.
6) Ray Huang, China: A Macro History (Armonk, NY: M. E. Sharpe Publishing, 1996), 25.（黄仁宇『中国マクロヒストリー』山本英史訳、東方書店、1994 年）
7)「朝日新聞」1986 年 9 月 27 日朝刊
8) Homi Bhabha, The Location of Culture (London and New York: Routledge Classics, 1994), 2.（ホミ・K・バーバ『文化の場所：ポストコロニアリズムの位相』本橋哲也、正木恒夫、外岡尚美、阪元留美訳、法政大学出版局、叢書・ウニベルシタス 778、2012 年）

参考文献

Bhabha, Homi . The Location of Culture. London and New York: Routledge Classics, 1994.（ホミ・K・バーバ『文化の場所：ポストコロニアリズムの位相』本橋哲也、正木恒夫、外岡尚美、阪元留美訳、法政大学出版局、叢書・ウニベルシタス 778、2012 年）
Huang, Ray. China: A Macro History. Armonk NY: M. E. Sharpe Publishing, 1996.（黄仁宇『中国マクロヒストリー』山本英史訳、東方書店、1994 年）

Mauss, Marcel. Seasonal Variations of the Eskimo: A Study in Social Morphology [Translated by Ian Cunnison]. London: Routledge and Kegan Paul, 1979.（マルセル・モース『エスキモー社会　その季節的変異に関する社会形態学的研究』宮本卓也訳、未来社、1981 年）

Qian, Sima. Historical Records. Beijing: Zhonghua Shuju, 1982.（司馬遷『史記』）

Sanping, Chen. Multicultural China in the Early Middle Ages. Philadelphia: University of Pennsylvania Press, 2012.

あ行

アイヌ民族
Ainu

　アイノ、蝦夷（えぞ）とも呼ばれるアイヌ民族は、日本の北方にある北海道と、ロシア連邦の樺太（からふと）（サハリン島）および千島列島（クリル列島）に居住する先住民族。日本政府は、公式に認定しているロシアに住む109人のアイヌを含め、この民族集団の人口を2万5000人と推定しているが、アイヌの代表者たちは自分たちの人口を20万人以上と見積もっている。アイヌ語は、現存するどの言語とも関連性のない孤立した言語と考えられている。アイヌのほとんどは自分たちの伝統的な信仰を守り続けているが、日本で主流である仏教を信奉したり、ロシアではロシア正教を信仰する人も多い。

　アイヌ民族の起源は知られておらず、多くの学者や研究者がさまざまな説を唱えている。日本列島に最初に人類が住んだとされる旧石器時代にアイヌ文化が発展したと考えられている。狩猟採集文化が徐々に発達し、現代のアイヌ民族と大和民族、つまり日本人の祖先となった。約3000年から4000年前にツングース系民族がアジア本土から日本列島に渡来する前に、アイヌの祖先はおそらく南は遠く沖縄まで、日本列島全域に居住していた。弥生（やよい）時代に、九州南部から本州の北部まで鉄器文化が栄えると、本州北部と列島の最北端の島である北海道の人びととはアイヌの祖先として発展した。戦士の民族として知られているが、アイヌの文化や信仰は自然との調和のなかで育まれていった。遊牧生活を送るさまざまな氏族が共同所有地をもち、漁撈や狩猟、採集、交易を営んでいた。13〜14世紀にかけて、大和民族（和人）が本州北部のアイヌの土地に定着を始めた。自分たちより進歩した和人の侵入から逃れるために、アイヌは北方に後退した。1456〜57年、和人の支配に対する最初の本格的なアイヌの蜂起が発生する。アイヌの戦士コシャマイン率いるアイヌ軍は、本州北部のアイヌ伝統の地を守るために戦った。進出してきた和人との散発的な戦いは本州のアイヌ人口を大幅に減少させ、多数の難民が狭い津軽（つがる）海峡を渡ってアイヌが多く住む北海道へと逃れた。16世紀、津軽海峡を越えて、北海道の南西部に移住する和人はますます増えていった。1603年から始まった江戸時代には、本州北部と北海道南西部のアイヌの土地が新たに征服され、その商業的発展により、日本列島の南の島々におけるアイヌ住民は完全に消滅した。サハリンでは、

ロシア人が武力でアイヌの居住地域の支配権を得た。これによりアイヌの人口は激減し、毛皮をとるために家畜の群れのほとんどが殺された。1669年から1672年にかけて、アイヌの民族的英雄であるシャクシャインが追いつめられたアイヌを率いて、北海道の侵略者である和人に蜂起したが、またしても敗北を喫した。和人の北海道進出は続き、アイヌの人びとは山中へと追いやられた。1789年、クナシリ・メナシ地方のアイヌの戦士たちが和人の完全支配に対する最後の蜂起をおこなった。このクナシリ・メナシの戦いも敗北に終わり、アイヌ民族は江戸幕府の完全な支配下に置かれたものの、従来の村落レベルでのアイデンティを超えて、統一的な社会・政治構造として初めて民族アイデンティティを確立したのである。

　アイヌとは、アイヌ語で単に「人びと」または「人間」を意味する。彼らは日本列島に先住していた民族の子孫である。身体的には、概して肌の色が明るめで、身長は低く、丸い目、ウェーブがかった髪、豊かな体毛といった特徴が見られる。多くの学者は、アイヌが大和民族をはじめとする東洋の民族よりも、コーカサス系か、東シベリアのウラル・アルタイ系に近いつながりをもつと考えている。"土人"と呼ばれることもあり、この言葉には不潔や下品の含意がある。日本政府の公式な推定では、国内のアイヌ人口は2万5000人程度にすぎないが、実際のアイヌ民族、またはアイヌ民族を先祖にもつ人の数は、おそらくこれをはるかに上回る。何百年にもわたって社会的、経済的差別を受けてきたため、アイヌの人びとは自分を日本人以外の民族だと言ったり、アイヌだと明かすことを避ける。1994年、日本でアイヌ民族初の国会議員が誕生した。近年、アイヌは伝統文化を取り戻しはじめているが、今日では大多数が日本語を話す。アイヌ語を流暢に話すことができる人は100人に満たないため、アイヌ語を消滅の危機から救う取り組みが進められている。伝統的なアイヌ文化は南の日本人の文化ときわめて異なっていた。アイヌの男性はけっして髭を剃らず、口髭やあご髭は伸ばしたままだった。古来より精霊信仰を信奉するアイヌ民族は、自然に存在するすべてのものに"カムイ"、すなわち神が宿っていると信じている。その文化において、クマは重要な役割を担っており、人びとに利益を与えることのできる強力な霊魂をもつとみなされている。今日でもクマは、初期のアイヌ民族に狩猟や魚釣り、織物、森での採集を教えた神話の生き物と考えられている。アイヌの信仰でもっとも重要な儀礼が「イオマンテ」ま

たは「熊祭」と呼ばれるもので、年に一度、神聖なクマを供物として神に捧げる儀式をとりおこなう。独特のリズミカルな音楽と踊りは、アイヌのあらゆる儀式や祭事に特有のものである。その一部は、北海道を訪れる観光客をひきつける一助となっている。日本語にほぼ取ってかわられたが、アイヌ語は孤立した言語と考えられており、日本の本土の南の沖縄と琉球諸島で話されている言葉に関連する可能性がある。文字をもたなかったアイヌ民族は、口承文芸の名手として発展してきた。アイヌの方言の多くは相互に通じなかったが、古アイヌ語の古典叙事詩「ユーカラ」はアイヌのどのグループも理解していた。1980年代以降、アイヌ語の使用を増やし、消滅から守るための共同の取り組みがおこなわれている。1997年には、北海道の学校でアイヌ語の教育が開始された。

19世紀まで、北海道のアイヌ人口は道内に住む和人の数を上回っていた。交渉や協定、正式な合意などいっさいなく、幕府はアイヌの居住地域を併合し、アイヌの人びとに対する権限を拡大した。1868年まで、日本政府はすべての蝦夷地を外国とみなし、アイヌ民族を国内に不法に住む外国人として扱っていた。1870年代には、北海道の豊かな天然資源を活用するための不可欠な戦略として、政府支援による日本人の北海道移住計画が進められた。残存するアイヌ民族は、北アメリカの先住民族の居留地のように小さな地域に閉じ込められた。暴力や抑圧、伝染病により、アイヌの人口は激減した。1880年までには、北海道に存続するアイヌ民族は1万5000人と推定され、ロシアのサハリンでは2000人未満、千島列島では約100人が残るのみだった。1899年、日本政府は新たに北海道旧土人保護法を可決させる。この差別的で残忍な法律は、アイヌをかつての原住民とし、日本文化に完全に同化させることを目的としていた。くわえて、国による植民地化のためにすべてのアイヌの土地が政府に没収され、アイヌには日本国籍が与えられた。政府は先住民族としてのアイヌの地位を保護することを拒絶したのである。20世紀のほとんどの期間、日本政府は自国には少数民族は存在しないと繰り返した。伝統的な漁撈や狩猟、採集を生業にすることを禁じられているため、北海道に住むアイヌ民族は、おもに低賃金労働者として雇われている。北海道の周辺海域では年に何百万匹もの鮭が捕れるが、アイヌに許されているのは、儀式のためのわずか400匹だけで、食用に捕獲することはできない。日本政府はアイヌの存在を否定し続けたが、1992年、国連はアイヌ民族をその

地域の先住民族として公式に認定した。1997年、日本政府はついにアイヌ民族の先住性を認め、彼らの文化と言語を保護するための新しい法律を制定した（アイヌ文化振興法）。2008年、日本の国会でようやくアイヌ民族を日本の先住民族とすることを求める決議が採択された。法的拘束力はないものの、アイヌ民族集団に対するあらゆる差別を撤廃することを政府に求めるものだった。この決議により、アイヌは異なる言語、信仰、文化をもつ先住民族として認められ、差別を公認してアイヌの人びとに多大な苦しみをもたらした忌まわしい1899年の法律に代わり、2019年にはアイヌ新法が制定された。

もっと知りたい人のために

Fitzhugh, William W. Ainu: Spirit of a Northern People. Seattle: University of Washington Press, 2001.

Johnson, D. W. The Ainu and the Folklore. Seattle: Amazon Digital Services, 2010.

Johnson, D. W. The Ainu of Northeast Asia. East Windsor, NJ: Idzat International, 1999.

アイマーク族
Aimaq

アイマーク族は、アイマク、アイマック、エイマックとも呼ばれるペルシャ系民族で、アフガニスタン中西部の山岳地帯と北部ヘラート州、隣接するイランのホラーサーン地方に居住する。人口は25万から200万のあいだとされ、もっとも信頼性のある推定値は150～170万で、そのうち20万人以上がイランに、約7000人がタジキスタンに住むと考えられている。"アイマーク"という言葉はもともと、部族または放牧地をあらわすモンゴル語で、現代のペルシャ語では「部族の人びと」を意味する。アイマーク族のほとんどは遊牧民、もしくは半遊牧民で、季節ごとに家畜の群れを率いて移動する。その言語はペルシャ語の方言で、アフガニスタンやイランの近隣民族が話すダリー語やホラサン語とひじょうに近い関連性をもつ。アイマーク族の大多数はスンナ派イスラム教徒で、少数がシーア派を信奉している。

現在、アフガニスタンとして知られる地域は、中央アジアの主要な交易中継地で、交易においても征服者にとっても要衝の地であった。国境線が引かれるはるか昔から、アイマーク族の故郷は歴代のペルシャ帝国のホラーサーン地方の一部

とみなされていた。大ホラーサーン東部の平原に住む遊牧民族は伝統的に、現在のアフガニスタンのヘラート北部の草原地帯からイランのマシュハド（メシェッド）周辺へと季節ごとに移動を繰り返した。紀元前4世紀、アレクサンドロス大王率いるギリシャ軍がこの地域を征服し、その後、ギリシャ人が築いたペルシャのグレコ・バクトリア王国の支配下に入った。時期は不明だが、歴史のある時期、アイマーク族はおそらくオアシスの定住民だった。しかし、数々の征服者に平原に追いやられ、そこで多数の小さな部族グループに分かれて、遊牧民の生活をとり入れた。最大で20ほどの異なるグループからなる小部族は、相次ぐ侵略者からみずからの身を守るために同盟や結婚を通して緩い連合をつくった。7世紀、攻め入ってきたアラブ系イスラム教徒が、アイマーク族に対してイスラム教への改宗を迫る。部族が住む地域はきわめて辺鄙な場所にあったため、11世紀までイスラム教徒の公国に囲まれた異教徒の飛び地として残り続けた。14世紀、モンゴルのチンギス・ハーンの大軍がこの地域に侵攻し、征服した人びとを虐殺したり、同化させた。ヘラート北部でモンゴル族が遭遇した部族グループは、モンゴル語で部族や部族の放牧地を意味する"アイマク"と呼ばれ、テュルク系モンゴルの大軍に組み込まれた。数世紀にわたるモンゴルの支配下で、アイマクという呼称はこの地域のペルシャ語を話す遊牧民の小部族すべてをさすようになった。時がたつにつれ、モンゴル系とテュルク系の人びとが部族グループと混ざり、アイマークの方言にテュルク系の単語や語句がくわわり、部族の外見の身体的特徴も変わっていった。1717年、パシュトゥーン族の部族のひとつ、アフガニスタンのギルザイ部族連合がホラーサーンを征服し、ホラーサーンはアフガニスタンのホータキー朝の支配域となった。遊牧生活を送るアイマーク族は、アフガニスタンの支配者に貢納を強いられたが、部族の土地にとどまって季節ごとに家畜の群れを低地から高地へ移動させる生活を続けた。1747年、この地域はアフガニスタン南部および東部のパシュトゥーン族によるドゥッラーニー帝国の支配下に入った。

"アイマーク"という名称は、現在でもアイマーク部族をさし、その地域に定住した人びと——おもにダリー語を話すペルシャ系、タジク人、ハザラ族、ウズベク人——とアイマーク族を区別するのに使われている。なかでも4大部族は、「4つのアイマーク」を意味するチャハール・アイマークに分類される。この4部族——ジャムシーディー、アイマーク・ハ

ザーリー、フィールーズクーヒー、タイマーニーは16、17世紀に部族の領域外からやってきた首長たちがアイマーク部族を統一するときに防衛同盟として形成された連合体である。初代の首長の子孫たちは、伝統的な権力こそ失ったものの、今も部族の出来事に影響力をもち続けている。今日でも部族の伝統がアイマーク族の文化の中核をなし、名誉や恥辱に対する部族の概念は、イスラム教や国家の法よりもずっと重視されている。諍いはほとんどの場合、政府当局ではなく、部族の権力者によって解決される。アフガニスタンのほかの集団の慣習と際立って対照的なのが、アイマーク族の社会では女性に高い地位が与えられることだ。外部の人間がいる場合でも、集団の議論に女性も参加する。昔からアイマークの少女は父親が選んだ花婿を拒むことができた。地方では今でも花婿の労働奉仕の風習がみられる。花婿候補となった男性は、結婚式がおこなわれるまでの一定期間、将来の義理の親の敷地内に住んで奉仕し、式後に夫婦は一緒に生活を始めることができる。イスラム教正統派の聖職者が強い力をもつ地域、とくに都市部では、こうした伝統的な慣行は廃れつつある。実際、アイマーク語は南西イラン諸語のペルシャ語派に属する諸方言の総称である。ペルシャ語方言のダリー語とホラーサーンの方言とひじょうに密接な関連性をもっているが、テュルク諸語からの借用語を多く含む。アフガニスタンでは、アイマーク族はタジク民族とみなされていて、なかにはタジクを自称する者もいる。だが、ほとんどの人は自分たちのアイデンティティを名乗るときには、地域の部族名を使い続けている。近年のアフガニスタンの混乱と動乱により、多くの人が家畜の群れを殺されたり、盗まれたりして農民や絨毯織工として定住を余儀なくされた。放牧に適した地域で半遊牧生活を続ける者もいるが、群れの数は激減し、貧困が蔓延している。

19世紀初頭、ロシアとイギリスの探検隊がこの地域を訪れたが、ヘラート周辺の遊牧民族はほぼ無視された。ペルシャのカージャール朝の台頭により、ホラーサーン西部がペルシャの勢力下に置かれ、新たな国境線がアイマーク部族の古来の土地を分断した。アフガニスタンの覇権をめぐるロシアとイギリスの敵対関係は、アングロ・アフガン戦争として知られる一連の戦争に発展する。第一次世界大戦でアフガニスタンは中立を保ったが、名目上すべてのイスラム教徒の最高権威者であるオスマン帝国のスルタンに従い、連合国に対する"ジハード(聖戦)"を求める彼の呼びかけに応じて、アイマーク族の一部はイギリス軍部隊と

戦闘した。痛みをともなうことの多い政治工作からは距離を置いていた。1919年、王位継承をめぐる権力争いにより、再度イギリスが介入したが、政情不安は続いた。さまざまな盗賊や傭兵団が地域全体で暴れまわるなか、アイマーク族は部族の土地を守るためにふたたび伝統的な部族連合を形成した。1929年、アフガニスタン北西部に住む多数のアイマーク部族が、パシュトゥーン族による支配に対して反乱を起こした。蜂起は失敗に終わり、アイマークの反乱軍は厳しく処罰され、パシュトゥン族への消えない憎悪を残した。1950、60年代には旱魃（かんばつ）が深刻化し、アイマーク族は多数の家畜を失い、いくつかの部族グループは移住を余儀なくされた。1970、80年代になると、小さな村落やヘラートなどの都市に定住するアイマーク族がますます増え、そのほとんどが伝統的な絨毯を織ることを生業にしていた。実際、絨毯織りは大半のアイマーク部族のおもな収入源となっているが、アイマーク文化では今も部族の動物の群れの数で富がはかられている。

部族の伝統がもつ力

4つの部族グループと250以上の下位集団で構成されるアイマーク族は、アフガニスタンでもっとも伝統的な民族集団に数えられる。彼らの居住地域は地理的に行政の中心地から離れているため、アイマーク族は部族構造を保ち続けている。今でも、部族の習わしはアフガニスタンを思う心よりも強く、部族や氏族の指導者に与えられた部族法が通常、政府当局より優先され、ときには一部のイスラム教の戒律ですら破られる。アイマーク族の部族の指導者を地方行政に引き入れようとする試みは歴史を通して抵抗を受けてきた。現在にいたるまで、部族の伝統は政府や宗教の法よりも重んじられる。

もっと知りたい人のために

Adamec, Ludwig W. Historical Dictionary of Afghanistan. Lanham, MD: Scarecrow Press, 2011.

Barfield, Thomas. Afghanistan: A Cultural and Political History. Princeton, NJ: Princeton University Press, 2010.

Steward, Rory. The Places In Between. Boston: Mariner Books, 2006.
ローリー・スチュワート『戦禍のアフガニスタンを犬と歩く』(高月園子訳、白水社、2010年)

World Directory of Minorities and Indigenous Peoples. "Aimaq." Accessed July 30, 2013. http://www.minorityrights.org/?lid=5452

アカ族
Akha

アカ族は、アイニ、アッカ、イーコォウ、ハニ、イコー、コー、ウォニ、Edawとも呼ばれる山岳民族で、もともとは中国の雲南省とミャンマーの国境にまたがる地域に居住していた。過去数世紀のあいだに、アカ族の氏族は南東のタイ北部、ラオス、ベトナムへ移住した。およそ50万人のアカ族が、チベット・ビルマ語族のロロ語派(イ語派)に属する言語を話す。アカ族の大多数が伝統的な民間信仰を守り続けているが、近隣民族のキリスト教や仏教の信奉者も増えてきている。

アカ族の言い伝えによると、彼らの祖先はチベット国境地帯に起源をもつとされるが、多くの学者は、さらに南東の現在の雲南省とミャンマー北部地域に由来すると考えている。アカ族の伝承は、祖先が山々を越え、多数の川を渡って南下する物語を伝えている。アカ族は、現在の中国南部に存在した王国、南詔をつくった民族のひとつと考えられている。南詔は649年、洱海地域に興った小さな国から始まった。737年、中国の唐王朝の支援を受けて、6つの小国が統一され、南詔王国が建国される。750年、南詔は唐朝の支配に対して反乱を起こす。鎮圧のために唐軍が送られたが751年に撃退された。754年にふたたび討伐軍が派遣されるが、またもや敗北を喫する。勝利した南詔の人びとは、現在のミャンマーの一部、雲南の大部分、さらには今日のラオスやタイの北部地区にまでまたくまに領土を広げた。その後も北上を続けて、中国の四川まで達している。9世紀に入ると王国はゆっくりと衰退の道をたどり、内乱が生じて滅亡した。アカ族のほとんどは、のちの937年に樹立されたペー族の王国、大理の統治下に入った。13世紀になると、この地域はモンゴルの勢力下に置かれ、大部分は新たにモンゴルの帝国領となった雲南に組

み込まれた。

　アカ族の諸氏族はより強力な民族に服属したり、さらに辺境の山岳地帯へと追いやられることも多かった。チベット・ビルマ系諸族以外の人びととの移動が引き金となってアカ族の移住が相次ぎ、20世紀に入っても続いた。移動したアカ族の大部分は人里離れた山地に定着し、自給自足の農民として暮らした。16、17世紀のあいだ、隔絶されたアカ族は外部からの支配をほぼはねつけた。学者のなかには、1644年に明軍が雲南に侵攻するまで、保山と騰衝の平野を支配していたロロ族にアカ族が属していたと考える者もいる。中国が北部に住むアカ族の氏族を制圧したことで、南や東への新たな移動が始まり、18世紀を通してとぎれることはなかった。

　アカ族は、伝統的な信仰や慣習の複雑な体系にのっとって生活している。あらゆる行動や移動、ときには思考までもが、欲求や必要性、特定の日の縁起、精霊の特性、伝統的な暦、先祖の見解、さらには村の門の位置にしたがって調整され、バランスを取られるべきだと考えている。アカ族は中国南西部、ミャンマー東部、ラオス西部、タイ北部、ベトナム北西部の高地で、ほかの民族集団の村落のなかに散在する村に住んでいる。国勢調査のデータは不十分で信頼性を欠くこ

とが多いため、しばしばその総人口は40万から最大230万の幅で推定される。近年、アカ族はタイ語を話す渓谷の住民とともに低地の都市中心部に移り、暮らしはじめた。彼らの主食は米で、ほとんどは伝統的な焼き畑式で栽培されている。20世紀初頭から、綿花とアヘンケシが主要な換金作物となっている。最近まで、衣類の大半は地元の綿でつくられ、藍染めされていた。男女を問わず、その上着に装飾される刺繍やアップリケの模様は、アカ族の下位集団に特徴的だ。また、地域や氏族の伝統に応じて、銀の装飾品やコイン、ビーズ、サルの毛皮などで飾られたそれぞれに独特の女性用の頭飾りがつくられる。アカ族は父系制で、子供には家系の名前が与えられる。通常は、父親の名前の最後の音節が子供の名前の最初の音節に受け継がれる。アカ族の多くは今も一夫多妻を認めており、一般的に若者は自分の配偶者を自由に選ぶことができ、夫婦のどちらからでも別居や離婚を進められる。階層化された社会階級制度をもたないことから、アカ族の文化は平等主義で、父系血族の結びつきと結婚による同盟のつながりによる社会構造を形成している。アカ族の言い伝えでは戦士や戦いについて語られているが、日常生活では非暴力が守られている。アカ語は、シナ・チベット語族のロロ語

派に属する。言語学者たちは、アカ語をハニ語の一方言と考えており、とくに中国では、アカ族は公式に認定されているハニ族の一部とみなされている。シャーマニズムや祖先崇拝を含む古くからの宗教伝統がアカの信仰体系の主体だが、低地に住む近隣民族が信奉するキリスト教や仏教を受け入れる人も増えてきている。

分散したアカ族の人びとは、より強大な近隣民族や、19世紀初頭からこの地域の覇権を競っていた国や政府の役人たちからしばしば不当に扱われ、虐待を受けてきた。1840年代、50年代には、高地にあるアカ族の山村にキリスト教宣教師が入り込むようになり、多くの場合、村人にキリスト教への改宗を強要した。虐待には、アカ族の子供を連れ去って養護施設に入れたり、強制労働させることも含まれた。現在のミャンマーのシャン州につくられたアカ族の村々は、1860年代かひょっとするとそれ以前に、ケントンを支配したシャン族の王子に服属していた。アカ族の氏族集団の継続的な移住によって、20世紀に入る頃にはアカ族の村落がタイ北部にまで広がっていた。地域の経済開発により、新たにアカ族が定着したり、移住できる土地も減っていった。地方政府の役人は、肥沃でない地域にアカ族を追いやることも多かった。そのいっぽうで、彼らの伝統的な土地は伐採やアヘンの生産のために開放されたのである。中国では、彼らはハニ族の一部と考えられていたが、アカ族はこれを拒否し、自分たちを異なる民族とみなしている。20世紀の最初の数十年でキリスト教の布教活動が活発化し、宣教師の多くは、アカ族に彼らの伝統が邪悪もしくは後進的なものだと教えた。キリスト教宣教師や地方政府の役人による虐待は、アカ族の居住地域のほとんどが今も容易に行けないような場所にあるため、処罰されないことが多い。20世紀後半、資本主義の導入と急速な近代化がもたらした急激な変化がアカ族の伝統と文化を脅かした。エコツーリズムといった選択肢により、一部のアカ族の山村は観光イベントを開催したり、土産物を販売したりして自活できているが、大多数は日々の生活もままならない状態で、地方政府やその他の組織などの外部からの支援もほとんどない。

もっと知りたい人のために

The Akha Heritage Foundation. Last modified June 30, 2011. http://www.akha.org

Goodman, Jim. The Akha: Guardians of the Forest. London: Teak House Publications, 1997.

Grunfeld, Frederic. Wayfarers of the Thai

Forest: The Akha. New York: Time-Life, 1982.

Mitchell, Sam. Ethnic Minorities in Yunnan. Kunming, China: Yunnan Fine Arts Publishing House, 2004.

アゼリ族
Azeri

アゼリ族は、アゼルバイジャン人、アゼルバイジャン系トルコ人とも呼ばれるテュルク系民族で、おもに南カフカース地方のアゼルバイジャン共和国とイラン北西部のアゼルバイジャン地域に住んでいる。アゼルバイジャンとイランの伝統的な居住地域以外にも、ロシア、トルコ、ジョージア、アメリカ、中央アジア、ヨーロッパのさまざまな地域に多数のアゼリ族住民がいる。イラン政府が民族別人口の正確な数字を公表していないため、アゼリ族の人口は2700～3500万人のあいだと推定される。アゼルバイジャンとイランのアゼルバイジャン地域の両方で話されているアゼリ語は、西オグズ語群に属するテュルク系の言語である。アゼリ族はおもにシーア派イスラム教徒だが、少数のスンナ派イスラム教徒、キリスト教徒、バハーイ教徒も存在する。何十年もソ連の無神論政権の統治下にあったため、宗教に属さないアゼリ族は数知れず、彼らの多くはみずからを文化的ムスリムと呼ぶ。テュルク諸語のオグズ諸語に属するアゼリ語は多数の方言で話され、ほかのテュルク諸語の話者にも理解できる。2つの主要な方言グループである北部方言と南部方言は、ほぼ国境に沿って分かれ、発音と基本的な文法構造に大きな違いが見られる。アゼリ語は、アゼルバイジャンでは改良ラテン文字で、イランではペルソ・アラビア文字で書かれている。16世紀から20世紀初頭まで、この言語はカフカース地方のほぼ全域、トルコ東部、イラン北西部で共通語として用いられていた。

アゼリ族の居住地には、古代から人が住んでいた。これは、この地域の多くの場所で発見された石器時代の遺跡からも実証されている。歴史的に見て、この地域で知られている最古の住人はコーカサス人で、彼らは組織化された村落に住み、銅製の道具を使い、灌漑農業をしていた。コーカサス山脈の南端に位置するこの地域は、ヨーロッパとアジアのあいだの峠を抜けて移動する侵略者にしばしば蹂躙された。コーカサス人は、紀元前8世紀にメディア人と混住したと考えられている。この地域は歴代のペルシャ帝国に組み入れられることが多く、イスラム前の古代ペルシャの宗教の開祖であるザラスシュトラ（ゾロアスター）の生ま

れた地とも言われてきた。4世紀に、この地域の統治者がキリスト教を国教に定める。8世紀まで、コーカサス系住民のほとんどがキリスト教徒のままだった。ペルシャによるアゼリ族の支配は、164年にこの地域に攻め入ってきたアラブ系イスラム教徒に敗北を喫して終わった。カフカース系アゼリ族はそのままムスリムの勢力下に置かれ、多くが新たな信仰を受け入れたが、11世紀に移動してきたテュルク系民族のセルジューク朝軍がこの地域を侵略するまでのことだった。セルジューク朝による統治は、1225年のモンゴル侵攻で終わりを迎える。アゼリ文化は、何世紀にもわたって競い合うペルシャとトルコの両帝国が衝突する辺境の地という彼らの故郷の地理を反映していた。ペルシャのサファヴィー朝は、1551年までにアゼリ族の居住区全域をペルシャの支配下に置いていた。サファヴィー朝ペルシャの国教として強要されたイスラム教シーア派は、かつてスンナ派だったアゼリ族の主要な信仰体系となっていた。サファヴィー朝ペルシャとスンナ派オスマン帝国の戦争は、数世紀にもわたってアゼリ族の歴史に跡を残した。18世紀にサファヴィー朝が衰退すると、テュルク系のオスマン帝国と拡大を続けるロシア帝国がこの地域の覇権をめぐって争った。

シーア派のジャアファル法学派は、今もアゼリ族の宗教信仰の中心だが、北アゼルバイジャン、アゼルバイジャン共和国では数十年にもわたるソ連の無神論と現代の西側の影響によって、宗教信仰が薄くなってきている。アゼリ族の少数派、なかでも故郷を分断するアゼルバイジャンとイランの国境沿いやウルミア湖周辺に住む人びとはスンナ派イスラム教を信奉している。ほかのムスリム社会とは異なり、アゼリ族のアイデンティティは宗教よりも文化や民族性に基づいているため、宗教は重要な識別要素ではない。イスラム前のゾロアスター教の信仰で神聖視された火は、今もアゼルバイジャンの強力な文化的象徴であり、アゼルバイジャンは火の国と呼ばれることも多い。アゼリ文化はペルシャとトルコの影響の融合を通して発展してきた。そのなかには中央アジアからの侵略者らがこの地域にもたらしたテュルク語方言も含まれる。現代のアゼルバイジャンでは南、すなわちイランのアゼルバイジャン地域と違って、文化における西洋の影響が色濃い。音楽、芸術、民族舞踊、料理、建築などの文化的要素、なかでも古代のアゼリの新年の祝祭であるノブルーズ祭りに関連する伝統は、現代のアゼリのアイデンティティの核であり続けている。アゼリ文化は通常、とくに料理、建築、音楽、

娯楽において、東洋と西洋の要素が組み合わさっている。20世紀初頭、ウゼイル・ハジベヨフがアゼリの伝統的な文化を、とりわけ音楽においてヨーロッパの影響と融合させる運動を主導した。彼はイスラム圏で最初のオペラ作曲家で、彼が最初の共和国（アゼルバイジャン民主共和国）のために作曲した国歌は、1991年の独立後にふたたび採用された。映画、舞踊、音楽のほか、絨毯織りや宝飾品の製作、彫金といった民芸は今もアゼルバイジャンとイランのアゼルバイジャン地域の両方で重要な文化的要素であり続けている。石油生産の拡大により、ますます繁栄を続けるアゼルバイジャンは、アゼリ族の伝統文化の復活のみならず、西側の消費社会的な側面も支えてきた。イランのイスラム政権下の南アゼルバイジャンはなおも開発が遅れており、文化的に保守的なままである。

19世紀の初めには、この地域の大半は諸ハン国の自治下にあった。拡大するロシア帝国は、1805～1813年のあいだに弱体化したペルシャから北のハン国を少しずつ併合した。1813年のゴレスターン条約により、アゼルバイジャン北部のロシア領有が認められ、アゼリ族の居住地域はアラス（アラクス）川でロシア領とペルシャ領に分割された。現在はアゼルバイジャンとイランの国境を形成している。2つに分けられたアゼリは、強制的な文化・政治的影響力に抵抗するほど民族の自意識が強くなかった時代にそれぞれのやり方で発展した。19世紀後半、ロシア領アゼルバイジャンで民族主義が高まり、アゼリ族の民族主義政党が結成され、なかには完全な独立を掲げる政党もあった。バクー油田の大規模な石油鉱床が開発されて、20世紀が始まる頃には世界の石油供給量の半数以上を生産していた。アゼリ油田は第一次世界大戦中、ロシアの戦争努力においてとりわけ重要だった。ロシア革命とロシア帝国の崩壊により、北のロシアのアゼリ族は独立を宣言し、1918年にアゼルバイジャン民主共和国が樹立された。ロシアの新ソビエト政権は、バクーの石油が何としても必要だったため、1920年、この新共和国へ侵攻した。ソビエトの統治者たちは、ソ連領アゼルバイジャンとイランとの新たな国境を巧みに封鎖し、2つに分断されたアゼリ族の国家はあらゆる公的な接触を断たれた。南のアゼリ族は宗教や文化においてペルシャと密接な結びつきをもっており、民族主義の影響も弱く、そのためロシアからの攻撃の脅威も少なかった。彼らの多くはペルシャ政府で要職についており、1920年代から30年代にかけて、社会的・政治的要求を和らげることができた。ソビエトの支配は

近代化と発展をもたらしたが、ソビエト同胞の名のもとに宗教と文化は抑圧された。第二次世界大戦中、アゼリ油田は重要な役割を担い、何十万人ものアゼリ族がソビエト軍の一部として戦った。10万人以上の女性を含む約68万人のアゼリ族が徴兵され、侵攻してくるファシスト軍との戦いに送られた。およそ25万人のアゼリ族が戦死したと推定され、約130人がソ連邦英雄の称号を与えられた。ソビエト軍でアゼリ族として最高位にあったハジ・アスラノフ少将はこの英雄称号を2回授与されている。戦時中、ソ連軍はイラン領アゼルバイジャンを占領し、戦争の終結から半年以内に撤退すると約束した。にもかかわらず、ソ連軍の部隊は終戦後も留まり続け、地元の民族主義グループと連携したアゼリの共産主義政党トゥーデ党が宣言したアゼルバイジャン自治共和国を支援した。1946年、西側の圧力とソ連とイランの政府間の新たな石油協定の取り決めにより、ソ連の占領が終了し、アゼルバイジャン国民政府は短命に終わった。1950年代、この地域で無線の使用が普及するのにともない、ソ連とイランのアゼリ族の接触を禁じることがますます困難になった。接触が増えたことで、ソ連のアゼリ族はイランにいる同族にひそかに援助の手を差し伸べることが可能になった。シャー の政権下での抑圧にもかかわらず、南のイラン領のアゼリ族は経済的に繁栄し、国中のバザールを支配した。陸軍士官の3分の2と、イランの知識人や教師、作家の多くを輩出した。ソ連の抑圧的な体制が緩和され、イスラム革命に先立ってイランを席巻した近代化により、国境を越えた文化や親族の交流への関心が新たに高まった。ソビエトのアゼルバイジャンでは、民族の再生とともに宗教の復興も起こった。1979年に王政が崩壊し、厳格なイスラム体制が敷かれたことで、南アゼルバイジャンの都市の多くで、行き過ぎたイスラム体制への反発と、反政府暴動が激化した。1983年、イランにあるすべての民族主義政党が正式に解党となった。大規模な弾圧のなかで、多くのアゼリ族女性を含む何百人というアゼリ族の宗教的・文化的指導者や非合法組織のメンバーが投獄された。1979年の革命後にアゼルバイジャンのさまざまな文化および言語に関する出版物が出されたが、1984年まで残存していたのはひとつだけだった。1980年代に規制がさらに緩和されたことで、ソ連領のアゼルバイジャンで民族主義的感情が急速に広まった。地域内で市民の暴動や民族の衝突が続発し、とくにアゼリ族とアゼルバイジャン・ソビエト社会主義共和国内の少数派のなかで多数を占めるアルメニア

人との衝突が激化していた。ソ連の急速な崩壊により、アゼルバイジャン共和国が独立宣言し、ただちに西側諸国に承認された。独立当初は、隣国アルメニア共和国およびアゼルバイジャン南西部のアルメニア人が多く居住するナゴルノ・カラバフ地域との対立が注目を集めることが多かった。1994年にアルメニアとアゼルバイジャンの2つの新生独立共和国の軍事衝突が終わりを迎える頃には、アルメニア人は紛争の火種であるナゴルノ・カラバフ地域を含むアゼルバイジャンの領土の最大16パーセントを掌握していた。民族的、宗教的対立もともなったこの紛争により、1990年代にアゼルバイジャンのロシア系・アルメニア系少数民族の多くが国外に流出することとなった。アゼルバイジャン独立の影響は、南のイラン領アゼルバイジャンのあいだに広がっていき、1999年に広範にわたる騒乱をもたらした。イラン系アゼルバイジャン人の学生デモと文化的要求は、イランを支配する抑圧的で保守的な宗教的指導者の政策に対する不満をしめす最初の重要な兆候だった。政治・宗教・文化的指導者の多くが北アゼルバイジャンに逃亡した。そして、南アゼルバイジャンの権利を主唱するムハモウダリ・チェフレガニ博士の拘束がアゼルバイジャン共和国内の新聞や国際人権団体の注目を集めた。イランからの宗教的影響を受けて、宗教的マイノリティ、アゼルバイジャンの伝統から解放された女性を標的とする保守的な組織が形成されるなかでイスラム政権を求める声が上がっている。とはいえ、アゼルバイジャンの住民の圧倒的多数にとっては、より穏健なかたちのイスラム教シーア派が世俗政府を助け、旧ソ連時代と1991年の独立以降の社会がつくりあげた進歩を支えてきたのである。欧州連合（EU）、トルコ、アメリカやそのほかの西側諸国との緊密な結びつきは、とくに都市部における豊かな中産階級、欧米型の女性の平等の普及と、多くの国際機関への参加を後押ししてきた。イランに住むアゼリ族は、ますますひどい扱いを受けるようになっており、とくに過去のイスラム支配者らが約束した権利を要求する女性たちは厳しい処遇を受けている。男女平等は現在、イスラム教の教義に反するとみなされている原理のひとつである。アゼルバイジャンとイランに住むアゼリ族は、約2世紀にわたって政治的国境で隔てられてきたが、文化的、言語的な強い結びつきを保っている。一部の政治団体は、2つに分断されたアゼリ族を主権をもったひとつの共和国にまとめるための取り組みを続けている。

イスラム圏初のオペラ

ウゼイル・ハジベヨフによるオペラ『ライラとマジュヌーン』は、ムスリム圏で作曲され、上演された最初のオペラとされる。初演は1908年1月12日、アゼルバイジャンの首都バクーのタギエフ劇場だった。有名な詩を下敷きにしているこのオペラは大成功をおさめ、東洋とヨーロッパの両方の音楽形式を組み合わせた新しいジャンルの基盤となったと考えられている。今日、このオペラはアゼルバイジャンの文化遺産の重要な要素とみなされ、1908年の初講演以来2万回以上も上演され、5本の映画といくつかのアゼルバイジャンのテレビ番組の原作として使われてきた。

もっと知りたい人のために

Atabaki, Touraj. Azerbaijan: Ethnicity and the Struggle for Power in Iran. London: I. B. Tauris, 2000.

Azerbaijan Culture. "General Information on Azeri Culture." Accessed July 30, 2013. http://www.azerbaijan.az/_Culture/_General Info/_generalInfo_e.html

Bolukbasi, Suha. Azerbaijan: A Political History. London: I. B. Tauris, 2011.

Isgenderli, Anar. Realities of Azerbaijan, 1917-1920. Bloomington, IN: Xlibris, 2011.

アチャン（阿昌）族
Achang

　アチャン（阿昌）族は、マインタ、Ngac'ang、Mengsa、Echangなどとも呼ばれる小さな民族集団で、おもに中国の雲南省に居住しているほか、国境を越えたミャンマーにも住民が見られる。推定5万人のアチャン族は、さまざまな民族集団が混在する多文化地域に住んでおり、多様な文化や言語に大きな影響を与えてきた。アチャン族の言語は、シナ・チベット諸語のチベット・ビルマ語派に属するとされるが、アチャン族の多くが近隣民族の言葉も話す。また、彼らのほとんどが複雑な信仰体系を受け継いでおり、そのなかには上座部仏教、道教、シャーマニズム、祖先崇拝などの儀式や伝統が含まれる。

　多くの学者は、アチャン族は約2000年前に現在の四川省と甘粛省にまたがる辺境地域に存在した古羌人の子孫と考えている。多数の記録によると、漢族と古羌人はひんぱんに衝突し、その争いは漢王朝末期まで続いた。絶え間ない戦いと自然災害により、一部の古羌人の氏族は近代の初めに南への移住を余儀なくされた。古くから、アチャン族は早くは2世紀には怒江の上流域に住んでいたと考えられてきた。雲南の山岳地帯に最初に住み着いた人びとのうち、アチャン族は1000年以上前に中国唐王朝の役人に知られていた。歴史を通して、アチャン族は瀾滄江の東岸沿いに住んでいたが、12世紀に川の西側の土地に移住を始めた。13世紀までには、いくつかの氏族が現在隴川として知られる地域に定着していた。また、高黎貢山脈の南端に広がる地域、今日の梁河県周辺に移り住んだ氏族もいた。小さな平野に定住した氏族は、たいてい周りを山に囲まれていた。典型的なアチャン族の村落は山の麓か平野の端にあった。村は通常、いくつかの父系の氏族からなる家族で構成されており、近隣の民族集団と混住する村落もあった。1448年、漢族の明朝の軍がアチャン族の居住地域を征服する。駐屯兵として残った明軍の兵士たちがアチャン族の女性と結婚し、フサと呼ばれるアチャン族の一氏族となった。彼らは自分たちを別の集団とみなしていた。16世紀まで、アチャン族はジンポー族の一分派と考えられていたが、当時、両者には明らかな違いがみられた。17世紀には、この地域をおさめていた傣族や漢族の封建領主たちは、近縁のジンポー族とは異なる集団としてアチャン族を認識していた。

　アチャン族の小氏族と、近隣の漢族や傣族、ジンポー族との何世紀にもわたる

交流は、アチャン族の文化に多大な影響をもたらした。アチャン族は大半が農民で、水稲栽培を営んでいる。通常、米は家族が翌年に必要とする分をのぞいて、大部分が政府の言い値で売ることを強いられている。米のほかにも、サトウキビやタバコといった換金作物もつくっている。また、フサ族は戸撒刀(フサダオ)をはじめとする独特のナイフや刀剣を作製することで有名だ。鉄器の製造は14世紀から盛んにおこなわれてきた。アチャン族の社会は父系制で、男系が継承されていく。結婚における唯一の制限が、同一氏族内婚を禁じる風習で、別の民族との結婚はかなり一般的だ。基本となる社会単位は家父長制家族で、2、3世代が拡大家族として同居している。伝統的に、末の息子が家に残って両親の世話をし、実家やそのほかの財産を相続する。娘は持参金を受け取るが、男兄弟がいない場合をのぞいて相続は受けられない。フサ・ラサ地区では、ほぼすべてのアチャン族が上座部仏教を信奉しているが、ほかの地域では祖先の霊を崇敬し、シャーマンと魔術を信じている。アチャン語は、チベット・ビルマ諸語のロロ＝ビルマ語派に属し、ミャンマーの主要言語であるビルマ語と密接に関連している。中国に住むアチャン族の多くは、近隣民族が話す標準中国語や傣語の話者である。ミャンマーでは多数のアチャン族が第二言語としてビルマ語を話す。アチャン語には口頭伝承の根強い伝統があるが、表記には漢字やビルマ文字が使用されている。

　明・清(しん)代のほとんどの期間、アチャン族は傣族や漢族の封建領主に直属する地元の村長に統治されていた。アチャン族の村長とその一族は税金や貢物を徴収し、労働を強制し、アチャンの村を封建的に支配する権限を与えられていた。アチャン族の村落のほとんどは隔絶されたままだったが、19世紀になって、清朝の漢族の官僚らが山岳地帯にもやってくるようになり、アチャン族などの先住民族をより厳しく漢族の支配下に置いた。地域の封建制度はほぼ変わらず続いたが、それも1949年に中国で共産主義革命が起きるまでのことだった。大規模な土地改革計画とその後の集団農場化により、アチャン族の経済は混乱に陥った。大躍進政策——経済と産業化、農地と労働力のさらなる集団化に重点を置いた政府の計画——のあいだ、アチャン族は多くの苦難に直面した。1967年から1977年にかけての文化大革命では、アチャン族の伝統文化の多くの象徴的、世俗的な側面にくわえ、あらゆる宗教的シンボル、工芸品、伝統的な祝祭が禁じられたため、彼らの居住地域の混乱はますます深まっていった。この数十年間で、何千人もの

アチャン族が死亡した。なかでも1949年以前に財産を所有していた人びとは、裏切り者や搾取者と非難された。1980年代以降、宗教や信仰体系に対する厳しい規制が緩和され、アチャン族の多くが伝統的な宗教的信仰を受け入れている。近年では、国家による観光産業の促進がアチャン族の村々にさまざまな変化をもたらしている。伝統的な儀式や舞踊、音楽が観光の目玉として復活し、アチャン族は古来の文化的伝統を取り戻すことができた。

もっと知りたい人のために

Adamec, Ludwig W. Historical Dictionary of Afghanistan. Lanham, MD: Scarecrow Press, 2011.

Barfield, Thomas. Afghanistan: A Cultural and Political History. Princeton, NJ: Princeton University Press, 2010.

Steward, Rory. The Places In Between. Boston: Mariner Books, 2006.

ローリー・スチュワート『戦禍のアフガニスタンを犬と歩く』(高月園子訳、白水社、2010年)

World Directory of Minorities and Indigenous Peoples. "Aimaq." Accessed July 30, 2013. http://www.minorityrights.org/?lid=5452

アルタイ族
Altay

　オイロート、テレウト、テレ、テレンギット、山のカルムイク、白いカルムイク、黒いタタールとも呼ばれるアルタイ族は、アルタイ共和国、アルタイ地方およびカザフスタン、中国、モンゴルと国境を接するシベリア南部の近隣地域に住むテュルク語系民族である。アルタイ族の祖先にはモンゴル系とテュルク系の両方が含まれる。アルタイ語はテュルク諸語の北語群に属する言語で2つの方言群に分けられる。およそ7万5000人のアルタイ族の大多数は、ロシア正教を信奉しているが、キリスト教以前の精霊信仰の信仰体系も同様に受け継がれている。

　パジリク族が出現する以前のアルタイ族についてはほぼ知られていない。パジリク族はアルタイ山脈に居住するアルタイ族のさまざまなグループの神話的な祖先とされている。コーカサスとモンゴロイド人種が混合した系統のパジリク族は、紀元前6〜前3世紀頃にアルタイ山地に高度な社会を築いた。5世紀のアルタイ地方のテュルク系部族および西モンゴルの部族として、アルタイ族は歴史の記録に初めて登場する。狩猟や罠猟、牛や羊、山羊の群れを飼育して生活する遊牧民のグループだった。6〜8世紀の

あいだに、アルタイ山脈の古代テュルク系民族と、ウイグル族やオグズ族、キプチャク族などのテュルク系遊牧民族が徐々に混ざり合ってアルタイ部族が形成された。13世紀、モンゴルの拡大はアルタイ地方にまでおよんだ。モンゴル帝国の形式上の支配が2世紀以上続くなかで、アルタイ族はモンゴル族の多数の特質や伝統を吸収した。1399年頃、西モンゴルとテュルク系の民族による連合体、ドルベン・オイラトが形成される。この強力な部族連合は16世紀にアルタイ地方を併合し、最終的にはその影響力を遠く中央アジア全域にまで広げた。この連合は1758年、拡大を続ける中国によって完全に崩壊させられて消滅し、その後の戦争でアルタイ族の人口は激減した。ロシアの東方への領土拡張の先兵として、スラヴ系コサックが1500年代にアルタイ地方に侵入する。16世紀後半までには、ロシア人は北部のアルタイ部族から定期的に毛皮税を徴収していた。重要な毛皮交易を支配することで、ロシア人は次の世紀にわたって南部の山岳部族にみずからの権力を拡大することができた。1756年、南部のアルタイ部族は中国の侵略を受け、ロシアの保護下に入ることを受け入れる。ロシアはその地域に民政を樹立し、貴重な毛皮を税として徴収したが、ほとんどの場合、部族集団が彼らの伝統的な統治者のもとで自治をおこなうことが許されていた。ロシア人にオイロトと呼ばれていたアルタイ族は、すぐにヨーロッパからの病気とロシアのウォッカに取りつかれた。

テュルク系とモンゴル系の血統をもつアルタイ族は、複数の部族や氏族グループからなる2つの文化的・言語的区分である北部アルタイ族と南部アルタイ族に大別される。両者の違いには、身体的な相違も含まれる。南部グループはモンゴル族と外見が似ていて、北部グループはテュルク系に近い。ロシア帝政時代、アルタイ族は多くの異なる民族の集合体とみなされていた。彼らがようやく独立した民族として統合されたのはソ連時代の初期になってからだった。1920年代以前、彼らはみずからをひとつの民族集団とはみなしておらず、共通する民族名ももっていなかった。何世紀ものあいだ、アルタイ族は自分たちの伝統文化と古くから続く生活様式を固守していた。ロシア正教会の布教活動により、多くのアルタイ族がキリスト教を受け入れたが、シャーマニズムの信仰を守り続ける者や、ブルハニズム——シャーマニズムの伝統とキリスト教、仏教の信仰を組み合わせた20世紀初頭に生じた宗教運動——を信奉する者もいる。アルタイ族は、北方のテュルク系の言語グループに分類され

る2つの方言を話す。両者は別の言語とみなされることも多く、相互の言葉は理解できない。北部方言はウイグル語に近く、南部方言はキプチャク・テュルク諸語に属しており、文語には南部方言が用いられる。

1800年代初め、遊牧生活を送る多くのアルタイ氏族がロシアの圧力を受けて定住区画に居住するようになった。ロシア正教会の宣教センターが設立され、多数のアルタイ族がキリスト教に改宗したが、ほとんどが強要によるものだった。1840年代、ロシア人宣教師らが南部方言のナレウト方言を基に、ロシアのキリル文字を用いたアルタイ語の表記を創出する。1904年、明らかに反ロシア的な救世主信仰である宗教運動がアルタイの諸部族のあいだに広まった。アク・ヤンとも呼ばれるこのブルハニズムは、オイロト・ハーンを信仰の中心としていた。彼はアルタイ族を解放し、中国やロシアがやってくる以前のアルタイ族の偉大を取り戻すことを約束した、とされた。アルタイ族の解放を約束することで、この信仰は民族主義の基盤を支えたのである。ヨーロッパロシアからのシベリア鉄道の完成がロシアによる植民地化を促進し、アルタイ地方で高まっていた民族間の緊張にいっそうの拍車をかけた。1917年、ロシア革命の嵐が地方全域に吹き荒れた。アルタイの諸部族は初めて団結し、権力掌握を試みる地元のボリシェヴィキに抵抗した。反ボリシェヴィキの白軍と同盟し、アルタイ族はロシア内戦のもっとも激しい戦いのいくつかにくわわった。1920年に白軍が敗北したあとも、アルタイ族は1922年までソビエト侵攻軍に抵抗を続けた。敵対する白軍の側についたアルタイ族への処罰の一環として、新生ソビエト政府は広大なアルタイ・ステップをロシア人入植地に指定し、新たにつくられた自治州──アルタイ族の最大の部族にちなんでオイラトと呼ばれた──にアルタイ族を閉じ込めた。定住と、家畜の群れの集産化を強いられたアルタイ族は無関心に陥り、急速に衰退して人口も減り始めた。ソビエトの普遍文化の受け入れを迫るアルタイ族への圧力が高まるにつれ、アルコールが大きな社会問題となっていく。第二次世界大戦中、ソビエト当局はアルタイ族の指導層が親日的だと非難した。粛清(しゅくせい)によって多数のアルタイ族の政治家や文化人が強制労働収容所送りになるか、抹殺された。1948年、ソビエト政府は"オイロト"という言葉を反革命的として使用を禁じた。アルタイ族の居住地区の名称はオイロトからゴルノ・アルタイに変更された。ソ連の厳しい支配下にあったにもかかわらず、アルタイ族は教育・健

康面で飛躍的に向上した。1950年代後半からゆっくりと復活が始まり、1960年代半ばには長期にわたった衰退が上向きになっていった。1991年のソ連崩壊により、アルタイ族の居住地域は新生ロシア連邦の加盟共和国の地位に引き上げられた。

アルタイ族の信仰、ブルハニズム

ブルハニズム（またはアク・ヤン、アルタイ語で「白い教え」の意）は、アルタイ族の男性とその娘が、白馬にまたがる白衣の人物の幻覚を見たと報告したときに始まった。彼らはその人物をアク・ブルハンと呼び、彼が現われたのは、神話の民族的英雄オイロト・ハーンの到来が差し迫っていることを告げているのだと信じていた。信奉者によれば、オイロト・ハーンはアルタイ族をロシアの支配から解放し、彼らにロシア以前の偉大さを取り戻すことを約束した。この新興宗教は1900年代初頭にアルタイ部族のあいだにまたたくまに広がり、ロシア農民の暴徒らに激しい抑圧を受けることも多かった。近年、アルタイ地方で復活を見せている。

もっと知りたい人のために

Adamec, Ludwig W. Historical Dictionary of Afghanistan. Lanham, MD: Scarecrow Press, 2011.

Barfield, Thomas. Afghanistan: A Cultural and Political History. Princeton, NJ: Princeton University Press, 2010.

Steward, Rory. The Places In Between. Boston: Mariner Books, 2006.

ローリー・スチュワート『戦禍のアフガニスタンを犬と歩く』（高月園子訳、白水社、2010年）

World Directory of Minorities and Indigenous Peoples. "Aimaq." Accessed July 30, 2013. http://www.minorityrights.org/?lid=5452

イ(彝)族

Yi

イ(彝)族はロロ、ノス、Nuosu、Butuoなど多くの名称で知られ、中華人民共和国政府が公式に認定している56の民族集団のひとつである。おもに中国南部の雲南、四川、貴州、広西の農村部に居住する大きな民族集団で、ベトナムとタイにも小規模なイ族のコミュニティがある。中国のイ族人口は約780万人とされ、チベット・ビルマ語族のロロ諸語の東南部方言に属するイ語を話す。イ族のほとんどは伝統的な精霊信仰を保持しており、その多くに道教、シャーマニズム、物神崇拝の要素が混交している。

イ族は多数の文化的、民族的グループに分かれているが、古羌人の一派だったという共通の起源をもつとされる。古羌人はチベット族、ナシ族、チャン族の祖先でもあると考えられている。イ族の祖先はチベット高原地域から四川を経て雲南に移住し、現在もイ族の大多数がそこに住んでいる。中国の歴史書によると、紀元前200年頃に漢族が安寧河流域を征服した。漢族はその地に邛都と呼ばれる県を設置した。邛都は漢族の支配下に入った最初のイ族の領域となった。三国時代の蜀(221〜263年)は、イ族の王が率いる部族連合体を築いたイ族の祖先と幾度となく戦った。最終的に漢族がイ族を破り、征服したイ族の領土に帝国を拡大した。イ族は歴代の中国王朝の統治下にあったが、多くの地域、とくに隔絶された山岳地帯では漢族の支配力はさほど強いものではなかった。中国人はこの地域の住民を、漢語で「野蛮人」を意味する夷と呼ぶようになる。何世紀ものあいだ、言語的、文化的にイ族に関連するさまざまなグループが、氏族や地理的な領域にまつわる多数の呼称や、漢族や近隣の民族から与えられた名称で呼ばれた。おそらく紀元前2世紀か3世紀に、雲南の滇池周辺に住んでいたイ族は階層化された階級制度を発展させた。漢王朝はこの地を滇国とし、中国皇帝が滇池のイ族の長に「滇王」の称号を与えた。イ族はしばしば貧しい階級や近隣民族の人びとを奴隷とし、イ族の経済の一部は奴隷労働で成り立っていた。8世紀、南部にイ族、ペー族、ナシ族を中心とする南詔王国が建国され、南詔の長は「雲南王」に封ぜられた。奴隷と農民の反乱の圧力から南詔が崩壊し、937年に後続国家である大理が樹立される。奴隷制度はしだいに、農奴や債務奴隷を土地で働かせる地主制度に移行していく。13世紀、モンゴル侵略軍が大理とイ族の領土全域を制圧し、中国のモンゴル元王朝の支配下に置いた。元朝の行政官は雲南、

貴州、四川のイ族居住地域に民政・軍政を敷き、ほとんどの場合、皇帝の名の下に任命した世襲の首長に統治させた。14〜17世紀にかけて、多数の漢族の移民がイ族の領域に定住した。18世紀に入ると、清朝の満州族はついに世襲制の首長に官位を与える制度を廃止して、中国の王朝が任命した地方官を派遣する政策をとった。この移行により、イ族の領域における支配権が強化され、封建的地主制度が確立された。イ族の大部分は小作農で、大地主が所有する土地でたいてい高額の地代を払って働き、虐待を受けることも多かった。文化の同化政策が進められ、イ族の多くが自分たちの伝統や習慣を捨てて、漢族の伝統を受け入れることを強いられた。18世紀には、腐敗した役人や貪欲な地主、奴隷制度の名残りなど、横暴な体制に対する蜂起が中国南部のイ族の居住区全域で頻発した。

イ族はおもに、雲南省北部、四川省南東部、貴州省南西部、広西チワン族自治区の北部の山岳地帯に散在している。昔からイ族は不屈で、打たれ強く、攻撃的な民族であることに誇りにしてきた。イ族の集落は伝統的に頑丈な柵で囲む方法でつくられてきた。これは、イ族の歴史が暴力に満ちていたことをしめしている。イ族の村々は、起伏の激しい土地のさまざまな標高に位置している。気候も降水量もばらばらで、近くの村でも顕著な違いがあるため、イ族では古くから「村をひとつ離れただけで天気が違う」と言われているぐらいだ。これが、多くのイ族のあいだで文化、生産物、方言に大きな違いがある最大の理由となっている。歴史を通して、イ族は4つの異なる階級——諾蘇（ノス）、曲諾（チュノ）、阿加（アジャ）／瓦加（ワチャ）、呷西（ガシ）——に分かれていた。ノス（黒イの意）は血統で定められた永続的な貴族階級で、ほかの階級からノスにあがることはけっしてありえなかった。チュノ（白イ）は平民のなかでいちばん上の階級であり、イ族の人口の約半数を占めていた。チュノはノスに隷属していたが、ある程度自由な状態にあり、下の階層のアジャやガシを支配したり、所有したりすることができた。チュノは貴族のノスが管轄する区域に縛られ、財産や移動の制限を受けていた。人口の約3分の1を占めるアジャは、おもに売り買いされる農奴として所有者であるノスやチュノに拘束されていた。最下層のガシは、イ族の人口の約10パーセントを占めていた。彼らは財産を所有することを禁じられ、個人の権利や自由もなく、「しゃべる道具」とみなされていた。20世紀半ばまで奴隷制が続いていた地域では、ガシが奴隷階級を構成していた。3つの下層階級は

それぞれが貴族階級のノスのために働き、チュノは自分の役畜や奴隷を使って年に5日から10日間、ノスのために無償で労働することを強いられていた。アジャはすべての労働時間の3分の1、ときには2分の1を無償労働させられていた。厳格な階級制度のもとで、結婚は同じ階級内——ただし直系の氏族はのぞく——に限られていた。多くの地域で、氏族制度はノスの貴族の特権を守り、支えながら階級制度を広げる役割を担っていた。階級制度は1950年代に中国政府によって解体されたが、家父長制、一夫一婦制の家族といった伝統はイ族社会の基本単位として今も強く残っている。イ族の大部分は道教、物神崇拝、シャーマニズムの要素をとり入れた、古くからの宗教的信仰を受け継いでいる。"ピモ"と呼ばれるシャーマンは出産や葬儀にくわえ、結婚式などの祝事をつかさどる。イ族の一部は仏教を受け入れているが、ほとんどの人は今も火、木、岩、丘、水、大地、空、風、森の精霊を崇拝している。精霊は日常生活で大きな役割を果たしていると考えられている。20世紀初頭にこの地域が宣教活動の拠点とされたため、とくに雲南省にキリスト教徒の大きなコミュニティが存在する。イ族は、チベット・ビルマ諸語のロロ語派に属する彝語——四川彝語とも——を話す。中国政府が認めているイ語は6つあり、語彙の25〜50パーセントが共通している。イ族の多くは標準中国語や近隣民族の言語も話す。

19世紀、封建制に反発するイ族が多数の蜂起を引き起こした。なかでも1802年と1814年、1838〜1839年、1875〜1892年にかけての反乱は激化した。四川省と雲南省の大涼山地域の奴隷所有者はしばしば暴動の標的となった。貴族と地主はその権力を用いて、散発的にくり返される反乱をたいていは残忍な方法で鎮圧した。雲南・ベトナム鉄道沿いのイ族の居住区とその地域に新設された道路に、資本主義の要素が見られるようになる。各地でさまざまな手工業や近代商業が発展した。町や都市に住むイ族の生活水準は漢族とほぼ同程度だったが、山間部の村落でははるかに低かった。1860年以降、ヨーロッパの宣教師がイ族の居住地域を訪れるようになり、教会だけでなく多くの教会学校が建てられた。なかでも雲南省では、イギリスとフランスの宣教師が活発な布教活動をおこなっていた。1851〜1864年に中国北部で起きた太平天国革命（太平天国の乱）の影響を受けて、イ族や一部の近隣民族が蜂起し、この地域は10年以上にわたって混乱に陥った。1911年の辛亥革命で清朝が滅ぼされ、イ族にも新たな統治シ

ステムがもたらされたが、虐待的な地主や貴族の多くはそれまでと変わらず権力や特権を保持していた。1920年代から1930年代初頭にかけて、最悪なまでに行き過ぎた体制と戦うためにイ族の多くが反政府グループや団体にくわわった。1935年、日本の侵略に抵抗し北への長い行軍を続けていた共産党反乱軍がイ族の領域を通った。中国における少数民族の解放と平等の理想を掲げる彼らは、イ族に強く前向きな印象を残した。共産党紅軍の工作員たちは、地域を通る際に地元の専制的な領主や残忍な貴族、腐敗した政府の役人を厳しく罰した。そして、飢えたイ族の農民に食べ物を与えるために裕福な家の納屋の多くを開放した。多数のイ族の若者が紅軍にくわわり、日本と中国の両政府軍と戦った。1945年に日本が敗北すると、国民党軍と共産党軍の国共内戦が再開する。1949年の共産主義者の勝利に続いて、イ族の居住地域では貴族階級、地主、大部分の商人や民間企業が打倒・排除された。地域によっては、共産党幹部がやってくるまで奴隷制が続いていたところもあった。1960年代まで、強盗団が僻地を荒らし回っていた。イ族、なかでもかつての下層民は教育と豊かさの面で大きな進歩を遂げたが、イ族の居住地域が険しい地形にあるため、経済的発展にはばらつきが残っていた。1980年、イ族の学者グループは、イ族の歴史記録の研究、保存、照合、翻訳、出版を通して、イ族文化の人類文明への貢献を促進することを決定した。中央政府の承認は得たものの、本格的な歴史記録の調査にはいたっていない。1980年代に始まった経済・政治改革は、とくに中国東海岸沿いの成長著しい地域との森林産物の貿易を通して、イ族に新たな機会をもたらした。

もっと知りたい人のために

Harrell, Stevan. Perspectives on the Yi in Southwest China. Berkeley: University of California Press, 2001.

Harrell, Stevan. Ways of Being Ethnic in Southwest China. Seattle: University of Washington Press, 2002.

McCarthy, Susan K. Communist Multiculturalism: Ethnic Revival in Southwest China. Seattle: University of Washington Press, 2009.

イテリメン族

Itelmen

　イテリメン族は、カムチャダールとしても知られるシベリアの民族集団である。シベリア北東部のカムチャツカ半島の先住民族で、自分たちを"イテンメン・イテリメン"と呼ぶ。これは、「乾いた土地に住む人」または「人間」という意味になる。推定3000〜5000人のイテリメン族が、この大きな半島の中央を流れるカムチャツカ川の流域と西沿岸部を中心に居住している。イテリメン語はチュクチ・カムチャツカ語族のカムチャツカ語派で唯一現存する主要言語を形成している。イテリメン族のほとんどは、シャーマニズムと精霊信仰に基づく多神教を信仰し続けている。そのほかに少数がロシア正教を信奉したり、キリスト教の教えとキリスト教以前のシャーマニズムが習合した信仰をもっている。

　イテリメンの起源については、彼らがカムチャツカ半島の先住民族だという以外はわかっていない。おそらく約6000〜7000年前に北アジア本土から半島にやってきて定着した。彼らがこの半島に存在したことをしめす最古の考古学的証拠は5200年前にさかのぼる。イテリメン族は漁撈や毛皮の狩猟を生業とし、季節ごとに半島のさまざまな場所の漁場や狩場へと移動することが多かった。かつては現在のベーリング海峡にあった陸橋で2つの大陸がつながっていたため、イテリメン族の古代の祖先は北アメリカの先住民族の祖先と接触していたと多くの学者が考えている。ロシア人はシベリアを東に進んで、17世紀後半にカムチャツカ半島に到達した。半島に住んでいた約1万5000〜5万人のイテリメン族に対する最初の軍事行動は、ロシアのために働くコサックとユカギール族によっておこなわれた。イテリメン族には重い税が課され、貴重な毛皮で支払うことを強いられた。ヨーロッパのさまざまな病気がイテリメン族に大打撃を与え、いくつもの村で住民が全滅して人口が激減した。"イテリメン"という名称は、1730年代にこの地域を訪れたロシアの調査隊によって初めて用いられた。1738年には、イテリメン族の人口はわずか9000人にまで落ち込んでいた。ロシアの植民地政策は、先住民族をヨーロッパロシアの文化に同化させることに重点を置いていた。残忍な植民地の行政官や商人、徴税人らがひんぱんにイテリメンの人びとを騙したり、彼らから盗んだりしたが、罰せられることはなかった。納める毛皮が足りないと判断したときは、徴収人はたいてい舟やそり、彫刻、食料、動物や道具を毛皮の代わりに没収

した。忌まわしい毛皮税"ヤサク"を確実にとり立てるために、部族の人びとが人質に取られることも多かった。征服者に毛皮を納めるという重荷にくわえて、ロシア人のために働く奴隷労働も強要されていた。残されたイテリメン族の人びとはロシア支配に抵抗して、1706年、1711年、1731年に蜂起を試みた。1740年代にはイテリメン族全体による広範な反乱が生じたが、こうした蜂起は容赦なく鎮圧された。多くのイテリメンが追放という処罰を受け、部族は離散した。1700年代初めには、イテリメン族のロシア正教への改宗が重視されるようになる。半島にウスペンスキー修道院が建てられ、1740年代から、キリスト教徒のロシア人農民がその地域に定住する。しだいに、イテリメン族は入植地の住民という自分たちの置かれた立場をあきらめて受け入れていく。ロシア人入植者に倣い、鉄の道具や漁網、ヨーロッパの衣類を使用するようになり、別の民族との結婚も多くなった。イテリメン族の人口は減少の一途をたどり、1767年にはわずか6000人になった。1768年から1769年にかけて深刻な天然痘の流行が起こったあとは、たった3000人しか残らなかった。

イテリメン文化は、シベリア北東部でいちばん小さく、もっとも古い文化のひとつである。イテリメン族は伝統的に川での漁撈と採集を生業とし、副次的に狩猟や海での漁撈もおこなっていた。部族は、血縁でつながった拡大家族の村落に住み、同じ川や漁場を共有した。夏用と冬用の住居があり、近親者が共同生活を送っていた。それぞれのコミュニティの名称は、自分たちが住んでいる川の場所にちなんで名づけられた。各コミュニティの長は尊敬を集めている長老で、その住居が重要な決定やコミュニティの祝い事の中心の場を担っていた。イテリメン族とコサックとの結婚は17世紀後半に始まり、かなりの数にのぼったため、イテリメン族とコサックの混血を指す"カムチャダル"という言葉が新しく使われるようになった。この言葉は、先住民族と混血の人びとの両方を含むグループ全体を指すこともあるが、"イテリメン"という名称はある時点から、今でもイテリメン語を話している人びとにのみ用いられるようになった。イテリメン語はチュクチ・カムチャッカ語族のカムチャッカ語派に属し、この語派で唯一存続する言語である。現在、イテリメン族のほとんどがロシア語の一言語しか話さないため、イテリメン語は深刻な危機に瀕している。近年、この言語を復活させる取り組みがおこなわれており、カムチャッカの多くの学校でイテリメン語が

教えられている。イテリメン族の伝統的な信仰体系は、多くの神を認める多神教である。"クトフ"と呼ばれる創造神が万物を創造したと信じられているが、この神は不幸の根源ともされている。そのほかにも、水のなかに住み、魚の姿をとることも多い精霊"ミトグ"、人間に似ているとされる森の精霊なども崇拝されている。また高山、なかでも火山の多い地域にも神や精霊が宿ると考えられている。雲に住む神または精霊は、雷、稲妻、嵐を司ると信じられている。

　1820年には、残存するイテリメン族はわずか3000人程度になっており、ロシア人の居住地域の小さな村々に散在していた。1870年までには、イテリメン族は消滅したとみなされていた。ロシア文化に同化し、ロシア語を使用し、少なくとも名目上はロシア正教会に属していたためである。20世紀に入る頃には、イテリメン族に関連する人びとのうち、イテリメン語を話したり理解したりできるのはわずか58パーセント程度になっていた。イテリメン族はたいてい無視され、軽んじられ、彼らの故郷の資源はロシア帝国政府に搾取された。1920年、ロシア内戦に勝利した共産主義者がカムチャツカを領有した。ソビエト政権の支配下でも、イテリメン族の状況は改善されなかった。当初はソ連当局に民族の独自性を認められていたほかの先住民族と違って、イテリメン族は民族籍を強制的に剥奪された。1925年、カムチャツカ県革命委員会は、半島の南部地域に住む、より同化の進んだ先住民グループをイテリメン族とはみなさないことを決定した。彼らはもはや伝統的な言語を話さず、ほとんどが周辺のロシア人農民と変わらない暮らしをしていたからだ。それらの同化したイテリメン族と彼らと混血したロシア人、さらにイテリメン族の先祖の呼称ははカムチャダールに改められた。この決定によってイテリメン族の人口は大幅に減り、これ以降、公式な書面で"イテリメン"と記されるのはチギリス地区の西海岸の住民のみとなり、その数は1930年にはわずか800人強だった。ソ連支配下の数十年のあいだ、残りのイテリメン語話者の同化は公式な政策として継続された。1950年代初頭、チギリ地区とカムチャツカ渓谷の小さな村々の住民が「存続不可能」として、ロシア語を話す人が多数を占める、もっと大きな集村に移った。イテリメン族は彼らの言語をほぼ喪失したが、民族意識は失わなかった。イテリメン族の民族籍を求める人は少数だが、実際には1959年から1979年のあいだに増えている。1991年、ソ連体制がついに崩壊し、ロシア連邦にとってかわった。ソビエト時代の制限が

撤廃されたことで、イテリメン族は消滅の危機に瀕していた自文化と民族語の復興を進められるようになった。2010年の国勢調査では、イテリメン民族として3193人が登録された。多くの学者はこの数字も、イテリメン族の子孫のほんの一部にすぎないと考えている。

もっと知りたい人のために

Bloch, Alexia, and Laurel Kendall. The Museum at the End of the World: Encounters in the Russian Far East. Philadelphia: University of Pennsylvania Press, 2004.

Forsyth, James. A History of the Peoples of Siberia: Russia's North Asian Colony1581-1990. Cambridge: Cambridge University Press, 1994.

ジェームス・フォーシス『シベリア先住民の歴史 ロシアの北方アジア植民地1581-1900』(森本和男訳、彩流社、1998年)

Sale, Richard, and Eugene Potapov. The Scramble for the Arctic: Ownership, Exploitation and Conflict in the Far North. London: Frances Lincoln Publishers, 2009.

Vahtre, Lauri, and Jüri Viikberg. The Red Book of the Peoples of the Russian Empire. "The Itelmens." Accessed July 31, 2013. http://www.eki.ee/books/redbook/itelmens.shtml

ウイグル族
Uyghur

ウイグル族 (Uyghur、Uighur、Uygur、Uighuir、Wei Wuer、East Turkestani、Kashgar Turki) は、おもに中華人民共和国の新疆ウイグル自治区南部のタリム盆地地域に居住するテュルク系民族。民族主義者が東トルキスタンと呼ぶ彼らの居住地域以外にも中国の湖南省、カザフスタン、キルギス、ウズベキスタンといった中央アジアの共和国、アフガニスタン、パキスタン、トルコ、アメリカ、カナダ、オーストラリア、ロシア、ヨーロッパ各地にウイグル族のコミュニティが存在する。ウイグル族の大多数は、天山山脈の南、新疆南部地域の大規模なオアシス中心部に居住している。新疆南部には、一部の肥沃な地域を含む広大なタリム盆地が広がり、領域の中心をタクラマカン砂漠が占めている。推定1050万人のウイグル族は、テュルク諸語のウイグル・チャガタイ語派に属する現代ウイグル語を話す。中国政府が信頼できる国勢調査の数字を公表していないため、人口推計は難しい。ウイグル族は圧倒的多数がスンナ派イスラム教徒で、中央アジアの近隣のムスリムと同じく、たいていイスラムの伝統とイスラム以前の儀式や慣習を融合させている。

ウイグル族の祖先は丁零と呼ばれる遊牧民族に起源をたどることができる。彼らはバイカル湖の南の渓谷とエニセイ川の広大な流域に居住し、牧畜以外に農業も営んでいた。また、エニセイ川流域では大量の鉄鉱石が簡単に見つかったため、ひじょうに腕の立つ金属細工師でもあった。紀元前300年頃、丁零族は匈奴の支配下に置かれる。匈奴は丁零族の金属細工の職人と技術を高く評価し、草原地帯で最初となる大帝国の軍隊のための武器を製造させた。中国の記録によると、紀元前129年に漢王朝と匈奴のあいだで戦争が勃発した。別の漢籍では、初期のウイグル族は紀元前206年から後220年まで漢族の支配下にあったとされている。ウイグル族に関するもっとも古い公式な記録は、357年の中国の年代記に見つかる。12氏族からなる丁零部族連合がじゅうぶんな勢力をつけて台頭し、481年から520年にかけてタリム盆地北部の地域に独立した部族国家を成立させた。ウイグル族の大部分を包含する最初の国家は、744年に懐仁可汗／クトゥルグ・ビルゲ・キョル・カガンのもとに樹立された。彼の息子のモユン・チョル（磨延啜）／葛勒可汗は近隣のテュルク系民族を征服して、ウイグル族の支配を北はバイカル湖、西はカスピ海、東は満州、そして南はインド国境まで広げ

た。840年、キルギス人がウイグル族の連合体を制圧し、首都を掌握した。ウイグル国家の崩壊により、現在の甘粛省と新疆にウイグルの小国家がいくつか設立された。13世紀のモンゴル拡大により、ウイグル族の自治は終わり、チンギス・ハーンの帝国に組み込まれた。ウイグル族はテュルク・モンゴルの軍勢の左翼を形成し、最終的にモンゴル軍は知られている世界のほとんどを征服した。934年にアラブの侵略者によって初めて伝えられたイスラム教は、シルクロードとして知られる交易路に沿ってまたたくまに広がり、モンゴル帝国の主要な宗教のひとつとなった。14世紀、モンゴルの支配力が衰えると、交易路沿いに多数のウイグル族の小国家が乱立し、その多くがムスリムの修学と寛容の地として名声を博した。東洋と地中海の交易拠点として、ウイグルの都市には多民族や異宗教集団が多数定住し、大きな図書館や精巧なモスク、豪華な宮殿、名高い公共建築物に彩られていた。中国の満州族の支配者は、西の領域を征服するために大軍を派遣した。1756年から1759年にかけての迅速な軍事作戦で、中国の征服者はウイグル族の地で称賛されていた民族・宗教的寛容を終わらせた。満州清朝下で、広大な新疆地域は民族紛争と散発する蜂起のるつぼと化した。

中国人が"維吾爾"と呼ぶウイグル族は、中華人民共和国で最大のテュルク系少数民族を形成している。ウイグル族は民族・文化・言語的に中央アジアのテュルク系民族と密接な関係にある。ウイグル族の多くは、何世紀にもわたる中国の支配から逃れるために中央アジアに移り住んだ。伝説的なシルクロードの交易都市の住民の末裔であるウイグル族は、今も新疆のバザールを支配している。中国の新疆地区に暮らす40の異なる民族グループのなかで最多のウイグル族の文化は、それよりも小さなテュルク系民族の多くにとり入れられてきた。中国の地域や省のなかでもっとも貧しい新疆ウイグル自治区では、ウイグル族の約90パーセントが中国が設定した貧困ラインを下回る生活を送っている。ウイグル文化は、初期のテュルク文化とのちにこの地域にもたらされたイスラム文化が混ざり合ったもので、数世紀にわたってシルクロード交易路を旅する隊商がもち込んだヨーロッパや東洋の影響がとけ込んでいる。ウイグル族は、そのほかのムスリムの集団とは異なり、概して男女の学生が一緒に教育を受けることを禁じていない。とはいえ、通常は女性は公の場から排除されている。イスラム教徒になる前は、ウイグル族の大多数は仏教を信奉するか、シャーマニズム信仰を守っていた。この地域の多くの石窟寺院には、初期のウイグル族と仏陀の描写が見られる。近隣の中央アジアの民族の例に漏れず、ウイグル族はイスラム教の信仰と、イスラム以前の初期の仏教やシャーマニズム信仰に由来する儀式や儀礼が独特に融合したイスラム教の民間信仰の一形態を受け継いでいる。ウイグル族は今もオオカミを崇拝し、オオカミの毛皮の上に横たわって出産するといった習慣が今日でも見られる。ウイグル族の男性は"ドッパ"と呼ばれる刺繍の入った伝統的な帽子をかぶり、より保守的な家族や地域のウイグル族の女性は顔をベールで覆っている。ほかのイスラム教徒とは異なり、ウイグル人は通常、一夫一婦制である。現代ウイグル語として知られるウイグル族の言語は、いくつかの地域方言と多数の下位方言で話されている。イスラム教への改宗の際にウイグル族に合わせて改変されたアラビア文字が、今もウイグルの文語の基本となっている。公式にはこの改良アラビア文字は1960年代、70年代に中国語の音韻に合わせて改良されたラテン文字に置き換えられている。ウイグル族の音楽は文化の不可欠な要素で、"ムカーム"と呼ばれる伝統形式に現代音楽の様式が組み込まれている。ムカームの形式は、アラブの"マカーム"から何世紀もかけて体系化されたものである。「十二

ムカーム」は、ウイグル民族の口承叙事詩からなる組曲で、古典や民謡、音楽とともに演奏され、多くの場合、舞踊をともなう。ウイグル族のムカームはユネスコの無形文化遺産に登録されている。

　イギリスはわずか3万の兵力で英領インドを統制していたが、19世紀初頭、満州族の中国はトルキスタン地域を制圧するために10万の軍隊を要した。1759〜1862年のあいだに、ウイグル族は42回も蜂起し、その多くにほかのテュルク系民族もくわわっていた。1863年から1866年にかけて、ロシアとイギリスの工作員に後押しされたテュルク系ムスリムが大規模な反乱を起こし、衰退しつつあった大清帝国はさらに支配力を失っていく。1871年、中央アジアから進攻した帝政ロシア軍がグルジャとイリ渓谷を占領し、イギリスはカシュガルを中心に独立国家を建国しようとするウイグル族の軍事作戦を支援した。独立したカシュガル王国は、オスマン帝国、帝政ロシア、イギリスに正式に承認された。1876〜1878年にかけて中国はウイグルの領域を再征服するが、このとき、反乱軍だけでなく一般市民の住む都市や町におこなわれた報復攻撃のすさまじさはよく知られている。数千人のウイグル族が清軍の猛攻撃を逃れて中央アジアのロシア領に避難し、今日も多くのウイグル族が居住している。「新しい土地」や「新たな領土」という意味をもつ新疆の領土は、1884年に大清帝国に正式に併合された。清朝政府はその広大な地域を4つの行政地域に分けたが、反抗的とみなされたウイグル族の住民は、彼らの誇りや団結、自尊心を破壊することを目的とした政策の対象となった。政府による分割統治が進められ、テュルク系ムスリムのグループ間の不和が助長された。多くのウイグル族は漢族との結婚を強要され、中国の服を着て、中国当局者に過剰なほどの敬意をしめすことを強いられた。中国人による残虐行為や中国当局者に対する不平を訴えれば、苦情を申し立てた当人だけでなく、その家族全員、さらには彼らの住む村や町への残酷な制裁が待っていた。政府当局は、中国支配に対する脅威とみなされる数千人のウイグル族の処刑を承認した。今日のウイグル族活動家は、19世紀に処刑または虐殺された人数を最大100万人と見積もっている。さらに50万人のウイグル族が中国の圧制から逃れるためにロシア領やアフガニスタンの荒野に逃げ込んだ。そして20万人がイリ渓谷の中国人居住地域にある家を追われた。土地を奪われたウイグル族は、中国占領軍に食料を提供する奴隷労働者として働くことを余儀なくされた。1911年の辛亥革命で満州族の清王

朝が打倒されたという知らせは、地域の住民に喜びをもたらした。残っていた中国軍に対する広範な蜂起により、中国領トルキスタンは数十年にわたる不安定と混乱の時代を迎えることになる。当初、中華民国政府は北西部のムスリム住民に対して融和的な態度をしめしていたが、権力を掌握した蔣介石は中国領内の少数民族に対してはるかに寛容さに欠けた。中国国民党政府の同化政策をめぐる動乱で数千人が命を落とした。1931年、ウイグル族は中国の行き過ぎた政策と虐待に対して蜂起する。反乱軍は中国の行政官と軍をウイグルの領域から追放した。ソ連の工作員の支援と後押しを受けて、反乱軍の指導者らは1934年に中国国民党に新疆の独立を宣言し、新たな共和国を東トルキスタン・イスラム共和国と呼んだ（第1次東トルキスタン共和国）。ソビエトの二枚舌に騙され、独立したムスリム国家はすぐさま戻ってきた中国軍の手に落ちた。

　1936年から1937年にかけて、新たなイスラム教徒の反乱がこの地域を席巻し、第二次世界大戦で東の中国中心部が壊滅したように、新疆の中国の行政運営は広範にわたって崩壊することになった。戦時中もイスラム反乱軍は進攻を続け、1945年1月にグルジャにある最後の中国軍駐屯地を制圧した。1945年1月13日、アリハーン・トラ指揮下の反乱軍指導者らは、東トルキスタン共和国として新疆の独立を宣言した（第2次東トルキスタン共和国）。ソ連政府は、テュルク系民族の民族主義がソ連領トルキスタンに広がることを恐れ、反乱軍のムスリム政権に対して、蔣介石の国民党政府と交渉するよう圧力をかけた。8か月におよぶ長い協議の末、共和国政府は最終的に中国の緩い統治下での自治という条件を受け入れ、武装解除にも同意した。武器が引き渡されると、中国当局は容赦ない弾圧を開始した。中国国民党政府の裏切りは、第二次世界大戦後に中国で激化した内戦において、蔣介石の大敗北につながった。1949年末、国民党への憎悪から、新疆地域全域が戦わずして共産党軍側に下った。共産主義体制下で、新疆は広大な漢族農業地区、不安定な辺境の強力な駐屯基地、そして悪名高い"労働改造所"——強制労働収容所——の中心地となった。やがて共産党の支配は国民党時代と同じくらい過酷であることが判明した。赤い中国、共産党の指導者、毛沢東は新疆の自治の約束を反故にし、多数を占めるイスラム教徒の割合を減らすために、政府の援助のもとで忠実な漢族をこの地域に大量入植させた。1950年にはこの地域の人口に占める漢族の割合はわずか3パーセントだっ

たが、1975年には50パーセント近くにまで増加した。1967〜1977年にかけて中華人民共和国を席巻した文化大革命の狂気のなか、中国共産党幹部は数千のモスクやイスラム教の寺院を破壊した。公共の場での礼拝は禁じられ、コーランの学校は閉鎖されて、ウイグル族は中国社会への同化を強要された。冷戦時代には、外界から隔絶された新疆は、何万人もの犯罪者——そのほとんどが政治犯だった——の流刑地となった。核廃棄物と化学廃棄物の投棄により、多くの地区がひどく汚染された。文化大革命の暴走は、冷戦後に緩和の時代へと移っていく。ウイグル語が公用語に戻され、一部の神学校が再開され、数に限りはあったがモスクの使用も許可された。

1990年代、2000年代には、宗教的、民族的不満から、この地域のウイグル族やその他のイスラム教徒に対する中国の扱いに、ふたたび望ましくない注目が集まるようになった。暴動や抗議デモは武力で鎮圧され、多くのウイグル族が死傷し、いくつかの都市のウイグル族居住区は廃墟と化した。2005年までに、中国は天然資源が豊富とされるこの戦略的要衝に100万人の兵士を駐留させたと軍事専門家らは推定している。ウイグル族は、文化的、言語的、地理的な違いを理由に、政府の推進する中国化に数十年にわたって抵抗している。

もっと知りたい人のために

Bovingdon, Gardner. The Uyghurs: Strangers in Their Own Land. New York: Columbia University Press, 2010.

Dwyer, Arienne M. The Xinjiang Conflict: Uyghur Identity, Language Policy, and Political Discourse. Honolulu: East-West Center, 2005.

Starr, S. Frederick. Xinjiang: China's Muslim Borderland. Armonk, NY: M. E. Sharpe, 2004.

The Uyghur American Association. "About Uyghurs." Accessed July 31, 2013. http://uyghuramerican.org/about-uyghurs

ウズベク人
Uzbek

　ウズベク人（オズベクとも）は、中央アジアのウズベキスタン共和国に集住する主要なテュルク系民族集団である。共和国外ではアフガニスタン、タジキスタン、キルギス（キルギスタン）、カザフスタン、トルクメニスタン、ロシア、中国の新疆地域、パキスタン、ウクライナ、オーストラリア、アメリカ、トルコに多くのウズベク人が居住している。テュルク系、コーカサス系、モンゴル系民族が混血したウズベク人は、その大多数がテュルク系やイラン系民族に似た身体的特徴をもつ。ウズベク人は中央アジアで最大の人口を抱える民族集団で、推定2800万人から3000万人が92の異なる部族グループに分かれている。ウズベク人は東テュルク語群あるいはカルルク語群のテュルク系の言語を話す。ウズベク人のほとんどがイスラム教スンナ派で、その大半がハナフィー派である。

　中央アジア地域は古代の文明と交易の中心地だった。なかでも、中国と東洋を地中海と西洋につないだ伝説の交易路網、シルクロード沿いの地域は交易の中継地として栄えた。この地域の住民のほとんどがペルシャ語を話す遊牧民族で、紀元前の最初の千年紀にこの地に定住した。彼らは川沿いに町や村を築き、大規模な灌漑システムの建設を始めた。ブハラやサマルカンドなどの都市が、行政、交易、文化の中心地として台頭した。ソグディアナ、バクトリアと呼ばれる地域は、ペルシャ語を話すオアシスの住民、初期のテュルク系遊牧民、ヨーロッパや東方からの旅行者が混住して繁栄した。ゾロアスター教、仏教、さらにはキリスト教までが古来のシャーマニズム信仰とともに信奉されていた。ペルシャの諸帝国やギリシャのアレクサンドロス大王、そのほかのさまざまな征服者に支配されるなかで、あらゆる民族集団の混血が進んだ。8世紀、アラブ系イスラム教徒の侵攻軍が中央アジアを征服し、今日にいたるまでこの地域の主要宗教となっている新たな信仰をもたらした。アラビア語で「マー・ワラー・アンナフル」と呼ばれる中央アジア地域は、イスラム教の学習と文化の中心地として名をはせ、繁栄を続けた。8〜9世紀にかけて、強大なイスラム帝国アッバース朝カリフの統治下で、この地域は黄金時代を迎える。ブハラは、イスラム世界における修学、文化、芸術の主要都市のひとつとなった。遊牧諸部族によるテュルク・モンゴル侵入は歴史の早い段階で始まっていたが、11〜12世紀にかけて、テュルク系民族のセルジューク朝がこの地域

を征服した。セルジューク朝の統治下では、交易の中継地が繁栄し、開かれた交易の伝統が維持され、広大な灌漑農業地域が保護された。セルジューク朝のテュルク系遊牧民は、サルト族と呼ばれるペルシャ語を話す定住民と混じりあって、のちのウズベク民族の中核を形成した。セルジューク朝のテュルク系民族はホラズム・シャー朝——のちにヒヴァとして知られる——を設立し、ホラズム・シャー朝はセルジューク朝の終焉とともに台頭した後継国家のひとつとなった。13世紀、小規模なテュルク系部族グループの移住が続いていたが、モンゴル・テュルク系のチンギス・ハーンの大軍がこの地域に押し寄せたとき、住民の大部分はなおペルシャ系民族だった。侵略軍によって荒廃した地域は、のちにチンギス・ハーンの子孫であるモンゴル系民族が支配するいくつかの後継国家の統治下に置かれる。モンゴル軍に大規模な灌漑システムを破壊されたことで、甚大な打撃を受けた文化は衰退の道をたどった。モンゴルの征服により、地域の大部分でテュルク化が加速した。テュルク系侵略軍が多くのペルシャ系民族を南に追いやったり、定住民をとり込んだためだ。14世紀後半、中央アジアはサマルカンドに首都を築いたティムール(タメルランとも)の統治下でふたたび繁栄を享受する。モンゴル軍の残党であるウズベク人は、1490年から1505年のあいだに中央アジアを制圧し、最終的にはその支配を現在のアフガニスタン、イラン、中国にまで拡大した。1557年、ウズベク人指導者たちは中央アジアの首都をサマルカンドからブハラへ移し、そこがウズベク国家ブハラ・ハン国の新たな中心地となった。古代のヒヴァ王国も混合民族のウズベク国家ヒヴァ・ハン国となった。スンナ派イスラム教徒を中心とするウズベク人と、西と南のシーア派ペルシャ人との緊張関係は、両民族の対立に宗教的な側面を加えた。16世紀、シャイバーニー・ハーン率いる新たなテュルク系遊牧民グループがこの地域に移ってきた。彼らはおもにブハラとサマルカンド周辺に落ち着き、定住民と混ざり始めた。16世紀の終わり、ブハラとヒヴァのウズベク国家は、国家間の抗争や絶え間ないペルシャ系民族の侵入で弱体化しつつあった。また、ヨーロッパ人がシルクロードの隊商路を通らずに中国やインドと交易するための新たな航路を開いたことで、交易も減少した。カザフ系、モンゴル系グループによる襲撃で両国は荒廃していく。1700年代初頭、ブハラ・ハン国は肥沃なフェルガナ盆地を失い、そこにコーカンドを首都とする新しいウズベク・ハン国が設立された。3つのウ

ズベク国家はいずれも、タジク人、トルクメン人、キルギス人、アラブ系、ペルシャ系、ブハラ系ユダヤ人を含むウズベクのエリート層が支配する混合国家だった。18世紀にはさまざまなウズベク王朝が国家を統治し、ブハラの君主（ハーン）は長を意味するアミールを名乗り、ハン国をブハラ・アミール国と称した。

ウズベク文化には、多様な民族的、宗教的影響が幅広く混交しており、テュルク系とイスラム系の要素がもっとも顕著にあらわれている。民族的には、ウズベク人はテュルク世界とペルシャ世界の両文化をつなぐ一種の架け橋を担っている。歴史的には、共通の歴史とイスラム教の信仰をもつ今日のウズベク人としてまとまるまでは、多数の異なる民族・部族グループが経済のさまざまなニッチを埋めていた。歴史を通して、支配層だけでなく、商業階級や農民階級のあいだでも2カ国語を話せるのはごくふつうのことだった。伝統的な祝祭やウズベク料理、そして多くの慣習がペルシャ系、ロシア系、のちに中央アジアに逃れてきた諸民族にとり入れられた。通常、ウズベク人が食事のたびに出す緑茶は、どんな客人にも必ず供される、もてなしの飲み物でもある。"チャイハナ"と呼ばれるウズベク人のティーハウスは、文化的に大切なものとみなされている。ウズベク語はきわめて重要な文化的要素であり、現在はウズベキスタンの唯一の公用語となっている。1992年以降、この言語は公式に改良されたラテン文字で表記されるようになった。ロシア語は今も、とくに都市部での民族間のコミュニケーションに欠かせないもので、ビジネスとテクノロジーの分野で用いられる言語となっている。現在も敬虔なウズベク人住民のあいだではイスラム教スンナ派ハナフィー派の信仰がもっとも重要視されているが、数十年にわたるソ連の反宗教政策の遺産が、無神論者を自認する者も多い。ウズベク人ムスリムは、中央アジアのほかの民族よりも世俗的な傾向があり、たとえば、ウズベキスタンではアルコールワインの生産も許可されている。1991年にウズベキスタンが独立したとき、イスラム原理主義が地域全体に広がるのではないかと懸念された。だが、ソビエト時代に何十年間も宗教的迫害を受けてきたにもかかわらず、イスラム教の遵守が高まりつつあるなか、穏健派が主流となっている。ウズベキスタンにおけるウズベク人の識字率は約99パーセントで、この地域でもっとも高い国のひとつに挙げられるが、ほかの国でのウズベク人住民の識字率はもっと低い。ウズベキスタンの教育支出はひじょうに低く、2010年時点で、学齢期の子供の約75パーセント

しか学校に通っていないため、将来的に識字率は低下すると思われる。

　ブハラとヒヴァのウズベク・ハン国家間の対立により、この地域に関心を高めていたロシアへの対応に遅れが生じることになる。19世紀初頭、その後のロシアによる侵略の先鋒となるコサック遠征隊がこの地域にあらわれた。ロシア軍は1865年に中央アジアに侵攻し、まずウズベク人の本拠地であるタシュケントを制圧した。1867年、中央アジアの草原地帯を征服したロシア人は、タシュケントを首都とする植民地政府、トルキスタン総督府を設立した。ロシアの圧力と影響力が増大するなか、ウズベクの諸国家はロシアの属国になり下がることを余儀なくされた。1868年にブハラ・アミール国が、1873年にはヒヴァ・ハン国がロシア帝国の保護領となった。ロシアは1876年にコーカンド・ハン国を完全に併合し、中央アジアの征服を完了した。ヨーロッパロシアからやってきたスラヴ系入植者が地域全域に定着し、植民地支配の厳しい監督者として特権を享受した。1884年にアメリカ綿がもたらされ、中央アジアの諸民族の伝統的な農業が急激に変化した。20世紀に入っても、ロシア当局に対するウズベク人の深刻な反乱が相次ぎ、植民地政権を弱体化させていった。1906年にオレンブルク・タシュケント鉄道が完成し、中央アジアとヨーロッパロシアを直接結ぶ鉄道が誕生した。鉄道は、この地域に新たなヨーロッパ人入植者、工業製品、政治犯、革命的な思想をもたらした。また、中央アジアにおけるロシアの植民地支配に対する一連の脅威を鎮圧するために、ロシア兵を迅速に派遣することも可能になった。ヨーロッパの革命思想は、とくにブハラとヒヴァのムスリムの知的エリート層に大きな影響を与えた。第一次世界大戦までの数年間に、ウズベク人をはじめとする諸民族からなる「青年ブハラ人」などの革命グループが結成されていった。1914年に第一次世界大戦が始まったとき、イスラム教徒であるウズベク人はロシアの兵役を免除された。戦争が長引き、ロシアの人的損失が数百万人に達すると、当局は1916年に中央アジアの住民25万人を労働大隊に送り込もうとした。徴兵への抵抗がウズベク人を含む中央アジアのイスラム教徒による広範な蜂起を引き起こした。反乱軍は、縮小されたロシア軍駐屯地やスラヴ系民族の入植地をたびたび襲ったが、その勢いも1917年のロシア革命の勃発にかき消された。革命の動乱を経て、トルキスタンに2つの対立する暫定政府が樹立された。ひとつはムスリムが支持する世俗的な政府で、もうひとつはタシュケント・ソビエト

（トルキスタン・ソビエト社会主義自治共和国）で、どちらもタシュケントに首都が置かれた。ムスリムの議会はロシアの植民地化の終結と没収されたすべての土地の返還を要求した。十月革命でボリシェヴィキがロシアを掌握すると、勢いづいた地元のボリシェヴィキグループがタシュケントを手中におさめた。ウズベク人が率いるイスラム教徒はコーカンドで会合をもち、対立するムスリム臨時政府を樹立した。ボリシェヴィキの反宗教的なレトリックに憤慨し、タシュケントではソビエトの脅威にさらされた指導部はトルキスタンの自治政府を宣言し、ブハラとヒヴァのウズベク国家も主権を主張した。戦闘が始まったが、装備の整っていないイスラム軍はあっけなく敗北した。1918年2月、ソ連軍はコーカンドのムスリムの拠点を制圧した。ソ連指導部の許可を得たソ連軍が市内を略奪し、古来の寺院や記念建造物を容赦なく破壊し、殺戮と強姦を繰り広げた。同市のムスリム住民約12万人は殺害されるか、土地を奪われて離散した。ブハラとヒヴァでは、敵対する民族グループが水と土地をめぐって争うかたわら、進歩的なグループが保守派な指導部と衝突して、混乱が激化した。ロシア内戦により、2つのウズベク国家への圧力は一時的にだが弱まった。タシュケントのソビエト政府はトルキスタンの政府職員からムスリムを排除することを決め、すぐさま革命の同盟者だったムスリムを遠ざけた。多くのウズベク人は、ソ連の支配に反対して地域の全域に広がっていたゲリラ組織"バスマチ"の運動にくわわった。1920年、最初にヒヴァ、次にブハラの革命グループが人民共和国を宣言していたそれぞれの政権を打倒するためにソビエトに支援を求めた。1924年、ウズベク人の強い反対を押し切って、ヒヴァとブハラの両国がトルキスタンに組み込まれ、中央アジア全域が民族境界に基づいて再編された。ソビエト当局は、何世紀にもわたってオアシス定住民をさすのに用いられてきた「サルト」という呼称を軽蔑的なものとして廃止した。そして、定住民の多くはウズベク人の血統をひいていなかったにもかかわらず、以後ロシア領トルキスタンのテュルク系定住民をウズベクと呼ぶよう命じた。1928年に反イスラム政策が始まり、イスラムの法廷と神学校が閉鎖された。モスクは博物館、工場、倉庫、もしくはソ連の学校に変わった。1928年から1933年にかけて、ウズベク人はきわめて残忍なやり方で強制的に集団化され、食料や家畜、その他の蓄えが没収され、多くの人が餓死した。ウズベキスタン共産党として組織されたウズベク人幹部による共産党支部がソ連

邦の構成共和国となったウズベクの地に封建的な支配を確立した。共産党への絶対的な忠誠が、共和国の公職に就く唯一の条件だった。共和国政府のあらゆるレベルに汚職と腐敗がはびこっていた。1980年代後半にソビエト社会の自由化が始まり、反体制派や活動家は数十年ぶりにウズベク指導部に疑問を呈することができるようになった。ウズベキスタンの封建的な共産党指導部が密かに引き起こしたウズベク人とほかの民族グループとの暴力は激化して地域全域に急速に広がったが、増えつつあった民族主義的反対派が支持を集めた。1991年のソ連邦崩壊により、ウズベク指導部は民族主義者の圧力を受けて、1991年8月にウズベキスタンの独立国家を宣言せざるを得なくなった。中央アジアの常で、旧共産党の支配層は国を掌握しつづけるためにすぐさま民族主義者に転向した。多くのスラヴ系民族がウズベキスタンを離れ、国の近代化への取り組みは遅れている。ウズベク語は唯一の公用語とされ、伝統的なウズベク文化を再確認する運動が今日も続いている。

もっと知りたい人のために

Adams, Laura. The Spectacular State: Culture and National Identity in Uzbekistan. Durham, NC: Duke University Press, 2010.

Embassy of Uzbekistan to the United States. "About Uzbekistan." Accessed July 31, 2013. http://www.uzbekistan.org/uzbekistan/history/

Kalter, Johannes, and Margareta Pavaloi, eds. Uzbekistan: Heirs to the Silk Road. London: Thames & Hudson, 2003.

Melvin, Neil J. Uzbekistan: Transition to Authoritarianism. London: Taylor & Francis, 2000.

ウツル族
Utsul

　ウツル族（回輝人、海南チャム、Utset、Utsatとも）は、中国の海南島の最南端に住む小さな民族集団である。中国政府は彼らを独立した民族集団として認定していない。推定5000～8000人のウツル族は、マレー・ポリネシア語群のチャム語の下位区分に属する回輝語と呼ばれる言語を話す。ウツル族はイスラム教徒である。そのため、中国では公式に認定された民族である回族に恣意的に組み込まれた。

　ウツル族の言い伝えによると、彼らはもともと中央アジアに住んでいたムスリムのうち、南東に移住した集団の末裔である。だが、ほとんどの学者は、祖国から逃れて現在のベトナムに住んでいたチャム族難民の子孫だと考えている。チャム族の故郷である古代のチャンパ王国は、中国漢王朝が崩壊しつつあった192年に独立国家として誕生した。全盛期には現在のベトナム中南部の大部分を支配するまでに勢力を広げた。マレー系民族のチャム族は、6～8世紀にかけて、文化と繁栄の黄金時代を迎えた。チャンパ王国の拡大は、南のクメール族と北方で新たに独立したベトナム系民族との紛争を招いた。10世紀までに、チャンパはクメール、ベトナム、中国との長期にわたる決着のつかない戦いに巻き込まれていた。チャム族は強力な大船団を維持し、地域全域で交易と海賊行為をおこなっていた。中国の年代記で述べられているように、絶え間ない戦争によって多くのチャム族難民が生じ、早ければ986年には北の海南に逃れた人びともいた。ベトナムの大瞿越（ダイコベト）は10世紀にチャンパに侵攻し、まず1000年にアマラヴァティー、1069年にヴィジャヤを占領した。ベトナム人はヴィジャヤの都市を略奪し、数万人のチャム難民が西のクメール領に逃げ込んだ。チャム族の王子と約1000人の追随者が船で北上して中国の海南島に逃れた。島の中国明朝の役人たちは、彼らが先住のチャム族難民にくわわり、亡命政権を建てることを許可した。この大きな島のほかの住民とは文化的にも宗教的にも異なるチャム族の難民は、ひとつの地域に集住し、自分たちの文化と言語を維持した。時が経つにつれて、彼らはウツルなどと呼ばれるようになり、彼らの言語は回輝語と呼ばれた。ウツル語は、近隣の中国とタイの方言の影響を受けており、この地域で話されているマレー・ポリネシアの言語のうち、知られている唯一の声調言語となった。

　ウツル文化はイスラム文化で、海南島

の近隣のリー族や漢族の住民よりも、カンボジアやベトナムのチャム族、インドネシアやマレーシアの民族とより近い関係にある。ウツル族はおもに、大都市の三亜市（さんあ）郊外の羊欄村と回新村に住んでいる。歴史・言語・民族的のすべてにおいて中国本土のイスラム教徒の回族とは関連をもたないにもかかわらず、同じくイスラム教を信仰しているという理由で、公式に回族に入れられている。ウツル族の村落は、モスクや神学校があったり、ヘッドスカーフをかぶった女性がいたりと、一目でイスラム教徒の村であることが分かる。ウツル族はこの島で唯一のムスリムの民族集団で、各家庭にはコーランがあり、その規定に厳密に従って生活している。ウツル族はイスラム教スンナ派のイフワーン派に属している。ウツル族の領域は、この地域でもっとも壮大な建造物として知られる東モスク、西モスク、南モスク、北モスクで名高い。ウツル族は礼拝のためにモスクに入るとき、白いローブとターバンを着用する。各モスクの本堂は、日々の祈りやイスラム教の祝祭に使用されている。豚肉と動物の血、古代のイスラム法に従って処理されていない動物の肉は摂取しないなど、食事制限も守られている。珍しい特徴として、ウツル族のどの家にも門の上にアラブ文字で"平和"と書かれた石板がかけられているが、現在は多くの人が高層マンションに住んでいる。ウツル族は昔から農民ではなく漁師だった。言い伝えによると、チャム／ウツル族の初期の移住者たちは、不漁が続くと海藻を食べて暮らしていた。固有の回輝語はマレー・ポリネシア語族のチャム語派に属し、リー語や中国語の方言である閩語（びん）とともに今もウツル族によって話されている。中国で用いられている唯一のチャム語だが、カンボジアやベトナムでは多くのチャム族住民が関連するチャム語を話している。時が経つにつれて、初期の難民が使っていた元来のチャム語は、近隣のリー族や漢族の影響を受けて、マレー・ポリネシア語派の方言としてはひじょうに珍しい声調言語となった。

何百年ものあいだ、ほかのイスラム教徒と切り離されてきたウツル族だが、19世紀に三亜を含むいくつかの港が外国貿易に開放されると、南のイスラム教徒とのつながりを取り戻しはじめた。マレー半島やオランダ領インドネシアのムスリムとの交流を通して、ウツル族の文化は近代化され、古いイスラムの習わしや伝統の多くが衰退した。裕福なムスリム商人はウツル族の小さなコミュニティを支援し、三亜地域の４つの有名なモスクの建設資金の一部を提供した。海南島南部地域は、1890年に中国が隣接するベ

トナムでフランス植民地軍と戦った際に軍事化された。1930 年代、信仰の自由と宗教および民族的迫害の終結を約束されたウツル族は、当初は中国政府軍と戦い、のちの第二次世界大戦中には日本の侵略軍を攻撃した共産主義ゲリラを支援した。1950 年に、海南島に新しい中華人民共和国の特別行政区が設置された。無神論政策と同化への圧力は、1950 年代および 1967 〜 1977 年の中国文化大革命のあいだにウツル文化を破壊した。1980 年代、90 年代に中国で諸改革が進められ、宗教・文化的結びつきを取り戻すなど、外部からの影響に対して国が開かれた。ウツル族はみずからの置かれた立場を変えるための運動に取り組んでいる。彼らはイスラム教を信仰しているため、公的な理由から大規模な民族集団である回族に恣意的に組み込まれているが、回族とは文化的、歴史的なつながりはいっさいない。独立した民族集団として認定するよう求める嘆願や申し立ては無視されるか、拒否されてきた。2008 年、中国政府が 700 年前のウツル族の墓地を破壊することになるパラシュート降下訓練基地の建設を開始したとき、ウツル族の居住地域で論争が巻き起こった。2008 年 12 月に 10 基の墳墓が建設作業員によって破壊され、怒りに満ちたウツル族の抗議者らが街頭に繰り出した。これ以降、20 〜 30 人のウツル族がさらなる略奪行為から墓地を守っている。ウツル族は、第二次世界大戦中にこの島を占領した日本人でさえ、あえて墓地を壊そうとはしなかったと指摘する。ウツル族の指導者たちは、この古代の墳墓の破壊に関して、回族としての彼らの地位ではひとつの民族集団としての地位と同等の保護は得られない証拠のひとつだと主張している。

もっと知りたい人のために

Brodsgaard, Kjeld Erik. Hainan: State, Society, and Business in a Chinese Province. London: Routledge, 2008.

Icon Group International. Hainan: Webster's Timeline History, 40 BC-2007. San Diego: Icon Group International, 2010.

Shafer, Edward H. Shore of Pearls: Hainan Island in Early Times. Warren, CT: Floating Worlds, 2009.

ウリチ族
Ulch

　ウリチ族（ウルチ、オルチャ、マングン、Ulcha、Ulche、Olchi、Gilyakとも）は、ロシア極東のハバロフスク地方に住むシベリア民族である。自称は"ナニ"だが、1930年代には近隣のナーナイ族もこの呼称を用いている。ウリチ族の約90パーセントがウリチ地区内に居住している。人口2500人から3500人と推定されるウリチ族は、おもにロシア語を第一言語としており、現在、ウルチ語を話したり理解したりできる人は900人に満たない。ウルチ語は、シベリアで話されている南部ツングース諸語のナーナイ語群に分類される。ウリチ族のほとんどは伝統的なシャーマニズム信仰体系を継承しているが、少数がロシア正教を信奉している。

　ウリチ族は、シベリア東部のアムール川下流域に起源をもつとされる古来の民族である。土着のさまざまなシベリア系民族と、そのすぐ南の地域に住んでいた古代満州族の混血と考えられており、その文化的、身体的特徴をあわせもつ。ウリチ族の集団（バンド）は、地域の川や湖周辺で季節に応じて集落を移りながら、狩猟や川での漁撈を営んでいた。その大多数はアムール川下流域や地域の多くの湖の漁師だったが、森林で毛皮動物の狩猟もおこなっていた。なかには、毎年キズ湖や多数の小さな川からタタール海峡に出て海洋動物を狩る者もいた。彼らは季節ごとに移動し、近隣のシベリア系民族と交易していた。満州族の祖先となる民族との接触から、いくつかの文化的特徴や伝統をとり入れた。ウリチ族と地域のほかの民族との結婚はごく一般的で、のちに民族識別をおこなう際に複雑な事態を招いた。ウリチ族は外部からの干渉を受けずに伝統的な生き方を守っていたが、17世紀に清の役人がこの地域に入ってきて、ウリチ族をはじめとするシベリア系民族に貢物や税金を課そうとしたが、税を徴収する試みは失敗に終わった。このシベリア系民族が遊牧生活を送っていたことが大きな原因だった。とはいえ、商業を通じて清とのつながりは続き、清の商品や道具、織物と、ウリチ族が獲った貴重な毛皮が取引された。1643年、ヴァシーリー・ポルヤコフ率いるロシアの探検隊の船隊がアムール川を下ってオホーツク海に達した。1649年から1650年にかけて、ロシアのコサックがアムール川の河岸地域を占領したが、清はこの侵略に抵抗し、ロシア人に要塞の放棄を強いた。1689年に調印されたネルチンスク条約で、アムール川流域が清の領土であることが確認されたが、清はアムール

川下流域の領有権は主張しなかった。

　ウリチ族の文化は、自然との密接な関わりを通して発展した伝統文化を基盤としている。これは、生き延びるために居住地域のあらゆる側面のつながりとそこに関連する知識に頼らざるを得なかったことによる。ウリチ族は木や草、川、湖、山を生きた感情をもつ存在とみなし、自然崇拝などの慣習をもっている。また、タバコや食べ物の精霊に供物を捧げるといった古代の儀式が今もおこなわれている。供物は、水の主や火の主などの精霊の主に捧げられ、家族の健康や幸福、仕事の成功などの願いが込められた。伝統舞踊は大切な文化的要素であり、歴史を通してアザラシ、トナカイ、クマ、カラスの動きが模倣され、必ずウリチ族の太鼓奏者の伴奏つきで踊られる。シャーマンや治療師が関わる儀式では、たいてい踊りはトランス状態を誘発し、村全体が参加した。シャーマンが奏でる太鼓のリズムは、精霊の命令を明かすと信じられていた。シベリア文化で一般的なクマ崇拝は、北日本のアイヌ民族にも見られる。ソ連当局によって弾圧されたが、現在は復活している。太鼓、踊り、供物をともなうクマ崇拝の儀式はもっとも重要な行事であり、一族の調和を確かなものとすると信じられている。儀式をおこなうことでウリチ族は先祖を讃え、彼らの霊が地上世界を離れて地下世界で新たな存在となることを確実にする。そのほかにも、ウリチ族は親切な精霊の存在も信じている。それらの精霊の木彫りの像がウリチ族の住居に飾られ、治癒にも用いられる。近年では、長い歴史をもつアマチュア演劇も復活した。ソ連時代はウリチ族の文化に大きな損害をもたらしたが、ウリチ文化は今も古来の伝統と結びついている。ウリチ語は、アムール語あるいは南部ツングース諸語に属し、近隣のナーナイ族やオロチ族の言語と深いつながりをもっている。ウリチ語は方言や地域差のない均一の言語である。地域でのさまざまな取り組みにもかかわらず、ウリチ文化はロシア的な生活様式に移行しつつある。多くの伝統や慣習が保護されたり、復活したりしたが、ウリチ族の大多数がロシア語を母語としており、ウリチ語はますます使用されなくなっている。

　ウリチ族は、交易を通して近隣民族とのつながりを維持し、清の商人と河岸地域でひんぱんに取引をおこなっていた。ウリチ族をはじめとする地域のシベリア系民族は、外部の権力に服すことはなかった。1852年にロシアの遠征隊がアムール川を探検し、ほどなくロシアのコサックと農民が川沿いの地域に移り住むようになった。ロシアによるアムール川流域の領有は、1858年にロシアと清

のあいだで新たに結ばれたアイグン条約で確認された。この条約で、アムール川が帝政ロシアと満州族清国の境界となり、ロシア人は太平洋への自由な航行権を認められた。ロシア人は大規模な漁業を開始し、アムール川沿いに水産加工工場を設立した。ウリチ族は商業漁業への参入を余儀なくされ、漁獲したものをロシアの商人や農民に売った。ロシアが支配力を拡大するのにともない、地元当局はウリチ族の漁場を制限しようとしたため、対立や血なまぐさい衝突が生じた。魚の需要が増加したことで、ロシア人がこの地域で狩猟する毛皮動物の数も減り、狩猟の重要性は低くなった。ウリチ族は土地の耕作や川船用の木材の伐採など、新たな生業を身につける必要に迫られた。時が経つにつれて、少数の裕福なウリチ族の商人たちが台頭し、近隣民族との交易ネットワークを満州にまで拡大した。1860年代、ロシア正教会の宣教師たちが活発な布教活動を始める。彼らはシャーマニズム信仰を根絶することはできなかったが、いくつかの神学校を設立した。1913〜1917年にかけて、ヨーロッパロシアから追放された知識人たちの助力もあって、この地域に新たな小学校が開設された。ウリチ族は適応しながら日々の生活を送っていたが、1920年代初めにソ連の当局者がこの地域にやっ

てきた。漁業が危機的な状況に陥っていたため、ウリチ族の多くはキズ湖周辺で伐採業者として林業に従事していた。1922年、ウリチ族の領域にソビエト体制が確立された。ウリチ族は集団化され、裕福な商人や地主は容赦なく排除された。1927年から1928年のあいだに9つのウリチ族の共同集落が設立され、1933年にはウリチ地区が置かれた。当初、ソ連の幹部らは民族文化を奨励し、ウリチ族の伝統と言語を研究した。だが1930年に集団化が始まると、ウリチ族は伝統的な村落を出て諸民族が混住するより大きな共同体に移住させられた。ウリチ族はソ連国家の従業員とみなされ、私有財産は禁止された。集団化と強制移住により、ソビエト・ロシア文化への同化が進んだため、ウリチ族の文化は壊滅状態に陥った。散在を強いられたウリチ族だが、アムール川の定期船のおかげで、ソ連の規制にもかかわらず、家族や友人とのつながりを保つことができた。1980年代までに、この地域はアムール川とその支流の際限のない汚染により、漁業源が激減したため危機的な状況にあった。林業、なかでもキズ湖畔の大規模な工場が、湖内のほぼすべての魚を消滅させた。ソビエト当局は漁業共同体を製材所や国営農場と統合したが、ウリチ族や地域のほかの民族の苦しみを和らげ

ることはほとんどできなかった。21世紀に入り、彼らの伝統的な漁業の終焉が脆弱なウルチ文化にさらなる打撃を与えた。いくつかの民族音楽や舞踊、演劇が復活したとはいえ、ウリチ文化は消えつつある言語と同様、完全に消滅する危機にさらされている。

もっと知りたい人のために

Evans, John L. Russian Expansion to the Amur 1848-1860: The Push to the Pacific. Lewiston, NY: Edwin Mellen Press, 1999.

Forsyth, James. A History of the Peoples of Siberia: Russia's North Asian Colony 1581-1990. Cambridge: Cambridge University Press, 1994.

ジェームス・フォーシス『シベリア先住民の歴史　ロシアの北方アジア植民地1581-1900』(森本和男訳、彩流社、1998年)

Olson, James S. An Ethnohistorical Dictionary of the Russian and Soviet Empires. Westport, CT: Greenwood, 1994.

Vahtre, Lauri, and Jüri Viikberg. The Red Book of the Peoples of the Russian Empire. "The Ulchis." Accessed July 31, 2013. http:// www.eki.ee/books/redbook/ulchis.shtml

エイヌ族
Aynu

　アイヌ、エイニ、アブダル、アニ、アイニ、Änyuなどとも呼ばれるエイヌ族は、中国西部の新疆タリム盆地のタクラマカン砂漠の辺縁部に住み、イスラム教を信仰している。人口およそ3～5万人のエイヌ族はたいてい――通常は外部の人間や女性と会話するときに――ウイグル語を用いる。エイヌ語を話すことを許されているのは男性のみだからだ。エイヌ族の大部分はスンナ派イスラム教徒で、少数がシーア派を信奉し、おもに南部地区に居住している。

　エイヌ族の起源は定かではないが、彼らの伝説や言語は中央アジアのペルシャ語を話す地域、おそらく強力なソグド人の可能性を示唆している。エイヌ族の祖先は、戦争やより大きくて強い民族グループの移動によって故地を追われたか、逃れたのかもしれない。おそらく5、6世紀に、伝説的なシルクロードを東へと旅して、オアシス都市カシュガルにたどり着いたと思われる。テュルク系ウイグル族が集住するこの地域にやってきたのは、彼らが生きのびるために物乞いをしなければならない無一文の難民だったからかもしれない。エイヌ族はウイグル族の勢力下に入り、ウイグル帝国は8、

9世紀に中国から中央アジアにまで領土を広げた。新たな土地でエイヌ族は山羊や羊の群れの飼育を中心とした半遊牧の生活様式を発展させる。カシュガル川やヤルカンド川沿いで漁をしたり、タクラマカン砂漠の周縁部のオアシス地帯で狩猟を始めたりした集団もあった。彼らのペルシャ語は、近隣民族の話すテュルク系のウイグル諸語の影響を受けて、徐々にテュルク語の言語形式や文法を帯びるようになったが、語彙はペルシャ語のままだった。圧倒的多数がテュルク系という地域で住民として受け入れてもらうために、エイヌ族が居住地域のテュルク系民族の信奉するイスラム教スンナ派をとり入れたと考える学者もいる。イスラム前の彼らの儀式や慣習の多くは、民族伝統として受け継がれていた。困窮したエイヌ族の多くは、イスラム教徒の男性の義務である割礼（かつれい）を仕事にするようになる。地域のウイグル族やほかのテュルク系民族と対立したことで、エイヌ族はタリム盆地でもっとも不毛な地域へと追いやられた。彼らの村のほとんどはタクラマカン砂漠のはずれにあった。18世紀半ば、中国の満州（まんしゅうしん）清王朝はこの地域を統治するために軍政を敷き、多数の地域住民が地域に置かれた行政・軍事組織に組み込まれた。

エイヌ族の文化は、彼らの伝統的なペルシャ文化と近隣のウイグル族などのテュルク系民族から取り入れた文化の影響が混交したものが基盤となっている。理由は明らかではないが、ウイグル族の大多数はエイヌ族を見下し、彼らをアブダルと呼ぶ。これは物乞いを意味する蔑称である。エイヌ族と、ウイグル族やそのほかのテュルク系民族との族外婚はめったにみられない。理由のひとつには差別もあるし、エイヌ族の伝統も一因である。エイヌ族とウイグル族の反目にもかかわらず、中国政府はエイヌ族をウイグル系民族グループの一部とみなしている。独自の民族グループとして公式に認定を得るための取り組みは拒否されるか、単に無視されてきた。エイヌ族はタクラマカン砂漠の東端に沿って長い三日月形をつくる新疆（しんきょう）の6つの県に居住している。エイヌ族の人口はウイグル族とは分けて数えられていない。エイヌ語の話者から推測すると最低でも8000人、エイヌ文化とのつながりに基づく推定値は最大5万人となっている。エイヌ族のほとんどは山羊や羊の群れを飼育するか、漁師や猟師を生業としているが、近年では地域の大都市に出て建設業や製造業で働き口を探さざるを得ない者もいる。エイヌ族はスンナ派イスラム教徒で、タリム盆地の村々にある一連のモスクで礼拝する。アラビア語を学ぶエイヌ族はほと

んどいない。彼らの宗教的指導者でさえ、イスラム教の聖典であるコーランを読むことができない。多くの人がエイヌ族を割礼をおこなうカーストと呼ぶのは、彼らが過去にこの地域のムスリム住民のあいだで正式な割礼師という地位にあったことによる。イスラム前の彼らの伝統の多くは今も受け継がれている。なかでも"イオマンテ"と呼ばれる儀式では、年に1度、エイヌ族男性が冬眠中のクマを殺して、子グマを連れ帰る。子グマは村で育てるが、数年後には聖なる儀式で絞め殺される。エイヌ族は、クマを精霊または神のような生き物とみなしている。エイヌ族の多くの村は、トーテム・ポールのような高い柱で飾られ、柱には村を守ってくれるクマやその他の精霊の像が彫られている。

　19世紀には、エイヌ族は隣人のイスラム教徒に受け入れてもらうために、1864年に中国の支配に対してウイグル族が起こした反乱にくわわる。1800年代の終わりには、清朝はこの地域にごくわずかな拠点をもつだけになっていた。外交交渉を通して、清朝は中央アジアを中国圏とロシア圏に分割する支持を取りつける。そして、新たな辺境となる新疆省を設置し、地方の政治制度を内地の行政制度に置き換えた。それまでの回疆やムスリムの土地といった呼称は禁じられ、イスラム教徒は同化政策の対象となった。1911年から1912年にかけての辛亥革命で清国が滅亡し、共和制国家が誕生した。ムスリム同胞の呼びかけに促され、1930年代、エイヌ族は中国政府に対するハミ反乱を支持した。第二次世界大戦前の数年間は、ウイグル族から平等と受け入れを約束されて、新疆を中国の支配から切り離す彼らの取り組みを支援した。1949年、中国は共産主義国家となり、さまざまな民族集団が公式に認定され、より大きな文化的・宗教的自由が認められた。エイヌ族も民族の地位を申し立てたが、彼らの言語と文化が混交しているという理由から、専制的に大きなウイグル民族グループにくわえられた。エイヌ族とウイグル族の敵対意識は長い歴史を通じて現在にいたるまで続いており、公認された民族グループ内の少数派というエイヌ族の立場が関係を難しいものにしている。

もっと知りたい人のために

Johanson, Lars. Discoveries on the Turkic Linguistic Map. Stockholm, Sweden: Swedish Research Institute in Istanbul, 2001, 21-22.

Matras, Yaron, and Peter Bakker, eds. The

Mixed Language Debate: Theoretical and Empirical Advances. Berlin, Germany: Mouton De Gruyter, 2003.

Safran, William. Nationalism and Ethnoregional Identities in China. London: Routledge, 1998.

Starr, S. Frederick. Xinjiang: China's Muslim Borderland. Armonk, NY: M. E. Sharpe, 2004.

エヴェンキ族
Ewenki

　トングース、ビラル、マネグル、Tungus、Lamut、Owenk、としても知られるエヴェンキ族はツングース系民族で、中華人民共和国が認定する56の民族集団のうちのひとつである。中国のエヴェンキ族は民族の総人口の約半数を占め、ロシア連邦の人口もほぼ同じくらいで、モンゴルとウクライナに小さなコミュニティが存在する。エヴェンキ族のほとんどは、中国の内モンゴル自治区と、かつて満州として知られていた隣接する黒竜江省の訥河市の草原地帯に居住している。中国にいる約3万4000人のエヴェンキ族は、北方ツングース語群のエヴェンキ語派に属するエヴェンキ語を話す。中国のエヴェンキ族のほとんどは伝統的なシャーマニズムを信奉しており、チベット仏教を信仰する人も増えてきている。

　中国のエヴェンキ族の起源は、5～9世紀にかけて大興安嶺山脈に居住していた遊牧部族にさかのぼると考えられている。祖先の別の部族は北方に住み、バイカル湖とアムール川のあいだの広大な地域を移動していた。1600年までには、ロシア領のエヴェンキ族はすでにトナカイの牧畜をおこなっていた。いっぽう、中国領のエヴェンキ族は馬の飼育を始め、モンゴル族の民族衣装である"デール"をとり入れた。中国のエヴェンキ族の祖先であるソロン族は、もともとアムール川の広大な流域に住む遊牧民だった。彼らはダウール族と密接な関係にあり、ソロン族の居住地域の西側で馬を飼育する別のエヴェンキ族の一派であるハムニガン族とも近縁だった。エヴェンキ族のもともとの故郷は、おそらく新石器時代のシベリア南部のバイカル湖地域にあったと思われる。エヴェンキ族は、バイカル地域からアムール川流域やシベリアのほかの地域へと広がっていき、14世紀に初めて独自の民族集団として認識された。17世紀になると、ロシア帝国に仕えるコサックが南シベリアの探索を始め、多くのエヴェンキ族の集団(バンド)と接触した。コサックはエヴェンキ部族に毛皮税を課し、税の支払いを確実にするため

に人質をとることもよくあった。ヨーロッパ人との接触、そして、たえまない毛皮の要求が多くのエヴェンキ族の集団(バンド)を東は遠くサハリン島まで追いやり、ほかの集団(バンド)も広大なシベリアの各地に散っていった。1635年から1640年にかけて、さまざまなエヴェンキ族の集団(バンド)が満州族の支配下に入った。満州族は1644年に中国を掌握して清朝を樹立した。17世紀半ば、コサックとロシア軍が中国領の黒竜江流域に侵攻した。清朝政府は多数のエヴェンキ民族を内モンゴルの嫩江(のんこう)流域に強制移住させ、そこで行政制度であるモンゴル盟旗(めいき)制度に組み入れた。1732年、満州北部のブテハ地域に住むエヴェンキ族は、国境警備隊として家族とともにホロンバイル草原に駐屯するよう命じられた。彼らの子孫が、現在の中国のエヴェンキ族の大多数を占めている。

エヴェンキ族の文化は伝統的に、牧畜民と狩猟採集民の融合からなっていた。19世紀までに、エヴェンキ族は経済活動の種類に基づいて大きく2つに分かれていた。ロシアのシベリアのエヴェンキ族は主に狩猟とトナカイの牧畜で生計を立てていたが、中国領のソロン族や小集団は馬や牛を飼育し、いくらかの農業もおこなっていた。ソロンとも呼ばれた、いわゆる馬を使うエヴェンキ族は1930年代からエヴェンキまたはエヴェンキとして正式に知られ、近隣のモンゴル族の文化的特性と伝統の多くをとり入れていた。過去の移住によって人口が分散し、エヴェンキ族の集団(バンド)の社会的発展に大きなばらつきが生じることになった。20世紀半ばに中国で独自の民族集団として認定されたことで、エヴェンキ族は教育や農業の分野で向上し、伝統的な土地で採れる石炭のおかげで鉱業でも発展できた。エヴェンキ族社会は基本的に一夫一婦制だが、過去には族外婚をおこなっていた集団(バンド)もあった。エヴェンキ族のほとんどは伝統的なシャーマニズムの信仰体系を保持しているが、牧畜を営む地域のエヴェンキ族にはチベット仏教徒が多い。一般にエヴェンキ語として知られるエヴェンキ族の言語は、満州語と同じツングース諸語の北部語派に属する。中国では、エヴェンキ族の若者は学校で標準中国語を学んでいるため、エヴェンキ語はますます使われなくなっており、現在では消滅危機言語とみなされている。

19世紀には、勢力を増すヤクート族の圧力により、ロシアのエヴェンキ族は中国へと追い出された。清朝の満州族支配者らはエヴェンキ族に朝貢を強いて、エヴェンキ族の男性をしばしば清軍に徴集した。満州族の統治下で、エヴェンキ族の集団(バンド)が別の民族集団に統合され

るようになり、さまざまな集団（バンド）から寄せ集められた多数の兵士が辺境警備の任務に送られたり、ほかの少数民族による反乱を鎮圧するための大隊に入れられた。1911年に清朝が倒されたあと、多くのエヴェンキ族は故郷に戻ったが、汎エヴェンキ族の信念はもち続けた。1931年に日本が満州を占領すると、日本人はエヴェンキ族を搾取し、彼らの多くを日本軍に徴兵した。天然痘、腸チフス、性病の蔓延で人がどんどん減っていくなか、エヴェンキ族の一部は細菌実験に利用された。日本の統治下で人口が急激に減少し、1945年に生き残っていたエヴェンキ族の人口は1931年のわずか3分の1だった。1949年に中国本土を掌握した共産党当局は、エヴェンキ族の人口回復を支援する改革に着手する。1958年までに、エヴェンキ族のほとんどが共同体や集団農場で働き、彼らの生産性と文化水準を高める取り組みがなされた。新しい品種の牛の導入や穀物・飼料農場の開設、獣医療サービスの改善といった1980年代以降の一連の経済対策のおかげで、エヴェンキ族は21世紀初頭には豊かな暮らしを送れるようになった。

もっと知りたい人のために

Ethnic Groups. "The Ewenki Minority Group." Accessed July 31, 2013. http://www.china.org.cn/e-groups/shaoshu/shao-2-ewenki.htm

Legerton, Colin. Invisible China: A Journey through Ethnic Borderlands. Chicago: Chicago Review Press, 2009.

Olson, James S. An Ethnohistorical Dictionary of China. Westport, CT: Greenwood, 1998.

West, Barbara A. Encyclopedia of the Peoples of Asia and Oceania. New York: Facts on File, 2008.

オイラト族

Oirat

　オイラト族（Oirad、Oyirad、Eleuth、Dzungar、Zunghar）は最西端に分布するモンゴル系民族で、おもにモンゴルと中国に居住している。歴史を通して、オイラトは4つの主要な部族グループ——チョロスまたはオーロトと呼ばれるジュンガル、トルグート、ドルベド、ホシュート——で構成され、それぞれがさらにいくつもの小部族に分かれていた。モンゴル西部に約20万人、中国の新疆（しんきょう）北西部を中心に15万人と推定されるオイラト族は、さまざまな地域方言のオイラト語

を話している。彼らのほとんどは、チベットで発展した仏教の一形態であるラマ教を信奉しており、ラマ教は近隣のモンゴル系民族の主要な宗教でもある。地域によっては、少数の者が伝統的な信仰を信奉するか、無神論者を自認しているが、これは共産主義支配下での数十年にわたる反宗教政策の影響によるものである。中国北西部では、オイラト族の一部のグループがイスラム教スンナ派を信仰している。

オイラト族（西モンゴル族とも）は、モンゴル民族と歴史や地理の一部にくわえ、文化や言語も部分的に共有している。これは、2つのグループがさまざまな時期に同じ首長の下で団結していたことによる。"オイラト"という名前の由来については、オイラト部族の歴史的な連合体をさす「ドルベン・オイラト」（4つの連合の意）が転訛した可能性が挙げられる。チンギス・ハーンの事績が綴られた13世紀の『元朝秘史』に、オイラトに関するもっとも古い歴史書の記述のひとつが見つかる。オイラトは、もともとはシャーマンの首長が統治する森の民として言及されている。モンゴル侵略軍と戦ったが敗北し、1207年に拡大するモンゴル帝国に吸収された。1256年には、オイラトの一団がモンゴルのペルシャ侵攻の先鋒となった。モンゴルによる中国征服を支援し、1279年のモンゴル元王朝の成立に貢献した部族もいた。元の支配者が倒され、中国からモンゴル民族が追放されると、オイラトは西モンゴルの4つの主要部族の緩やかな連合体として再編された。ドルベン・オイラトまたは4オイラト部族連合として知られるこの連合体は、中央アジアの草原地帯に進出し、地域の強力な勢力に戦いを挑むようになっていく。1409年、中国皇帝はオイラト連合体に服属を求めたが、オイラトを制圧するために送り込まれた軍は敗北し、オイラトはモンゴル部族の領域に侵攻した。モンゴルの首長たちはオイラトの支配下に入ることを拒否し、両者の戦いがやむことはなかった。15世紀半ば、オイラト軍が東モンゴルを破り、中国国境にまでその版図を広げた。1454年にオイラトの首長エセン・ハーンが死去すると、連合の盟主をめぐる部族間の争いが生じ、オイラト部族の統一は終わりを迎える。1480年以降、東モンゴル軍がオイラトを西に追いやったが、1510年までにオイラトは統一モンゴル国家の一部をなしていた。オイラトとモンゴルのあいだでは、襲撃や戦闘による緊張関係が続いていたが、1640年に和平が結ばれ、モンゴル・オイラト法典という一連の新たな法が成立した。17世紀初頭、オイラトの大部分がチベット仏

教に改宗し、ダライ・ラマとパンチェン・ラマの主要な擁護者となった。1648年から1649年まで、モンゴル文字に代わってオイラト語のためにつくられた文字が使用された。1678年、伝統的にオイラト部族の左翼を担うジュンガル部の族長ガルダンがダライ・ラマからハーンの称号を授かり、ジュンガル部がオイラト部族連合の新たな盟主であることが確認された。ジュンガリアとも呼ばれるオイラトの故郷は現在の新疆北部にあり、そこから勢力が拡張された。新生オイラト国は、ジュンガル部が率いる遊牧部族の連合体で、ジュンガル・ハン国、ときにはジュンガル帝国と呼ばれた。ハン国は近隣の勢力を次々に侵略しながら拡大を続けていたが、中国を征服した新興勢力の満州族が部族連合を破り、外モンゴルを掌握する。1717年、満州族はチベットに軍隊を送ってオイラトを追い払い、チベットを中国の保護領とした。1750〜1757年にかけて、満州族の清王朝はハン国の内乱に乗じてジュンガリアに侵攻し、オイラトの領土の大部分を荒廃させた。一部の歴史家によると、1755年から1758年にかけて中国がジュンガリアと中央アジアを最終的に征服した際に、ジュンガル・ハン国のオイラト族60万人のうち約80パーセントが、戦争と疫病で命を落としたと推定される。ジュンガル・オイラトの大部分を虐殺し、計画的に絶滅させようとしたこの出来事は、18世紀の大虐殺とみなされている。

　現代のオイラト族は清朝による祖国滅亡を逃れた部族の末裔で、今日では大半がモンゴル西部と中国西部の新疆北部に住んでいる。彼らはおもに存続したオイラトのトルグート部とホシュート部の子孫である。また、内モンゴルのアラシャン地域に小さな集団も存在する。17世紀後半にこの地に定住した彼らはアラシャン・モンゴルと呼ばれ、メンバーの多くがイスラム教徒である。そのほかに、エゼネ・モンゴルと呼ばれるグループが内モンゴルのエゼネ川沿いに住んでいる。現代のオイラト文化は、類似点や共通の特徴が多いことから、現在ではほぼモンゴル民族の下位文化とみなされている。オイラト語はモンゴル語族に分類されるが、オイラト語が別の言語なのか、モンゴル語の主要方言なのかについては学者によって意見が分かれる。モンゴル西部と中国北西部のオイラトの居住地域では、政府の措置や社会・経済政策がもたらした必然の結果として、オイラト語が消滅に危機に瀕しているか、一部の地域では消失してしまった。20世紀のあいだ、モンゴル高原地域のさまざまな"ウルス"（人びと）がソ連、中国、モンゴルによる計画的な均質化政策の対

象となった。数十年にわたって、仏教の信奉者や教えは排除されるか、隠すことを強いられてきた。1990年のモンゴルの改革後、オイラトは秘されていた文化や言語、信仰を取り戻し始めた。20世紀初頭以来初めて、オイラト族は公式に"ヤスタン"（氏族）を選択することができるようになった。ほかのモンゴル系民族とは異なり、オイラトは社会主義者の試みを生き延び、古来のアイデンティティをほぼ損なわずにきた。中国における厳しい共産主義支配が緩和されると、オイラト族の2つのグループは文化、氏族、家族の結びつきを回復することができた。そして、その再文化化は今もなお促進されている。オイラト族はモンゴル高原の民族に共通する多くの伝統や習慣を共有しているが、数で勝るハルハや東モンゴル族のグループとは異なる強いアイデンティティ意識をつねにもち続けてきた。

もっと知りたい人のために

Golden, Peter B. *Central Asia in World History*. New York: Oxford University Press, 2011.

Kitinov, Baatr U., and Thupten Ngodub. *The Spread of Buddhism among Western Mongolian Tribes between the 13th and 18th centuries: Tibetan Buddhism in the Politics and Ideology of the Oirat People*. Lewiston, NY: Edwin Mellen Press, 2010.

Perdue, Peter C. *China Marches West: The Qing Conquest of Central Eurasia*. Cambridge, MA: Harvard University Press, 2005.

オロチョン（鄂倫春）族
Oroqen

　オロチョン（鄂倫春）族（Oroqin、Orochon、Oronchon）は、中華人民共和国が公認する56の民族集団のうち最少人口の民族に数えられる。推定8000人のオロチョン族は、約半数が内モンゴルに、あとの半数が中国北西部の黒竜江省のアムール川（黒竜江）流域に居住する。オロチョン族の言語はツングース語族の北部ツングース諸語に属し、エヴェンキ語と同系である。土着の宗教がなおも主要な信仰体系で、仏教徒は少数派となっている。

　オロチョン族の祖先はおもに、古代中国北部の広大な草原地帯で食用動物を追いかけて地域から地域へと移動する狩猟採集民だった。もともと北室韋の一部だったオロチョン族は、420年から589年のあいだに分裂して別の民族集団を形成したと考えられている。中国北部でもっとも古い民族集団のひとつで、"オ

オロチョン（鄂倫春）族

ロチョン"という名称は「山に住む人びと」または「トナカイを使う人びと」を意味する。オロチョン族の故地である外興安嶺以南、黒竜江の北側に広がる壮大な地域は、彼らの遊牧生活に適していた。徐々に、オロチョン族の集団（バンド）はトナカイや馬を手に入れて、狩猟・採集を営むだけでなく、遊牧もおこなうようになった。男女ともに、歩いても馬に乗っても熟練した狩人だった。侵略者がやってくると、騎馬戦士たちは部族を守るためにゲリラ戦術を用いて追い出した。中国の緩やかな支配下で、オロチョン族の集団（バンド）は、狩猟民やトナカイ遊牧民を意味するソロンなどの名前で呼ばれていた。"オロチョン"という名称は、17世紀後半の満州（まんしゅう）清朝の康熙帝（こうきてい）の統治下で初めて使用された。馬はしだいにオロチョン族の文化になくてはならないものとなっていった。狩猟だけでなく、家族の持ち物や食料を運ぶのにも欠かせなかった。オロチョン族の馬は、彼らを乗せて渡るときに湿地に沈むのを防ぐために、大きな蹄（ひづめ）を進化させた。1600年代半ばのロシアの侵略により、オロチョン族の多くが中国北部の国境地域の人里離れた山中や森林の奥深くに追いやられた。

オロチョン文化には民間伝承や伝説、口頭伝承が豊富にある。狩りに出ていた者たちがたくさんの獲物をもち帰ると、たいてい男女、子供を問わず集まって踊り、歌った。数多くの物語や寓話、なぞなぞ、ことわざが世代から世代へと受け継がれている。過去50年間でオロチョン文化は大きく変わった。1950年代まで、オロチョン族は中国北部のロシアとの国境のすぐ南の山中のかなり隔絶された地域で狩猟採集生活を送っていた。オロチョン語は北部ツングース諸語のエヴェンキ語群のひとつだが、文字をもたず、標準中国語の普及によって言語の存続が危ぶまれている。オロチョン族の多くは標準中国語にくわえて、近隣のエヴェンキ族とダウール族の言語も話す。オロチョン族の大多数は、伝統的なアニミズム信仰の一環として自然崇拝を受け継いでいる。祖先の霊にいけにえを捧げることは日常的におこなわれており、ほとんどの人は、自然のありとあらゆるものには崇敬したり、鎮めるべき精霊が宿っていると信じている。歴史を通して、オロチョン族は高地の居住地域に共生するクマとトラに対して特別な敬意を払ってきた。

20世紀初頭、この地域を掌握しようとするロシアを撃退するために、オロチョン族は地域のほかの民族グループとともに戦った。1930年代、日本軍が黒竜江省を含む満州を占領する。オロチョン族の多くが山中に入って、侵略者

に対するゲリラ戦をくり広げた。1945年、第二次世界大戦が終わる頃には、オロチョン族は激減し、絶滅の危機に瀕していた。1949年の国共内戦で共産党が勝利すると、最初こそ散弾銃や薬莢(やっきょう)、食料、穀物、衣類が提供されたが、1950年代までにオロチョン族の家畜の群れは集産化され、オロチョン族は中国国家の従業員として、共同体や集団農場での定住生活を強いられた。1956年に農業が導入されると、20年とたたずにオロチョン族の地域では穀物を自給できるようになった。1980年代に中国がおこなった数々の改革は徐々にオロチョン族の土地にも浸透した。一部のオロチョン族は生計を立てるために牧畜生活に戻った。土産物として売るための手工芸品を生産する者もいる。

もっと知りたい人のために

Akiko, Yosano. Travels in Manchuria and Mongolia. New York: Columbia University Press, 2001.

与謝野寛・晶子『満蒙遊記』

Ethnic Groups. "The Oroqen Ethnic Minority." Accessed July 31, 2013. http://www.china .org.cn/e-groups/shaoshu/shao-2-oroqen.htm

MacKerras, Colin. China's Minorities: Integration and Modernization in the Twentieth Century. Oxford: Oxford University Press, 1994.

West, Barbara A. Encyclopedia of the Peoples of Asia and Oceania. New York: Facts on File, 2008.

Whaley, Lindsay. "The Growing Shadow of the Oroqen Language and Culture," Cultural Survival Quarterly , 25.2 (Summer 2001). http://www.culturalsurvival.org/ourpublica tions/csq/article/the-growing-shadow-of-the-oroqen-language-and-culture

か行

回族
Hui

　回族は、フェイ、ホウェイ、回回（ホイホイ）、パンセイ／パンゼー、トゥンガン、トンガン、ドンガンのほか、中国系ムスリムとも呼ばれる、中国の北西部諸省および中原に集住する大きな民族集団である。中国国外では、ミャンマー、台湾、カザフスタン、ウズベキスタン、キルギスタン、モンゴル、タイに回族のコミュニティが存在する。中国の回族の大多数は寧夏回族自治区に居住している。人口約1060万人とされる回族の大部分は、中国でもっとも広く話されている標準中国語のほか、中国語の諸方言の話者である。イスラム教スンナ派が圧倒的多数だが、宗教的慣行を除けば、文化的には漢族と似ている。

　アラブとペルシャの商人や船乗りが富と交易を求めて中国に旅してきたため、海と陸路の両方でイスラム教が中国に伝わった。8〜9世紀には、中国各地にイスラム教徒のコミュニティが存在していた。11世紀、西夏として知られる中国西部のタングート王国は、イスラム教徒の商人や学者を迎え入れた。960年から1127年にかけての北宋時代の中国の記録に、"ホイ"または"ホイホイ"という名称が初めて登場する。13世紀、モンゴル拡大の初期に多くのアラブ、テュルク、ペルシャ系の人びとがモンゴルの征服から逃れ、故郷を離れてアルシャー砂漠の南の辺境地に住み着いた。イスラム難民は漢族やウイグル族、モンゴル族の女性を妻に迎え、徐々に同化していった。彼らは職人や商人、学者、宗教指導者として、イスラム教の信仰を守りながら、ゆっくりと中国の伝統を取り入れつつ、中国各地に広がっていったのである。回族の文化は、13〜14世紀の元王朝の時代から少しずつ統合されていった。その文化は中東、中央アジア、新疆のさまざまな地域の伝統や儀式、慣行などが習合した漢文化から多くを借用していた。漢族との結婚により、際立っていた回族の身体的特徴は徐々に多数を占める漢族のものに近づいていった。14世紀から15世紀にかけて、アルシャー地域のイスラム教徒は国境を広げ、近隣民族をイスラム教に改宗させた。名目上は中華帝国の支配下にあったものの、アルシャーのイスラム教徒は回族のスルタンが統治する独立したイスラム国家を確立しており、これは歴代の中国王朝にはとてつもない癪の種だった。1644年に満州族が中国を征服すると、回族はこの機に乗じ

て非イスラム教徒の異教徒による支配から抜け出そうとした。1648年、満州軍はアルシャー地域に侵攻し、長く激しい戦いの末に反抗的な回族を征服することができた。次の世紀にわたって回族の蜂起が散発的に続き、1785年にとうとう大々的な反乱が起きる。中国の満州族支配者らは、ついに自分たちの権威に対する回族の脅威を排除する決意を固め、回族の居住地域に帝国軍を送り込み、東方では前例のない残忍な虐殺を繰り広げた。アルシャー地域の回族の居住区は現在のフランスよりも広かったが、過疎地も同然の状態になった。何十万人もの回族が砂漠や中国のほかの地域、あるいは東南アジアに逃げ込んだ。満州族の残虐な軍事作戦がついに終わりを迎えると、生き残った回族の人びとはかつてはおおぜいの回族が住んでいた荒廃した故郷の一角に少しずつ集まりはじめた。満州族政府は、回族の居住地だった一帯に、東部諸省で過剰となった漢族を移住させた。

回族は中国で3番めに大きな民族集団を形成しており、圧倒的多数が中国語を話す唯一のイスラム教徒の民族集団である。回族は民族宗教グループで、漢族と結婚して、徐々に中国語の話し言葉や中国文化の多くを取り入れたアラブ、ペルシャ、テュルク系移民の子孫である。

今日、回族のほとんどが漢族と似た外見をしているが、アラブ、ペルシャ、中央アジア系の特徴もいくらかとどめている。彼らの独特な文化は漢族の影響にくわえ、歴史的な交易路であるシルクロード沿いに居住していたことによっても形づくられた。現代の回族はターバンの着用など、男女を問わずイスラム教の制約にしたがった服装と、イスラム教の信仰によって識別されている。従来のベールをかぶった回族の女性たちは家で子育てをしていたが、共産主義国家の少数民族政策のもとでベールを脱ぎ、家から出て共同体で農作業をしたり、工場で生産労働に従事することを強要された。中国のさまざまな民族の同化政策が進められているにもかかわらず、回族は豚肉を食べることを拒否したり、女性の髪を覆うといったイスラム教に関連する慣行とイスラム教徒であることを守り続け、なおも多数派の漢族とは一線を画している。回族の若者の多くは敬虔なイスラム教徒ではないが、漢文化への同化に抵抗するという回族の歴史は受け継がれている。回族は、中国のほかのムスリム少数民族とは異なり、独自の言語をもたず、通常は居住地域の土着の中国語を話す。回族の話し言葉の諸方言には、アラビア語とペルシャ語、とくに彼らの宗教のアラビア語からの借用が見られる。アラビア語

は、宗教指導者や教育を受けた回族の多くの第二言語となっている。公式にはイスラム教スンナ派だが、実際には回族のなかにもいくつかのイスラム教派が存在する。より古い教派は、イスラム教を漢族の文化に適応させる必要から発展した。宗教的純粋性と集団としてのアイデンティティを保つために、回族は社会と隔絶するという歴史を歩んできた。早婚や見合い結婚、女性のベール着用、一夫多妻制といった回族の慣習は中華人民共和国で禁止され、現在、回族の女性は回族の男性と同等の離婚と相続の権利を正式に有している。回族の風習では、女性は回族以外の男性との結婚を禁じられているが、回族の男性はほかの民族集団の女性でも、イスラム教を信奉する、あるいはイスラム教の教えを実践する意思がある場合は結婚できることもある。およそ90パーセントの回族がイスラム教徒を自認している。

19世紀半ば、清朝の行き過ぎにた行為に対して蜂起や反乱が続発した。雲南省南部に住む回族は、その多くが18世紀に寧夏で起きた虐殺を逃れてきた難民の子孫で、1821年には地元の漢族と小競り合いになり、武力衝突も何度か起きた。雲南省中部の漢族と回族の鉱山労働者の対立は1855年に激しい衝突を引き起こし、省都の昆明とその周辺地域での回族イスラム教徒の虐殺にまで発展した。虐殺を口火として生じた回族の反乱は雲南地域全体に広がったが、1873年に最終的に敗北に終わった。1862年、中国北部の山西省でも別の回族の蜂起が起き、またたくまに近隣の甘粛省と新疆のムスリムのウイグル族に広がった。地域での差別と政府の迫害への抵抗として始まったイスラム教徒の反乱は、回族のあいだに帝国政府への不信と憎悪という消えない遺産を残した。太平天国の乱が東部諸省の広範囲におよんでいたため、その鎮圧に忙殺されていた当局は、1870年代に入るまで辺境の省に遠征軍を送る資金も兵力もなく、清軍による雲南のイスラム反乱軍の鎮定は遅れた。パンゼーの乱として知られるこの蜂起は、1856年から1873年にかけて雲南省で吹き荒れ、何千人もの人が死亡し、住むところを失った。回族は政府機関や特定の職業から排除され、イスラム教を信仰していることや、西方のイスラム教徒とつながりがあることから疑いの目で見られ、嫌われ者の少数民族として生きることが多かった。漢族による無差別攻撃にくわえ、イスラム教に対する不寛容の高まりを受けて、中国各地で回族の大々的な反乱が巻き起こった。19世紀末の局地的なイスラム運動の展開は、満州族の清王朝が衰退し始めたときに中国全土

で社会運動が大きく盛り上がったことと密接に関係している。反政府側に立った西洋諸国や日本の影響は、回族の怒りと不満の炎をさらに煽った。1873年に帝国軍に大敗を喫し、1895年の回民蜂起でも敗北したことは、中国で高まりつつあったイスラム運動に深刻な打撃を与えた。1911年の辛亥革命で清朝が滅亡し、回族はイスラム教徒としてのアイデンティティを主張する機会を得る。地域のムスリム軍閥に率いられた回族の反乱軍は、回族の中心地である寧夏からすべての中国当局者を追放し、スルタンを長とする自治政府を樹立した。新生共和国政府に忠誠を尽くす軍隊がこの地域に入り、たいていは回族の軍閥同士を戦わせるように仕向けて、反乱を終結させた。20世紀初め、寧夏は河州の強力な回族の一族、馬一族の政治拠点となった。共産主義運動の拡大とともに内戦が中国全土に広がるなか、馬家軍は政府側について戦った。激動の1920年代、30年代、弱体な中国政府の寧夏地域における権威は名目上のものにすぎなかった。回族にある程度の自治権を認め、中央政府に忠実であり続ける理由を与えるために、1928年に寧夏省が新たに設置された。暴走する軍閥や共産党幹部、さまざまな政治派閥についた民兵からみずからの身を守るために、回族は結集した。回族の若者の多くは寧夏の馬氏が募った地方民兵組織に加わった。1936年、中央政府は寧夏の支配権を握ったが、内戦の激化にともない、回族の支持を得るためにイスラム教に対するそれまでの厳格な規制を緩和した。共産党指導者らも回族を味方につけようとしたが、共産主義者の断固とした反宗教的な姿勢が回族の大半を遠ざけた。1949年に共産党が国共内戦に勝利すると、回族の宗教武装集団による抵抗が活発化する。1953年、アルシャー地域のある一派が分離独立した回族の国家、中国イスラム共和国を創設しようとしたが、その動きは速やかに抑圧された。1949年に共産党の少数民族政策の一環として設立された寧夏自治区が解体され、回族は中国で公認された少数民族のうち、指定された居住区をもたない唯一の民族となった。1950年代と、とくに1967〜1977年にかけての文化大革命のあいだ、回族のモスクのほとんどが閉鎖され、宗教指導者は頭に豚の頭部を縛り付けて町や都市を歩かされ、多くの回族の女性は非回族との結婚を強制された。1970年代、厳格な共産主義体制の終焉が、資本主義経済の法制度と多くの少数民族の民族自治権の強化の実現という新時代の到来を告げた。1993年に採択された新しい宗教法により、回族は1960年代初頭以来初めて、みずから

の宗教を隠すことなく信奉することが認められた。21世紀に入り、中国の目覚ましい経済発展にもかかわらず、回族の収入は変わらず全国平均を下回っており、優遇されている南東部諸省の収入よりもかなり低い。中国におけるイスラム教と共産主義の関係は依然として不安定で、同化と国家統合を促進しながら宗教的・民族的慣行を認める、という相反する政策がとられている。近年、中央政府は、宗教活動への支援と国の公式な無神論の立場を維持する取り組みとのバランスをとりつつ、回族の文化と宗教的慣習のとくに中国的な要素を強調している。多くの中国政府関係者は、国家の厳しい統制にもかかわらず、イスラム過激主義が国内に浸透するのではないかと懸念している。

姓

回民族でもっとも一般的な姓は、近隣の漢族に多く使用される名字だが、回族の情報によると、名前の起源はムスリムにある。もっとも多く見られる回族の姓のマー／馬（Ma）は、ムー／ム（Mu）やハン（Han）という姓と同様、Muhammad（ムハンマド）に由来している。ほかにも、Hasan（ハサン）にちなんだハ（Ha）、Hussein（フセイン）に由来するフー／フ（Hu）、Said（サイード）にちなむサイ（Sai）、Shah（シャー）に由来するシャ（Sha）、Shams（シャム）にちなむゼン（Zeng）、Osman（オスマン）に由来するカイ（Cai）などの姓がある。回族の言い伝えによれば、Na（納）、Su（速）、La（剌）、Ding（丁）という4つの一般的な姓は、ナスルディンNasruddin（中国語で納速剌丁Nasulading）の子孫から生じたもので、彼らが祖先の名前を4つに分解したとされる。

もっと知りたい人のために

Gladney, Dru C. Muslim Chinese: Ethnic Nationalism in the People's Republic of China. Cambridge, MA: Harvard University Asia Center, 1996.

Legerton, Colin, and Jacob Rawson. Invisible China: A Journey through Ethnic Borderlands. Chicago: Chicago Review Press, 2009.

Lipman, Jonathan N. Familiar Strangers: A History of Muslims in Northwest China. Seattle: University of Washington Press, 1998.

"Muslims Clash with Chinese Police Who Destroyed Mosque." Telegraph. January 2, 2012. http://www.telegraph.co.uk/news/worldnews/asia/china/8988205/Muslims-clash-with-Chinese-police-who-destroyed-mosque.html

カザフ人
Kazakh

　カザフ人はカザクとも呼ばれ、中央アジアの民族のなかで最多の人口を有し、推定人口は1350万人から1500万人とされる。カザフ人の大部分は中央アジア最大の共和国であるカザフスタンに居住しているが、近隣の中国、ウズベキスタン、ロシア、モンゴル、トルクメニスタン、キルギスタン、トルコにも重要なカザフ人コミュニティが存在し、それより小規模なグループがイランやヨーロッパにも見られる。カザフスタンは、中央アジアの4つの共和国の面積を合わせた2倍以上の大きさで、旧ソ連諸国のなかではロシア連邦に次ぐ面積を誇る。カザフ語は、テュルク諸語のキプチャク語派または西テュルク語派に属するテュルク系の言語に分類される。中央アジアの近隣民族と同様に、カザフ人は圧倒的にイスラム教徒が多く、ほとんどがイスラム教スンナ派を信奉している。

　現在、カザフスタンまたはカザフステップと呼ばれるこの地域は、数万年前から人が居住しており、ほとんどの期間を遊牧民が支配していた。いくつかの研究によると、馬はこの地域で最初に家畜化され、リンゴもここで栽培が始まり、ほかの地域に広まった。8世紀にテュルク系部族がこの地域を征服し、広大な草原地帯に広がっていった。さまざまな部族グループが強力な連合を形成し、東洋と中央アジア、中東、ヨーロッパを結ぶ交易路である伝説的なシルクロードが通る領域で交易をおこない、繁栄した。8世紀にムスリム・アラブ人がこの地域に侵攻し、新たなイスラム教をもちこんだが、カザフ人の大多数は伝統的な精霊信仰を守り続けた。イスラム教への

改宗は南部地域で始まり、ゆっくりと北に広がっていった。モンゴル族は急速に拡大する帝国の国境を押し広げ、13世紀にこの地域に侵攻すると、洗練された交易都市と大きな定住人口を支える広範な灌漑システムを破壊した。この侵略で生き延びたテュルク系住民は、凶暴なモンゴルの征服者たちから逃れるために草原地帯のあちこちに散らばっていった。1456年、住民がほとんどいない地域にモンゴルの騎馬軍団が定着を始めた。モンゴル人は、残ったテュルク系民族を徐々にとり込み、テュルク語とテュルク文化の多くをとり入れながら、伝統的なモンゴルの集団である大きな部族連合体"ジュズ"（またはオルダ）を保ち続けた。この地域に建てられたモンゴル・テュルク系王朝カザフ・ハン国は、3つの強力な連合体から成り立っていた。15世紀、カザフ人の大部分がイスラム教を受け入れていたが、カザフ文化に完全に習合したのはずっと後になってからだった。ロシアの東方への拡張を先導していたコサックは、16世紀初頭にカザフ遊牧集団と接触し、長期にわたるロシアのカザフステップへの漸進的な侵略が始まる。組織化された最初のロシア遠征隊がカザフ人の居住地にやってきたのは、混乱と戦争のさなかの1715年のことだった。勢力を拡大するオイラトの部族連合から攻撃を受けていたカザフ人は、このヨーロッパ人が協力者になる可能性を見いだした。ロシアの軍事力はカザフ人の族長らを大いに感心させ、カザフ人の3つの主要なジュズ（オルダ）が1731年から1742年のあいだにロシアの保護を受け入れた。この地域の足掛かりを得たロシア人はゆっくりと影響力を広げ、最終的にハーンの統治体制は廃止され、カザフ人はロシアの直接支配下に置かれることとなった。

　カザフ文化は、この地域の伝統的な牧畜の歴史を基盤にした現代中央アジア文化である。牧畜は歴史を通してカザフ人の生活様式の中心であったため、彼らの伝統や習慣のほとんどに何らかのかたちで家畜が関わっている。今日のカザフ人社会は急速に都市化が進み、新しい方法や技術をとり入れているが、伝統的なまじないや祝福は動物と結びついており、誰かと会ったら、挨拶を交わす前にまず家畜の健康状態を尋ねるのが礼儀とされている。かつて遊牧民だったカザフ人は、ユルトと呼ばれるテントのようなつくりの住居に暮らしていた。ユルトは、柳の柔らかな木組みの上をさまざまな厚さの馬やヤクの毛のフェルトで覆ってつくられた。現在、ユルトなどの歴史的資料は、伝統文化が西洋、さらにはロシアや中国の影響と融け合い、急成長を続ける都市

部で装飾的なモチーフとして使われることが多くなっている。カザフ人は氏族や地域ごとのグループに分かれており、今も民族・国家としての統一体を形成する過程にある。1991年のソ連崩壊後、多くのヨーロッパ人がこの地域から去ったことに加え、出生率がひじょうに高かったことから、国内におけるカザフ人住民の割合は1991年の40パーセントから、2012年には65パーセント近くを占めるまでになった。

カザフ語は、キプチャク語群に属する主要言語のひとつで、カスピ海地域から中央シベリア、中国北西部にかけて話されている。もともとソ連時代はアラビア文字で書かれていたが、ロシア語のキリル文字の表記が用いられることが多く、現在ではラテン文字への転換が進められている。中国とモンゴルのカザフ人住民は、近隣のウイグル族が用いる文字に似た改良アラビア文字を使用している。カザフ語は日常生活で用いられる言語で、ビジネスの場やカザフ人と他民族がコミュニケーションをとるときには今も共通語としてロシア語が使用されている。カザフ人のほとんどはイスラム教徒であり、大多数がイスラム教スンナ派を信奉している。広大な草原地帯では、イスラム教は長いプロセスを経てゆっくりと伝わり、信仰されていったため、古い信仰体系と併存してきた。伝統的な信仰では、この世界にはもうひとつの精霊の世界が存在し、空、水、火、動物のそれぞれに精霊が宿り、生命を吹き込んでいると考えられている。今日でも、とくに大切な客人を迎えたときは、処理したばかりの子羊の肉を使ったごちそうをふるまい、子羊の魂を祝福し、その肉を食べる許しを請うよう求められることもある。子羊の肉はたいへん重要な意味をもっているが、それ以外の伝統的な食べ物もカザフ人の文化において象徴的な価値を保っている。家畜は今もカザフ文化の中心であり、都市部の住民のあいだであっても、馬に乗っておこなう伝統的なゲームはどんな大きなイベントでも人気を集めている。

19世紀の最初の数十年間、カザフ人の文化や日常生活に対するロシアの干渉が強まり、反感と緊張が高まった。1820年代から1840年代にかけて、さまざまな地区で深刻なカザフ人の蜂起が起こり、15世紀に成立したカザフ・ハン国は、1847年についに解体された。19世紀半ばには、広大なカザフステップのほぼ全域がロシアの直接統治下にあった。一連のコサック要塞と大規模な駐留軍が、民政当局と並んで行政を担った。遊牧民の諸氏族から忌み嫌われていた税は、動物、皮革や毛皮、その他の貴

重な品々のかたちで支払われた。1868年、カザフの広大な領域は歴史ある3つのジュズに基づいて、ステップ州、トゥルガイ州、ウラリスク州の3州に大別された。この3州は、ヨーロッパロシアから東に移動してきたヨーロッパ人の入植地として開かれたが土地や水、権力をめぐる抗争が頻発し、武力衝突になることも多かった。カザフ人をロシア正教に改宗させようとするロシア人への反発からか、カザフ人の大多数がイスラム教を信仰し、ロシアによる征服後もイスラム教徒であった唯一の中央アジアの民族となった。1890年代から、多数のスラヴ族がカザフステップに移住を始めた。1906年にオレンブルク・タシケント鉄道が完成し、中央アジアとヨーロッパロシアが結ばれた。鉄道が開通したことで、この地域への移住が奨励され、サンクトペテルブルクに特別に設立された移民局の監督のもとで新しい入植者が送りこまれた。さらに、鉄道がつながったおかげでロシア政府は不穏な地域にすぐさま兵士を派遣できるようになった。カザフ人と入植者の衝突が相次ぐなか、土地と資源をめぐる競争は加速した。19世紀には40万人以上のスラヴ族がこの地域に移住し、20世紀初めには推定100万人のスラヴ族、ドイツ人、ユダヤ人などがヨーロッパロシアからカザフの地に定住した。1905年の第一次ロシア革命の失敗のあと、革命の思想がこの地域に浸透していった。カザフ人は第一次世界大戦の戦闘に直接かかわることはなかったが、大量の人員が失われ、ロシアの戦争努力の継続がひじょうに困難になると、少数民族が初めて徴兵された。人員の必要性から、帝国政府は中央アジアのイスラム教徒にまで徴兵を拡大した。1916年、地方政府当局は中央アジアに住む25万人を労働大隊に強制徴集しようとした。この動員は広範な抵抗を生み、現地で反乱が巻き起こり、カザフ人の居住地域からウズベク人の地域へ、さらには中央アジア全域へと広がった。カザフ人は地域の小規模な駐屯地を占領し、スラヴ族の入植地や前哨基地を攻撃した。何千人ものヨーロッパ人入植者が虐殺され、生存者は軍の前哨基地に逃げ込むか、ヨーロッパロシアに戻ろうとした。前線でひどく必要だったにもかかわらず、急遽、帝国軍の部隊が中央アジアに送り込まれ、反乱軍との戦いに向かった。ところが、ロシア軍は巧みに逃げるカザフ人の騎馬戦士を見つけることができず、しばしば友好的な村や武器をもたない民間人を襲った。この蜂起は一連の衝突を引き起こし、双方による残忍な虐殺が続いた。1917年のロシア革命と、中央アジアにおけるロシアの支配力が一気に崩壊

したことで、広範におよんだ反乱は終息した。ロシアの民政が打倒されると、各地に散らばっていたカザフ人の諸氏族が組織された。カザフ人指導者らは、ヨーロッパによる植民地化を終わらせ、奪われたすべての土地を返還するよう要求した。1917年に起きたボリシェヴィキのクーデター（十月革命）は、カザフステップ地域の多くのロシア人にすぐさま支持された。ボリシェヴィキの反宗教的なレトリックに憤慨し、ヨーロッパから到着したボリシェヴィキ軍に脅威を抱いたカザフ人指導者たちは、広大な祖国がロシアから独立することを宣言する。この地域の反ボリシェヴィキ白軍と同盟を結んだものの、お粗末な装備のカザフ軍は進軍してきた赤軍にあっけなく敗北した。1919年に赤軍はこの地域の大部分を制圧し、1920年には中央アジア全域を完全に掌握していた。革命は憎むべき植民地主義に終止符を打つものとみなされることが多く、カザフ人の少数派は革命を支持した。けれども、1919年7月にはイスラム教徒を地方政府の官職から外す決定がなされ、新体制は厳しい反宗教的姿勢をしめした。カザフスタンは新生ソビエト連邦の自治共和国となった。従来のカザフ人支配層は弾圧され、カザフ人の大規模な家畜の群れは強制的に集産化され、広範にわたる飢餓とさらなる衝突をもたらしたが、反乱は容赦なく鎮圧された。1926年から1939年にかけて、飢饉と中国領への難民の大量流出により、カザフ人の人口は22パーセント減少した。1930年代には、定期的な粛清によりカザフ人の作家、詩人、思想家、政治家、歴史家のほとんどが排除された。1936年、カザフスタンはソビエト連邦の正式な構成国となる。大量追放でカザフ人の人口が減り続けるいっぽうで、ソ連各地を追放された何百万人もの人がカザフスタンに強制移住させられた。戦争で荒廃したヨーロッパからカザフ人の居住地域に多数の人びとが流れてきて、第二次世界大戦における需要から工業化が著しく進んだ。1949年にカザフスタンでおこなわれた核実験はこの地域を激変させ、その生態学的・生物学的影響はなおも消えない。ソ連体制に対するカザフスタンの怒りがますます強まるなか、1980年代後半にソ連の厳格な支配が緩和され、またたくまに支持を集めた。ソ連邦の崩壊にともなう民族主義的な感情の高まりにのって、カザフ指導部は共和国の主権を宣言した。モスクワでのクーデターが失敗に終わり（ソ連8月クーデター）、続いてソ連が解体されると、カザフスタンの共産党指導者らはすぐさま民族主義的な理想を受け入れ、1991年12月16日にカザフスタンの独立を宣言した。躊

踏と混乱のため、カザフスタンは旧ソ連の共和国のなかで完全独立を宣言した最後の国となった。1990年代から長年にわたって、カザフスタン共和国は1991年にカザフスタンを掌握した共産主義者から国家主義者に転向した権威主義者の支配下にあった。

もっと知りたい人のために

Hall, Awelkhan, Zengxiang Li, and Karl W. Luckert. Kazakh Traditions of China. Lanham, MD: University Press of America, 1998.

"Kazakhstan." New York Times. Accessed July 31, 2013. http://topics.nytimes.com/top/news/international/countriesandterritories/kazakhstan/index.html

Laumulin, Chokan, and Murat Laumulin. The Kazakhs. Leiden, Netherlands: Brill/Global Oriental, 2009.

Shayakhmetov, Mukhamet. The Silent Steppe: The Story of a Kazakh Nomad under Stalin. London: Stacy International, 2006.

カラカルパク族
Karakalpak

　カラカルパク族（Karakalpakian、Qaraqalpaq、Qorapalpog、Qoraqolpoqlar、Karaklobuk、Tudzit、Tchorni）は、アラル海のすぐ南、ウズベキスタン共和国西部のカラカルパクスタンに住む民族。この中央アジアの混合民族の祖先には、オグズ族、テュルク系キプチャク族、ペルシャ系、コーカサス系、モンゴル系民族が含まれている。カラカルパクの人口は、ウズベキスタン、カザフスタン、トルクメニスタン、アフガニスタン、ロシア各地のコミュニティを含め、50万人から65万人と推定される。その名称のカラカルパクは「黒い帽子」を意味し、彼らの伝統的な黒いウールやフェルトの帽子をさしている。カラカルパク族の居住地域は現在ウズベキスタンの一部となっているが、北側の近隣民族であるカザフ族とより近縁にある。だがカザフ族と違って、身体的にはモンゴル系よりもテュルク系の外見に近い。カラカルパク語は西テュルクまたはキプチャク諸語に属し、1920年代に別の文語として発展したにもかかわらず、カザフ語の一方言に分類されることもある。カラカルパク族の約96パーセントがカラカルパク語を第一言語としており、たいていロシア

語が第二言語として話されている。カラカルパク族のほとんどはイスラム教スンナ派ハナフィー派を信奉しており、政治的適応とイスラム法の厳守が奨励されている。また、少数だがイスラム教スンナ派のスーフィー派の信者もいる。

この地域にはもともとコーカサス系民族が住んでいて、紀元前500年頃から後500年頃まで、大規模な灌漑システムを備えた農業地帯として栄えていた。7世紀、モンゴルから侵攻してきたテュルク系オグズ族がこの地域を支配した。彼らは徐々にコーカサス系民族を吸収し、そのテュルク系言語と文化が従来のコーカサス文化にとってかわった。8世紀には、ムスリム・アラブ人がアラル海地域に侵入し、たいていは力ずくで住民を新たなイスラム教に改宗させた。テュルク系のセルジューク朝軍が、カラカルパク族をともなってこの地域を支配し、カラカルパク族はそのまま定住した。13世紀にはモンゴルの大軍がアラル海地域を征服する。カラカルパク族の口頭伝承によると、彼らの祖先である「黒帽子族」は、15世紀にジョチ・ウルス(キプチャク=ハン国)から別の民族として分かれたとされる。部族——たいてい敵対関係にあった——に分裂したことで、ジュンガル(オイラト)族、ブハラのウズベク人、周辺のカザフ人による支配が容易になった。15世紀末か16世紀初め、カラカルパク族は近隣のカザフ人と部族連合を形成した可能性がある。カラカルパク族の言語、習慣、物質文化がカザフ人のものと似ていることもその説明になるだろう。上部カラカルパクと呼ばれるカラカルパク族のグループのひとつは、フェルガナ盆地の東のシルダリヤ川沿いに定着した。もうひとつのグループ、下部カラカルパクは、アラル海により近い場所に居住地をつくった。16世紀後半、カラカルパク族はアラル海の東に位置するシルダリヤ川の渓谷の遊牧民で、強力なブハラ・ハン国に服属した民族として年代記に登場する。16世紀から18世紀にかけて、北に前進するカザフ軍と東へと勢力を広げるブハラのウズベク軍の圧力を受けて、多くのカラカルパク族が南西に向かい、ウズベクのヒヴァ・ハン国が緩やかに統治していたアラル海の南のアムダリヤ川流域の肥沃な土地に移り住んだ。17世紀後半に、ウズベク人が主導する中央アジアのイスラム諸国を巡っていたロシアの探検家とコサック兵が、カラカルパク族に出くわしている。

カラカルパク文化は中央アジアのテュルク社会で、テュルク系、モンゴル系、コーカサス系の祖先から受け継いだ習慣や伝統の一部を今も守っている。この地域では珍しく、女性の地位はウズベキ

スタンのほかの地域よりも高く、これは 70 年以上にわたったソ連体制の数少ない「正」の遺産のひとつとみなされている。中央アジアの民族集団のなかでもっとも規模が小さいとされるカラカルパク族は、確立されたアイデンティティをもっているが、独立した民族集団とするか、カザフ人の下位集団とするか、その位置づけについてはなおも議論が分かれるところである。かつては多数のカラカルパク族がアラル海で漁師をしていたが、環境に無関心なソ連によって深刻な環境破壊にさらされた内海は急激に縮小し、海洋生物のほとんどがもはや生息できなくなっている。過去には世界第 4 位の湖面積を誇ったアラル海の縮小は、史上最悪の環境破壊のひとつとして非難されてきた。現在、カラカルパク族の大半が遊牧民または農民で、人口の約 3 分の 1 が都市部に住んでいる。都市化によって、かつては高かった出生率は低下したが、大家族は今もカラカルパク族の理想とされている。ソ連支配下で文語として発展したカラカルパク語は、北西方言と南西方言の 2 つの主要な方言で話されており、どちらにも下位方言がある。以前はロシア人が使用していたキリル文字で書かれていたが、1996 年以降は改良ラテン文字の表記が使われている。カラカルパク族の多くは第二言語としてロシア語かウズベク語を話す。1991 年のソ連崩壊後、カラカルパク族のあいだでイスラム教は地域社会の生活の中心として復活しつつある。地域の伝統の多くはイスラム教に改宗する前から続いており、なかでも際立つのが熱狂的な詠唱や踊りによって精神状態を変化させる風習だ。ソ連の無神論政策の名残は今も根強い。イスラム教徒は人口のおよそ 80 パーセント弱で、約 19 〜 20 パーセントはイスラム教徒だが、その教えを実践していない。約 3 パーセントは無宗教を自認している。プロテスタント福音派による布教活動により、小さなキリスト教コミュニティが形成され、1996 年には聖書の一部がカラカルパク語に翻訳されている。

19 世紀初頭、この地域で勢力を拡大しようとする帝政ロシアの試みは、中央アジアの首長国やハン国によって撃退された。だが 19 世紀半ばにコサックがロシア侵攻を先導するようになり、1865 年から 1876 年にかけて、中央アジアのほぼすべての国がロシアの支配下に置かれた。ロシア当局は 1873 年にカラカルパク居住地の西部を併合し、東部地区はそのままヒヴァ・ハン国の統治下にあったが、ヒヴァ・ハン国もロシアの保護国となった。豊かな放牧地を失ったことを除けば、カラカルパク族は第一次世界大戦までロシアの直接支配の影響をほとん

ど受けなかった。1916年6月、人員不足で追いつめられたロシア軍は、中央アジアの人びとを徴集して労働大隊に入れ始めた。この徴兵に中央アジアの人びとは抵抗し、各地で激しい武力衝突が相次ぎ、1916年8月の大規模な蜂起にはカラカルパク族もくわわった。ロシアの報復を恐れた多数のカラカルパク族が故郷を離れ、アムダリヤ・デルタの沼地に逃れた。中央アジアでの蜂起により、帝国政府は反乱軍を平定するために、戦闘に不可欠な部隊を前線から撤退させざるを得なかった。中央アジアの反乱軍とロシア軍との衝突は、1917年2月、ロシア革命の知らせがこの地域に届いた直後に終結した。民族構成や政治的イデオロギーの異なるいくつもの敵対する政権が、アラル海南部のカラカルパク族の故地を掌握しようとした。1918年に始まったロシア内戦はヨーロッパから中央アジアに広がり、混迷していた情勢に追い討ちをかけた。カラカルパク族は概して、反宗教を掲げるボリシェヴィキよりも白軍を支持していたが、1920年に勝利したボリシェヴィキがカラカルパク族の居住地を占領した。1924年、ソビエト政府は従来の中央アジアの領土分割を取りやめて、民族別に国境を画定した。翌25年には、自治とは名ばかりのカラカルパク自治州が設置され、1930年にソビエト・ロシア連邦の管轄下に置かれたのち、1932年にソ連邦の構成国のひとつであるウズベク・ソビエト社会主義共和国内の自治共和国（カラカルパクスタン共和国）となった。ソ連下での政治的混乱や当局によるイスラム教弾圧にもかかわらず、カラカルパク族は教育、言語の発達、文化の面で大きな進歩を遂げた。また、独自の民族としての強いアイデンティティを抱き、文化の復興を促進し続けたが、1930年代から1950年代初めにかけてのスターリン時代には抑圧を受けた。1953年のスターリンの死後、ソ連当局は伝統的な農業や牧畜を排除してアラル海周辺地域を綿花生産の発展に用いた。1962年には、アラル海の支流のひとつだったアムダリヤ川から綿花の灌漑用の水路が引かれた。川とその周辺地域はまたたくまに化学肥料でひどく汚染された。主な水源だったアムダリヤ川の転用によって、アラル海は急速に縮小し始めた。この生態学的な大惨事は、1980年代後半にソ連で生活が自由化されるまで、国家機密として厳重に隠し通された。数十年にわたって綿花生産に大量の化学肥料が使用され、それによって広範な健康問題が引き起こされたという事実は、カラカルパク族に衝撃を与えた。そして、祖国におけるソ連時代の大災害からの復活に取り組む活動家たちを奮い立

たせた。1991年のソ連崩壊により、カラカルパクスタン共和国を国土の一部に含むウズベキスタン共和国は独立国家となった。カラカルパク族は、自分たちよりもずっと数の多い近隣民族と同じくらい強いアイデンティティをもち、ウズベキスタン政府に抵抗している。ラテン文字を使い、トルコの新聞や出版物を利用し、アラル海の災害によるもっとも深刻な環境汚染問題を解決するよう政府に対策を要請し続けている。カラカルパク族の約66パーセントは、祖国のひどい汚染により、腸チフスや肝炎、咽頭がんを患っている。乳児の10人にひとりは1歳の誕生日を迎える前に亡くなり、子供たちの約85パーセントが長期にわたる健康被害に苦しんでいる。

もっと知りたい人のために

Bissell, Tom. Chasing the Sea: Lost among the Ghosts of Empire in Central Asia. New York: Vintage, 2004.

Glanz, Michael. Creeping Environmental Problems and Sustainable Development in the Aral Sea Basin. Cambridge: Cambridge University Press, 2008.

Icon Group International. Kara-Kalpak: Webster's Timeline History, 1924-2002. San Diego: Icon Group International, 2009.

Richardson, David, and Sue. "The Karakalpak People." The Karakalpak. Last modified February 8, 2012. http://www.karakalpak.com/people.html

漢族
Han

　漢族は漢人とも呼ばれ、世界最大の民族集団を構成し、世界人口の約20パーセントを占めている。約13億人とされる漢族は中国に集住しており、中国の総人口の92パーセントを占め、台湾では人口の94パーセントを構成している。香港やマカオでも人口の大多数を占め、シンガポールでは漢族が総人口の74パーセントを構成する。ほかにもインドネシア、タイ、マレーシア、アメリカ、カナダ、ペルー、ベトナム、オーストラリア、カンボジア、フィリピン、ミャンマー、ロシア、日本、ベネズエラ、南アフリカ、イギリス、フランス、スペイン、インド、ラオス、ブラジル、イタリア、ニュージーランド、オランダ、モーリシャスに漢族の大きなコミュニティが存在する。また、それよりも規模の小さな漢族の集団が世界各国に見つかる。漢族は漢語を話すが、漢語は同系の諸言語の総称であるため、相互の言葉が通じないこともある。漢族の多くは無宗教だが、大多

数は中国の民間信仰、儒教、道教、仏教が習合したものを信仰している。キリスト教やチベット仏教などの宗教の小規模なコミュニティも存在する。

　世界中の学校で教えられている中国の歴史は、多くの点で漢族の歴史である。その祖先は、黄河沿いに居住していた初期の部族連合体、華夏にたどることができる。紀元前475年頃から前220年までのいわゆる戦国時代に、華夏または漢族のあいだでアイデンティティ意識が高まった。現在、華夏という言葉は自分たちの遠い過去を確認するために使われるが、当初は、彼らの祖先がみずからが擁する高度な文化を定義するために用いていた。彼らにしてみれば、その壮大な文化は自分たちが蛮族とみなしていた周辺民族の文化とは際立って対照的な特有のものだった。古来より漢族は、中国の歴史は漢族の伝説的な始祖である黄帝の治世下で始まったと信じている。黄帝は華夏を統一したとされ、今も崇敬されている。この時代の研究は文字による記録がないと困難だが、黄河流域で見つかった考古学的な証拠から、新石器時代文化は紀元前7000年から前660年頃の賈湖文化に始まり、紀元前5000年から前3000年頃の仰韶文化、そして紀元前3000年から前2000年頃の龍山文化と連綿と続いたことがわかっている。黄河下流域では、前5400年から前4000年頃までの青蓮崗文化、紀元前4300年から前2500年頃までの大汶口文化、紀元前2500年から前2000年頃までの山東龍山文化、そして紀元前1900年から前1500年頃までの岳石文化が並行して発達していった。この期間に、漢文化は新石器時代後期から青銅器時代初期へと移行していく。古代の歴史書に記録されている最初の王朝は夏で、紀元前2070年頃に禹大王が開いた。夏は紀元前1600年頃に東からの侵略者によって滅ぼされ、殷王朝が創始された。最古の漢字は、文字が発達したこの時代にさかのぼる。殷の時代、農業の革新により人口が大幅に増加した。勢力を拡大する漢族はほかの民族を取り込んでいき、多くの場合、彼らは時とともに漢化していった。次の1000年にわたって、漢族は征服と植民地化を通して広大な地域を支配下に置いた。完全な中央集権制の発展は、漢文化のあらゆる要素に深い影響をおよぼした。もともとの居住地域である黄河流域から北と南の両方に支配を拡大し、漢文化は広範な地域で主流の文化となった。征服した住民の漢化により、漢族や同化した民族が実際に居住している地域をはるかに超えて、漢族の影響力は広がった。周王朝末期の紀元前250年頃、王国の広大な領土における周の権威を保持するため

に、王族や武将に領地が与えられた。そうした領地の多くは、王朝が衰退すると小さな国として独立した。中国の歴史で春秋時代と呼ばれる時代のあいだ、紀元前6世紀までにはほとんどの小国が併合されるか、より大きな国に服属していた。知識階級が封建制度の発展を支え、古代中国の歴史と哲学に関する最初の偉大な書物の数々が生み出された。小国がいくつかの大国に統合されたことで、戦国時代として知られる時代が到来する。紀元前475年頃に始まったこの時代は、前221年に秦国の勝利によって幕を閉じ、秦王朝の下で中国統一国家が誕生した。中央集権国家の発展は、その後2000年にわたって中国を支配することになる政治体制のモデルを確立した。秦朝治下で、諸子百家による哲学が著しい進歩を遂げる。この時代から存続しているもっとも重要な原理のなかには儒教の教えと、道教（またはタオ）として知られる宗教信仰体系がある。秦王朝は度量衡、通貨、文字を標準化することで経済的および文化的に国を統一した。紀元前206年に秦王朝にかわって漢王朝が樹立されるが、漢政府は秦が設立した制度の多くを踏襲した。漢の統治下で、帝国の芸術と文化は栄え、漢軍は中国の国境をあらゆる方向に広げた。220年まで続いた漢王朝の時代は、漢族の歴史のなかでもっともすばらしい時代のひとつに数えられており、漢族はこの王朝からみずからの名前をとった。漢族の歴史では、他民族集団との相互作用についてはほぼ無視されているが、文化や言語の借用は中国の歴史の常である。東北部や北西部からの諸部族の侵入は、早くは紀元前1000年に始まった。ときにはそれは軍事侵攻で、拡張を続ける漢族は植民地化した領土の一部を放棄せざるを得ないこともあった。また、中央集権体制をとる中国国家と北方の諸部族との関係の一環としての流入もあった。異民族間の結婚、外交関係、文化交流は、漢族と他の部族集団との文化的な相互関係において、きわめて大きな役割を果たした。13世紀、中国の北西に広がる大草原に居住するモンゴル諸部族が統一され、領土の拡大を進め、最終的には大中華帝国を含む、既知の世界の半分を征服した。モンゴル族は中国に元王朝を建てて1279年に中国統一を果たし、漢族の中心地の最初の征服者となった。モンゴル人は中国社会を4つの異なる階級に分け、みずからを支配階級とし、漢族は下から2番めの階級に格下げされた。また、数ではるかに勝る漢族を支配下に置いた証として、漢族のすべての男性に辮髪と呼ばれる三つ編みを長く垂らした髪型を強制した。1368年、漢族の反乱により、モンゴ

人は北へ追い返され、漢族の明王朝が樹立する。明の統治下では周辺地域、なかでも雲南南部地域への漢族の移住が加速した。1644年、農民の反乱軍が北京を陥落させたことで、東北部から進出してきた満州族は首都を占領し、最終的に帝国全体を支配することができた。満州清王朝は、満州と呼ぶことに定めた東北部地域への漢族のさらなる移住を禁じ、中国の支配権を失った場合に撤退できるようにした。だが、中国が領土を主張する地域をロシアが侵略・併合したため、清はその封禁政策を転換して、人口の大多数を占める漢族が満州に移るのを認めざるを得なくなった。

漢族は、世界でいちばん古く、もっとも複雑な文化をもつ民族のひとつを祖先にもつ。父系氏族という概念は漢族の歴史と社会に深く根ざしている。父系拡大家族の存続は、漢文化において最重要とされる事柄であり、今日にいたるまで漢族社会の姿勢やふるまいに大きな影響をおよぼしている。遠く漢の時代から受け継がれているもうひとつの文化的要素が、天命信仰だ。歴史を通して、漢族は多様な信仰体系や起源をもつ宗教を受け入れてきた。道教（タオ）、儒教、仏教という三大宗教伝統の形成は、紀元前200年から後200年までという比較的短期間に起こった。仏教は外来の宗教だが、もっとも大きな影響をもたらした。とはいえ、漢族のほとんどは3つの宗教のすべてに敬意を抱き続けているため、宗教的対立を回避しようとする。1949年に中国を掌握した共産主義政府は公式に無神論の立場をとり、無宗教民族という遺産を残したが、ここ数十年で中国の近代化が進んで、さまざまな厳しい規制が解かれたため、新たに認められた自由の一部として多数の人がふたたび宗教を受け入れるようになっている。多くの漢族は包括的な宗教観をもち、3つの主要な宗教が併存し、相互補完的な関係にある。道教は人間と自然や宇宙との関係に焦点を当て、儒教は人間と社会との関わりに重点を置き、仏教は人と死後の世界や来世との関係を中心としている。イスラム教とキリスト教は、漢族の信者は比較的少なく、中華圏で重要な位置を占めることはなかった。一般に中国語と呼ばれる漢族の言語は実際には7つの異なる方言からなる言語グループだが、3000年以上前に創出された中国語の文字はすべての方言に対応している。20世紀に入り、北京語を基にした標準中国語から作られた中国語の表記が標準化され、中国の公用語に定められた。1950年代初め、国共内戦で共産党が勝利したのち、中国本土で漢字を簡略化した簡体字が制定され、その後、シンガポールでも採用され

たが、香港、マカオ、台湾のほか、華僑が集住する地域の漢民族は、簡略化されていない従来の字体体系（繁体字）を使い続けている。両者には大きな違いがあるが、大部分は相互に理解可能である。

19世紀、中国がヨーロッパ列強の侵略や清王朝の衰退、人口過剰に苦しむなか、多数の漢族が帝国を離れて、東南アジアやオーストラリア、北アメリカなどの世界各地に移り住んだ。満州清王朝は、新疆（しんきょう）と中央アジアで帝国主義的拡張をおこなっていたにもかかわらず、自国へのヨーロッパ各国の侵略に対して守りの姿勢を取っていた。漢族はようやく自分たちの帝国が世界の中心ではないことに気づき、アジアにおけるヨーロッパ列強の勢力拡大の重大さを悟った。帝国が外国貿易、さらにはキリスト教の布教活動にまで門戸を開くと、貿易協定の一環として英領インドで製造されたアヘンの輸入も強要された。1830年代の10年間にアヘン貿易は急速に拡大した。アヘン貿易を抑制しようとする試みにより、一連の貿易・外交危機が頂点に達し、1839～1842年と1856～1860年にアヘン戦争が生じた。アヘン戦争でのイギリスの勝利は、中華帝国における西洋帝国主義の始まりを告げた。ヨーロッパ列強に押しつけられた不平等条約により、中国は主権の一部を失い、清朝の弱体化に拍車をかけた。その後、1894年から1895年にかけての日清戦争で中国はさらに領土を喪失することになる。清朝の屈辱を受けて、1850年から1864年にかけて中国を荒廃させた太平天国の乱のほか、いくつかの地域や非漢族の少数民族のあいだで反乱が相次ぎ、多大な犠牲を出したことから、漢族のあいだにいっそうの動揺が広がった。こうした反乱は数百万人の命を奪い、帝国の脆弱な経済に壊滅的な影響をおよぼした。帝国を離れる漢族の数は急増し、数百万人が国外でのよりよい生活を求めた。1898年に起こった義和団（ぎわだん）の乱では、北京の欧米人が襲われ、多くの死者を出し、1901年にようやく鎮圧された。秩序を乱す行為や改革の要求、革命活動が加速し、ついに1911年の辛亥（しんがい）革命で満州族の清王朝が打倒される。翌1912年、中華民国が宣言されたが、広大な漢族の居住地域を統制しきれなかったため、軍閥や地方の支配者が台頭し、権力をふるう地域も出てきた。1920年代、30年代には、新ソビエト連邦に支援された革命活動が多くの漢族を惹きつけた。第二次世界大戦中は日本の侵略にさらされたため、革命グループと政府との対立はいったん中断されたが、終戦直後に内戦が勃発し、1949年に共産党軍の勝利に終わった。毛沢東（もうたくとう）が中華人民共和国の樹立を宣言し、人民解放軍

は旧政府勢力が撤退した台湾を除く中国全土を掌握し、続いて1951年にチベットを制圧した。毛沢東は人口の増加を奨励し、その指導下で漢族の人口はほぼ2倍に増え、1950年代後半には中国の人口は9億人近くになっていた。中国の近代化と工業化を目指した毛沢東の大躍進政策は、1958年から1961年までのあいだに約4500万人の死者を出し、そのほとんどが餓死だった。1966年、毛沢東は文化大革命を発動し、中国をさらなる大混乱に陥れた。1976年の毛沢東の死により、行き過ぎた文化大革命は終焉を迎えた。1979年までに、中国共産党内の改革派が主導権を握り、経済および社会改革を導入していた。これにより、国内の大多数を占める漢族は自分たちの伝統的な文化的・宗教的慣習の大部分を取り戻すことができたのである。人口は10億人を超え、その大部分が漢族であることから、政府は一人っ子政策を実施する。規定に反して上限を超える子供をもうけた漢族の親には罰則が科せられた。非漢族の少数民族はその対象から外され、貧困に苦しむ農村地域の住民にもある程度の例外が認められた。1980年代から90年代にかけての経済改革の結果、国の東半分では急速な近代化と工業化が進み、裕福な中産階級の漢族住民が大幅に増加した。貧しい西半分の地域には、反抗的な少数民族と、おもに農村部に住む漢族が多かった。漢族のなかで東のもつ者と西のもたざる者という新たな分断が生じていた。漢族は世界最大の民族集団を構成しているが、世界のほとんどの人が漢族を一元的に観ているために、21世紀に入ってもなお言語的、経済的、歴史的な明らかな相違を見落としたままである。

金蓮

"金蓮(きんれん)"とも呼ばれる纏足は、少女の足を苦痛を感じるほどきつく縛って、これ以上大きくならないように成長をとめてしまう風習である。10〜11世紀の唐の時代の初めに、上流階級の宮廷の妓女のあいだで始まったと考えられている。そして、最下層以外のすべての階級で纏足がおこなわれるまでに広まった。纏足はひじょうに魅力的とされ、漢族の女性が、自分が夫にふさわしいことをしめす方法とみなされていた。纏足はおもに漢族の習慣で、中国のほかの民族がこの風習をとり入れることはほぼなかった。

もっと知りたい人のために

Elliott, Mark, "Hushuo: The Northern Other and Han Ethnogenesis," China Heritage Quarterly, 19 (2009). http://www.chinaheritage quarterly.org/scholarship.php?searchterm= 019_han_studies_elliott.inc&issue=019

Hall, David L. Thinking from the Han: Self, Truth, and Transcendence in Chinese and Western Culture. New York: State University of New York Press, 1997.

Lewis, Mark Edward, and Timothy Brook, ed. The Early Chinese Empires: Qin and Han. Cambridge, MA: Belknap Press, 2010.

Mair, Victor H., Sanping Chin, and Frances Wood. Chinese Lives: The People Who Made a Civilization. London: Thames & Hudson, 2013.

キルギス人
Kyrgyz

　キルギス人（Kirgiz、Kirghiz、Khirghiz、Oyrqyz、Qyrghiz）は、中央アジアのテュルク系民族である。キルギス共和国に集住しているが、隣接するウズベキスタンに 25 万人、中国に 14 万 5000 人、ロシアに 10 万 5000 人と多数のキルギス人が居住するほか、タジキスタン、カザフスタン、ウクライナにも小規模なグループが存在する。キルギス人の居住地域は天山山脈の西端に位置し、現在はその大部分が独立国家キルギス共和国を形成している。推定 450 万人のキルギス人は、テュルク諸語のカザフ・ノガイ語派に属する南キプチャク・テュルク系の言語を話す。キルギス人はおもにスンナ派イスラム教徒だが、とくに北部地域で、多くの人がソ連の理想とした無神論を自認するか、みずからを文化的ムスリムとみなしている。18 世紀から 19 世紀初頭にかけて、ロシアとヨーロッパのさまざまな著述家が、当時のロシア語の呼称を英語化した "Kirghiz" という名称をキルギス人（Kyrgyz）だけでなく、それよりも数の多い北方の隣人であるカザフ人にも使っていた。両民族が明確に区別されたのはソ連体制になってからである。
　エニセイ・キルギスとしても知られるキルギス人は、紀元前 100 年頃に初めて中国の典籍に登場する。その後、840 年に歴史的に重要な民族としてあらわれる。彼らは、モンゴル北西部のウイグル・ハン国の支配に反乱を起こし、シベリア南部のエニセイ川とオルホン川のあいだの地域を占領した。840 年から 925 年のあいだ、大キルギスと呼ばれる国家は中央アジアで最強だった。1218 年、衰退しつつあったキルギス帝国は、モンゴル侵略軍に降伏を余儀なくされ、キルギス人住民の大部分は南西に逃れ、天山山脈の西端から新疆へいたった。さまざまなテュルク系侵略者に服属し、最終的にモンゴルの支配下に入ったキルギス人だが、多様なテュルク系部族の結束は保たれていた。モンゴル侵略がもたらした荒廃は、文字の喪失を含むキルギス文化の深刻な後退の原因となった。14 世紀後半にモンゴル帝国が崩壊すると、天山地方の諸部族はその後継国家の支配下に置かれた。数世紀のあいだ、キルギス人はより強大な侵略者にしばしば征服される目立たない部族であり、故郷を守るために部族が団結することもなかった。モンゴルの侵略で荒廃していたものの、この地域は東洋と中東、ヨーロッパを結ぶシルクロードの一部として知られていた。イスラム教は、中央アジアを横断する交易路であるシルクロード沿いを移動

するアラブ商人によって初めてもち込まれ、7〜8世紀のあいだに隊商が集まる中心部や交易都市の住民が最初に受け入れた。モンゴル侵攻の時代、キルギス人はイスラム教スンナ派に改宗していった。有名な叙事詩に描かれるように、多くのキルギス人はモンゴルとの闘いを聖戦とみなしていた。16世紀にオイラトの部族連合に制圧されたキルギスは、ドルベン・オイラトとその集団を引き継いだジュンガル部の支配下にとどまった。1510年にキルギス人はついに自由を獲得し、1514年には新たなキルギスのハーンが立つ。だがキルギス人の独立は続かず、1683年から1685年にカルムィク族がこの地域を占領し、ほぼすべてのキルギス人が高地の居住地域から中央アジアのほかの地域や新疆に追いやられた。キルギス人は17世紀まで歴史の陰に隠れ、この地域の歴史記録に出てこなくなり、地域のさまざまな征服者の年代記でのみ知られていた。1758年、中国の満州族(まんしゅう)の支配者が中央アジアに軍隊を送り、カルムィク／オイラト部族連合は敗北を喫すると、多くのキルギス部族が天山高原の放牧地に徐々に戻っていった。名目上は中国の臣民だったが、遊牧民という生活様式は中国による支配をきわめて難しくしていた。キルギスの部族のほとんどは、独立しているも同然の状態だった。

1758年にカルムィク／オイラト帝国が崩壊すると、勢力を拡大するロシア帝国がキルギス人の領土に干渉するようになり、1775年にはキルギスの部族長のひとりがロシア帝国と初の外交関係を結んでいる。

キルギス文化は、多数の部族グループと文化で構成されている。公式には、キルギス人は40の氏族からなり、それぞれがキルギスの国旗の中央にある黄金の太陽が放つ40の光線であらわされている。キルギス人の社会は血縁関係に基づき、厳格な同族結婚の伝統に従っている。近代経済と資本主義は、権威主義的な氏族制度の終焉を加速させたが、村落内での結婚や同族結婚、とくにいとこ同士の結婚がなおも現代のキルギス文化を形づくる強力な要素となっている。概してキルギス人の家族は大家族で、一家に平均4〜6人の子供がいる。都市部では一家族あたりの子供の数は少なくなっているが、西側の基準からすればそれでも多い。キルギス人はその歴史のほとんどを通して遊牧民で、急速な都市化にあっても、その長い伝統はキルギス文化に反映されている。口頭で伝承されてきた壮大な民族叙事詩の伝統は、少なくとも1000年前にさかのぼる。もっとも有名な詩のひとつは、現在、国民的英雄とみなされているキルギス人の父、マナスの物語を

語っている。この叙事詩は『イリアス』と『オデュッセイア』を合わせた長さの約2倍あり、朗読に最大3週間かかることもあり、1920年代までは書き記されたものもなかった。キルギス政府の奨励もあり、今ではキルギス語が広く話されるようになったが、ビジネスや商業の言語としてはなおもロシア語が使われている。コミュニケーションのために第三言語として英語を学ぶ人も多くなっている。その歴史を通じて、キルギス人の宗教的信仰は馬が重要視され、馬は死者の魂をよりよい世界へと運ぶと信じられていた。何世紀ものあいだ、イスラム教はおもに南西部のフェルガナ盆地で信奉されていたが、19世紀になるとキルギスの多くの地域で存在感を強めるようになった。近隣の一部のイスラム教徒に比べると、キルギス人はより世俗的で、戒律にあまりとらわれない生活を送っている傾向があるが、今日、イスラム教はソ連の影響がもっとも強かった北部地域に広がりつつある。かつては、北部の多くのキルギス人がソ連の無神論を受け入れていた。キルギス人の葬儀や追悼式、式典、儀式では、シャーマン――ほとんどが女性――をはじめとするイスラム以前の信仰が今も重要な役割を担っている。遊牧という生活様式の性質と女性の労働の必要性から、女性の隔離というイスラムの慣習は行き過ぎた非現実的なものとみなされた。キルギスの女性はかなりの権利と地位を享受している。女性たちはベールをかぶることもなく、親族以外の者との接触も禁じられていない。近年、ソ連支配下の数十年間で深刻な問題だったアルコール依存症がふたたび浮上し、失業率の上昇もあって、都市部では公共の場での酩酊が明らかな問題となっている。

1830年代、キルギスの部族のひとつがウズベク人のコーカンド・ハン国の支援を受けてほかのキルギス部族を破り、彼らをウズベク・ハン国に従属させた。コーカンドのウズベク人の統治下で、キルギス人は重税を課され、彼らの伝統的な土地にはほかの民族グループが移り住んだ。この長い激動の期間にキルギスの部族のあいだにイスラム教がしっかり根づいた。キルギスの部族間の紛争が続いたため、1854年に部族のひとつがロシアの保護を求めた。ロシア人はキルギスの町ピシペクに砦を建設した。1867年、キルギス北部の部族のほとんどが、他部族の侵入やコーカンドの徴税人から身を守るためにロシアの保護を受け入れた。一部のキルギス部族はロシアの支配を懸念して、パミール高原やアフガニスタンに移住した。1870年に南部の部族がコーカンド・ハン国に対して広範な反乱を起

こした。ロシアのウズベキスタン進攻によってコーカンドの支配は終わったが、すぐにキルギス人はロシア人と戦うことになる。南部の部族はキリスト教徒のロシア人に対して"ジハード"、すなわち聖戦を開始したが、1876年にキルギスのすべての部族がロシアへの帰順を余儀なくされた。ロシアによる中央アジアの征服から、キルギス諸部族の政治・文化的統一の崩壊が始まった。ロシアはこの地域へのスラヴ系民族、コサック、ドイツ系移民を奨励する政策をとったため、状況はますます混迷を深めた。入植者たちは最良かつもっとも生産性の高い土地を奪い、キルギス人が馬や牛の群れを放牧できる土地を大幅に制限した。1891年と1898年にロシア帝国の西部で起きた飢餓にくわえて、ヨーロッパロシアにつながる鉄道の完成により、この地域に新たな移住者の波が押し寄せ、キルギス諸氏族はさらに不毛な山地やステップ地帯へと追いやられていった。放牧地を失ったことで、この地域の生活水準は長期にわたって低下の一途をたどった。とくに大きな打撃を受けたのがキルギス北部で、経済的困難によってロシア支配下の中央アジアでもっとも顧みられず、いちばん発展が遅れた地域のひとつとなった。1914年から1916年にかけてヨーロッパで起きた血なまぐさい戦争は、キルギス人にほとんどその影響も意識も与えなかったが、人的資源の切迫した必要性がこの地域に戦いを生み出した。キルギス人を含む約25万人の中央アジア人が労働大隊に配属するために徴集されたことで、広範な反乱が巻き起こった。反乱軍はロシアの砦や駐屯地を攻撃し、さらにはキリスト教徒の移民たちを襲った。急遽前線から戻ったロシア軍が反乱軍の平定に送り込まれ、多くの場合、蜂起に参加していない平和的な村や氏族グループまで攻撃した。キルギス人をはじめ15万人以上が祖国を捨て、国境を越えて中国領土に逃れた。この反乱はすぐに1917年のロシア革命にのみ込まれた。赤軍またはソビエト軍と呼ばれるボリシェヴィキと、ロシア帝国を支持する白軍との内戦が、この地域に新たな戦いをもたらした。そして1919年、赤軍の勝利によってこの地域におけるボリシェヴィキの支配が始まった。1920年、白軍の完全敗北により、赤軍は中央アジアを完全に掌握した。新生ソビエト当局は、キルギスの土地を創設したトルキスタン自治ソビエト社会主義共和国のいくつかの州に分割した。1920年代、ソ連はキルギスの領域へのヨーロッパ人の移住を推進する政策を継続した。自治権や民族の権利を主張するグループはすべて容赦なく弾圧され、ロシア系住民がこの

地域の官職を占めた。1924年、ソ連政府は民族境界画定により、トルキスタンを分割してキルギス人の居住地域を自治州にし、1926年には自治共和国に昇格させた。10年後、この地域はソ連邦の正式な構成共和国となった。新しい共和国は理論上は自治国家だったが、現実はソ連の厳格な統制下に置かれ、地方政府は少数のヨーロッパ人から選ばれた共産党幹部にほぼ独占されていた。1920年代にヨシフ・スターリンの台頭によって始まった変容は、キルギスの人びとに甚大な影響をおよぼした。キルギスの膨大な家畜の群れを含むすべての私有財産の集団化にくわえ、キルギスの政治・文化的指導者のほとんどを排除した政治的粛清により、キルギスは大打撃を受けた。残忍なスターリン主義体制はキルギス人の抵抗を招いた。多くの人が自分たちの家畜を殺して南の中国領に逃げ込み、この地域にさらなる弾圧と苦難をもたらした。広範囲におよぶ抵抗にもかかわらず、1933年にはキルギスの全世帯の約67パーセントがすでに集団化されていた。古くから続く遊牧生活は、共同体や国営農場への強制定住で終わりを迎えた。灌漑事業によって耕作地が増え、かつての遊牧民の大半が農業を営むようになった。ロシア系住民が多く住む町や都市では、キルギス人の単純労働者が必要とされ、そうした地域への移住も1960年代、70年代に氏族・部族制による社会を終わらせる一因となった。1980年代後半にソ連の厳格な統制が緩和されたが、キルギス人にはほとんど影響はなかった。だが、キルギスとウズベキスタンの国境にあるフェルガナ盆地で民族暴動が勃発し、200人以上が死亡、多数が負傷したり、家を追われた。ソ連当局は深まる混乱と暴動を鎮めようとしたが、1991年にモスクワでクーデター未遂が生じ、ソ連崩壊につながったのである。キルギス人は突如としてソ連の厳しい支配から解放されたが、現地のキルギス共産党指導部はただちに共和国内の統制を強化した。1991年8月31日、キルギスの指導部は崩壊しつつあるソ連からの独立を宣言した。新たな共和国が確立すると、旧ソ連共和国の共産党支配層はすぐさま民族主義的なレトリックを用いるようになる。21世紀初頭、キルギスの文化と言語を促進する取り組みは、共和国内の多数の非キルギス系住民の反対を受けてあまり進んでいないが、文化活動家や宗教活動家が支持を集めつつある。

もっと知りたい人のために

Antipina, Claudia, Temirbek Musakeev, and Rolando Paiva. Kyrgyzstan. Milan, Italy: Skira, 2007.

Embassy of the Kyrgyz Republic to the USA and Canada. "About Kyrgyzstan." Accessed July 31, 2013. http://www.kgembassy.org/index.php?option=com_content&view=article&id=99&Itemid=219&lang=en

Igmen, Ali. Speaking Soviet with an Accent: Culture and Power in Kyrgyzstan. Pittsburgh: University of Pittsburgh Press, 2012.

Tranum, Sam. Life at the Edge of the Empire: Oral Histories of Soviet Kyrgyzstan. Seattle: CreateSpace, 2012.

キン（京）族
Gin

　キン（京）族は、中華人民共和国が公式に認定する56の民族集団のうちのひとつ。標準中国語でジン、ベトナム語でキンと呼ばれる。およそ2万3000人のキン族のほとんどが、ベトナムとの国境に近い中国南部、広西チワン族自治区の沖合にある万尾、巫頭、山心の3つの小さな島（キン族3島）に居住している。その言語は、広東語と標準中国語が混じったベトナム語の一方言である。キン族の大部分は大乗仏教と道教を信奉しており、その儀礼や慣行の多くに世代から世代へと受け継がれてきた信仰が習合している。

　キン族は16世紀、彼らの居住地域のある大越が中国の明帝国の支配下に置かれたときに、中国南部の海岸沖の3つの小さな島に定着したベトナム系移民の子孫である。当時、この3島には人がほとんど住んでおらず、漢族やチワン族が多く住む人口密度の高い沿岸地域から離れて定住できる場所を移住者たちに与えた。島に移り住んだキン族は漁撈と農業を始め、米やサツマイモ、タロイモ、果物を栽培した。中国の勢力下にあった何世紀ものあいだ、ベトナムの人びとは貢物を中国皇帝に送ることを強いられていた。貢物には多数の若い女性や去勢された少年も含まれていた。子供を奴隷にとられ、貢物として中国に送られて失う可能性を恐れて、北上して中国本土に移った人びとがキン族の祖先だと考える学者もいる。1644年に満州族が中国を征服し、キン族は清王朝の支配下に置かれる。満州族の統治の下、キン族の居住する島々は、王朝の官僚の管轄下にある本土の県にくわえられた。島々からは、おもに貝殻や真珠、ラッコのほか、薬効があるとして珍重されたタツノオトシゴが満州族の宮廷へ貢納された。

　キン族は島に住む民族だが、現在では人口の約4分の1が本土で漢族やチワン族と混住している。島の周囲の海域に

は700種以上の魚が生息しているため、キン族は時とともに熟練の漁師となった。そのうち約200種は経済的価値がとても高い魚種である。1990年代以降、キン族3島は人気の観光地となり、外部からさまざまな影響とともに豊かさももたらされた。キン族の多くは現在、ホテルやレストランで働いたり、土産物を販売したり、観光ブームで始めた多様なビジネスを営んだりしている。以前は輸送手段が乏しかったため、漁獲物を本土で販売するのはひじょうに大変だった。だが島の近代化により、かつては静かだったキン族の居住地域に高速道路、ホテルやレストラン、店や銀行、モバイル通信、インターネットカフェがもたらされた。キン族の大部分は、中国語の諸方言やチワン語の語彙を多く取り入れたベトナム語の一方言を話す。現在、ほとんどの人が中国でもっとも広く話されている標準中国語の話者でもある。ベトナム語を話し、理解できるため、多くのキン族がますます増え続ける中国とベトナムの越境貿易で重宝されている。キン族の言語では通常、漢字が表記に使われているが、13世紀にベトナムで創出された独自の文字、チュノム(字喃)も用いられている。

19世紀になっても、キン族のほとんどは貧しい漁師や農民のままだった。彼らはベトナムとのつながりを保ち、それがキン族の歴史ある言語と文化の存続を助けた。1884年、清朝がフランスのベトナム領有を認めなかったため、フランスと中国の戦争が勃発する。フランスの勝利とその後の天津(てんしん)条約によって、ベトナムとインドシナはフランスの保護領となり、数世紀にわたった中国のベトナムの宗主権に終止符が打たれた。フランスによる統治の到来により、キン族が保ってきたベトナムの同族との緊密なつながりも終わりを迎えた。中国に共産主義体制が敷かれたことで、新たな制限が設けられ、中国政府はキン族を自国における独自の民族集団として公式に認定した。1954年のベトナムの独立により、キン族はベトナム北部とのつながりをいくらか回復することができたが、ベトナムと中国との関係悪化によって、この地域で築かれていた関係はふたたび断たれることになる。1970年代末に中国とベトナムとの短期間の戦争が勃発し、中国のキン族の忠誠心が疑われ、しばらくのあいだ彼らは政府の厳しい管理下に置かれた。1980年代から90年代にかけての経済改革と政治的緩和により、中国本土からおおぜいの人が休暇や週末でキン族の美しい島々にやってきて、キン族の繁栄をもたらした。キン族の文化パフォーマンス、民族料理、彼らの特別な祭りのすべてが、観光地としての地域の魅力の一

翼を担っている。

もっと知りたい人のために
Ethnic Groups. "The Jing Ethnic Minority." Accessed July 31, 2013. http://www.china.org.cn/e-groups/shaoshu/shao-2-jing.htm

Harrell, Stevan. Cultural Encounters on China's Ethnic Frontiers. Seattle: University of Washington Press, 2000.

Olson, James S. An Ethnohistorical Dictionary of China. Westport, CT: Greenwood, 1998.

Rossabi, Morris. Governing China's Multiethnic Frontiers. Seattle: University of Washington Press, 2005.

ケート族
Ket

　ケート族（Jugun、Ostyak、Yenisei Ostyakとも）は、ロシアのシベリアのクラスノヤルスク地方のエニセイ川の中・下流域に住むシベリア系民族である。推定1500人から3000人のケート族は主にロシア語を第一言語としているが、ケート・アサン語族あるいはエニセイ語族のなかで唯一現存する言語であるケート語の話者も数百人いる。ケート族のほとんどは公式にはロシア正教の信者だが、伝統的なシャーマニズムとキリスト教の伝統や習慣を組み合わせた信仰をもつ人も多い。

　ケート族の祖先は、サヤン山脈とエニセイ川流域に住んでいた古代民族に由来すると考えられている。ケート族の伝承によると、彼らは「山岳住人」によって南部の故郷を追われ、いくつかの山脈を越えて、エニセイ川中流沿いの現在の居住地にたどり着いた。学者たちは、ケート族はシベリア中南部を放浪していた古代の遊牧民族のうち唯一残った部族の末裔だと考えている。現在のケート族は、エニセイ川のタイガ地帯の部族民と南シベリアからの移民の混血である。初期のケート族は狩猟と漁撈を生業とし、一部の地域ではトナカイの飼育を営んでいた。16世紀後半に、ロシアの探検家や商人がケート族の居住地域を訪れるようになる。1607年、コサックはケート族の居住地域内にあるイムバットに駐屯地を置き、そこを先住民族に課せられる毛皮税"ヤサク"を徴収する基地とした。年間の貢納量は1人当たり生皮5〜12枚と決められており、ケート族の多くは要求された毛皮を得るために漁撈やトナカイの飼育をやめざるを得なくなった。ケート族はロシアの侵入に抵抗したが、彼らの弓は侵略者の銃器にほとんど歯が立たなかった。ヨーロッパからの病気と武力衝突により、ケート族の人口は大幅

に減った。ケート族の抵抗を終わらせるために、ロシア当局はケート族の集団(バンド)を彼らの古来の土地から追い出した。緻密に体系化されたケート文化は崩壊し、部族の機能も失われた。ケート族の一部はセリクープ人の土地に移り住んだ。ロシア当局にとっていちばんの関心事は貴重な毛皮の徴収であり、先住民族の幸福にはほぼ関心がなかった。金鉱夫や商人がこの地域に移り住み、ケート族の人びとを虐待したり、騙したりすることも多かった。

ケート文化は、広大なシベリア地域に住む先住民の遊牧生活を通して育まれたシベリア文化である。ケート族は、エニセイ諸族あるいは古アジア諸族のなかで唯一生き残った民族集団である。この民族集団のほかの民族はロシア文化に吸収されたり、別のシベリア先住民族の一部となった。この文化は、伝統的にイムバットと呼ばれる北部集団と、南部集団であるユグ族に分かれており、2つの兄弟親族グループで構成される。人類学的にも言語学的にも、ケート族はシベリア中南部の古代民族の後裔として唯一の存在である。それに比べると、近隣のシベリア民族はかなり新参者だ。また、ケート語も現代のシベリアで話されているどの言語とも完全に異なる。ケート族は古くから狩猟民であり、漁師だった。サモエード系の隣人たちからとり入れたトナカイの牧畜は、ずっと狩猟や採集、漁撈を補完する生業だった。夏のあいだはトナカイの群れを自由に歩き回らせていたが、冬には野営地の近くにとどめていた。ケート族、なかでも南部の氏族は、18世紀にロシア人からとり込んだ風習で"イリムカ"と呼ばれる平底の大きなハウスボートに住んでいた。暖かい季節には、地域から地域へと移動する際の一時的な住居としてテントを設営した。冬になると、男性が狩りに出ているあいだ、家族は丸太と土でできた丸木小屋で暮らした。昔からケート族は家父長制社会であり、女性は二次的な役割を担う。シベリアの近隣民族と同様に、ケート族の伝統的な宗教的信仰はシャーマニズムに基づいたもので、シャーマンは地域の司祭および治療師としての役割を果たしている。シャーマンは、悪霊が引き起こす病気や不幸を避けるために、人間の世界と霊界をつなぐ存在だった。19世紀に公式にロシア正教に改宗したケート族だが、現在ほとんどの人がキリスト教以前のシャーマニズム信仰の多くをとり入れた正統会の一形態を信奉している。ケート語はシム方言とイムバット方言という2つの方言で話されており、両者は主に音韻に差異が見られる。ケート語は、性別の分類と生物・無生物の区分という点

でほかのシベリア諸語と区別されている。ケート文化には伝統的な生活に関する豊富な語彙があり、地域の動植物、狩猟、漁撈、天候にまつわる多数の言葉が存在する。1930年代に表記文字が創出され、急進的な社会改革がもたらされたときにロシア語からの借用語が大量に増えた。今日のケート族の大多数はロシア語を第一言語としており、ケート語は消滅の危機にあると言われている。

19世紀の初めには、ケート文化は荒廃し、ロシア当局からの食糧援助がなくては存続できなくなっていた。伝統的な狩場と漁場がなくなり、家畜のトナカイを狩るロシア人の習慣によって、飢餓と虐待による多くの死者が出た。ロシア正教会の宣教師はケート族の居住地域に小教会といくつかの学校を設立した。地元の役人たちがケート族の集団洗礼を計画したが、ほとんどの人は新しいキリスト教の教えとともに伝統的な信仰も保持した。第一次世界大戦が勃発すると、兵士や行政官がヨーロッパロシアに戻ったため、ケート族への圧力は軽減された。1917年から1920年にかけて、ロシア革命と続く内戦により、この地域はさらに荒廃した。ソビエトが勝利すると、すぐさま共産党幹部がシベリア諸民族の土地にやってきた。ケート族の伝統的な生活様式は非難され、あらゆる自主性が反革命的とみなされ、抑圧された。半遊牧民のケート族は定住集落で集住生活を送り、国家の従業員として働くことを強いられた。トナカイの群れは国家に没収され、もとの所有者はソ連の集団農場でトナカイの世話をさせられた。抵抗した人びとや、もっとも裕福な牧畜民や狩猟民は国家の敵として迫害され、追放された。土地と家畜の集団化に対する反発は容赦なく弾圧された。1938年までに、ケート地域には72の共同体と6つの集団農場が存在していた。ソビエト政権が定めた目標を達成するために、ケート族の女性は家から出て働くことを強制された。ソ連の安定通貨と言われた毛皮は、変わらずもっとも重要な経済活動だった。ケート族にしてみれば、ソ連の制度は19世紀の古い毛皮税"ヤサク"と何ら変わりはなかった。1950年代に、ケート族の居住地域の集団化は公式に完了した。ケート族のほとんどはロシア風の小屋に住み、周囲にはソ連の基準に基づいて建てられた学校やクラブ、公衆浴場もあった。ロシアの文化と伝統が進歩的なものとしてケート族に押し付けられた。また、1930年代に始まったケート社会の崩壊は1950年代には終わっており、教育と行政ではロシア語のみが使われるようになった。ロシア語はケート語に代わって第一言語となり、ケート族の多く

の家庭で使用された。ロシア語がケート族の主要言語となったため、1980年代にはロシア語とケート語の二カ国語を話せる者はほとんどいなくなっていた。1986年にケート語の文字表記が復活したが、1991年のソビエト体制崩壊の動乱のなかで、ケート文化復興におけるその影響はほぼ失われてしまった。1990年代には、ケート族の多くがみずからの文化や言語に新たな関心を抱くようになり、文化振興の兆しが見え始めた。その後の国勢調査によると、ケート族として登録する人の数は増加しているが、多数のケート族が第一言語であるロシア語で登録しているため、実際の数ははるかに多いと思われる。

もっと知りたい人のために

Haywood, A. J. Siberia: A Cultural History. New York: Oxford University Press, 2010.

Slezkine, Yuri. Arctic Mirrors: Russia and the Small Peoples of the North. Ithaca, NY: Cornell University Press, 1996.

Vajda, Edward J. "The Ket and Other Yeniseian Peoples." East Asian Studies 210 Notes. http://pandora.cii.wwu.edu/vajda/ea 210/ket.htm

Vitebsky, Piers. The Reindeer People: Living with Animals and Spirits in Siberia. Boston: Mariner Books, 2006.

高山族
Gaoshan

　高山族(こうざん)は、台湾先住民族、台湾原住民やカオシャン族とも呼ばれる中国東海岸沖の台湾島の先住民族の総称。また、中華人民共和国の福建省(ふっけん)に約3000人の小さなコミュニティが存在する。人口約51万2000人の高山族は、オーストロネシア語族に属する台湾諸語を話し、大多数——おそらく70パーセントほどがキリスト教徒を自認している。伝統的な精霊信仰を受け継ぐ少数のグループのほかに、中国の主要民族である漢族が信奉する仏教を受け入れているグループもある。

　台湾に人類が住んでいた最初の証拠は2万年以上前にさかのぼる。当時は海面が低く、台湾海峡は本土への陸橋(りっきょう)として露出していることが多かった。約5000年前、中国本土から農耕民族がこの島に定住した。彼らはオーストロネシア諸語を話していたと考えられており、その後台湾からフィリピン、インドネシア、マダガスカル、ポリネシア、オセアニアに分散していった。高山族は、台湾や中国本土に初期に居住したそれらの人びとの子孫である。時が経つにつれ、その文化は部族や地域に細分化され、それぞれが独自の方言や文化的特徴をもつように

なった。およそ 2000 年前、台湾に鉄の加工品やその他の金属が登場する。当初、それらは交易品として島にもたらされたと思われるが、400 年頃までには地元で錬鉄（れんてつ）が生産されるようになっていた。台湾島や本土の福建地方の各地で、鉄器時代の独特な諸文化が確認されている。7 世紀にはすでに、高山族は定住農業と家畜の飼育をとり入れ、狩猟、採集、漁撈といった彼らの伝統的な生業を補っていた。台湾の平地に暮らす高山族は、本土の漢族とほぼ同時期に封建社会に入った。個人の土地所有、土地の賃貸、賃金労働、農民と地主の区別といった概念が定着していった。1624 年にオランダ商人が到来すると、ヨーロッパ人による台湾の植民地化が始まる。期を同じくして、中国本土の福建と広東（カントン）から漢族が海峡を渡ってやってきて、島西部の平地部族の居住地域に住み着くようになった。北部ではスペイン人が入植地を設立したが、1642 年にオランダ人に追い出された。1662 年、満州族（まんしゅう）の侵攻軍に本土を追われた中国の軍指導者、鄭成功（ていせいこう）（国姓爺（こくせんや）とも）がオランダ人植民者を破って台湾を占領した。彼はこの島を、満州族の中国清朝（しん）に対する一大抵抗運動の拠点にした。彼の息子で後継者である鄭経（ていけい）が、南東部に独立した東寧王国（とうねい）を建て、台湾島の一部を統治する最初の中国人政権となった。このあいだも本土からの漢族の流入は続き、とくに島西部の肥沃な平原では、多くの高山族が移住を始めた。鄭経は兵役の義務と引き換えに農民に無償の土地と農場の所有権を与えると約束し、台湾への移民を促進した。1681 年に鄭経が死去すると、正式な後継者が立たない混乱状態が生じた。本土の清朝はこの機に乗じて艦隊を派遣して鄭艦隊を破り、1683 年までに東寧王国を倒していた。そして台湾を福建省に編入し、20 年にわたる鄭氏政権に終止符を打った。これ以降、台湾の諸地域の中国への編入がますます進み、移住も継続していたため、島内の漢族の人口も急速に増加していった。清当局は、自分たちの統治に対する服属度合いに応じて高山族の部族を分類した。清の権力に抵抗する部族は"生番（せいばん）"と呼称され、首狩りなどの伝統的な風習を捨てて、人頭税（じんとうぜい）を支払うことで清の統治を受け入れた部族は"熟番（じゅくばん）"と呼ばれた。多くの場合、熟番という蔑称は、漢化と同義とみなされた。「平地部族」を意味する"平埔族（へいほ）"と、「山地同胞（山胞）」や「高山部族」を指す"高砂族"という呼称は、漢化が進んだ平地に住む部族と、人里離れた山岳地帯に住む部族とを区別するのに用いられた。

　高山族の文化は、多数を占める漢族の文化よりもフィリピンやインドネシア各

地の文化に似ている。台湾政府は、高山族の16部族——アミ（阿美）族、アタヤル／タイヤル（泰雅）族、ブヌン（布農）族、カバラン／クバラン（噶瑪蘭）族、パイワン（排湾）族、プユマ（卑南）族、ルカイ（魯凱）族、サイシャット（賽夏）族、サキザヤ（撒奇莱雅）族、セデック（賽徳克）族、タオ（達悟）／ヤミ（雅美）族、サオ（邵）族、ツォウ（鄒）族、トゥルク／タロコ（太魯閣）族、サアロア（沙阿魯阿）族、カナカナブ（卡那卡那富）族——を公式に認定しているが、11部族——バブザ（巴布薩）族、バサイ（巴賽）族、ホアンヤ（洪雅）族、ケタガラン（凱達格蘭）族、ルイラン族、パゼッヘ／カハブ（巴宰／噶哈巫）族、パポラ（巴布拉）族、カウカート族、シラヤ（西拉雅）族、タオカス（道卡斯）族、トロビアワン／トルビアワン族——は認定していない。家族制度は伝統的に家父長制で一夫一婦制だが、歴史的には少なくとも部族集団のひとつが母系制をとっていた。"カオシャン（高山）"という名称は中国語で「山岳住民」を意味し、高山族の大部分の居住地である台湾東部の山岳地帯を指している。長年のあいだに、多くの部族グループは皮のなめし、漁網作り、かご編み、陶器の製造などの分野に特化するようになり、それらは地元でつくられていない食料や生産品と取引された。このシステムは部族の垣根を取り払い、地域全体で同様の文化が発展するのを後押しした。漢族移民から強い圧力を受けている部族グループほど漢化が進んでおり、彼らの言語はほぼ消滅したか、その危機に瀕している。西部の山岳地帯に住む高山族は、伝統的な文化と言語の多くを保っている。台湾政府によると、台湾には公式に認定された部族が16部族、認定を受けていない部族が11部族存在する。少数の例外を除いて、公認されている部族は島の東部の高地に居住し、認定されていない部族は、平埔族と総称される平野部に住む部族で、彼らは言語を失い、台湾漢文化に同化している。高山族の多くは漢族の姓を名乗り、それが繁栄を助け、清朝と続く日本統治時代には、あからさまな差別を避けるのにも役立った。高山族の文化における漢族の影響は多岐にわたる。と同時に、高山族が台湾文化に与えた影響は台湾の漢文化につながり、ほかの漢文化とは明らかに異なる様相をもたらしている。17世紀に入り、ヨーロッパの宣教師たちが部族の多数の人びとをキリスト教に改宗させた。現在、高山族の約70パーセントがキリスト教徒を自認しており、そのほとんどが台湾基督長老派教会かローマカトリック教会の信者である。儒教、道教、仏教は漢族移民によって島

にもたらされ、平野部の諸部族の多くはその信仰体系を漢文化とともにとり入れた。オーストロネシア諸語に属する台湾諸語（フォルモサ諸語）は急速に消滅しつつある。およそ26ある台湾諸語の言語のうち、少なくとも10言語が消滅し、さらに4〜5言語が喪失の危機に瀕しており、ほかにもいくつかの言語が存続を危ぶまれている。オーストロネシア語族の主要な10の語派のうち、9の言語が台湾諸語に属する。あとのひとつは、約1200の言語で構成されるマレー・ポリネシア諸語で、台湾以外で話されているが、現在ではそのルーツは古代の台湾にあると考えられている。

漢族移民の増加により、東部の高山族のほとんどが山中に追いやられるか、19世紀には平地部族の同化をもたらした。清朝が日本との戦争に敗れ、1895年に台湾は大日本帝国に割譲された。台湾島では日本の市場向けに米と砂糖がつくられ、第二次世界大戦中は東南アジアと太平洋に進出する日本の拠点となった。高山族と台湾漢族の一部は日本の統治に抵抗した。1901年から1902年には、島の西半分では抗日運動はほぼ制圧されていたが、東側地区に駐在する日本軍の哨戒兵はたびたび高山族の襲撃を受けた。日本の統治は、先住民族に関する人類学的な研究と、しばしば軍事的弾圧を用いて高山族を日本の天皇の忠実な臣民に仕立てようとする試みを特徴としていた。1945年、敗戦した日本軍は中国の国民党政権に台湾を明け渡した。その後、国民政府はますます勢力を拡大する共産主義者と中国本土で激しい内戦を繰り広げた。1949年、国民党が敗北し、その政府——中華民国として知られる——は多数の兵隊と民間人を引き連れて台湾に撤退した。本土から何千人もの難民が台湾に到着し、漢族が島の人口の最大の割合を占めるようになった。1980年代までには、高山族は台湾総人口のわずか2パーセントほどになっていたが、高山族の文化的影響は台湾の漢文化を本土の漢文化から際立たせる一助となった。そうした独自性と島の特異な歴史は、台湾の分離独立の要求を支援する理由とされることも多い。台湾は今も中華民国政府の実効支配下にあり、その統治権は依然として台湾島といくつかの小さな島々に限られている。平埔族（平地の諸部族）は近年、台湾の国民政府から正式な民族認定を受けるための取り組みを続けてきた。2010年、いくつかの部族が公式な認定を求めて国連に援助を訴えた。認定を受けていない平埔族の交渉担当者と台湾政府は現在、山岳地帯の高山族のみを対象としている部族民に関する法律の用語の修正を進めている。数十年にわたる

交渉と請願にもかかわらず、先住民族に関する法律の文言を文字通り解釈していることで、平地の諸部族は公式な認定を受けられていない。

高山族ポップス

近年、張惠妹(アーメイ)、郭英男(ディファン)、黄麗玲(ホァン・リーリン)、陳建年(チェン・ジェンニェン)、サミンガ、温嵐(ランディ・ウェン)など、多くの高山族の歌手がポップスターとして中華圏で名声を博している。彼らを含め、エンターテイナーとしての成功は、原住民族の高山族に誇りと現代的な感覚の両方をもたらした。1996年のアトランタオリンピックの公式テーマソング「リターン・トゥ・イノセンス」には、伝統的な高山族のチャント(詠唱)が使われている。高山族ポップスはとても人気があり、2005年には高山族のアーティストに焦点を当て、先住民の高山族コミュニティの利益に貢献するために、高山族の常設ラジオ局が開設された。

もっと知りたい人のために

Brown, Melissa J. Is Taiwan Chinese? The Impact of Culture, Power, and Migration on Changing Identities. Berkeley: University of California Press, 2004.

Cauquelin, Josiane. Aborigines of Taiwan: The Puyama, from Headhunting to the Modern World. London: Routledge, 2004.

Covell, Ralph. Pentecost of the Hills in Taiwan: The Christian Faith among the Original Inhabitants. Los Angeles: Hope Publishing, 1998.

Liu, Tao Tao. "The Last Huntsmen's Quest for Identity: Writing from the Margins in Taiwan." In Yeh Chuen-Rong, ed. History, Culture and Ethnicity: Selected Papers from the International Conference on the Formosan Indigenous Peoples, 427-430. Taipei: SMC Publishing, 2006.

コーラオ（仡佬）族
Gelao

コーラオ（仡佬）族は、中華人民共和国に正式に認定された56の民族集団のうちのひとつ（Gelo、Klauとも）。約59万人のコーラオ族が中国貴州省の西部地区に集住しており、広西チワン族自治区、雲南省南東部、四川省南部、ベトナム北部にも小さなコミュニティが存在する。コーラオ族はタイ・カダイ語族に属する仡基語の話者である。大多数は道教と仏教が融合し、古代の伝統や儀礼の多くを包含する信仰体系を信奉している。

コーラオ族は、初期の契丹または遼族の一部として中国の南部地域に居住した最古の民族のひとつと考えられている。鮮卑として知られる彼らの始祖は満州の北部区域、内モンゴル、モンゴル東部に住む遊牧民族だった。中国の初期の年代記によると、紀元前699～前623年に中国の燕州の北で遊牧生活を送っていたが、後93年に中国の支配下に入り、国境地帯の監視を担った。141年から181年にかけての鮮卑帝国の時代、彼らの一部は少しずつ南に移動していった。南部でタイの文化と言語を取り入れ、その後裔である契丹人を経て、現在のタイ族の多くの祖先となった。2000年以上前に、コーラオ族の祖先は貴州省に定住した。

当時僚族として知られていた彼らは、中国南部全域でタイ語を話す大きな民族集団の一部をなしていた。3～5世紀にかけて、僚族は封建制を導入し、西は四川、南は広西とベトナム北部まで広がった。5世紀には金属製の槍や盾、漁具、銅製の調理器具を製造し、さらには上質な亜麻布の織り方も習得していた。初期の僚族は王を選出していたが、のちに統治者は世襲になった。13世紀初めのモンゴル征服で、コーラオ族を含むタイ系諸族は中国のモンゴル元王朝の支配下に置かれた。中国の明朝が元朝を倒すと諸民族集団の分化が進み、コーラオという名前が初めて用いられた。モンゴルおよび中国の統治下で、コーラオ族は任命された族長によって統治されていたが、満州族による中国征服と満州清王朝の成立後は、清の朝廷から役人が派遣されるようになり、部族長はその権限を失った。岩だらけの険しい地域に居住しているため、コーラオ族は多数の地域グループに分かれており、相互の話す方言は通じない。17、18世紀にその多くが漢族の言語を共通語として取り入れた。

コーラオ族の文化は、中国の少数民族文化のなかでももっとも知られていないものに数えられる。山岳地帯では一般にトウモロコシを栽培し、平地では小麦や

米、アワ、モロコシを主食としてつくっていた。酥餅を添えた酸っぱくて辛い料理は、高地と平地の両方のコーラオ族に人気である。伝統的に結婚の風習は、ほとんどが子供の頃におこなわれる見合い結婚を含む封建的な慣習に基づいていた。コーラオ語はタイ・カダイ諸語のカダイ語派に属し、青仡佬、紅（赤仡佬）、白仡佬、木佬、チャウなどの多くの異なる方言があるが、現在、コーラオ語を話すのはコーラオ族の人口の4分の1に満たない。さまざまな方言の話者のあいだではコミュニケーション手段として標準中国語が使われており、今ではコーラオ族の総人口の約4分の3の母語となっている。多くの方言は消滅の危機に瀕しているか、その危険があると考えられている。コーラオ族の多くは、ミャオ族、イ族、プイ族などの近隣民族の言語も話す。コーラオ族の民俗文学は、概してコーラオ族の平民の正直さや誠実さ、勇気を称賛するものだが、上流階級を風刺したものも多い。コーラオ族の宗教信仰は道教や仏教に、祖先を崇拝したり、霊魂の存在を信じるといった伝統的な精霊信仰が混ざり合ったものとなっている。毎年恒例のコーラオ族の春祭りでは、先祖に大きな餅をささげる。米の豊作を願って鶏を供物にするコミュニティもある。近隣のいくつかの民族と同様に、コーラオ族も牛王節をおこない、1年間の牛の労働をねぎらう。

19世紀、コーラオ族のグループの大部分は、コーラオ族か漢族の地主が管理する農村に住んでいた。通常、地主や裕福な農民は住民のうちのごく少数にすぎないにもかかわらず、土地の大半を支配していた。小作人や小農だったコーラオ族は、作物の一部、ときには半分以上を地代として支払うのが一般的だった。コーラオ族の農民は地主に貢納しなければならず、地代と同じくらい高額な場合もあった。一部の地域、とくに貴州西部ではコーラオ族の農民は地代とトウモロコシ、アヘン、大豆、ピーマンを貢納したうえ、年間約50〜80日ほどの無給労働を強いられた。20世紀初めには、ほとんどのコーラオ族のグループは近隣の漢族と文化的に区別がつかないほどになっていた。学者らの記述によると、共和制国家が誕生した中国革命時代に、コーラオ族の多くが結婚を通して漢族やプイ族の一族に入り、ほぼ消滅したとされる。灌漑がないため、コーラオ族の農地は頻繁に旱魃に見舞われ、飢えやさらには飢餓といった深刻な影響にさらされた。農業からの収入を補うために、コーラオ族の多くはコルク生産、竹編み、わらじ作りなどで副収入を得ていた。第二次世界大戦の勃発により、東部諸州から

移ってきた難民や産業がコーラオ族の居住地域に根づくにつれ、多くの変化がもたらされた。1949年、国共内戦に勝利した共産党の幹部らがこの地域で権威を確立した。コーラオ族の平民は苦労を分かち合う仲間として歓迎されたが、地主や裕福な農民は罰せられたり、強制収容所や労働収容所送りとなった。独立した少数民族コーラオ族として公式に認定されたことで、漢文化の圧力にさらされながらも、コーラオ族は教育と文化において急速な進歩を遂げてきた。1960、70年代の文化大革命により、コーラオ族の居住地域はふたたび蹂躙され、数少ないコーラオ族の史跡の多くが破壊され、多数のコーラオ族が反共主義者や修正主義者として糾弾された。1980年代に入り、中国政府が厳しい規制を緩和すると、コーラオ族は民族の独自性を取り戻しはじめたが、現在では彼らのほとんどが漢語を第一言語としている。伝統的な祝祭や儀式を含む文化の復興の取り組みは、限定的な成果をあげているにすぎないが、文化大革命の行き過ぎや少数民族に対する厳しい規定から逃れるために、かつては漢族籍を求めていたコーラオ族の多くが、自分たちのルーツに立ち返りつつあり、コーラオ族としての民族籍を主張している。

もっと知りたい人のために

Diller, Anthony, Jerry Edmondson, and Yongxian Luo. The Tai-Kadai Languages. London: Routledge, 2008.

Ethnic Groups. "The Gelo Ethnic Minority." Accessed July 31, 2013. http://www.china.org.cn/e-groups/shaoshu/shao-2-gelo.htm

West, Barbara A. Encyclopedia of the Peoples of Asia and Oceania. New York: Facts on File, 2008.

Xioming, Xiao. China's Ethnic Minorities. Beijing: Foreign Languages Press, 2003.

コリヤーク族
Koryak

　コリヤーク族（Koriak、Chavchu、Chauvu、Nemelan、Nymylan）は、古アジア諸族または北極の人びとで、12の氏族または部族グループで構成されている。コリヤーク族の居住地域であるコリヤーク管区はロシア北東部にあり、コリヤーク族はチャフチフと呼んでいる。狭いベーリング海峡を挟んで住む北米のアメリカ先住民族と民族的、言語的な関連性をもっている。近縁のアリュートル族を含む推定1万2000人のコリヤーク族は、ルオラヴェトラン族のチュクチ・カムチャツカ諸語のコリヤーク語・アリュートル語の一方言を話す。コリヤーク族の大多数はロシア正教会の信徒で、おもに僻地に住む少数が伝統的なシャーマニズム信仰を守っている。

　先史時代のコリヤーク族については、実際のところ、ほとんどわかっていない。多くの学者は、ヨーロッパ大陸の東の境界線を形成するウラル山脈に住んでいた古代民族が、紀元前4万年から前2万年にかけて東に広がったのではないかと考えている。中央アジアのアラル海地域では、紀元前2万年頃から別の民族が北と東に移動した可能性がある。シベリア南部のバイカル湖地域から移動した民族もいた。古アジア諸族のコリヤーク族は、おそらくこれらの移住した民族のうちの2つか3つが混血した祖先を血統にもつと考えられる。先史時代には、小さな遊牧民グループが、のちにシベリアとして知られる広大な地域を横断して移住した。約3万年前、獲物やよりよい漁場を求めて、さまざまな移民の小集団(バンド)がアジアと北アメリカをつないでいた狭い陸橋(りっきょう)を渡った。アジア側に残った小さな遊牧民グループは、より強力な民族によって徐々に北へと追いやられた。彼らは厳しい地勢のなかに散らばり、温暖な牧草地で放牧を始める者もいれば、海岸沿いに漁師として定住した者もいた。約2000年前、コリヤーク族は漁をしたり、海獣を狩ってオホーツク海沿岸で生活していたが、そこからカムチャツカ半島の海岸沿いにゆっくりと広がっていった。11世紀から16世紀にかけて、内陸部の集団(バンド)はトナカイの飼育を始める。これらの集団(バンド)は地域や宗教的なトーテム、祖先からとった名前を名乗った。民族グループ全体をあらわす名称はなく、集団(バンド)間でひんぱんに争っていた。探検隊とコサック兵に先導されたロシアの遠征隊は、1640年に北シベリアを横断してカムチャツカ半島、そして太平洋に到達した。ロシア人はスラヴ系の商人や毛皮猟師、狩人が使用するための砦(とりで)を建設

した。1649年までには、推定2万5000人のコリヤーク族がロシアの緩い統治下に置かれていた。コリヤーク族が免疫をもたないヨーロッパの病気が部族を次々に襲い、壊滅させた。ロシア人は健康で丈夫なすべての男性に毛皮税"ヤサク"を課し、多くのコリヤーク族が貴重な毛皮をもつ動物を狩るために村を離れて森に入ることを余儀なくされた。毛皮動物の数が減少するにつれて、ロシア人はこの地域への関心を失い、生き残ったコリヤーク族は伝統的な生活様式を続けた。1700年代半ばには、アルコールや鉄製の道具、銃器、タバコを手に入れるために、トナカイの皮や毛皮、セイウチの牙などをロシア商人と取引していた。侵入してくるロシア人に抵抗を続けて弱体化したコリヤーク族は、北の好戦的なチュクチ族の格好の餌食となった。チュクチ族の襲撃にくわえ、18世紀後半の天然痘の大流行のあと、生き延びたコリヤーク族の数は約半分に減っていた。ロシアの交易独占により、沿岸部の居住地で外国人が取引をすることが禁じられた。ロシア商人は毛皮を強要し、要求が満たされない場合には人質をとり、奴隷や性奴隷として売り飛ばした。ロシア支配下の最初の1世紀でコリヤーク族の人口はわずか数千人となった。

　コリヤーク文化は、異なる2つの下位文化グループで構成される。トナカイの牧畜を営む半遊牧民のグループと、沿岸部に定住して漁猟や海生哺乳類の狩猟をおこなうグループだ。広大な地域に住むさまざまな氏族が、伝統的な生業によって分けられる。コリヤーク族の伝統では、男性は同じ氏族以外の女性と結婚しなければならず、たいていは2つの職業文化が混在することになる。コリヤーク族の集団(バンド)の社会・信仰生活において、踊りは重要な要素となっている。人類学者は、コリヤーク族とアメリカとカナダの先住民族、なかでもワシントン州とブリティッシュコロンビア州の太平洋岸に住むハイダ族とトリンギット族とのあいだに神話や住居形態、宗教儀式において驚くべき類似点があることを発見している。言語学的には、コリヤーク・アリュートル語は北のチュクチ族の言語とひじょうに近く、北アメリカの諸言語とは遠い関係にある。ロシア文化への同化により、コリヤーク語の話者はロシア語をとり入れたため、民族語が失われつつあるが、近年、組織的な取り組みによって、長期にわたる衰退から逆転に向かっている。コリヤーク族の大多数は正式にはロシア正教会の信徒だが、キリスト教以前の信仰の多くを保っている。そのなかには、神話上の最初の人間で、コリヤーク族の守護者でもある超自然的なシャーマ

ン（大ワタリガラスの意）への崇敬などが含まれる。こうしたワタリガラスの神話は、北米のトリンギット族、チムシアン族、ハイダ族にもみられる。コリヤーク族のどの家族にも太鼓の名手がいて、霊界に特別な影響力をもつと考えられている。1950年代にソ連がこの地域でおこなった大気圏内核実験は、ロシアの全国平均の3倍を超える病気——とくに癌——という遺産を残した。乳児死亡率もひじょうに高く、今日のコリヤーク族の平均寿命は50歳に満たない。

　19世紀に入るとコリヤーク族は徐々に回復し、長らく減少を続けていた人口も上向きに転じた。一連の流刑収容所が設置され、この地に送られたロシアとポーランドの知識人たちがコリヤーク族の文化と言語の研究に初めて着手した。流刑者らは学校も建てて、コリヤーク語の文字表記も考案した。ロシア正教会の宣教師たちも学校を開設し、多くの部族民をキリスト教に改宗させた。流刑者とともに革命的な思想もこの地域に入ってきた。教育を受けた少数の人びとに率いられ、コリヤーク族は土地の権利、とくに歴史ある故郷の河川での漁撈の権利を要求したが、これはロシアの交易独占下では認められなかった権利だった。1920年、ロシア国家を掌握したソ連当局の幹部が北東部にやってきた。ソビエトの人民委員らは内陸の部族の伝統的な遊牧生活を禁止し、彼らの家畜の群れを没収した。沿岸部の漁村は集団化され、古来の宗教的信仰は抑圧され、シャーマンは殺されるか、この地域に数多くある労働収容所へと姿を消した。アルコール乱用が蔓延し、アルコールは通貨代わりに物々交換に使用された。政府は北東部の先住民族へのアルコール販売を制限しようとしたが激しい抵抗にあった。先住民族の幸福より生産を重視するソ連の政策は、コリヤーク族の人口をさらに激減させ、古来の社会構造を破壊した。さらには、ソ連の誤った開発計画が脆弱なコリヤーク族の故郷に壊滅的な打撃をもたらした。牧畜民や漁師の多くは、経験も準備もないまま、カムチャツカ半島北部の新しい炭鉱でいきなり働かされた。コリヤーク族の多数の子供が家族から引き離され、ソ連の寄宿学校で生活を送り、そこでロシア語と国家社会主義、反宗教的なレトリック、そして古代の伝統やシャーマニズムの慣習を蔑視することを学んだ。数十年にわたって、とくに1950年代と1960年代に石油と天然ガスが開発された期間に、この地域のスラヴ系移民の数が増加した。彼らはもっとも豊かな土地を奪い、コリヤーク族の居住地域や共同体をさらに制限した。1980年代後半に始まったソ連の自由化は、遠

く離れたコリヤークの地にも徐々に広がっていった。コリヤーク族は、北方のいくつかの小さな民族グループに加わり、ソ連による数々の虐待の補償と、文化、言語、生活様式を取り戻す権利を要求した。コリヤーク族をはじめとするグループはベーリング海峡を越えてアメリカ先住民とのつながりを確立し、環太平洋の人びととの融合が始まった。ソ連邦時代にこの地域に移住してきたスラヴ族の多くは、西シベリアやヨーロッパロシアに戻り、コリヤーク族は歴史ある故郷でより大きな主導権をもてるようになった。21世紀に入り、コリヤーク族の若者の多くが自分たちの伝統ある文化と言語をあらためて認識し、その復興を主導している。

もっと知りたい人のために

King, Alexander. Koryak Language and Culture. Last updated April 22, 2013. http://www.koryaks.net/

King, Alexander D. Living with Koryak Traditions: Playing with Culture in Siberia. Lincoln: University of Nebraska, 2011.

Slezkine, Yuri. Arctic Mirror: Russia and the Small Peoples of the North. Ithaca, NY: Cornell University Press, 1996.

Vitebsky, Piers. The Reindeer People: Living with Animals and Spirits in Siberia. Boston: Mariner Books, 2006.

さ行

在日韓国・朝鮮人
Zainichi

　在日韓国・朝鮮人やコリアン・ジャパニーズとも呼ばれる在日は、日本国内で最大の非日系民族グループを構成している。在日という呼称は、20世紀初頭に朝鮮半島が日本の支配下にあった時期にルーツをもつ、長期間日本に居住している朝鮮系民族の人びとにのみ使用される。推定80万人の在日には、帰化した韓国・朝鮮系日本国民と、さらに多数の韓国・朝鮮系の永住者の両方が含まれる。在日の大多数は教育と行政の言語である韓国語と日本語の両方を話す。在日のほとんどはさまざまな仏教宗派を信仰しており、キリスト教徒は少数派である。

　朝鮮半島のもともとの住民は、おそらくシベリア中南部から渡ってきた遊牧民だった。彼らは新石器時代から青銅器時代まで、継続的に朝鮮半島に流入した。朝鮮半島からの移民は先史時代に日本に来ているが、20世紀前半に日本に入ってきた人たちだけが別のグループとみなされている。石器時代、日本列島は少なくともひとつの陸橋でアジア大陸とつながっており、大陸から渡ってきた遊牧民が定住していた。朝鮮半島と日本のつながりは何世紀も続いた。朝鮮民族の移民は日本に定着し、通常は日本文化に吸収された。初期の日本文化には朝鮮からの部分的な影響が見られるが、これが半島から日本列島へ渡った人びとがもち込んだものかどうかははっきりしない。紀元後の数世紀のあいだに、朝鮮民族のいくつかの部族連合が敵対する3つの王国として台頭し、半島と本土満州の近隣地域を支配した。676年の三国の統一によって南北国時代が始まり、朝鮮半島は南の新羅と北の渤海に分かれた。この境界は今日の半島の分断に反映されている。この時代、多くの朝鮮民族が半島での暴力や内乱から逃れるために近くの日本の島々に渡った。移住者たちは当初、隔離された地域での生活を強いられていたが、徐々に周囲の日本文化に吸収されていった。1592〜1598年にかけて日本軍が朝鮮半島に侵攻した。日本軍は最終的に撤退を余儀なくされたが、多くの朝鮮民族を連れ帰った。18世紀までに、朝鮮は対外関係で中国に大きく依存しており、中国と同じく外界から遮断されていた。また、この時代には多くの朝鮮民族が日本に移住し、先人たちと同様に、彼らも18世紀が終わる頃には日本文化に吸収されていた。

　"在日"という言葉は日本語で「日本

に滞在する」という意味になりで、一時的な居住という意味合いをもつ。だが、20世紀に入る頃には日本に移住した、あるいは強制連行された朝鮮民族をさす名称として用いられるようになった。在日の集団には、北朝鮮や韓国の国籍をもつ人びとのほかに、かつての李氏朝鮮すなわち統一王朝時代の朝鮮に起源をもつ人びとも含まれる。少数の人が日本国籍を取得してきたが、多くは1世紀近くも日本に住んでいるにもかかわらず、日本政府は彼らの帰化を許可していない。在日は朝鮮の伝統文化の多くの要素を守りながら、朝鮮と日本の伝統と習慣を融合した独自の現代文化を発展させてきた。朝鮮の伝統的な芸術形式は、多くが今も仏教や儒教の影響を受けながら継承されている。いっぽう、在日の芸術形式は明らかに韓国、日本、さらには現代アメリカの影響をとり込んで進化している。20世紀、21世紀の朝鮮の激動の歴史により、在日は在日本朝鮮人総聯合会（朝鮮総聯）と在日本大韓民国民団（民団）という2つの対立する団体に分かれている。朝鮮総聯は北朝鮮人のための団体で、在日文化に埋もれつつある朝鮮民族のアイデンティティを守ろうとする点で積極的だ。民団は韓国人のための団体で、クラブやレストランなどの施設を含む在日の新興文化により深く関わっている。在日の人びとは、韓国語と日本語を話す。彼らのあいだで、両方の言語から借用した語彙をとり入れた言語を話すことも多い。在日の宗教的信仰は一般的に伝統的な仏教と儒教だが、少数派となるキリスト教徒もかなりの数にのぼる。

19世紀、その孤立主義政策から、朝鮮王朝は「隠者王国」と呼ばれ、朝鮮文化を外界から隔離し、保護しようとした。19世紀後半から20世紀初頭の日清戦争と日露戦争を経て、日本はこの地域でもっとも強力な国家となった。1910年、日本軍が朝鮮（大韓帝国）を占領し、最後の君主は退位させられた。日本は朝鮮半島に朝鮮総督府を設置し、大日本帝国領の統治下に置いた。日本は朝鮮の文化と伝統を抑圧し、日本の利益を第一とした経済・社会政策を進めた。反日集会やデモが続発し、とくに1919年の蜂起は激しく弾圧され、多数の死傷者が出た。土地や工場、資産を没収され、多くの朝鮮民族が貧困に陥った。日本政府は多数の朝鮮民族を日本に強制移住させた。単純労働者が必要だったためだ。いっぽうで、生き延びるために荒廃した祖国を離れて日本に移住する人もいた。日本政府は、植民地化が朝鮮の封建制経済を刺激し、日本への朝鮮民族の移住は自発的なものだったと主張したが、在日の大多数はこれに異議を唱えている。おおぜいの

朝鮮民族が労働者として日本軍に徴用されたり、日本の工場に送られたり、農業に従事させられたりした。第二次世界大戦中、多くの徴集兵が軍需産業で働くために日本に移送された。1939～1945年にかけて、ひじょうに多くの在日朝鮮人が過酷な扱い、非人道的な労働環境、連合軍による爆撃で命を落とした。1945年の第二次世界大戦終結時には、日本には約240万人の朝鮮民族がいたが、大部分は連合国によって朝鮮半島の南半分に送還され、1946年末までに日本に残っていたのは約65万人だけだった。日本が敗北し、朝鮮半島の支配権を失ったことで、朝鮮民族の国籍が問題となった。当初は外国人として登録されたが、朝鮮人は暫定的に、かつての王朝の名称から朝鮮とされた。1948年、朝鮮半島の2つの国家は独立を宣言し、南部に民主主義国家が、北部に共産主義政権が誕生した。多数の在日韓国人は、登録した民族籍を韓国籍に変更することが認められたが、在日の多くは無国籍状態となった。朝鮮半島の分断は日本の在日を民主主義と共産主義とに分断したが、在日でも若い世代は在日文化を受け入れていたため、どちらも拒否することが多かった。

朝鮮／韓国が敵対する2つの国家に分裂し、1950年代に朝鮮戦争が勃発すると、日本にふたたび——今回は自発的な——移民が押し寄せた。冷戦時代、日本政府は韓国政府を朝鮮民族の唯一の代表認め、北朝鮮を支持する在日を事実上無国籍のままにした。1970年代から1980年代にかけて、10万人近くの在日が朝鮮半島への帰還を選択したが、大多数の人は何十年も日本に住んでおり、祖国とは感じられない国に返されることを拒んだ。1980年代の初めから、多くの在日が留学や結婚のために韓国に渡ったが、ほとんどが家族や文化的なつながりをもつ日本に戻ってきた。21世紀に入り、在日は長年にわたる活動を経て、日本で安定した文化を確立している。在日の若者のほとんどは日本語のみを話し、日本の学校に通い、日本企業で働き、日本人との結婚も増えている。外国人居住者に対する日本人の意識が向上しつつある日本での生活はますます快適なものとなっているが、多くの在日はみずからのアイデンティティを確認する手段のひとつとして、韓国籍か朝鮮籍をもつことを選択している。2010年の調査では、在日の90パーセント以上が韓国名にくわえて日本名ももっており、状況に応じてどちらかを使用している。残る課題のひとつが選挙権だが、日本国籍を取得していない住民には、本人やその家族がどれだけ長く日本に居住していても選挙権は与えられていない。

もっと知りたい人のために

Graburn, Nelson, John Erti, and Kenji R. Tierney, eds. Multiculturalism in the New Japan: Crossing the Boundaries Within. New York: Berghahn Books, 2010.

Lie, John. Zainichi (Koreans in Japan): Diasporic Nationalism and Postcolonial Identity. Berkeley: University of California Press, 2008.

Lie, John. "Zainichi Recognitions: Japan's Korean Residents' Ideology and Its Discontents." The Asia-Pacific Journal: Japan Focus. Accessed July 31, 2013. http://japanfocus.org/-John-Lie/2939. Originally published in Chapter 4 of Zainichi (Koreans in Japan): Diasporic Nationalism and Postcolonial Identity (Berkeley: University of California Press, 2008).

Weiner, Michael, ed. Japan's Minorities: The Illusion of Homogeneity. London: Routledge, 1997.

サハ人
Sakha

サハ人（ヤクート、Saha、Jeko とも）はテュルク系民族である。テュルク系民族のアルタイ語派で最大の規模を誇り、ロシア極東で最多の先住民族集団とされる。サハ人はロシア連邦の構成国のサハ共和国に居住している。テュルク系民族とされるが、サハ人はテュルク系、モンゴル系、古シベリア系民族の混血である。推定 48 万 5000 人のサハ人が、テュルク諸語のシベリア・テュルク語派に属する北方のテュルク系の言語を話す。サハ人の大多数は正教会のキリスト教徒だが、少数の者がキリスト教以前のシャーマニズム信仰を守っている。

サハ人の伝承では、彼らの起源はシベリア南部のバイカル湖周辺地域にたどることができる。サハ人が大切にしている言い伝えによると、タタールの英雄とバイカル湖畔に住むブリヤート人の乙女が結ばれて最初のサハ人が生まれたという。初期のサハ人は、13 世紀のモンゴル侵攻から逃れるために湖の周辺地域を離れた。北のシベリア中央部に移動した彼らは、牛や馬の牧畜民として遊牧生活を送った。中世にふたたびシベリア北東部の地域に移住したが、これはおそらく 14 世紀のモンゴル帝国崩壊後の混乱のなかで、ブリヤート人侵略者によって北への移動を余儀なくされたのだろう。15 世紀までに、サハ人はレナ川全流域に広がっていた。当初、彼らはレナ川中流域の低地、ビリュイ川とアルダン川の下流域に定着し、そこで放牧のための草地と、北部の極寒の冬から身を守る場所を見つけた。サハ人は牧畜民としての伝

統的な生活様式を維持しながら、驚くべき柔軟性で新たな故郷となる土地の厳しさに順応した。レナ川中流域の新しい居住地域を中心に、サハ人は北東と西に、レナ盆地を越えてその先の北極海に向かって少しずつ拡大していった。移住によって、サハ人は地域に先住していたエヴェンキ族やユカギール族と接触することになり、先住民族は吸収されるか、もっと北へと追いやられた。サハ人はそうした人びとから北極および亜寒帯地域で生存するために必要な狩猟、漁撈、トナカイの牧畜をとり入れて、自文化を北極の環境に適応させることを学んだ。南シベリアや中央アジアのテュルク系の同族と異なり、サハ人はイスラム教が伝わってもその影響を受けることはなく、古代のシャーマニズム信仰体系を保持していた。伝統的なサハ人の社会は、部族の首長である"トヨン"が統治する多数の部族グループに分かれていた。そのうち、ひとつの部族が地域のほかの部族を支配するようになった。16世紀にはロシアの商人や探検家たちがサハ人の居住地域を訪れ、貴重な毛皮をタバコと交換するようになり、毛皮はヨーロッパロシアで売られた。その部族の首長は、北東アジアの諸民族と戦うための軍事支援の見返りとして、1632年にロシア人にレンスキー砦の建設許可を与えた。柵で囲われたこの交易所は、1634～1642年にかけて、ロシアがヤクートと呼んだサハの部族を制圧する戦いの際の重要な軍事拠点となった。サハ人の敗北により、スラヴ系民族の入植時代が始まった。1710年までに、ヨーロッパロシアからの入植者が南部の川流域の生産性の高い土地を占領し、サハ人は厳しいタイガやツンドラへと追いやられていた。さまざまな部族が古来の土地を追い出され、"ヤサク"──健常なサハ人から決まった枚数の貴重な毛皮をとり立てる毛皮税──を課されたことで、サハ人の深刻な蜂起が続発した。勇猛なサハ人の騎兵はロシアの支配に果敢に立ち向かったが、コサック騎馬隊による残忍な攻撃の末についに制圧された。1600年代後半、ロシア正教会の宣教師がこの地域に定住し、サハ人をキリスト教に改宗させていった。サハ人の多くは新しいキリスト教の信仰を受け入れたが、それは信仰心からというよりも、キリスト教徒は忌まわしい毛皮税を免除されていたからだった。時が経つにつれ、サハ人はキリスト教の伝統や儀式とシャーマニズムの信仰を習合させて、独自の信仰体系を築きあげた。サハ人の居住地域は、1708年に帝政ロシアの一部として設立されたシベリア県に編入された。1782年の行政改革でイルクーツクの新たな地域に組み込まれ、伝統的

な氏族の領域に基づいてサハの行政単位に分割されて、たいていが部族長を通して統治された。ヤクーツクと改名されたレンスキー砦は、広大なサハ人の領域におけるスラヴ系民族による植民地化の中心地となった。移民の流入は、ほとんどが肥沃な南部地域に限定されており、1773年以降、各地に設立された強制労働収容所に犯罪者や政治犯が送り込まれてくるまで、大多数のサハ人にはほぼ何の影響ももたらさなかった。

サハ人の文化は、さまざまなところからとり入れた伝統や影響が混交した独自のテュルク文化である。サハ人は14世紀に、多くの異なるグループを包括する独自の文化として出現した。そして徐々に、経済と地理に基づく現在の2つのグループにまとまっていった。北部サハ部族グループのほとんどは、半遊牧生活を送る狩人や漁師、トナカイ遊牧民だ。南部グループはより温暖な地域に住んでいて、大半が馬や牛の飼育民か農民である。20世紀を通して、都市部に住むサハ人はサハの言葉で"ジョクースカイ"と呼ばれるヤクーツクだけでなく、経済的に重要なダイヤモンド鉱山の周辺に発達した都市や町で発展した。身体的には、サハ人にはテュルク系とモンゴル系という2つの異なるタイプが見られ、彼らの祖先が混交した民族であることがうかがえる。南のテュルク系文化と同じく、サハ人はいにしえの指導者や英雄について語られた口承叙事詩で知られている。サハ人の領土はアラスカの約2倍の大きさで、山地と低地があり、地域の40パーセント程度が北極圏に位置している。サハ人がサハ・オムクと呼ぶこの地は、正式には、ロシア連邦加盟共和国のひとつであるサハ共和国を形成している。伝統的に、サハ人は"アイマフ"や"ディオン"と呼ばれる多数の部族に分かれており、部族間の戦争も多かった。サハ人の言語であるサハ語は広大な地理的領域で話されている北方のテュルク系の言語だが、方言はなく、地域的な差異もほとんど見られない。サハ人の人口の大部分はロシア正教を信奉しているが、より辺鄙な地域では土着のシャーマニズム信仰が今も守られている。1990年代以降、都市部に住むサハ人のあいだで伝統的なシャーマニズム信仰が復活し、現在では彼らのキリスト教の儀式に積極的にとり入れられている。

19世紀に入ってもスラヴ系民族の入植は続き、ロシア当局が奨励することも多かった。ヨーロッパロシアで政治的反体制派が増えるにつれ、労働収容所の数も急速に増加した。政治犯――とくにポーランド人とロシア人――には高学歴の学者や科学者が多く、彼らはサハ人の

言語や文化の研究に没頭した。政治犯たちが改良キリル文字を創出し、サハ語は文語となった。追放された学者たちは1891年にヤクート博物館を開設した。サハ語に合わせた文字を考案した学者もいれば、サハ語の最初の辞書を編纂した政治犯もいた。政治犯とロシア正教会の宣教師らが設立した小学校は、サハ語の文語の発展に貢献した。追放された人びとが支持する革命の理念にとって、貧困と栄養失調が蔓延するサハの地はうってつけの土壌だった。第一次世界大戦と続く1917年のロシア革命という激動がこの地域に混乱をもたらした。ボリシェヴィキのクーデターとその結果生じたロシア内戦で、サハ人のほとんどは反ボリシェヴィキの白軍と手を結んだ。サハ人の指導者たちは白軍に協力してヤクート地方の自治政府を設立し、広大な領域を反共産主義の拠点に変えた。ロシア内戦の戦場から遠く離れていたため、サハ・オムクは荒廃と混乱を免れたが、1920年、勝利した赤軍が地域の主要部を占領した。ソビエトはサハ人に定住集落や共同体での集団生活を強制したため、1921年にサハ人の蜂起が広がった。1923年、この地域の最後のサハ反乱軍、反ボリシェヴィキ軍が制圧・粛清された。ソ連当局への疑念は消えず、1928年にふたたび反乱が生じたものの、教育の普及を後押しし、サハ文化を支援するソ連の政策からサハ人は恩恵を受けた。ソ連の集団化に対する抵抗が広範に見られた1930年代にサハ人の人口が減り始め、その後も長期にわたって減少の一途をたどった。ソ連の弾圧の対象となった何千人ものシャーマンが、1931年以降、排除されるか、地域内の各地に設置された強制労働収容所に姿を消した。独裁者ヨシフ・スターリンのもとで、当局はソビエトの普遍文化を推進し、民族文化を終わらせることを目的としていた。サハ人の文化的組織や学校、出版物は禁止された。第二次世界大戦後の数年間、この地域の巨大なダイヤモンド、金、石炭の鉱床が開発され、1950年代、60年代にスラヴ系民族の大規模な流入が進んだ。歴史ある祖国の人口に占めるサハ人の割合は、1946年の80パーセントから1965年には50パーセントを下回り、1989年にはわずか33パーセントに落ち込んだ。ソ連の厳格な統治下で唯一可能な抗議のかたちとして、サハ人は自分たちの言語と文化を放棄することに激しく抵抗した。1980年代後半、改革によってソ連の厳しい支配が緩和されると、サハ人はロシア化されていた姓の廃止を要求した。この要請を皮切りに、過去の虐待や抑圧に関する抗議や議論が一気に噴出した。サハ人の指導部は、長年にわたって

モスクワの省庁が管理してきた地域の鉱山を現地の管轄にする計画を提出した。ソ連崩壊にともない、1991年にサハ地域はサハ共和国と名を変え、新たに再編されたロシア連邦の加盟共和国となった。ソ連時代にこの地域に定住していた数千人のスラヴ系民族はヨーロッパロシアに戻っていった。1991年には総人口の半分以上をロシア人が占めていたが、2000年には約40パーセントに減り、ウクライナ人の占める割合も7パーセントから5パーセントに低下した。スラヴ系民族の減少により、多数派のサハ人が政府の多くのポストを占めるようになり、重要な鉱業部門を地域で管轄する権限も得られた。2010年までにサハ人は多民族からなる共和国の住民の約半数を占め、彼らの言語はロシア語とともに公用語として認められるようになった。サハ人のナショナリズムは共和国内で強力な勢力となっているが、サハ人がロシア連邦から離脱しようとした場合、スラヴ系民族が多数派を占める重要な鉱山地域はロシアに留まるという見通しから、サハ人の自治権拡大、さらには独立に向けた動きは抑えられている。原料の無秩序な採掘が地域の生態系に甚大な被害をおよぼしていることは、サハ民族運動における主要な課題のひとつだが、歴史ある彼らの故郷の一部が失われればさらなる惨事となるだろう。

サハ人のホロコースト

1620年代、ロシア人はサハ人の領土に侵入を始めた。サハ人に忌むべき毛皮税を課し、1634年と1642年に起きた蜂起は鎮圧された。1642年の反乱はサハ人から地域のほかの民族にも広がった。ピョートル・ゴローヴィン指揮下のロシア軍は恐怖支配で応戦した。サハ人の村々は焼き払われ、わずかに生き残った人びとは捕虜となり、強姦や拷問の末に殺害された。何千人ものサハ人が逃げ出したが虐殺は終わらなかった。1642年から1682年にかけてサハ人の人口は激減し、わずか40年のあいだに人口の70〜75パーセントが失われたと推定されている。

もっと知りたい人のために

Argounova-low, Tatiana. *The Politics of Nationalism in the Republic of Sakha 1900-2000: Ethnic Conflicts under the Soviet Regime.* Lewiston, NY: Edwin Mellen Press, 2012.

Bychkova Jordan, Bella. *Siberian Village: Land and Life in the Sakha Republic.* Minneapolis: University of Minnesota Press, 2001.

Scott Polar Research Institute. "Republic of Sakha." Last modified January 8, 2000. http://www.spri.cam.ac.uk/resources/rfn/sakha.html

Tichotsky, John. *Russia's Diamond Colony: The Republic of Sakha.* London: Routledge, 2000.

サラール（撒拉）族
Salar

　サラール（撒拉）族（Salar'er、Salor、Salur）は、中華人民共和国で公式に認定されている56の民族集団のうちのひとつである。推定11万人のサラール族は、中国西部の黄河畔に位置する青海省と甘粛省の境界部に集住している。そのほかに、さらに西方の新疆にもサラール族のコミュニティがある。サラール族はテュルク諸語のオグズ語派に属する言語を話す。ほとんどの人が標準中国語の話者でもあり、サラール族の人口が多い自治県では両方の言語が公用語となっている。圧倒的多数の人がスンナ派イスラム教を信奉している。

　サラール族の伝統は、現在のウズベキスタンのサマルカンド市周辺にその起源をたどることができる。7世紀初頭に、多数のテュルク系部族の連合である西突厥の一部が成立したとき、サラール（またはサルール）はその構成民族のひとつを形成していた。サラールという名称は、「剣と槍を振るう者」を意味すると考えられている。サラール族の伝説では、11世紀にサマルカンド近くに住んでいたイスラム教徒の指導者で、ひじょうに尊敬されていたハラマンとアフマンという2人の兄弟について語られている。ガラマン王から妬まれ、迫害された2人は、18人の信奉者を連れて、1頭の白いラクダの頭の上にコーランを結びつけ、東へと逃れた。滝を見つけて水を飲もうとラクダが身をかがめたとき、ラクダは石に変わり、現在の青海省にあるその地がサラール族が定住すべき場所であることをしめしたという。その後、サマルカンド周辺地域を離れた人びとが、中国領土のサラール族の入植地にくわわった。1370年頃、サラールの氏族長らは

中国明朝の統治を受け入れた。サラール族の指導者たちは明の地方行政官に任命され、毎年朝廷に送る税や貢物の管理をおこなった。明朝下で、サラール族は自治とイスラム教の信仰が認められていた。満州族による中国征服後、サラール族の自治権は奪われた。満州清王朝の役人の大半は、イスラム教徒のサラール族を獰猛で厄介な少数派と見ていた。1670年代から1780年代にかけて、さまざまなムスリムの師がこの地域に対立する多くのイスラム宗派をもたらし、異なる宗派の信者のあいだでひんぱんに暴力が生じた。1781年、反体制的な教義が蔓延することを懸念した清当局は、サラール族の指導者である馬明心を捕らえて、鎖に繋いで甘粛の蘭州に連行した。サラール族は地方政府の役人を全員殺害し、派遣されてきた軍事遠征軍も撃退した。そして、馬明心の釈放を求めて甘粛に向かった。蘭州の城壁に到着した彼らは指導者の釈放を要求したが、馬明心は即座に斬首された。激怒したサラール軍は蘭州を包囲したが、分厚い城壁を突破することはできなかった。清朝はモンゴルとチベットの戦士を組織してサラール族の陣営を攻撃させ、そこでサラール族は敗北して、ほとんどが殺害された。歴史家は、1781年の蜂起でサラール族は人口の約40パーセントを失ったと推定

している。何世紀にもわたって、サラール族は近隣のチベット系民族、回族、漢族、モンゴル系民族と混血し、現在のサラール族を形成した。明・清朝の統治下では、イスラム教徒の男性はつねに徴兵の対象とされたため、家族やサラール族の村落に多大な負担がかかっていた。

イスラム文化をもつサラール族は父系親族集団で、独特の氏族制度に基づいて氏族に分かれている。同じ氏族内での結婚は禁止されているため、氏族のメンバーは別の氏族との結婚を奨励されている。イスラム教徒であるサラール族の村落は、中央のモスクとイスラム教聖職者が中心となっている。彼らは中国の独立したひとつの民族とみなされ、中華人民共和国政府にも公認されているが、新疆のウイグル族にひじょうによく似ており、言語や文化にほとんど違いは見られない。近代化したとはいえ、サラール族は伝統的なタブーや慣習の多くを保っている。たとえば、儀式中にサラール族の前を通るのは不作法とされる。また、会話中に咳をするのも失礼とみなされる。結婚式に向かう花嫁は、家族と離れたくない気持ちをしめすために、歌いながら泣かなければならない。それから花嫁の友人や親族が彼女を花婿の家まで連れて行き、そこで花嫁がなかに入れるように扉を無理やり開ける。サラール族は小麦

粉を主食に用い、ジャガイモなどの根菜類を補う。牛肉、子羊肉、鶏肉は食べるが、豚肉、ロバや馬の肉を口にすることは禁じられている。サラール族はイスラム教のスンナ派に属し、独自の形態を維持している。このイスラム教の組織形態は選挙で選ばれた指導者に由来するものだが、現在ではサラール族のイスラム教徒の世襲指導者となっている。サラール語はオグズ諸語または西テュルク諸語に分類され、2つの異なる方言で話される。一方はチベット語と中国語の方言、もう一方はウイグル語とカザフ語の影響を受けて2つに分かれた。また、サラール語の表記のほとんどが漢字に対応している。

　サラール族の領域では、ムスリムのさまざまな宗派間の暴力が19世紀まで続いた。1880年代から1890年代にかけて、宗派間の対立がサラールのコミュニティ全体に広がった。伝統主義者と改革派が衝突したとき、清当局は最終的に改革派を支援した。秩序を回復するために清軍が派遣されたが撃退された。サラール族が主導した反乱は、近隣の回族とトンシャン族のイスラム教徒にも広がった。この反乱は1895年から1896年にかけての回民蜂起となり、中国西部を席巻した。最終的には帝国軍と回族の官軍によって容赦なく鎮圧された。反乱軍とその氏族の大規模な虐殺によって、多くの地域がほぼ壊滅状態となった。20世紀初頭、サラール族の居住地域では地主経済が一般的だった。封建的、宗教的慣習に基づき、サラール族の地主はほとんどの土地と家畜、さらには水源と製油所の所有権も手にしていた。宗教指導者はたいてい広大な土地を所有し、サラール族の農民に無償の重労働を強いた。1911年の辛亥革命のあと、サラール族の多くが地主のもとを離れて軍隊にくわわった。食料が配給されることが知られていたためだ。第二次世界大戦中、多数のサラール族兵士が日本軍と戦った。1945年以降、国共内戦が国中を飲み込み、共産主義反乱軍と政府軍のあいだで激戦がくり広げられた。より大きな政治的、宗教的自由を約束されて、サラール軍の多くが共産党側に寝返り、1949年の勝利まで反乱軍とともに戦った。新政権は当初、融和的な姿勢を見せていたが、すぐに反政府とサラール文化に対する規制がおこなわれた。土地は集団化され、サラール族の農民は新国家の従業員となった。起業の長い歴史をもつサラール族は、1980年代以降、中国を席巻した資本主義改革にすぐさま乗じた。彼らの多くは地域の生産品を中国東部の成長著しい都市で売るために新たな事業をたちあげた。建設業や製造業で開業した者もい

た。中国経済の開放により、かつてはきわめて貧しかったサラール族は、21世紀初めの数十年でささやかな繁栄を享受できるようになった。

もっと知りたい人のために

Akasoy, Anna, Charles Burnett, and Ronit Yoeli-Tlalim. Islam and Tibet: Interactions along the Musk Routes. Farnham: Ashgate, 2010.

Lipman, Jonathan Neaman. Familiar Strangers: A History of Muslims in Northwest China. Seattle: University of Washington Press, 1998.

Ma, Wei, Ma Jianzhong, and Kevin Stuart. The Folklore of China's Islamic Salar Nationality. Lewiston, NY: Edwin Mellen, 2001.

山岳ユダヤ人
Juhuro

　山岳ユダヤ人（ユダヤ・タート、コーカサスユダヤ人、Ivri、Yehudi、Caucasian Mountain Jews、Mountain Jewsとも）は、アゼルバイジャンのカフカース南東部のカスピ海沿岸地域とロシア連邦の近隣地域に居住する古い民族集団である。彼らの自称はジュフロだが、外部の人びとからはずっと山岳ユダヤ人と呼ばれてきた。アゼルバイジャンには約1万2000人から3万人の山岳ユダヤ人がいると考えられ、そのほとんどが国の東部地区に住んでいる。アゼルバイジャンのグッバ、なかでも郊外のグルムズ・ガサバにはアゼルバイジャン最大の山岳ユダヤ人のコミュニティが存在し、旧ソ連に残るユダヤ人コミュニティのなかでも最大のものに数えられる。カフカース以外での一連の国勢調査から、イスラエル、アメリカ、カナダ、欧州連合（EU）の諸地域に大規模な山岳ユダヤ人コミュニティがあり、その数は10万人から14万人と推定される。山岳ユダヤ人の言語——ジュフリ語、ユダヤ・タート語として知られる——は、南西イラン語群に属するタート語である。山岳ユダヤ人の大多数は伝統的なユダヤ教の信仰を守っているが、今日では無宗教を自認

したり、信仰を実践していない人もいる。

山岳ユダヤ人は、5世紀にペルシャ南西部（現在のイラン）から南カフカースにやってきたと考えられている。山岳ユダヤ人の言い伝えによれば、古代イスラエルの彼らの祖先が、早くは紀元前8世紀に古代ペルシャに移り住んだか、強制的に移住させられた。山岳ユダヤ人は、北の草原地帯から侵入してくる遊牧民に対する辺境警備隊として、ペルシャの統治者がカフカースの東と北の山腹に配備したユダヤ人武装入植者の末裔ではないかと考える学者や歴史家もいる。そのほかに、8世紀にその多くがユダヤ教を受け入れたテュルク系ハザール族の子孫だという説もある。4世紀に、カフカース・アルバニア王国と呼ばれる国家の支配者がキリスト教を国教に定めたため、ペルシャの緩やかな統治下にあった地域の大部分でキリスト教が信奉されるようになり、山岳ユダヤ人は宗教的少数派となった。642年にムスリム・アラブ人の侵攻を受け、多くの山岳ユダヤ人が民族が培ってきたすぐれた軍事的伝統に安全を求めた。ひときわ辺鄙な山岳地帯に住むことで、山岳ユダヤ人は数々の歴史的脅威を生き抜いてきた。平野部の住民のほとんどがイスラム教に強制改宗させられたため、カフカース高地にある山岳ユダヤ人の居住地がその文化の中心地となった。11世紀初頭、中央アジアのテュルク系オグズ族がこの地域を制圧し、さらにテュルク系民族のセルジューク朝軍の侵略が続いた。テュルク系民族が大量に流入し、南部地域の大部分を占領したため、山岳ユダヤ人の多くが北に移動した。テュルク系民族のセルジューク朝が広大な帝国の支配者となり、山岳ユダヤ人などの宗教的少数派も容認された。15世紀までには、山岳ユダヤ人は自分たちの必要に合わせてヘブライ語から多くの言葉を借りて、タート語を適応させていた。また、彼らの大半が高地のコーカサス族の服装もとり入れた。離散したユダヤ人が住むほかの地域では、土地を所有したり耕作したりすることは禁じられていたが、カフカースの山岳ユダヤ人はほとんどが穀物、果物、ブドウを栽培する農民だった。低地に住む山岳ユダヤ人は伝統的に稲作を営んでいたが、高地では小麦や大麦、さまざまな果物が生産され、山岳ユダヤ人のブドウ園では近隣のイスラム教徒には禁じられているワインの醸造もしていた。養蚕やタバコの栽培も広くおこなわれていた。彼らの教えでは肉食に厳しい制限があったが、山岳ユダヤ人は皮なめしで有名だった。1580年代、イスラム教シーア派のペルシャ人とスンナ派のオスマン帝国との戦争中、バクーを含むカスピ海沿岸地域はオスマン帝国

軍に占領された。多数の山岳ユダヤ人が占拠から逃れて、カフカース山脈の居住地に戻った。1603年にペルシャ軍が撤退したが、山岳ユダヤ人の大部分は沿岸地域には戻らず、高地に残った。1747年、ペルシャ王朝の混乱に乗じて、この地域に多くの半独立のハン国がつくられた。地域の支配者や敵対的な部族の脅威にさらされながら、山岳ユダヤ人は戦闘の流儀を高め、戦士の民族として知られるようになった。18世紀後半、ロシアのカフカース進出は、伝統的に反ユダヤ主義のロシア人という新たな脅威を山岳ユダヤ人にもたらした。

かつての山岳ユダヤ人の文化は、ブドウ、米、タバコ、穀物を栽培する農民の農村文化だった。ソ連時代、山岳ユダヤ人はソ連の共同体や集団農場への加入を強いられ、たいてい地域のほかの民族集団と共住していた。1970年代に始まった都市化によって、多数の山岳ユダヤ人が町や都市に住み、その都市環境に適した文化を発展させていった。今でも少数が農業を営んでいるが、大多数はおもに商人や皮なめし職人、敷物の織工、皮革職人として生計を立てている。客を歓迎し、もてなす伝統は、今日でも重要な文化的要素として守られている。山岳ユダヤ人のどの家にも、家でいちばんいい絨毯が敷かれた来客用の特別な部屋や離れがある。山岳ユダヤ人のもてなしの心は、その音楽や芸術にも反映されている。弦楽器の"タール"やネックの長いフルートのような楽器は、現代の山岳ユダヤ人の音楽でも変わらず大切な要素となっている。20世紀に入るまで、山岳ユダヤ人の大半は読み書きができなかったが、物語や民話の豊かな口承伝承が世代から世代へと受け継がれてきた。1930年代以降、そうした民話や詩、物語の多くが集められ、タート語やジュフリ語で出版されてきた。山岳ユダヤ人の大多数は近隣のタート族からとり入れたタート語の話者で、アゼルバイジャン語やロシア語を話せる人も多い。イスラエルにはジュフリ語を話す大規模なコミュニティが存在するが、カフカースではジュフリ語は衰退しつつある。歴史的に見て、山岳ユダヤ人はさまざまな点でタルムード以前とされるユダヤ教の一形態を信奉してきた。山岳ユダヤ人の宗教的慣習には、ほかのユダヤ人コミュニティの慣行や伝統も多く見られるが、ユダヤ教の基本は忠実に守られている。

1804年から1828年にかけての一連のロシア・ペルシャ（イラン）戦争により、カフカース地方のロシア領有が決まった。この地域のユダヤ人に対するロシアの扱いはたいてい残酷なものだったが、山岳ユダヤ人の戦士たちの戦闘の流儀と

馬術はロシア兵に高く評価されていた。ロシアの支配下で、山岳ユダヤ人はふたたび低地に移り住んだが、変わらず山岳ユダヤ人と呼ばれた。低地の村や町でも、山岳ユダヤ人は高地と同様に、彼らだけが住む独自の地区や地域である"アウル"をつくった。1832年、最初の宗教集会所がバクーに建設され、1896年にシナゴーグに再編された。19世紀末にはバクーとその近郊にもシナゴーグが建設されたが、そのほとんどは、この地域で急成長していた石油産業に引き寄せられて、ロシアやヨーロッパ各地からユダヤ人が集まって人口が増えたためだった。バクーはロシア帝国におけるユダヤ人のシオニズム運動の重要な拠点となった。1899年から1920年にかけてのロシア帝国の戦争と革命の時代、山岳ユダヤ人コミュニティは混乱や動乱をよそに繁栄を続けた。1918年3月、アルメニア系キリスト教徒がこの地域に侵攻してきたが、たいていイスラム教徒とともに山岳ユダヤ人も攻撃の的となった。同年5月、ロシア革命にともない、民族主義者らがアゼルバイジャンの独立を宣言し、民主共和国を樹立した。ユダヤ人コミュニティによる定期刊行物がイディッシュ語、ヘブライ語、ジュフリ語、ロシア語で発行され、多数の山岳ユダヤ人の学校、社交クラブ、慈善団体、文化団体が設立された。山岳ユダヤ人の多くは町に住んでいたが、ユダヤ教の戒律を守って独自の料理をつくり、信仰が家庭や地域社会で重んじられていた。1920年にソ連がアゼルバイジャンを占領すると、山岳ユダヤ人に対する厳しい弾圧の時代が始まった。ヘブライ語の使用にくわえ、ほとんどの文化行事が禁止された。1920年代初頭、数百世帯の山岳ユダヤ人がソ連下のアゼルバイジャンとダゲスタンに隣接する地域を離れて、英領パレスチナへ向かい、その大半が新都市テルアビブに定住した。ソ連の規制によってパレスチナへの移住はできなくなり、1948年にイスラエルが独立国家として建国されたあとも、それらの規制は残ったままだった。1970年代にイスラエルとソ連の関係が改善したことで、移民の禁止が解かれた。1972年から1978年にかけて、多くの山岳ユダヤ人を含む約3000人がソ連のアゼルバイジャンからイスラエルへ出国した。ニューヨークやトロントなどの北米の大都市に渡って、繁栄するコミュニティを築いた山岳ユダヤ人もいた。1991年のソ連崩壊により、アゼルバイジャンは独立を回復したが、アゼリ族以外の民族を同化する取り組みは続いた。ソ連体制の瓦解以降、アゼルバイジャンの山岳ユダヤ人人口は移民によって減少したが、この民族の人口を個別に

数えたことはなく、国内には少なくとも1万2000人から3万人の山岳ユダヤ人がいると推定されている。

アゼルバイジャンのユダヤ人村

アゼルバイジャンのグッバ群にある集落グルムズ・ガサバは、イスラエル国外で唯一、住民がすべてユダヤ人の村とされている。グルムズ・ガサバ（英語で「赤い村」の意）は、1742年にグッバのハーンが山岳ユダヤ人に首都グッバから川を隔てたところにコミュニティを設立する許可を与え、建設された。迫害からの自由が保証されたこの村はもともと、ソ連の統治下で赤い村と改名されるまで、ユダヤの村として知られていた。1989年に1万8000人と推定された人口は、イスラエル、北米、ヨーロッパへのユダヤ人移住によって約4000人にまで減少した。

もっと知りたい人のために

Dymshits, Valery, and Tatjana Emelyanenko. Facing West: Oriental Jews in Central Asia and the Caucasus. Zwolle, Netherlands: B. V. Waanders Uitgeverji, 1998.

Matloff, Judith. "Dagestan's 'Mountain Jews' Flee Chaos." Jewish Daily Forward. September 3, 2012. http://forward.com/articles/162028/dagestans-mountain-jews-flee-chaos/?p=all

Mikdash-Shamailov, Liya, ed. Mountain Jews: Customs and Daily Life in the Caucasus. Lebanon, NH: University Press of New England, 2003.

RoutledgeCurzon. The Mountain Jews: A Handbook (Peoples of the Caucasus Handbooks). London: RoutledgeCurzon, 2002.

シボ（錫伯）族

Xibe

　シボ（錫伯）族（シベ族、Sibo、Xibo とも）は、おもに新疆と中国東北部に居住するツングース系民族で、中華人民共和国が公認する 56 の民族集団のうちのひとつである。推定 19 万 3000 人のシボ族は、南部ツングースの言語を話す。この言語は、中国東北部でも話されている満州語と密接なつながりをもつ。

　多くの学者は、シボ族が古代の民族、室韋の南部ツングースの言語を話す一派に起源をもつと考えている。これは、4〜5 世紀の北魏王朝の古い記録文書にも記されている。室韋はモンゴル系民族の祖先であり、チンギス・ハーンが台頭する 13 世紀初頭に部族全体をさす名称として用いられるようになった。シボ族の祖先は遊牧民もいれば、小さな村や町に定住する部族もいた。南室韋の一部である彼らは、3 世紀に農業をとり入れた。シボ族は漢族を含む、より強力な近隣の民族に服属していたが、突厥可汗国が台頭すると、552 年から 744 年にかけて、シボ族の土地は同国に組み込まれた。遼朝の統治下では、10〜12 世紀にかけてシボ族の地に新たな集落がつくられ、小さな諸部族が取り込まれて最大の規模に達した。契丹の王朝が滅亡すると、シボ族はモンゴル民族のホルチン部に服属した。シボ族の戦士たちは、1593 年の古勒山の戦いで満州族の長であるヌルハチに大敗を喫する。その後ヌルハチは中国を征服し、満州清王朝を樹立した。満州族の統治下で、シボ族は清国に組み込まれ、中国東北部の駐屯都市に送られた。1700 年、約 2 万人のシボ族が現在の内モンゴル自治区に、3 万 6000 人が遼寧に移り住んだ。1764 年に深刻なシボ族の蜂起が起こり、約 1 万 8000 人のシボ族が中国北西部の新疆地域にあるイリ渓谷に追放される。シボ族は言語的にも民族的にも満州族と密接な関係にあるが、のちに満州族と名づけられる 17 世紀の部族連合には含まれていなかった。満州族清王朝の統治下では、シボ族は満州族と認められ、支配層として高い地位を与えられた。何世紀ものあいだ、満州族の権力構造を利用して、多くのシボ族が帝国の政権に携わった。

　シボ族は、中国東北部の遼寧省と吉林省に住むグループと、最西部の新疆ウイグル自治区に住むグループに分類される。シボ族は伝統的に、同じ姓をもつ人びとからなる氏族グループ、"ハラ（哈拉）"に分かれていた。より保守的な地域では、シボ族の住居には同じ家族の 2、3 世代が同居している。これは、父親が生きているあいだは、どの息子も家を出

て別の場所に住むことで一族をばらばらにすべきではない、と考えられているためだ。東北部のシボ族は、独自の言語と文字を守りながらも、漢族と満州族の多くの伝統や習慣をとり入れている。新疆では、シボ族はウイグル族やほかのテュルク系民族と混住し、近隣民族から多くの慣習を吸収してきた。彼らはつねに教育を重視し、中国の非漢族のなかでは異例なほど高い識字率を誇る。シボ族の2つのグループは、どちらも教育と読み書きの伝統を保持し、教師や行政官、翻訳者といった職に就いている人も多い。帝国の行政官や翻訳者を多数輩出してきた歴史から、シボ族は「翻訳民族」と称された。どちらのグループも毎年、旧暦の4月18日に「西遷節」を祝う。新疆のシボ族住民の第一言語は今もシボ語だが、中国東北部のシボ族のあいだでは通常、漢語、満州語、もしくはモンゴル語が第一言語となっている。シボ語は満州語と同系のツングース語族の言語である。満州語とは相互に意思の疎通ができるが、シボ語は満州語よりも中国語からの借用が少ない。シボ語の文字体系は満州文字に由来し、文字の位置や音節数の違いで満州語から分岐した。とくに新疆で大多数がチベット仏教を信奉するようになったことから、シボ族の宗教的信仰は変化しつつある。とはいえ、かつての精霊信仰の名残はシボ文化の一部として残っている。シボ族が崇拝する神々のなかでもっとも重要な神が、穀物の神と豊饒の母神で家の守護者であるシリ・ママだ。シボ族の多くは、毎年3月に魚を、7月にメロンを先祖に供える祖先崇拝を含め、仏教と精霊信仰を習合した信仰をもっている。シボ族は今でも祖先の墓を大切にし、毎年掃き清めて掃除している。

満州の故郷から長く苦難に満ちた旅をしてきた新疆のシボ族は、清政府が不安定な辺境地域の新たな駐屯地への食料供給をやめたことにすぐさま気づいた。彼らは政府の支援もなく荒れ地を開墾し、灌漑用水路をつくりはじめた。使われなくなった古い運河をすぐに修復して、新たな居住地に水を引いた。人口の増加にともない、この土地だけでは不十分なことが判明した。穀物や種子の不足、度重なる自然災害などの困難にもかかわらず、自分たちや家族が食べていくためにイリ川南岸の荒れ地を農地に変えるという彼らの決意が揺らぐことはなかった。多くの挫折を経て、6年間にわたる骨の折れる作業の末に1802年、イリ川から水を引くために200キロメートルもの用水路を開削することに成功し、イリ川の南の広い地域に定住できるようになった。19世紀半ばには、より多くの土地を耕作するために用水路をさらに建設し

た。1870年代、清の力が衰えるとロシア人が新疆に入ってきた。1876年、清国政府はロシアの侵略者への攻撃を決断する。シボ族は清軍にくわわり、ロシア軍を撃退してロシア入植者も追い出した。1911年の辛亥革命の知らせがこの地域に伝わると、シボ族は革命の理想に賛同して蜂起した。中国東北部のシボ族は地域のほかの民族と協力して日本の満州侵攻に抵抗した。1931年に日本軍が満州を征服したあとは、シボ族の多くがゲリラ集団にくわわった。第二次世界大戦中、日本の侵略者を追放するために共闘する必要があったため、中国政府と共産主義者が主導する反政府勢力との抗争は一時的に中断された。1944年9月、新疆で中国政府に対する大規模な反乱が勃発した。シボ族はみずからの軍隊を結成し、政府軍と戦うほかの反乱軍にくわわった。1949年の共産主義者の勝利により、現在、中国東北部として知られる満州西部の土地と新疆に一連の改革がもたらされた。1954年、新疆ウイグル自治区にチャプチャル・シベ自治県が設立され、シボ族にある程度の自治権が与えられた。21世紀に入る頃には、中国東北部のシボ族は精霊信仰と古来のシボ族の伝統や慣習の多くを残しながらも、漢族の文化にほぼ同化していた。新疆のシボ族は、伝統的な言語と文字にくわえ、彼らの歴史ある文化の大部分を保持している。シボ族の2つのグループの結びつきは、共産主義体制の初期、なかでも1960、70年代の中国文化大革命の期間はほぼ途絶えてしまっていたが、その後の文化交流、家族の再会、公式訪問を通して新たに強化されている。

もっと知りたい人のために

Janhunen, Juha. Manchuria: An Ethnic History. Helsinki, Finland: Finno-Ugrian Society, 1996.

Ma, Xinfu. Costumes and Festivals of Xinjiang Ethnic Groups. Beijing: China Travel and Tourism Press, 2008.

People's Daily Online. "The Xibe Ethnic Minority." Last updated August 12, 2011. http:// english.people.com.cn/102759/7567650 .html

Rhoads, Edward J. M. Manchus and Han: Ethnic Relations and Political Power in Late Qing and Early Republican China, 1861-1928. Seattle: University of Washington Press, 2011.

ショオ（畬）族
She

　ショオ（畬）族（シャニ〈山哈〉、Ho Ne、Ho Nte とも）は、中華人民共和国に公式に認定されている 56 の民族のうちのひとつ。およそ 90 万人のショオ族が福建省の沿岸部に集住し、最多の少数民族を形成している。浙江省、安徽省、江西省、広東省にも小規模なグループが存在する。台湾では客家の人びとと共住している。ショオ族の言語はモン・ミエン語群のシェ語および炯奈（キオンナイ）語に分類されるが、現在ではほとんどのショオ族が客家語を話している。ショオ族の大半は、槃瓠と呼ばれる伝統的な信仰を守っている。これは、仏教と道教の要素を習合した先祖崇拝に基づく信仰である。

　多くの学者は、ショオ族の起源を現在の広東省の鳳凰山と考えている。ショオ族の伝承によれば、彼らはショオ族の封建支配者だった客家の抑圧から逃れるために故地を離れた。この圧政からの逃避は、ショオ族の口述歴史のなかで語られ、「山中の客人」という彼ら自身の名前も物語っている。7世紀、唐王朝が福建地方の地区編成をおこなったときに、ショオ族は漢族の支配下に置かれた。960年に宋王朝が権力を掌握した頃には、ショオ族のあいだで封建社会が確立されていた。地主の多くはショオ族、漢族、客家のいずれかで、ショオ族の農民が米、サトウキビ、茶、カラムシを栽培する土地の大部分を支配していた。14世紀までに、多くのショオ族が福建東部、浙江南部、江西北部の高地地域に移住していた。ショオ族の大部分は、地元の地主や首長の恣意的な支配のもとで赤貧の暮らしを送っていた。よりよい生活や生計を立てる手段を求めて別の地域に逃げる者も多かった。14世紀から17世紀半ばにかけての明朝の政策により、ショオ族の状況はいくらか改善された。地域のショオ族の首長や裕福な地主のなかには、明朝からショオ族の居住地域を管理する官職に任命される者もいた。

　漢族の慣習の多くをとり込みながらも、ショオ族の文化はその歴史ある伝統の大半を保ち続けている。ショオ族の社会は、同じ姓や氏族で構成される氏族集団の一形態である"祠堂"で組織されている。それぞれの祠堂で長もしくは代表が任命され、氏族内の争いを解決し、公的な業務を管理し、槃瓠伝説のいけにえを捧げる儀式を執りおこなったりする。各祠堂の下には、"房"と呼ばれる拡大家族の単位が置かれている。それぞれの房の基本的な社会単位は家族で、通常は最年長の男性が率いる家父長制をとっ

ている。ショオ族の女性は漢族の女性よりも社会的地位が高く、多くの特権を享受している。ショオ族の男性はたいてい妻の家族と同居し、妻の姓を名乗っている。伝統的に、ショオ族の各氏族はその宗教的信仰の象徴となる龍頭のシンボルをもっている。ショオ族の氏族は、伝説の英雄、槃瓠を始祖とする。槃瓠は中国の皇帝が反乱を鎮めるのに力を貸し、王女との結婚を許されたと言われている。ショオ族は、みずからの民族集団の起源を槃瓠と王女にたどる。彼らのあいだには3人の息子とひとりの娘が生まれ、ショオ族の祖先となったと信じている。ショオ族の伝統的な信仰では彼らの伝説的な祖先を讃え、祭日や宗教行事の際には祖先の絵がそれぞれの家に飾られる。槃瓠には3年ごとにいけにえが捧げられる。仏教と道教をとり入れつつも、とくに精霊や霊魂に関する古来の信仰の多くが今も受け継がれている。近隣の漢族の文化の大部分を受け入れたため、ショオ族伝統や習慣の多くも失われた。

19世紀までには、ショオ族のほとんどは中国の沿岸地方と台湾で、より人数の多い漢族や客家と共住していた。封建制に近い状態で、大多数は地代を払って裕福な地主が管理する土地の小作農として暮らしていた。親が取り決めた結婚が一般的で、娘の売買も公然とおこなわれていた。花嫁の持参金には通常、竹の帽子、鉄の農具、編んだ雨よけのマントなどが含まれていた。封建制の発達にともない、ショオ族の親や仲人は、ふさわしい姻戚関係を結ぶために、地域全体の花嫁の値段を吊り上げた。持参金は法外なものとなり、もっとも貧しい農民の多くは結婚する余裕などなかった。愛のない見合い結婚がほとんどだったため、封建的な結婚制度に抵抗して、恋人たちが一緒に過ごす手段として民謡を歌う集会がとても人気となった。20世紀になっても、ショオ族の住む地域では、地主制度の腐敗と抑圧に苦しめられ、緊張状態が続いていた。1920年代、広東東部の農民たちは地主の勢力と戦うために立ち上がり、福建や浙江でも同様の蜂起が生じた。反乱は1924〜1927年まで続き、最終的には鎮圧されたが、緊張は残ったままだった。1927年、秋収暴動として知られる2度めのショオ族の反乱が福建地方で起きた。この蜂起は広がり、ショオ族の地域のほとんどが労農の管理下に置かれるまでになった。この戦いは、日本との戦争が地域にも波及した1937年に敗北に終わった。ショオ族は1945年まで近隣の民族とともに日本の侵略軍と戦った。ショオ族の多くは1945〜1949年にかけての国共内戦で共産主義者を支援したが、政府軍についた者もいた。

1949年の共産主義の勝利により、中国政府は台湾への撤退を余儀なくされ、ショオ族の多くがこれにくわわり、台湾西部の平原に移り住んだ。1967〜1977年の中国の文化大革命では、先祖を崇拝することや、槃瓠信仰のさまざまな祭事も禁じられ、ショオ族にとってはとくに厳しいものとなった。多くの寺院や祭壇が紅衛兵によって破壊され、反革命的だとみなされたショオ族の人間は逮捕され、強制労働収容所や再教育収容所に送られた。1979年以降の経済・政治改革により、ショオ族は土地を所有したり、事業を始めることが可能になり、祖先崇拝も再開できた。しかし21世紀に入る頃には、漢族文化にかなり同化し、ショオ族の言語も失われた。現在、ショオ族の居住地域の大部分では、客家語と標準中国語が広く話されている。

もっと知りたい人のために

Ethnic Groups. "The She Ethnic Minority." Accessed July 31, 2013. http://www.china.org.cn/e-groups/shaoshu/shao-2-she.htm

Legerton, Colin, and Jacob Rawson. Invisible China: A Journey through Ethnic Borderlands. Chicago: Chicago Review Press, 2009.

MacKerras, Colin. China's Minorities: Integration and Modernization in the Twentieth Century. Oxford: Oxford University Press, 1994.

Mullaney, Thomas, and Benedict Anderson. Coming to Terms with the Nation: Ethnic Classification in Modern China. Berkeley: University of California Press, 2011.

ショル族
Shor

　ショル族(ムラス・タタール、コンドマ・タタール、クズネツ・タタール、Tadar、Mountain Shor、Chyshとも)は、シベリア南部のクズネック盆地南部に住む小規模なテュルク系民族。言語も文化もテュルク系だが、テュルク系、ウゴル系、サモエード系、ケート系民族が混交して発展した民族である。約2万人とされるショル人は、文化的にも言語的にもハカス人とアルタイ系諸族と深いつながりをもつ。ショル語は、テュルク諸語のハカス語の下位語群に属している。ショル族のほとんどは2言語を話し、教育と行政の言語としてロシア語を使用している。公式にはロシア正教徒とされているが、キリスト教以前のシャーマニズム信仰を守っている。

　先住民族のサモエード系部族やケート族は、早ければ旧石器時代にはクズネツ

ク盆地に住んでいたことが分かっている。5世紀の中国の記録に、この地域の遊牧民についての言及が見られる。6〜8世紀にかけて、この地域は移動してきたテュルク系部族に占領され、テュルク系ハン国の支配下に置かれた。サモエード系民族とケート族がテュルク系支配者の言語と文化をとり入れ、先住民族とテュルク系部族が混ざり合って、ショル族は独自の民族として発展していった。8〜9世紀、ショル族の部族が別の民族グループとして台頭する。13世紀初頭には、版図を広げるモンゴル帝国がこの地域の部族を吸収した。2世紀以上にわたるモンゴル支配下で、ショル族はモンゴルの多くの伝統や習慣をとり込んだ。16世紀には強力なオイラトの部族連合がこの地域を掌握する。ショル族はトミ川流域、コンドマ川とムラス・スー川沿いに住み、おもに狩猟や漁撈を生業とし、一部の者は農業や専門技能が必要な鍛冶に従事していた。「鍛冶屋タタール」とも呼ばれるショル族は、完成した鉄の武器や道具をオイラト族やキルギス人などの近隣民族に供給していた。拡大するロシア帝国の先陣をつとめるスラヴ系コサックが、16世紀後半にクズネック盆地への侵入を開始した。コサックは「鍛冶屋タタール」のショル族を、ロシア語で鍛冶屋を意味する"クズネッツ"と呼び、それが地域全体に広がった。次の世紀のあいだに、ロシアの支配力はショリア山として知られる地域にまでおよんだ。18世紀後半から19世紀初頭にかけて、トミ川上流域に入植するロシア人の数が増え、ショル人の伝統的な生活に大きな変化をもたらした。ロシアの商人が高度な金属器具をもち込んだことで、ショル族の鍛冶は終わりを迎えた。ロシア当局はショル族に毛皮税"ヤサク"の支払いを強制したため、多数のショル族がクロテンなどの毛皮動物を求めて村を離れて森に入った。ロシア正教会の宣教師たちが多くのショル族をキリスト教に改宗させたが、彼らのキリスト教以前の信仰体系が失われることはなかった。

ショル族はテュルク系とモンゴル系の混交民族で、かつてはサモエード系民族とケート族の影響を受けていた。身体的にはテュルク系民族と共通点が多いが、モンゴル系の特徴も見られる。ショル族のほとんどはかなり白めの肌と明るい瞳、まっすぐで柔らかい髪をもち、ヨーロッパや中央アジアのテュルク系民族と外見もよく似ている。伝統的に、ショル族は氏族を主体とし、各氏族は"パシュティク（首長）"が率いている。首長は氏族の大きな集会で選出される。集会では、すべての重要な決定が下され、紛争が解決され、罪人が裁かれた。狩猟地は

氏族間で分割された。かつてショル族の鍛冶技術は高く評価され、その武器や道具を購入する強力なグループによってショル族は保護されていた。ロシアの統治下では、ショル族は金属加工をおこなうことを禁じられていた。彼らのつくった武器を大きな部族がロシア人に対して使うことを恐れたためだ。ショル語は、アルタイ語族の北方のテュルク系の言語である。ただし、ショル族の多くが教育と行政の言語であるロシア語を第一言語として用いているため、ショル語はますます使われなくなっている。近年の国勢調査では、ショル族の民族籍を主張する人の数は減少している。ショル族の多くはなおもショル文化の一部をなしているが、ロシア語を母語とみなし、民族的にはロシア民族に分類されている。ショル族の言語を復活させる取り組みが1990年代後半から始まっている。ショル語協会が設立され、国立クズバス教育大学にショル語の教授職が新設された。ショル族の大多数は正式にはロシア正教徒だが、伝統的な儀式の多くを守り続けており、シャーマンはその英知とショル族の歴史や慣習に関する知識でひじょうに尊敬を集めている。

　ショル族の民族統一のプロセスは、19世紀初頭に始まった。ヨーロッパ人が伝統的なショル族の領域に入植したことで、部族間の争いや格差がなくなったためである。1882年に、シベリアのロシア人以外の住民に適用される規則を定めた法規が制定される。この法規では行政区分、税金、貢物、さらには部族の法的地位も規定された。忌々しい毛皮税のかたちでロシアの当局者に負わされる減らない借金、スラヴ系入植者の増加、横暴なスラヴ系の官僚、強制的なキリスト教化とロシア化のすべてが、ショル族の自信と独立心をひどく蝕んだ。ロシア革命とそれに続く内戦は、1920年にボリシェヴィキがこの地域を支配するまで、ショル族にとってほぼ影響はなかった。1926年、ソ連はショル自治地区を設置する。この時期、ショル族の伝統文化が奨励され、ショル族の知識階層が発展し、ショル語のさまざまな本やテキストが出版された。1930年代にクズネツク盆地で石炭、鉄、金の巨大な鉱床が発見されると、1930年代後半までに数万人のスラヴ族がこの地域に定着し、石炭鉱山や鉄鉱山、新設の鉄鋼生産工場で働いていた。ショル族は地域の発展に圧倒され、多くの人が生き残るために新しい産業に仕事を求めた。1939年、ショル自治地区は解体され、圧倒的多数を占めるスラヴ族の住民のなかでショル族はごく少数派となった。これ以降、ショル族の伝統文化は急速に衰えていく。同化、すなわ

ち言語と伝統の喪失が民族としての存続を脅かすようになった。スターリン独裁政権下の数十年間、彼らの故郷には矯正労働収容所のグーラグが点在し、ショル族の道徳観念や倫理観にはかりしれない影響をおよぼした。1980年代後半にソビエト体制が緩和され、ショル族の文化と民族の復興が始まるまで、ショル族は衰退の一途をたどっていた。1990年代にショル語協会が創設され、ショリア山中全域に支部がつくられた。彼らの伝統文化と密接に結びついた古来のシャーマニズム信仰も、文化復興とともに文化・宗教的遺産として復活した。

森の守り人

ショル族のなかで、世界的にもっとも知られている人物がシベリアのケメロヴォ州にあるタイガ研究保護局局長アレクサンドル・アルバチャコフである。彼は、ショル族の緑の故郷である杉の山林の保護に15年以上取り組んでいる。脆弱な生物多様性を損ねることなく森林を活用する方法をほかのシベリア系民族に伝えるために、アルバチャコフはショル族の伝統的な知識を記録している。2006年、彼は王立地理学会からイギリスでもっとも権威ある環境賞とされる、名誉あるホイットリー賞を受賞した。

もっと知りたい人のために

Forsyth, James. A History of the Peoples of Siberia: Russia's North Asian Colony 1581-1990. Cambridge: Cambridge University Press, 1994.

ジェームス・フォーシス『シベリア先住民の歴史 ロシアの北方アジア植民地 1581-1900』(森本和男訳、彩流社、1998年)

Mayer, Fred. The Forgotten Peoples of Siberia. New York: Scalo, 1993.

Olson, James S. An Ethnohistorical Dictionary of the Russian and Soviet Empires. Westport, CT: Greenwood, 1994.

Vahtre, Lauri, and Jüri Viikberg. The Red Book of the Peoples of the Russian Empire. "The Shors." Accessed July 31, 2013. http:// www.eki.ee/books/redbook/shors.shtml

ジンポー（景頗）族
Jingpo

ジンポー（景頗）族（ツァイワ、Jinghpaw、Jingpho、Singpho、Tsalva、Lechi、Thienbaw、Singfo、Marips、Dashanhua、Chingpaw とも）は、中国南部の雲南省に集住するかなり大きな民族集団で、中華人民共和国が認定する56の民族集団のひとつである。ミャンマー北部では、カチンと称される。中国には推定13万5000人のジンポー族が居住し、チベット・ビルマ語族に属するカチン語の2つの異なる方言を話す。隣接するミャンマーにはそれよりも多くのジンポー／カチン族が居住し、現在はそのほとんどがキリスト教徒である。中国のジンポー族は精霊信仰が主体だが、なかには仏教や道教を信奉している人もいる。

ジンポー族の祖先はチベット高原東部に起源をもつ。8世紀頃、彼らは南と東に移動し、現在の雲南省とミャンマー北部のジャングル地帯に入った。そうした移住者のほとんどが独自の方言や文化的伝統、職業によって分化した部族グループに落ち着いた。多数の部族が中央権力のもとでひとつにまとまったことはなく、中国の皇帝やビルマの王権に帰属したこともなかった。部族間での争いは多かったが、外部の脅威に直面したときは協力しあった。13世紀、タイ系諸族のひとつ、シャン族の侵入により、中国領のジンポー族と南西部のカチン族の密接なつながりの多くが失われた。13世紀後半には、侵略してきたモンゴルの大軍を撃退するためにジンポー族の諸部族が団結した。ジンポー族は移動農業をおこない、おもに山地で稲作を営み、山賊行為や抗争、反目による戦いが日常を補った。その居住地域の大半は、父方の直系親族の支援を受けた小族長がおさめていた。中国は雲南省の部族グループを平定しつつ、1766年にカチン山地として知られる地域を占領するために遠征隊を派遣した。が、帝国政府が失望したことに、1770年にカチン族の猛烈な反撃を受けて、中国軍は命からがら撤退したのである。

結局、中国が支配できたのは東部の小さな地域だけだったが、現在にいたるまでミャンマー北東部の領有権を主張し続けている。時とともに、中国のジンポー族は茶山と里麻という2つの大きな部族連合に統合されていった。彼らは「山官」と呼ばれる世襲貴族に率いられており、自由民と奴隷がジンポー族の人口の大部分を占めていた。

カチン族には、言語と文化のつながりをもつ多くの異なる部族グループが含まれる。カチンとは、多数の別個の部族グ

ループで構成される文化全体をさしているが、正確には最大の部族であるジンポーが唯一のカチンとみなされている。歴史を通してインドや中国の文化の影響を受けなかったジンポー族は、近隣民族のようなカーストや階級の区別を生み出すことなく、今日まで伝統的な部族組織を維持している。カチン語は、チベット・ビルマ語族のボド・ナガ・カチン語群に属する関連する諸方言のグループである。中国のジンポー族は、ジンポー語にくわえてツァイワ語、マル語、ラシ語、ヌン（ラワン）語、リス語の少なくとも5つの主要な方言を話す。ラテン文字による表音文字が考案され、1957年に正式に導入されている。ジンポー語方言は、中国と隣接するミャンマーの広い地域で共通語として用いられている。中国のジンポー族の大部分が伝統的な信仰を保っているが、ミャンマーではキリスト教の影響をひじょうに強く受けている。

　ジンポー族は、精霊信仰的な祖先崇拝の一形態を信奉しており、多くの場合、その慣習や儀式には動物が捧げられ、現在もジンポー族の主要な宗教行事として受け継がれている。ジンポー族の祖先であるマダイへの尊崇とともに、精霊と魔術への信仰も今も広く受け入れられている。ジンポー族は、すべての生き物には魂があると信じており、作物の植え付けから戦争にいたるまで、あらゆる活動において悪霊から身を守るための儀式をおこなう。その文化の一環として、ジンポー族の男性は今日もターバン――少年は白色、成人すると黒色――を着用している。

　ビルマと中国との戦いにおける潜在的な協力者とみなされていたイギリスは1886年、カチン地方の大部分の支配権を握る。イギリスと中国の領土の境界は両国政府によって公式に定められていたにもかかわらず、部族民たちは目に見えない境界線などおかまいなしに侵入を続けた。清朝は、この地域を管理するために置かれた郡県制の管轄区域に雲南のジンポー族居住地域をくわえた。独立心がきわめて強いジンポー族と、政府の役人および徴税人のあいだで衝突が頻発した。漢族と近隣の傣族の影響を受けて、ジンポー族は鋤などの鉄製の道具を使用するようになり、その後、水田で米をつくる高度な農法を学んだ。その過程にともない、ジンポー族の貴族に長官職を与える封建制へ移行していった。地域の経済発展により、19世紀半ばまでには数百年にわたって続いていた従来の奴隷制は終わりを迎えていた。農村部ではジンポー族の村落はそれぞれの首長によって統治され、首長は「山官」の地方行政事務を補佐していた。この地域では私有地も定着していたが、あまり肥沃ではない

土地は変わらず村の所有物で、村民なら誰でも使用できた。水田は個人が所有するか、何世代にもわたって同じ家族が耕し続けていた。貴族や首長たちは、その地位を利用して——たいていは力ずくで——徐々に水田の大部分を手に入れた。1949年から1950年にかけて中国で共産革命が起きた頃には、人口の約1パーセントを占める貴族と、約2パーセントを占める首長と裕福な農民が、ジンポー族の土地の20〜30パーセントを支配していた。1950年代初めに共産党幹部がこの地域に入ってきた。1953年にジンポー族の自治区が設立され、彼らは中国の少数民族のひとつに認定された。飛躍的な教育の向上と経済の拡大が見られるなか、1960年代後半から1970年代にかけて文化大革命がおこなわれた。紅衛兵部隊が地域にやってきて、歴史的な廟や建物を破壊し、ジンポー族の文化の痕跡を消していった。1980年代に入り、中国の抑圧体制が終わると、経済が開放され、ジンポー族は輸出用の茶や米などの換金作物をつくって生活できるようになった。彼らの居住地域は、全天候型高速道路で省のほかの地域と結ばれて、ジンポー族のさらなる経済的繁栄を促した。

もっと知りたい人のために

Leach, E. R. Political Systems of Highland Burma: A Study of Kachin Social Structure. Oxford: Oxford University Press, 2004.

エドモンド・R・リーチ『高地ビルマの政治体系』(関本照夫訳、弘文堂、1995年)

Mulhaney, Thomas. Coming to Terms with the Nation: Ethnic Classification in Modern China. Berkeley: University of California Press, 2011.

Wang, Zhusheng. The Jingpo: Kachin of the Yunnan Plateau. Tempe: Arizona State University Press, 1997.

Xioming, Xiao. China's Ethnic Minorities. Beijing: Foreign Languages Press, 2003.

スイ(水)族
Shui

スイ(水)族(Sui、Shuijia、Sui Li、Suipo)はタイ系民族で、中華人民共和国が公認する民族のひとつである。およそ43万人とされるスイ族が雲貴(雲南・貴州)高原の南、都柳江と竜江の上流域を中心に居住している。ベトナムにもスイ族の小さなコミュニティがある。スイ族の言語はタイ・カダイ語群のカム・スイ語派に属している。スイ族のほとんどは多神教者で、祖先を深く崇敬し、多数の神々を崇拝している。

中国の古い典籍によると、スイ族の歴史は早くは紀元前200年にさかのぼる。紀元前206年から後8年まで中国を統治した前漢より前の時代に、中国南東部の沿岸地域に住んでいた古代の駱越の子孫ではないかと考えられている。中国の記録によれば、清朝の初代皇帝がこの地域に大軍を送り込んだため、スイ族は川の上流に向かい、貴州と広西のあいだの地域に移り住むことを余儀なくされた。駱越から分かれた難民は、別の民族グループとして発展した。

　960年〜1279年の宋王朝の統治下で、スイ族は村に定住し、しだいに米作をとり入れるようになる。13世紀に入る頃には、すでに封建制の初期段階にあった。蒙という姓の貴族の一族が竜江上流域を統治し、その権力下で封建制を確立した。とはいえ、初期の共同集落の名残もまだ見られた。1271〜1368年まで中国を統治したモンゴル元王朝の支配者たちは、地域の反抗的な少数民族を鎮めるために、行省を設置し、朝廷が任命した役人を配置した。14世紀後半、スイ族のコミュニティは著しい経済成長を遂げる。改良された農具の導入により、農民は平地や山の斜面に新たに水田や棚田をつくることができるようになった。より進歩した農法がとり入れられ、役畜の使用が始まったことで、米の収穫量は大幅に増加した。1368年に成立した明王朝は、スイ族に世襲の官職を与える従来の制度を踏襲した。この行政システムでは、スイ族は朝廷が任命したスイ族の長と朝廷の両方に税金をおさめ、無償で双方のために働かなければならなかった。"スイ"という名称は「水」を意味し、水辺に住む人びとをさす。この呼称は17世紀の初めに使われるようになった。1640年から18世紀末まで、スイ族の経済は発展を続けた。米などの作物の収穫高が増え、農業生産が向上した。豊かになったことで、スイ族の多くが農業をやめて職人や手職人になることも可能になった。

　スイ族の文化は、通常は同じ姓をもつ数百世帯からなる村落に住む一族を中心に構成されている。スイ族の居住地域は、たくさんの漁場と水田のある豊穣の地として知られている。小麦、アブラナ、カラムシのほか、多種多様な柑橘類を含む果物も栽培されている。地域の森林には豊富な木材や薬草が見つかる。スイ族は口承文学と芸術の大きな宝庫だ。歴史を通して、彼らは詩に優れていただけでなく、多くの伝説やおとぎ話、寓話も生み出してきた。スイ族のコミュニティでは一夫一婦制が原則とされるが、求愛と結婚にまつわる厳しい規定は廃止されている。結婚は複雑で費用がかかるものになり得るが、スイ族の葬儀はさらにその上

をいく。死者へのいけにえとして家畜が捧げられ、続いて歌と踊り、民族歌劇の公演がおこなわれ、それが死者を埋葬するのにふさわしい吉日まで続く。スイ族の大多数は、多神教の伝統的な宗教体系を守り続けている。一部の地域では、祈りを捧げたり、いけにえの動物に捧げるために今もシャーマンを呼ぶ。誰かが病気になったり、死亡したときもシャーマンが呼び出される。古来の文化をもつスイ族には独自の暦と表記法があるが、現在では多くの人が標準中国語を第一言語として使用している。スイ族の言語は、中国南部全域で話されているタイ・カダイ語群のカム・スイ語派に分類される。3つの方言からなるが、相違はごくわずかだ。スイ語の文字は、今日では儀式の目的でのみ使用され、現代の文書では漢字が用いられる。水書と呼ばれるスイ族固有の文字は消滅の危機に瀕しているが、近年、スイ族の文化遺産の一部として保護する取り組みが進められている。「水」を意味する"スイ"という呼称が、1956年に民族の名称として正式に採用された。これは、彼らが河川のそばに住むことを好み、その習慣や崇拝、民間伝承のすべてが水を中心に展開していることをしめしている。魚はスイ族の主食であり、スイ族の祖先と民族の繁栄を象徴している。

19世紀初め、スイ族の経済基盤は発展を続け、米の生産量は記録的なレベルに達した。地主制度と村落共同体がなおもスイ族社会の土台にあった。スイ族のコミュニティの文化・社会生活と経済活動の中心として、氏族関係が変わらず重視されていた。1911年の辛亥革命で清王朝が倒されると、資本主義経済が導入された。地域内に鉄鉱山と選鉱工場が開かれ、スイ族の多くの若者に仕事を与えた。米の生産は拡大し、多数のスイ族が地主や裕福な農民の仲間入りをした。第二次世界大戦の勃発は、地域産業に新たな好況をもたらすいっぽうで、スイ族の多くの若者が中国軍に徴兵されることとなった。戦争が終わると、政府と勢力を増す共産主義者との長きにわたる対立が再開された。1945～1949年にかけての中国の国共内戦は、スイ族の居住地域に暴力と戦闘をもたらした。共産主義者の勝利により、スイ族の土地、工場、水田は没収され、集団化されて、スイ族は国家の従業員として働かされることになった。中国の文化大革命(1967～1977年)の動乱期には、紅衛兵部隊が猛威を振るい、スイ族の史跡や墓地、寺院を破壊した。この混乱も1980年代に入ると諸改革にとってかわり、スイ族は私有財産を取り戻すことができた。20世紀後半から21世紀初頭にかけて、地域の近代化

にともない、スイ族は生産品を工業製品やサービスと交換できるようになった。

もっと知りたい人のために
Ethnic Groups. "The Shui Minority." Accessed July 31, 2013. http://www.china.org.cn/ e-groups/shaoshu/shao-2-shui.htm

Harrell, Stevan. Cultural Encounters on China's Ethnic Frontiers. Seattle: University of Washington Press, 2000.

Mullaney, Thomas, and Benedict Anderson. Coming to Terms with the Nation: Ethnic Classification in Modern China. Berkeley: University of California Press, 2011.

Olson, James S. An Ethnohistorical Dictionary of China. Westport, CT: Greenwood, 1998.

セリクプ族
Selkup

　セリクプ族（オスチャーク・サモエード、Solkup、Sholkupとも）は、タズ川地域とオビ川とエニセイ川の中流域に集住するシベリアの民族集団。サモエード語派南グループで唯一現存する言語を話す民族である。約3000～5000人のセリクプ族はウラル語群に属するサモエード語を話すが、現在では人口の半数以上がロシア語を第一言語として使用している。セリクプ族の大多数は、シャーマニズムや精霊信仰などの伝統的な信仰体系を守っているが、少数はロシア正教を信奉している。

　言語学的証拠から、おそらくウラル山脈の西の地域にサモエード系に共通する祖先がいたことがわかっている。紀元前最初の千年紀に、サモエード諸族は東、北東、南東へ移動を始めた。彼らはヨーロッパロシアとシベリアを隔てるウラル山脈からシベリア中南のエニセイ川流域にいたる広大な地域に居住していた。セリクプ族は、オビ川流域の先住民族と、この地域に初期に移住してきたサモエード系民族の混血の子孫だと考えられている。セリクプ部族はオビ川の中流域にかなり孤立した状態で暮らしていた。距離が遠く、地形も険しいため、近隣部族との接触は困難だった。13世紀、セリクプ族を含む南部のサモエード系民族は、タタール国家のカザン・ハン国とシビル・ハン国の支配下に置かれた。ほとんどの場合、自治が認められたが、通常は貴重な毛皮のかたちで貢物と税金を支払うことを強制された。16世紀後半、ロシア人が西シベリアの一部を占領するようになる。1628年、クラスノヤルスクに強力なロシアの要塞が建設され、この地域におけるタタールの支配に終止符が打た

れ、セリクプ族と近隣のシベリア系民族はロシアの支配への服従を強いられた。ひどい扱いとロシアの重税に耐えかねたセリクプ族は、17 世紀にオビ川流域の故郷を捨ててタズ川、トゥルハン川、エログイ川流域に逃げ込む。離散したにもかかわらず、セリクプ族は忌々しいロシアの徴税人たちから自由になることはできなかった。ほかのサモエード系民族やウゴル系民族とともに、彼らはロシア人に対して蜂起したが、近代ロシアの銃器に敗北した。彼らは戦略的撤退という戦術をとり、ロシア人が侵入してきた地域から速やかに離れたが、ロシア人もすぐに追ってきた。多くの場合、奴隷として生きるよりも命を断つことが選ばれた。洞穴を掘って、人がいっぱいになったらつっかえ棒を切り落とし、生き埋めにするという方法がよくとられた。18 世紀、生き残ったセリクプ族はキリスト教化とロシア化の対象とされた。セリクプ族にロシア語の名前が与えられ、集団洗礼がおこなわれた。だがロシア人が村を去るとすぐにセリクプ族は古来の宗教的信仰と慣習を再開した。

　セリクプ族は、南サモエード系で唯一存続する民族である。近縁のカマシン族は 20 世紀初頭に消滅し、そのほとんどが地元のロシア語を話す農民に吸収された。都市化が進んだことにくわえ、セリクプ族の部族同士の距離が開いていることもあり、セリクプ族の文化は危機に瀕している。彼らはシベリアの広い地域に居住し、クラスノヤルスク地方とトムスク州北部、さらに北のヤマロ・ネネツ自治管区とネネツ自治管区にコミュニティが存在する。セリクプ族は北サモエード系民族よりも色白で、外見にモンゴロイドの特徴が少ないことが多く、ひげを生やしている点もサモエード民族のなかでは珍しい。セリクプ族は地理的、方言的にタズ川、トゥルハン川、エログイ川、エニセイ川流域に住むタズと、ティム川、ナリム川、ヴァフ川、ヴァシュガン川沿いに住むティム、そしてケート川とオビ川流域に住むケート（または南部グループ）に分類される。地理的なグループは、セリクプ族の話者が話す主要方言の分布とも重なっている。セリクプ語は、サモエード諸語のカマス語とセリクプ語の語群に分類される。この言語群を代表する唯一現存する言語であり、深刻な消滅の危機にさらされている。2013 年には、セリクプ語を話したり、理解できる人はセリクプ族のわずか 45 パーセントほどになっていた。1930 年代以降、ロシア語の影響がますます大きくなり、セリクプ語に多くのロシア語が追加され、セリクプ語の単語は相当するロシア語に急速に置き換えられている。セリクプ族のほ

とんどは、伝統的なシャーマニズム信仰を守り続けている。自然界のありとあらゆるものに宿る精霊への信仰は今も盛んで、悪霊によって引き起こされる問題を回避するために祈りやいけにえが捧げられている。セルクプ族の少数、おそらく、多くて人口の 6 パーセントの人びとがロシア正教会の信仰を受け入れている。

19 世紀初頭、セリクプ族の大半が変わらず狩人、トナカイ飼育民、漁師として暮らし、夏は円錐形のテントに住み、冬になると丸太小屋に移り住んだ。クロテン、クズリ、リスなどの毛皮をもつ動物は獲物として好まれ、その毛皮はシベリア諸民族に課せられたロシアの毛皮税を支払うために必要だった。19 世紀半ば、セリクプ族の居住地域にロシア人入植者がやってきて、川沿いに定住した。免疫のなかったヨーロッパの病気により、セリクプ族を含む地域の先住民族は大打撃を受けた。ロシア人はセリクプ族をしばしば差別し、虐待したため、セリクプ族はロシア人入植地から遠く離れた地域に逃れた。さらにロシア人は、セリクプ族が役畜として使っていたトナカイを狩り始めたため、多くの地域でトナカイの繁殖がひじょうに難しくなった。ロシア人はヨーロッパのさまざまな道具をもちこみ、多くの改善をもたらしたが、その一方で最良の土地と毛皮を確保するためにアルコールや武力を使い、詐欺もおこなった。1920 年にソビエトがロシアを掌握すると、ソ連の計画経済と集団化が進められた。遊牧生活を諦めざるを得なくなったセリクプ族は、定住地に住み、ソビエト国家の労働者として働くことを強いられた。シャーマニズムは不法とされ、戦闘的無神論が導入され、セリクプ族の文化はさらに蝕まれていった。セリクプ族の子供たちは集められて、ソ連の寄宿学校に送られ、セリクプ族の伝統的な環境や生業からますます引き離された。セリクプ族の生活と文化はどこか遠くからやってきたよそ者に支配され、セリクプ族が独自の民族集団として発展する余地はほとんどなかった。1950 年代、民族集団としてのセリクプ族の存続がふたたび脅かされる。ソ連の定住集落に住むセリクプ族の多くは、衣類や家具、工具、家庭用電化製品などの消費財への依存を含め、ロシアの生活様式をとり入れた。ロシア語とロシアの大衆文化の両方が急速に吸収されつつあった。差別がなければ同化はもっと早く進んだかもしれないが、セリクプ族はしばしばロシア系民族からの差別に耐えなければならなかった。1991 年のソ連崩壊後、活動家たちはセリクプ族の文化と言語の復興に取り組みはじめた。21 世紀になっても、差別、高い失業率、アルコール依存症は

この少数民族にとって深刻な問題のままである。

もっと知りたい人のために

Arctic Photo. "The Selkups." Accessed July 31, 2013. http://www.arcticphoto.com/selkups .asp

Atherstone, Pamela. Like Footprints in the Wind: A Generation Lost. Denver: Outskirts Press, 2012.

Forsyth, James. A History of the Peoples of Siberia: Russia's North Asian Colony 1581-1990. Cambridge: Cambridge University Press, 1994.

ジェームス・フォーシス『シベリア先住民の歴史　ロシアの北方アジア植民地1581-1900』(森本和男訳、彩流社、1998年)

Olson, James S. An Ethnohistorical Dictionary of the Russian and Soviet Empires. Westport, CT: Greenwood, 1994.

Vahtre, Lauri, and Jüri Viikberg. The Red Book of the Peoples of the Russian Empire. "The Selkups." Accessed July 31, 2013. http://www.eki.ee/books/redbook/selkups .shtml

た行

傣族
Dai

　ダイ、バイイ、中国シャン／チャイニーズ・シャン、タイ・ルー、Boyi、Pudai、Tai、Tai Mao とも呼ばれる傣族(タイ)は、中国の雲南省(うんなん)南西部とミャンマー、タイ、ベトナム、ラオスの近隣地域に居住するタイ系民族である。「傣」は中国での正式名称であり、国外ではシャンなどとも呼ばれる。およそ150万〜200万人の傣族の約3分の2が中国に居住し、残りの3分の1は東南アジアの北部地域に分布する。タイ諸語のチワン・トン語群のタイ語支の諸方言を話し、第二言語として標準中国語やほかの地域の言語を話すことも多い。傣族の大多数は上座部(じょうざぶ)仏教の教えを信奉しており、より辺境地に住むグループの一部は伝統的な精霊信仰を受け継いでいる。

　紀元前1世紀の中国の典籍では、傣族は「撣」または「滇越」と記されている。この規模の大きな民族は、3000年以上前に長江(ちょうこう)の南(現在の中国中部)に興ったと思われる。何世紀にもわたる漢族の拡大により、傣族の祖先は徐々に南へ移動したり、追いやられたりした。最終的に、現在傣族とされる民族集団の大部分が中国南部のメコン川とその支流の肥沃な流域に定住し、そのほかは川を南西と南東にたどってミャンマー、タイ、ラオス、ベトナムにいたった。仏教が普及し、重要性を増すのにともない、1000年までには傣語は地域最大の言語になっていた。傣語の文字は、葉に書かれた経典という形で伝えられている。10世紀、傣族は西部に強力な地方王国のモンマオを築き、11世紀に果占璧(コーチャンピ)王国に継承された。10〜11世紀にかけて、第2の傣族の王国が南部のシプソーンパンナー(西双版納)に勃興する。現在、中国雲南省の一部となっている徳宏(ドゥーホン)・西双版納で、傣族は支配的な民族集団だった。1300年頃、モンゴル人がモンマオに侵攻し、傣族の南方への移住が加速する。13世紀には、ヴェネツィアの探検家マルコ・ポーロがその地を訪れている。14世紀、南西部に拡張する漢族が雲南に到達し、北部の傣族はほどなく明(みん)の支配下に入った。1271年から1368年にかけて、傣族の居住地域のほとんどは現在の中国雲南省に服属していた。地域の反抗的な民族グループを抑圧するために、何十万という明朝の漢族兵が軍事入植者としてこの地域に留まった。傣族の数の多さと力の強さを認識した中国人は"土司(どし)"制度を設け、地域内のほかの民族に対して権

限をもつ官職に傣族を任命した。傣族の土司は、中国王朝の命令に従い、貢物や税、強制労働の割り当てを満たしている限り、所領内で絶対的な権力を享受できた。傣族がすべての土地を所有していたため、傣族の土司や土官は大地主や地主でもあった。権力が組み合わさり、傣族が統治する所領に封建制が構築された。13〜18世紀にかけて、タイ北部を中心とする傣族のラーンナー（または八百媳婦国〈はっぴゃくそくふこく〉）王朝がトーアン族、プーラン族、ハニ族、ラフ族、アチャン族、チンポー族などの近隣民族を支配下に置いていた。中国では、14〜19世紀のあいだに土司制度は徐々に衰退し、緩やかに漢族による行政制度に移行していった。数世紀にわたって、傣族の関心はおもに傣族と彼らが支配する少数民族、そして傣族の貴族と漢族のあいだの権力闘争に向けられていた。この地域の漢族の数は、傣族と漢族が初めて接触した1世紀から数世紀のあいだで数倍に膨れ上がっていた。漢族の兵士と移民者はまず8世紀、唐王朝とペー族の南詔〈なんしょう〉王国の戦いのあいだにこの地域にやってきた。そして13世紀、モンゴルの大軍が南詔を継承した大理王国を制圧したときと、さらには元朝とビルマ、南の八百媳婦国との戦いのあいだにも移ってきた。漢族の流入は続いたが、もっとも規模が大きかったのは14世紀初頭にモンゴル人と戦うために明の皇帝がこの地域に30万人以上の軍隊を派遣したときだった。18世紀の終わりにはすでに、封建制による傣族の支配力はかなり弱まっており、王朝の中央政府の制度へと移行しつつあった。傣族の権力が衰えるのにともない、漢族が官職のほとんどを占めるようになった。数世紀におよんだ傣族の支配は、雲南の歴史の主要なテーマであると同時に、この地域の民族間の関係という遺産を残した。

傣民族は、南のタイ系やラオス系の人びとと密接な関係があり、タイ系民族のなかでもっとも重要な民族のひとつを形成している。中華人民共和国で独自の民族集団として公式に認定されているが、そこに含まれるタイ族は、実際にはいくつかの異なる文化・言語グループからなる。傣族は3つの主要な地域グループに大別され、さらに地理や方言に基づいて数十の下位集団に分かれている。下位の分類も含めたすべてのグループが傣族を自認しているが、中国での傣という正式名称は、中国のタイ族とそのほかのタイ族を区別するためのものである。昔から傣族の文化は世襲に基づく貴族と平民層の2つの階級に分かれていた。各階級内でもいくつかの階層があり、個人が生まれた階級から抜け出すことはほぼ不可能

だった。貴族だけが土地を所有したり、官職に就くことを許された。平民はすべて農奴とみなされ、社会的地位に応じてさまざまな仕事に従事していた。1949年の国共内戦で共産党が勝利すると、そうした従来の階級差は廃止され、傣族の貴族のほとんどが排除された。傣語は、傣文化の歴史的な中心地に対応する2つの主要な方言、シプソーンパンナー・タイ（またはタイ・ルー）と、徳宏タイ（またはタイ・ヌー）に分けられる。タイ・カダイ語群の北西タイ語派に属するタイ諸方言は、インド北東部のアッサムから台湾、中国東部にいたる地域で話されている。東南アジアの傣族やタイ系民族のほとんどは、同じ語族の南西タイ語派に属する諸方言を話す。傣族の文学には長い歴史があり、豊かな民話や詩がある。公用語の標準中国語が国語として普及したことにより、傣族の若者を教育する場が村の寺院や学校から、標準中国語を教育の第一言語とする公立教育へと移ったため、傣語の読み書き能力が失われつつある。傣族にとって、詩は語ることと歌うことを意味する。ほとんどの傣族は仏教徒で、上座部仏教を信奉しているが、仏教以前の精霊信仰やそのほかの古代の儀式が仏教の伝統の一部となっている。死に対する傣族の信仰は、仏教と伝統的なスピリチュアリズムが融合したものとなっている。精霊への捧げ物は、傣族の医療行為の一環として伝統的な治療で用いられている。

南へと勢力を拡張し続けた歴代王朝の間接統治のもとで、漢族は傣族の支配を拒み、新たな税を課して、傣族がおさめる土地の権利を主張するよう少数民族に働きかけた。1800年、傣族は地域における従来の統治権が失われることを恐れ、清の支配に対して本格的な反乱を開始した。清朝に仕える中国の将校たちは、雲南省の支配を維持するために多数の少数民族グループに協力を求めた。南に逃れる傣族難民の小規模な流出の波が相次ぎ、20世紀に入るまで途切れることはなかった。19世紀後半、土地を所有している傣族の土司の多くが漢族移民者に土地を売却し、漢族は傣族の農民を借地人や小作人として働かせた。中国の政治制度が徐々に雲南にまで拡張されるのにともない、傣族の封建制度はたえず問題にさらされるようになる。20世紀初頭には、漢族移民者は高度な農法を用いて傣族よりも大規模で多様な作物を生産しており、この地域で高まる緊張に経済的要因もつけくわえたのである。1911年の辛亥革命は地域に急激な変化をもたらし、傣族の権威はさらに失われていく。雲南省とビルマ、そして南のインドを結ぶビルマ公路の建設により、雲南省の農

産物に大きな市場が開かれ、漢族はますます優位になっていく。第二次世界大戦により、中国の覇権をめぐって激化する共産党と国民党の戦いは一時的に中断されたが、1945年に再燃する。1949年の共産主義者の勝利に続いて、国家の敵として迫害されていた傣族の貴族が一掃され、傣族の平民を含む農民が賛美された。土地の集団化は、地域農業に新しい作物と農法をもたらした。共産党の少数民族政策と1956年の諸改革により、傣族の5つの言語が標準化され、傣族の歴史は共産主義のイデオロギーを反映するように書き換えられ、残っていた傣族の財産のほとんどが没収されることとなった。1967年から1977年まで続いた文化大革命は、この地域でとくに猛威を振るい、傣族の記念碑、寺院、宗教施設のほとんどが破壊された。1979年に中国で始まった経済・社会改革により、傣族はその長い歴史と古来の文化を取り戻し始めた。茶やサトウキビ、ゴム、トロピカルフルーツといった新しい換金作物がこの地域の繁栄に拍車をかけた。中国政府の資本主義経済改革により、かつての傣族の地主階級の多くが再教育収容所や強制労働収容所から解放された。1950年代から1980年代にかけて、中国共産主義国家は国営の商店や協同組合を通じて傣族の居住地域に支配を及ぼした。その後、傣族が文化的・経済的復興を遂げてきたことは、観光地として彼らの居住地区の重要性が高まっていることからもうかがえる。かつては仏教が傣民族の宗教的生活と政治的生活の両方の中心をなしていたように、宗教は傣族の再文化化においてますます重要な役割を担っている。傣族の文学、なかでもその詩がふたたび許可され、傣族の多くの儀式や祝祭で人気の要素となっている。またタイやラオスに住む小規模な傣民族とのつながりが、寺院の復興と再建の助けとなってきた。タイの仏教寺院の僧侶らは経典や聖像を提供している。傣族の詩の重要な要素である古代傣族の叙事詩は、共産主義政権によって長らく禁じられていたが、おおぜいの聴衆の前でふたたび上演されるようになった。2000年から、傣族のコミュニティの指導者たちは地元の社会組織と連携して寺院の教育プログラムを復活させることで、伝統的なタイ文字の生きた知識を保存する取り組みを進めている。昔から、そして今日も漢族の居住地域であるため、傣族とそのほかの非漢族は現在、省人口のわずか38パーセントを占めるにすぎない。

もっと知りたい人のために

Heberer, Thomas. China and Its National Minorities: Autonomy or Assimilation?

Amonk, NY: M. E. Sharpe, 1990.
West, Barbara A. Encyclopedia of the Peoples of Asia and Oceania. New York: Facts on File, 2008.
Xioming, Xiao. China's Ethnic Minorities. Beijing: Foreign Languages Press, 2003.

ダウール(達斡爾)族

Daur

　ダゴール、ダグール、ダウル、ダグル、ダフール、Tahanerh、Takuanerb、Tahuerhとも呼ばれるダウール（達斡爾）族は、中華人民共和国で公認されている少数民族のひとつである。約13万5000人のダウール族が、内モンゴル自治区フリンボイル市のモリンダワー（莫力達瓦）・ダウール族自治旗と黒竜江省の隣接する地区に集住している。新疆ウイグル自治区のタルバガタイ地区（塔城地区）にもダウール族のコミュニティがあり、その祖先は清朝時代に移動させられている。そのほかにカザフスタン南部にも小規模なグループが存在する。ダウール語は、中国の内モンゴル自治区とモンゴルで話されている現代モンゴル語方言と関連のあるモンゴル系言語に属する。ダウール族の主要な宗教信仰体系は、大乗仏教の一形態であるチベット仏教だが、かなりの数の人が古代のシャーマニズム信仰を守っている。

　ダウール族は、古代に中国北部の草原で強力な部族連合を形成していた契丹族の末裔だと考えられている。多くの学者の見解によれば、ダウール族の祖先は916年から1125年まで続いた遼朝の統治下で黒竜江下流域から中国西部に移住した契丹族のグループにたどることができる。契丹族の歴史は4世紀にさかのぼり、当時、彼らは現在のモンゴルと満州（中国東北部）の大部分を支配していた。5～8世紀にかけて、契丹族は西の草原の諸部族、テュルク系民族、そしてウイグル族の支配を受けた。ウイグル族が権力を失い、中国の唐王朝が滅んだことで、907年に契丹族が遼王朝を樹立する。遼朝は中国の平原地帯の北に強力な国家を形成し、そのグループはたえず南と西に移動して、かつて中国の唐王朝やウイグル族が領有していた土地を支配下に置いた。1125年に遼朝は満州族の祖先によって滅ぼされ、多くの契丹族はさらに西方に移動してカラ＝キタイを建国したが、その後、地元のテュルク系住民とイラン系住民に吸収された。のちにダウール族と呼ばれるようになる唯一の生き残りが中国北部の広大な草原地帯に住み、古代の文化と伝統の多くを守ることができた。17世紀までダウール族はアムール

川（黒竜江）流域に居住していたが、ロシアの入植が進んだことでこの地域における中国の支配権が脅かされた。1643年と1651年にダウール族はこの地域にやってきたロシアのコサック遠征軍を撃退している。1682年、ロシア政府はロシア正教の宣教師を派遣する。彼らはダウール族のために尽くし、ダウール族をキリスト教に改宗させようとした。警戒した満州清朝は、ダウール族がロシアの影響下に入るのを許すのではなく、彼らを移住させることにした。ダウール族は土地を強制的に追われ、満州北部と内モンゴルの北東部に広く点在する村々に再定住した。一部はさらに西の新疆北部に移動させられた。新しい土地に移ったダウール族は、多くが飢えと困窮に見舞われた。時が経つにつれ、ダウール族は馬と羊の群れを飼育するようになり、家畜は18世紀を通して人口を維持する一助となった。

　ダウール族の文化は、階層・階級構造を有するモンゴル文化である。同じ姓をもつダウール族の家族は、多くの場合、2、3のダウールの町を含む"ハラ（哈拉）"という集団に分類される。各ハラは、同じ町や村に住む、さまざまな"モホン"（氏族集団）に分かれていた。別の氏族と結婚する場合、夫は妻の氏族と一緒に暮らし続けるが、財産権はない。

通常、結婚は仲人を立てて進められ、母方のいとこ同士の結婚が好まれる。過去には、ダウール族の多くがまだ子供のうちに、あるいは生まれる前から婚約していた。漢族の社会制度の受け入れを求める中国政府からの圧力にもかかわらず、ダウール族のほとんどは"モホン"と呼ばれる伝統的な地域の父系社会のなかで役割を果たし続けている。ダウール族の男性はみな、生涯にわたって自分の姉妹の子供たちを気にかける。彼らを保護し、社会的または経済的に支援することまで期待される。ダウール族の多くは正式には仏教徒だが、大多数は土着の信仰、チベット仏教の要素、漢民族から取り入れた祖先崇拝が習合した信仰をもち続けている。ダウール族は世界全体を、動物、植物、月、太陽、星、そして地球のすべてに精霊が宿るものと捉えている。そのため、あらゆる動物、木、川、小川、牧草地、山、丘、谷、曜日、週、月、季節に精霊に準じた名前をつける。彼らは、万物が自然の結びつきとバランスを助ける霊的な特質を備えていると信じている。ダウール族は、仏教徒に改宗した者であっても、"テンゲル"と呼ばれる多数の天神を崇拝している。ダウール族のシャーマンは物質世界と精神世界の仲介者という役割を担い、特別な力を使って精霊に影響を与える。ダウール族の大

半は農民だが、製造業——なかでも化学肥料や電子工学に関連する仕事に就く人も増えている。ダウール族は"博依闊"と呼ばれるフィールドホッケーの発明者とよく言われる。この競技は、1000年以上前に書かれた歴史書でも言及されている。ダウール語はモンゴル系言語のひとつで、この民族集団の地理的分布に応じて4つの異なる方言で話されている。ダウール族の居住地域が分散しているため、ほかの民族集団との長きにわたる交流によって、ダウール族の多くが2つの言語を話すことができ、標準中国語、ウイグル語、モンゴル語、カザフ語を第二言語として用いている。ダウール・モンゴルの言語は満州族の影響を大きく受けている。これは、1644年から1912年まで続いた清朝時代、ダウール族が満州文字の表記体系を使用していた時代にさかのぼる。

19世紀、ダウール族は中国中部と万里の長城の向こう側の草原地帯との交易で大切な役割を担った。彼らは毛皮や皮、医薬品を金や日用品と交換し、さらには漁でとれた水産物や製材も売り物にしていた。ダウール族は、中国内陸部の諸省と北部草原地帯の民族とのあいだの交易において、重要な仲介者としての役割を果たしており、それは1911年まで続いた。だが辛亥革命によって、清朝が禁じていた万里の長城以北への漢族の移住が可能になった。1920年代、30年代に漢族の人口が激増したため、この地域の交易におけるダウール族の独占状態は急速に崩れた。第二次世界大戦の戦前戦中に、日本が満州、その後内モンゴルを占領したとき、ダウール族は侵略者との戦いを主導した。彼らは1931年に満州北部で初めて日本に対して武器をとった。1949年に国共内戦が終結し、共産主義者が勝利すると、ダウール族の居住地に急激な変化がもたらされた。新たな共同体や協同組合の一環としての定住村への強制移住と集団化によって、何世紀にもわたって多くのダウール族を支えてきた交易は終わりを迎えた。

1979年以降、中国でおこなわれた経済改革により、多数のダウール族が伐採や漁撈、または成長する都市部で店を出したりして、成功をおさめることができた。宗教規制が緩和されたことで、古来の文化的および宗教的伝統を回復しようとするダウール族の取り組みが後押しされている。

もっと知りたい人のために

Humphrey, Caroline. Shamans and Elders: Experience, Knowledge, and Power among the Daur Mongols. New York: Oxford University Press, 1996.

Legerton, Colin. Invisible China: A Journey through Ethnic Borderlands. Chicago: Chicago Review Press, 2009.

McGrath, Charles. "A Chinese Hinterland, Fertile with Field Hockey," New York Times , August 22, 2008.

Schwarz, Henry G. The Minorities of Northern China: A Survey. Bellingham, WA: Western Washington University Press, 1984.

タジク人
Tajik

　タジク人（Sart、Sarjkoli）はインド・ヨーロッパ語族で、イラン系民族やそのほかのペルシャ語を話す民族と近縁にある。タジク人は、アフガニスタンとタジキスタンを中心に、中央アジア南東部の山や高地に囲まれた内陸部に居住している。およそ2000万人〜2300万人のタジク人は、アフガニスタンに約820万人、タジキスタンに620万人、ウズベキスタンに150万人、イランに40万人、ロシアに20万人、アメリカに5万人と分布し、そのほかにキルギス、中国、カザフスタン、パキスタン、カナダ、ウクライナに小規模なコミュニティが存在する。タジク語は、イランのペルシャ語と密接に関連する中央アジアのペルシャ語の一種である。タジク人の大多数はイスラム教スンナ派ハナフィー派を信奉しており、タジキスタンのゴルノ・バダフシャン自治州、アフガニスタンのバダフシャン州、中国北西部の新疆ウイグル自治区のタシュクルガン・タジク自治県を中心に少数のシーア派タジク人のグループが見られる。

　タジク人は、早ければ紀元前2000年頃に中央アジアで栄えた初期のインド・ヨーロッパ語族の文明をつくった民族の末裔と考えられている。中央アジアの平原や草原につながる自然の回廊であるタジクの山々には、タジクの長い歴史を通して多数の征服者が押し寄せてきた。ペルシャ語を話す民族が住む地域はバクトリアとして知られ、紀元前6世紀にキュロス1世のペルシャ帝国の一部となった。紀元前4世紀、アレクサンドロス大王率いるギリシャ軍が、当時ソグディアナと呼ばれていたこの地域を征服する。ペルシャ語を話す大国バクトリアとソグディアナは、西方にあるペルシャ系民族の国家や帝国の多くと同盟を結んだ。1世紀頃、この地域はトハラと呼ばれる民族に征服され、その後強力なクシャーナ朝の中心地となった。5世紀までに、この地域のトハラ人は遊牧民族のフン族に駆逐されたが、おそらくこれ

が、その後中央アジアに押し寄せたテュルク系侵略者の最初の波だった。中央アジアへのテュルク系民族の入植は 10 世紀まで続く。流入が途絶えたのは 8 世紀半ばにアラブ系民族がこの地域を制圧したときだけだった。11 〜 12 世紀にかけて、テュルク系民族のセルジューク朝がこの地域を侵略し、13 世紀にはチンギス・ハーン率いるモンゴル・テュルク系民族の侵略軍がこの地域を広大なモンゴル帝国に組み入れた。15 世紀、チンギス・ハーンの後継者のひとりであるティムール（タメルランとも）が、中央アジアの領域へふたたびテュルク・モンゴル系民族による侵攻を開始した。15 世紀までに、現在のタジキスタンとアフガニスタン北部の大部分を含む中央アジアに住む民族の大多数がテュルク系の言語を話し、テュルク系の文化を有していた。東イラン諸語の言語を話すパミール族の祖先と、西イランの言語を話すタジク人の祖先だけが、ほとんどがテュルク系民族の中央アジアにインド・ヨーロッパ語族の 2 つの飛び地として残された。この生き残った小さな地域の中心から、おそらく早ければ 8 世紀にはタジク人が進化した。歴史的に、彼らは 3 つの異なる文化グループに分かれていた。オアシスと渓谷の平野部タジク人は、近隣のテュルク系ウズベク人の集団と文化的な関連はあったが、言語的なつながりはなかった。山岳部タジク人は定住民である低地人と多くの文化的特性を共有し、共通の宗教を信仰している。パミール・タジク人はシーア派イスラム教徒が多く、タジキスタン東部とアフガニスタン北部の高地文化をもつ。この歴史ある 3 つの部族グループは今日も存続している。8 世紀のアラブ系民族による征服の結果としてタジク人の領域にもたらされたイスラム教は、数々の古い宗教にとって代わり、タジク人社会の発展と独自性の形成に重要な役割を果たした。イスラムの影響下で、タジク人はさまざまな氏族や部族と和平を結び、連合してイラン系イスラム王朝のサーマーン朝を成立させたが、短命に終わった。アラブ系侵略者によるペルシャ帝国の打倒後、875 〜 999 年にかけてイラン東部と中央アジアで栄えたサーマーン朝は、現代のタジキスタンが出現するまで、唯一のタジク人国家だった。11 〜 15 世紀のあいだ、次々に押し寄せるテュルク系征服者により、タジク人はテュルクの海に浮かぶペルシャ語圏の島の住民となり、シルクロードとして知られる交易路を通じてペルシャや外の世界とつながっていた。渓谷や低地にあるタジクの都市は破壊され、その住民は連れ去られるか、虐殺されたが、タジク文化は高地の山間や要塞で存続し

た。1500年代初め、チンギス・ハーンの流れをくむモンゴル・テュルク系民族の侵略軍がアラル海の南の地域を征服した。ウズベク人と呼ばれるこの侵略者は東に転じてタジクの領域を制圧し、中国との境界沿いにタジク人の半独立国家を設立した。1760年代に勢力を盛り返したペルシャがタジキスタン北西部を征服したとき、ウズベク人がタジク人の領域の大半を保持していた。ペルシャ人はタジクの地でペルシャの文化と言語を強化したが、すぐにウズベクのコーカンド・ハン国の支配下に置かれた。18世紀末、中央アジアのタジク人は南のアフガニスタンと、ウズベク人が主導する中央アジアのコーカンド、ブハラ、ヒヴァのハン国に分かれていた。

タジク人は、暴力に彩られた長い歴史をもち、今日では遺伝的多様性を有する民族である。コーカソイドの下位区分である地中海人種に属するが、ヨーロッパ人からモンゴル人まで、多岐にわたる身体的特徴が見られ、そのなかにも多くの相違がある。文化的にも、タジク人社会はペルシャ、テュルク、モンゴル系、そしてのちのロシア系の征服者にいたるまで、多様な影響を受けている。国技であるレスリングの一種"グシュテンギリ"をはじめとする文化的要素には長く多彩な歴史があり、近年、タジキスタンとアフガニスタンの両方でひじょうに人気が高くなっている。そのほかに、「ヤギを引きずる」という意味の競技、"ブズカシ"も復活した。騎手たちは1頭のヤギの死骸を摑んで引きずりあい、所定の円のなかに置くのを競う。タジク文化は現在、タジキスタンからアフガニスタンの大部分を通ってイランにいたる三日月形の地域に形成され、地域全体で文化や言語に多くの類似点が見られる。この共有遺産に大きく貢献しているのが、11世紀にペルシャの詩人フェルドウスィーがつくった有名な『シャー・ナーメ（王の書）』である。この地域の初期の歴史を綴った年代記であり、善と悪の壮大な戦い、諸王の神権の発展、地域の初期の王たちの詳らかな歴史が語られている。歴史的にタジク人の領域は古代ペルシャ帝国の一部を形成していた。帝国は、火の崇拝に関連付けられることが多いゾロアスター教を国教に定めた。8世紀にアラブ系民族が中央アジアを征服すると、イスラム教が主要な宗教となる。タジク人はきわめて家族志向が強く、拡大家族はかなり規模が大きくなるが、通常、家族は広範囲に広がっているため、資源を蓄える機会も多くなる。拡大家族は氏族グループに属し、タジキスタンには少なくとも4〜5の主要なグループがあり、アフガニスタンにはさらに多くの氏族グ

ループが存在する。タジク語はペルシャ東部地域の方言で、アフガニスタンでは、ダリー語と呼ばれることも多いが、キリル文字を使用するタジキスタンではタジク語と呼ばれる。アフガニスタンでは、タジク語は今でもペルソ・アラビア文字で書かれている。19世紀以降、この言語は多くのロシア語やウズベク語の語彙をとり込み、国境を越えてアフガニスタンで話されているダリー語から分派した。1991年にソ連が突然の終焉を迎えると、タジク人のナショナリズムがタジキスタンの独立をもたらし、さらには文化の力強い復興を後押しした。

　1800年代初頭、中央アジアの諸ハン国で定住生活を送るサルト（タジク人）と半遊牧民のウズベクの支配者とのあいだで内紛が勃発する。ブハラと北部の諸部族とのあいだで続いていた戦争とも重なり、ロシアがこの地域に進出しはじめたちょうどこの時期にウズベクの諸ハン国は急激に衰退していく。19世紀半ばには、ロシアは中央アジアへの侵入を加速させており、アフガニスタンに向かって南進していた。ロシアはホジェントとウラチュベのタジク人の領域を併合し、1867年にロシア領トルキスタンを設立した。翌年、ロシアはブハラ・ハン国を征服して保護国とし、さらに多くのタジク人がロシアの勢力下に置かれた。ウズベクの3つのハン国のうち、2つめのヒヴァ・ハン国は1873年にロシアの統治下に入った。ロシアの重税が引き金となり、1870年代に広範なタジク人の蜂起が起こったが、これも容赦なく鎮圧された。1873年から1876年にかけて、コーカンド・ハン国で勃発した深刻な反乱をロシアが制圧し、コーカンド・ハン国は滅ぼされ、広大で肥沃なフェルガナ盆地のタジクの土地を含め、ハン国の領土はロシア領トルキスタンに併合された。19世紀末には、中央アジアのタジク人はすべてロシアの支配下に置かれていた。いっぽう、国境を越えたアフガニスタンではイギリスの影響力がすでに確立されていた。アフガニスタンのタジク人は、アフガニスタンの知識層の大部分を占め、かなり裕福だったため、パシュトゥーン族が多数を占めるカブールの政府において大きな政治的影響力をもっていた。中央アジアのアフガニスタンの覇権をめぐるロシアとイギリスの抗争はグレート・ゲームと呼ばれ、タジク人のグループがしばしば駒として使われた。1917年のロシア君主制の打倒と続くロシア内戦を受けて、"バスマチ"と呼ばれる武力運動をおこなっていた中央アジア全域の反体制組織が蜂起し、反宗教を公然と掲げるボリシェヴィキ軍に対して広範な戦争を繰り広げたが、独立を維持

する試みはむなしく終わった。みずからをソビエトと称するボリシェヴィキは、4年間におよんだこの反乱で多くの町や村、モスクを破壊し、最終的にバスマチのほとんどを一掃した。この地域におけるソ連の政策は、イスラム教徒を迫害し、地域内の多数のモスクの大部分を閉鎖するなど、イスラム教を抑圧するものだった。1924年、ソ連政府は言語・民族境界画定によって中央アジアを分割し、ウズベク・ソビエト社会主義共和国の一部として、タジク自治ソビエト社会主義共和国を設立した。1929年にはソ連の正式な加盟国に昇格している。タジク人が大多数を占める都市サマルカンドとブハラもウズベキスタンに編入された。スラヴ系民族がタジキスタンに移住し、その多くが中間管理職や上層部、官職を占めていた。生活環境や教育、生産面では、タジキスタンはすぐにその他の中央アジア諸国に後れをとった。世帯収入はもっとも低く、大学卒業率もいちばん低かった。1980年代後半、ソ連政権がこの地域に対する厳しい支配を緩和すると、タジクの民族主義者は団結し、民族・言語の権利拡大を要求した。1991年にソ連邦が崩壊し、タジキスタンはソ連共産党の支配層が国家路線に沿って急遽組織した政府のもとで独立共和国を宣言した。独立したタジキスタンに最初に大使館を設立した国はイランだった。新たなタジク共和国の独立は、タジク人の氏族間の内紛によってすぐさま脅かされ、国は内戦でほぼ破壊された。アフガニスタンのタジク人は、国の南部と東部を支配するパシュトゥーン族に次いで大きな民族集団である。アフガニスタンのタジク人は、イラン国境地域、カブール北方のパルワン州、カブール首都圏に住む平野部タジク人の3つの重要な集住地域で構成されている。アフガニスタンに住むタジク人は、都市部の商人、熟練した職人、農民が主体で、1979年のソ連軍のアフガニスタン侵攻につながる混乱が起こるまでは、その多くが中産階級と呼ばれるほど裕福だった。アフガニスタンのタジク人はソ連占領軍と戦うゲリラグループにくわわり、ソ連兵となったタジク人と戦うことも多かった。タジク人大隊の一部は反乱を起こし、アフガニスタンの同族と戦うことを拒否した。1989年、ソ連はアフガニスタンから撤退するが、タジク人やウズベク人など北部民族が、多数派を占める南部のパシュトゥーン族と争う残忍な内戦をあとに残した。アフガニスタンとパキスタンのパシュトゥーン族の学生グループで組織されたタリバンが、混乱に乗じて国を掌握し、その支配下で国は荒廃した。アルカイダなどのテロ組織が訓練キャンプを設置し、タリバンか

ら支援と武器を受けとった。2001年9月のアルカイダによるアメリカ攻撃は、アフガニスタンへの軍事介入とタリバン政府の打倒につながった。カブールに民主政府が樹立されたが、その権限はおもにアフガニスタンの首都周辺の地域に限定されている。北東部のタジク人の地域では、地元の指導者がほとんどの決定を下す。1990年代から21世紀にかけて、タジキスタンとアフガニスタンに住むタジク人は、旧植民地時代の国境線で分断されていたひとつの大きな民族グループとして、歴史的、文化的なつながりと家族の結びつきを取り戻した。慣れ親しんだ慣習や文化の様式を拠りどころにするというタジク人の伝統は、1970年代以降、タジキスタンとアフガニスタンのタジク人地域を襲った危機を両国のタジク人が乗り越える助けとなった。

伝説的なサマルカンドをめぐる対立

中国と西洋を結ぶ伝説的なシルクロードの中心に位置する古都サマルカンドは、小説や詩、ドラマ、映画を通して描かれる、エキゾチックなイメージで世界中に知られている。現在、サマルカンドはウズベキスタンで2番めに大きな都市で、産業、観光、文化の重要な中心地であり、人口の大部分をタジク人が占めている。1924年、ソ連によって恣意的な境界線が定められ、サマルカンドはソ連のウズベキスタン領となったが、1991年のウズベキスタンとタジキスタンの独立以来、サマルカンドのタジク系住民の多くは、タジク人が多数を占める州をウズベキスタンから分離して、タジキスタンと再統合する取り組みを支持している。

もっと知りたい人のために

Abazov, Rafis. Tajikistan. New York: Benchmark Books, 2006.

Bergne, Paul. The Birth of Tajikistan: National Identity and the Origins of the Republic. London: I. B. Tauris, 2007.

Countries and Their Cultures. "Tajikistan." Accessed July 30, 2013. http://www.everyculture.com/Sa-Th/Tajikistan.html

Howard, Ross. Tajikistan: Loosening the Knot. Seattle: CreateSpace, 2011.

タート族

Tat

　タート族（ターティー、Tatian、Parsi、Daghli、Lohijon、Caucasian Persians とも）は、おもにアゼルバイジャン北東部のカスピ海地域に住むイラン系民族である。ロシア連邦のダゲスタン共和国の近隣地域とヨーロッパ、アメリカにもタート族のコミュニティがある。アゼルバイジャンに住む約2万2000人から2万6000人のタート族は、南西イラン語に属する言語を話す。アゼリ語を用いるタート族が徐々に増えているため、タート語は消滅危機言語とみなされている。タート族の大多数がイスラム教シーア派を信奉しており、少数の者がイスラム教スンナ派を信仰し、キリスト教徒のコミュニティも存在する。伝統的に、タート族は3つの異なるグループを形成してきた。イスラム教徒タート、今日ではほとんどが地元のアルメニア人と同化したキリスト教徒タート、そして現在は別の民族グループとみなされているユダヤ・タート（山岳ユダヤ人）である。

　タート族の起源はよくわかっておらず、文献などもほとんどない。彼らはカフカース地方の初期の住民の子孫だと考えられている。3世紀か4世紀頃、ペルシャのサーサーン朝がカフカースを制圧すると、初期のカフカース人は徐々にペルシャ人の言語と文化をとり入れていく。支配を確実にするために、ペルシャ人はカフカースの先住民族のなかにペルシャ語を話す人びとを共住させた。最終的にイラン系住民が地域のカフカース系民族の一部を吸収し、それがタート族の祖先となった。古代ペルシャの宗教であるゾロアスター教がカフカースに広がり、地域文化の重要な要素を形づくった。キリスト教は4世紀後半に多くのカフカース系民族に受け入れられ、642年にアラブ侵略軍がカフカース地域を制圧するまで主要な宗教だった。宗教的熱情に燃えるアラブ人侵略者は、住民の大部分を新興宗教であるイスラム教に強制改宗させた。キリスト教徒の小さなコ

ミュニティが山岳部で生き残り、今日も存続している。11世紀、中央アジアから西に移動してきたテュルク系オグズ族がカフカースに押し寄せた。1030年までに、現在のアゼルバイジャン地方はテュルク系民族の支配下に置かれた。オグズ族に続いてテュルク系のセルジューク族がこの地域を征服し、1055年に彼らの新帝国に組み込んだ。セルジューク族はイスラム教を受け入れ、テュルク系の言語と文化をカスピ海沿岸低地に広めた。イランの文化と言語を保ち続ける高地のコミュニティは、テュルク系言語の話者にタートと呼ばれた。遊牧生活の伝統をもつテュルク系民族とは対照的に、タートは農民または定住農耕民だった。モンゴル侵攻で、カフカース地域は荒廃した。モンゴル軍は重要な都市や交易の中心地のほとんどを破壊したが、タート族の多くは山中の要塞に逃げ込んだ。モンゴルによるカフカース支配は1360〜1370年まで続いたが、ペルシャ語を話す多くの役人が地方行政に組み入れられた。14世紀末、南カフカースはティムール（タメルラン）軍の侵略を受け、多数のタート族がふたたび山中への逃避を余儀なくされた。15世紀末には、テュルク系のハン国がこの地域を統治し、カフカース南東部ではテュルク系アゼルバイジャン文化が主流となっていた。約1世紀後、南カフカースはペルシャのサファヴィー朝に併合された。ペルシャの統治下でタート族は言語と文化を保持し、地域のアゼルバイジャン文化への長期にわたる同化も終わらせることができた。18世紀の終わりには、タート族の文化は近隣のアゼルバイジャン系民族の文化とひじょうによく似たものとなっていた。彼らの言語が、タート文化の特徴をなす唯一の要素だった。

タート文化は、アゼルバイジャンなどの諸文化との数世紀にわたる相互作用を経て、イラン系とテュルク系の要素と伝統をとり込んだ混交文化である。絨毯織り、浮き彫り、象眼（ぞうがん）といったテュルクの伝統芸術が高度な発展を遂げ、タートの重要な芸術とみなされている。タート文化は口承民話や詩の豊かな伝統を保持している。長期にわたるテュルク系アゼリ族とのつながりから、農業技術、料理、音楽など、双方の文化に共通する多くの文化的特性が見られる。タート族は古くから農耕民族で、なかでも果物や穀物を栽培している。地域によっては、牛の飼育も重要な経済活動となっている。歴史を通して、タート族はカフカースの山岳地帯に町や村を築いてきた。水が手に入るかどうかで集落の位置が決まり、たいていは岩棚や高い山の谷につくられた。早ければ19世紀には、タート族のコミュ

ニティがアブシェロン半島に存在した。重要な石油産業がある地域で、多くのタート族がそこで働いた。低地のタート族のコミュニティは、アゼルバイジャンの大都市、なかでもバクーに近いため、かなりリベラルで改革志向のタート文化が生じ、辺鄙な山間部に住む保守的なタート族としばしば対立する。タート族のアゼルバイジャン文化への同化は何世紀も続いており、両者に共通するシーア派の信仰がその過程を大きく後押ししてきた。さらに 1990 年代、同化を支援する新アゼルバイジャン国家の政策によって加速した。タート族は、同族のみと結婚する従来の習わしを守ることで、同化へのささやかな抵抗を試みた。タート語は南西イラン語に属し、現代ペルシャ／ファルシ語（イラン語）とカスピ海沿岸イラン地域の方言を繋ぐ言語と考えられている。同化によって言語の存続も脅かされており、消滅危機言語とみなされている。タート語は文字をもたず、文語にはたいていアゼリ語が用いられる。アゼリ語は行政と教育の言語でもある。最大 99 パーセントと推定される大多数がイスラム教の信者であり、そのほとんどはアゼルバイジャンとイランで優勢なシーア派に属している。おそらく数百人だけのキリスト教の小さなコミュニティがあり、言語的にはタート文化に入るが、イスラム教徒タート文化には属さない。

ロシアが南方に勢力を広げ、カフカース地方に進出したことで、タート族はさらなる破壊にさらされ、多くの場合、略奪軍から逃れるために古来の山岳部の砦に逃げ込んだ。1803 年から 1828 年にかけてのロシア・ペルシャ戦争は、カフカースとタート族の地がロシア帝国の領有となって終結した。1800 年代初めにバクーの町がロシア軍に占領されたとき、約 8000 人の人口のほぼ全員がタート族だった。アブシェロン半島のバクー地域の発展、とくに石油産業の成長により、この地域にアゼルバイジャン系、ロシア系民族などが大量に流入した。ロシアの史料などによると、タート語はカスピ海沿いの低地地域の多くで広く用いられていた。1894 年に発行されたカフカースの暦では、南カフカース地域に住むタート族の数は 12 万 4693 人となっている。テュルク系アゼリ語が徐々に普及し、多くの低地地域でタート語にとってかわった。1920 年にソビエトの体制下に入ったことで、この地域の民族バランスは大きく変化した。アゼリ族はソ連内のアゼルバイジャン共和国の名ばかりの国民であり、アゼルバイジャン文化への同化が公式な政策となった。1926 年のソビエトの国勢調査では、タート民族籍に登録されたタート族の数はわずか約 2

万8000人だった。タート族はソ連当局による言語の弾圧、厳しい同化政策、反宗教主義政策にさらされた。1980年代後半までに、民族籍をタート族とする人はたった1万人程度になっていた。1991年のソ連邦崩壊と独立国家アゼルバイジャンの誕生は、当初、タート族の指導者らに歓迎された。ソビエト体制の崩壊にともない、多くのタート族が長らく無視されてきた自分たちの文化を受け入れた。アゼルバイジャンの新たな指導体制も同化政策をおこなったが、タート語の使用が減ってもなおタート文化の復興は続いた。21世紀初頭の数十年のあいだに文化運動が盛んになり、タート語の使用と伝統的なタート文化の復興が促進されてきた。

もっと知りたい人のために

Clancy, Tomas. Countries of the World: Republic of Azerbaijan. Seattle: CreateSpace, 2012.

Swietochowski, Tadeusz. Russian Azerbaijan, 1905-1920: The Shaping of a National Identity in a Muslim Community. Cambridge: Cambridge University Press, 2004.

Vahtre, Lauri, and Viikberg, Jüri. The Red Book of the Peoples of the Russian Empire. "The Tats." Accessed July 31, 2013. http:// www.eki.ee/books/redbook/tats. shtml

Zonn, Igor S., Aleksey N. Kosarev, Michael Glantz, and Andrey G. Kostianoy. The Caspian Sea Encyclopedia. New York: Springer, 2010.

タリシュ族

Talysh

タリシュ族（Talishi、Taleshi、Talyshi、Talish、Tolish、Talush）は、コーカサス系とイラン系民族の混血を祖先にもつ民族集団である。その居住地域は、アゼルバイジャンとイランの国境にまたがっている。アゼルバイジャンに住むタリシュ族の人口は12万人から50万人とされる。今日では多くのタリシュ族がアゼリ語を話すため、言語に基づく人口の推定値は異なってくる。タリシュ族の大部分は、アゼルバイジャン系やイラン系民族の大多数と同様に、イスラム教シーア派に属している。

タリシュ族の起源は、アゼルバイジャン南東部とイラン北西部に位置するタリシュ山脈にたどることができる。初期のコーカサス系の部族は、早くも紀元前1500年頃にこの山地に定着した。この地域にはペルシャ語を話す民族とコーカサス系の両方が住んでいて、タリシュ族

はこの2つのグループの混交から発展した。伝統的にタリシュ文化は牛を中心に展開しており、牛の大きな群れを季節ごとに山地と平野のあいだを移動させていた。タリシュ族の牛の群れに関連する季節の活動を軸に文化活動や習慣が発展していった。紀元前6世紀までに、タリシュ族の土地のほとんどが古代ペルシャ帝国の管轄であるサトルピーに組み込まれていた。紀元前334年から前331年のあいだに、アレクサンドロス大王のギリシャ軍に制圧され、タリシュ族の多くは古来の山の砦に撤退した。公式には、彼らの故郷はメディア・アトロパテネ王国の一部を形成していた。紀元前2世紀、今度はペルシャ人がカスピ海地方を取り戻す。タリシュ族の文化と言語において、ペルシャの影響はもっとも重要なものとなっていく。641年、ムスリム・アラブ人がこの地域を征服し、新たなイスラム教をもたらした。イスラム教を信奉するアラブ人は沿岸地域に定住し、高地のタリシュ族はしだいに彼らを受け入れていった。何十年ものあいだに、異教徒のタリシュ族は強力な文化的要素と厳格な規定をもつ新しい宗教を徐々に信仰するようになっていく。10世紀の初め、タリシュ族の土地は北の領土を征服して定着したテュルク系民族と南のペルシャ系民族のあいだで新たに定められた言語・文化的境界線を形成していた。13世紀にモンゴル侵略軍に破壊され、その1世紀後にはタメルラン（ティムール）に征服されたため、1592年にペルシャ人からカスピ海地域の支配権を取り戻した頃には痩せた、荒れ果てた地にまで衰退していた。16世紀後半、ロシアから南下してきたイギリスの商人がタリシュ山脈に到達した。商人たちは、それまで見たこともないような交易品の数々とさまざまな情報をもたらし、西方への隊商路における交易の伝統が始まった。ロシアの植民地拡大の先鋒をつとめるコサック騎兵に率いられたロシアの探検隊や商人が、カスピ海周辺のテュルク系やペルシャ系民族の領域に入り、17世紀初めにこの地域にもやってきた。1636年、大規模なコサック襲撃隊がタリシュの低地を制圧し、撤退するまでに多大な損害をもたらした。1722年、ペルシャからこの地域を奪取するためにロシア人が戻ってきた。そして10年間支配下に置いたのち、最後はカフカースの別の地域の領土と引き換えに、この地域の支配権をペルシャに戻した。1720年代のペルシャの動乱期に、ペルシャを支配していたサファヴィー朝の少数がタリシュ地方に移り住んだ。セイイド・アッバースは、サファヴィー朝の支配を受け入れながらも、緩やかなペルシャ統治下で半独立国

家タリシュ・ハン国を設立した。彼の息子のガラ・ハンは1747年にハン国を継承し、タリシュの支配をカスピ海低地にまで広げた。ガラ・ハンは親ロシア政策をとり、この地域におけるペルシャおよびテュルク系民族の影響を弱めようとし、しばしばタリシュの地を近隣の諸ハン国との紛争に巻きこんだ。1785年までに、タリシュ・ハン国は隣接するグバ・ハン国の属国となっていたが、1789年にガラ・ハンの息子ミール・ムスタファのもとで独立を取り戻した。1794〜1795年にかけて、ペルシャ人は南カフカースの諸ハン国に対して、侵入してくるロシア人を撃退するために軍事同盟を結ぶよう呼びかけた。

　タリシュ文化には、近隣のコーカサス系、ペルシャ系民族からの借用とともに、さまざまな独自の伝統や習慣が見られる。タリシュ族は古くから牛の飼育民だったが、現在では多くが農業に従事し、おもに低地では米を、高地では小麦や大麦を栽培している。アゼルバイジャンでは知的能力と読み書きの能力が高いことで知られるタリシュ族は、近隣の民族よりも高度な教育を受けている傾向にある。彼らの文化はテュルク系のアゼリ人の文化にかなり近いが、カスピ海地域のほかの民族には見られない習慣や儀式が多数残っている。一部のタリシュ族グループは、アゼルバイジャンのタリシュ族住民が国の総人口の11パーセントを占めていると主張しているが、政府の推定ではタリシュ族は人口のわずか2パーセントにすぎない。この数字の違いは使用している言語にある。ソビエト支配下の数十年間、アゼルバイジャン・ソビエト社会主義共和国の公用語はアゼリ語とロシア語だったため、多くのタリシュ民族がアゼリ語を第一言語とすることを強いられた。アゼルバイジャンのタリシュ民族の人口総数を第一言語だけで考えると、タリシュ語話者の存在をめぐってさまざまな対立や混乱が生じた。1990年代以降、アゼリ語を話すタリシュ族は伝統文化を受け入れ、タリシュ語を学ぶことも多くなった。タリシュ語は北西イラン語群に分類されるが、アゼリ語やカフカース諸語から多くの語彙を借りている。アゼルバイジャンでは、タリシュ語は4つの主要な方言で話されている。これはタリシュ族が多数を占める4つの地域、アスタラ、レンコラン、レリック、マサリに対応している。アゼルバイジャンでは、ソ連の言語政策のもとでタリシュ語の文語はほとんど消滅し、アゼリ文字が表記に使われている。タリシュ族の大多数はタリシュ語とアゼリ語の2言語を話すが、なかにはロシア語やイランのペルシャ語を話せる人もいる。タリ

シュ族は圧倒的にイスラム教徒が多く、その大部分がシーア派を信奉している。従来のタリシュ族女性はベールや長いローブといった伝統的なイスラム教徒の服装で身体を完全に覆っていたが、数十年にわたるソ連の無神論・反宗教思想を経て、今日のタリシュ族女性の大半が欧米風の洋服を着ている。イスラム教の習わしでは、男性は最大4人の妻と結婚することが認められているが、たいていのタリシュ族男性は一度しか結婚しない。慣習により、タリシュ族男性は15～20歳、女性は12～16歳という若い年齢で結婚する。通常、新郎の家族から花嫁の代金が支払われる。それには金銭、家財道具や用品などが含まれる。タリシュ族は何世紀にもわたってイスラム教を信仰してきたが、イスラム以前の宗教的信仰の名残もいくつか見られる。タリシュ族は木や木立に特別な畏敬の念を抱いており、彼らのもっとも神聖な場所のほとんどに木が含まれている。また、多くの人が善と悪の両方の精霊の存在を信じている。なかでも、赤い女と呼ばれる、目に見えない危険な精霊は、出産時に女性を襲い、生まれたばかりの赤ちゃんを脅かすと言われている。

　ペルシャ人に土地と文化を侵害されたことに憤慨したミール・ムスタファも、同じく親ロシア政策をとった。ミール・ムスタファは、近隣のハン国の大半を含むペルシャ人主導の反ロシア同盟への加入を拒否し、ペルシャ人と戦うためにロシアの支援を求めた。ロシア人の反応は悪かったが、最終的にはハン国に遠征軍を送った。ハン国は占領され、1802年にロシア帝国の保護領になった。ペルシャはタリシュの地の領有権をめぐって争い続け、1800年代初頭に南部地区を支配下に置いた。長期にわたる宣戦布告なき戦争ののち、1813年、ロシア人はペルシャにそれまで独立していた諸ハン国の割譲を強制した。1814年にミール・ムスタファが亡くなり、息子のミール・ハサンが跡を継いだが、実際はロシアがハン国北部を掌握していたため、名目だけの存在だった。1826～1828年のロシア・ペルシャ戦争でロシアがペルシャに勝利したため、タリシュの領域は事実上ロシアとペルシャに分断されることになった。1828年、ペルシャはトルコマーンチャーイ条約に署名し、アラス川以北のハン国の領土をロシアに譲ることとなった。タリシュ・ハン国は廃止され、各地はロシア帝国に編入された。帝政ロシア下でタリシュの土地は耕作地となり、タリシュ族のほとんどがカスピ海沿いの水田を中心に農民として定住することを強いられた。第一次世界大戦後、ロシア内戦がこの地域まで波及し、多く

のタリシュ族が祖先に倣い、戦闘から逃れるために山中に移った。1920年のソビエトの勝利により、アゼルバイジャンの短期間の独立は終わりを告げ、北部タリシュ地域に対するソビエトの支配が確立された。新ソ連とペルシャのあいだの国境は厳しく管理され、両国のタリシュ族はこの時期に隔たっていく。ソ連当局はタリシュ族をより大きなアゼルバイジャン文化に同化させる政策をとった。1939年、タリシュ語のラテン文字は廃止されてロシア語のキリル文字に置き換えられ、読み書きができるタリシュ族は書き言葉としてアゼリ語を使用せざるを得なくなった。教育、地方行政、娯楽にもアゼリ語が用いられた。1959年までに、タリシュ民族を自認する人はかなり少なくなっていた。ソ連の民族学者は、タリシュは計画通りに独自の民族としては消滅しかけており、シーア派イスラム教の信仰を共にし、多くの文化的特徴を共有するアゼルバイジャン人に吸収されつつあると考えた。ソ連当局は、タリシュ族という一民族が消滅したと確信し、1970年と1979年の国勢調査では彼らをひとつの民族として挙げなかった。ところが、1980年代初めには文化の承認を要求する声と運動が生じ、アゼルバイジャン・ソビエト社会主義共和国政府は再考を迫られた。1980年代後半には、タリシュ族の中核となる人びとはみずからの古来の文化と言語を手放す気はなく、より大きなアゼルバイジャン文化やロシア人が主導するソビエト文化のどちらにも同化することを拒んでいるのは明らかだった。1987年からソビエト社会に改革が導入され、タリシュ族が結集できるようになると、鬱積した不満が決壊し、激流となって迸った。ソ連当局は1989年の国勢調査でタリシュ族を独立した民族集団として扱うことを余儀なくされ、2万1914人がタリシュ族として登録されたことを知って驚いた。1991年のソビエト連邦の崩壊とアゼルバイジャンの独立により、同化政策を継続しようとするアゼルバイジャン政府の公式な取り組みはあるものの、タリシュ族は文化と言語の多くを取り戻すことができた。アゼルバイジャンにおけるタリシュ民族の人口をめぐる論争は、タリシュ族の数ある不満のうちのひとつにすぎない。タリシュ族が多数派を占める地域で、彼らの古来の文化と言語の承認を求める自治運動が広く支持されているが、その運動の誘因のひとつでしかない。

もっと知りたい人のために

Clancy, Tomas. Countries of the World: Republic of Azerbaijan. Seattle: CreateSpace,

2012.

Shoup, John A. Ethnic Groups of Africa and the Middle East: An Encyclopedia. Santa Barbara, CA: ABC-CLIO, 2011.

Zonn, Igor S., Aleksey N. Kosarev, Michael Glantz, and Andrey G. Kostianoy. The Caspian Sea Encyclopedia. New York: Springer, 2010.

チノー(基諾)族
Jino

　チノー(基諾)族はジーヌオとも呼ばれる小規模な民族集団で、中華人民共和国が公認する 56 の民族のうちのひとつである。人口は約 2 万 2000 人と推定され、チノー族のほとんどが中国雲南省の西双版納傣族自治州のチノー民族郷に居住している。チベット・ビルマ語族に属するチノー語は、標準中国語とともに今も話されており、第二言語として傣語も広く併用されている。チノー族は伝統的な精霊信仰を主体としており、仏教を信奉する人も増えている。

　チノー族の起源はよくわかっていないが、はるか北方からチノー郷の現在の居住地域に移住してきたと考えられている。長い歴史のなかで、彼らの社会は母権文化をつくりあげてきた。その名称は、チノー族の言語で「叔父の子孫」を意味し、母系社会における母親の兄弟の重要性をあらわしている。チノー族の言い伝えによると、この地域への最初の移住者はジジョウという名の未亡人だった。彼女は 7 人の男の子と 7 人の女の子を出産し、のちにそれぞれが結婚した。チノー郷の人口が増えたため、大家族は 2 つの村に分かれ、別のグループや氏族の者と結婚することもできた。時とともに、チノー族の人口が増えて、さらなるチノー族の村がつくられた。しかし父権制の村と母権制の村がチノー文化の中心であることに変わりはなかった。1960 年代、70 年代まで、チノー郷のすべての地域のチノー族は、母系と父系の村落の祖先にいけにえを捧げていた。17 世紀半ばに満洲族がチノー族の居住地域を征服し、共同集落は帝国政府に任命されたチノー族の首長らのもとで封建制に変えられていった。チノー族の母系制度はおそらく漢族の影響を受けて、約 300 年前に家父長制に移行したと思われる。

　古くからチノー族の社会は農民、狩猟民、採集民で構成されていた。チノー族はハンターとして名高く、毒矢を用いた石弓、のちにはショットガンを使用し、野生の獲物を捕まえるための罠や縄をつくったり用いたりするのにも長けている。通常はグループで狩りをし、参加し

た者のあいだで獲物を分配する。男性が狩りをしているあいだ、女性は森で野生の果物やベリーを集め、スープなどの料理に使える食用のハーブも採る。従来より、血縁に基づく氏族がチノー社会の基盤になっていたが、現代では異なる氏族の人びとが村に共住している。狩猟で得た肉は村の大人と子供全員で平等に分けるなど、チノー族の伝統的な習慣には今も原始的な平等主義が見られる。チノー族の文化では基本的に一夫一婦制だが、夫婦になる予定の男女の婚前交渉は許されている。チノー族は、地球上の万物には精霊や魂が宿っていると信じており、祖先崇拝も依然として彼らの宗教的信仰の重要な要素である。シャーマンは今日でもひんぱんに助言を求められ、動物のいけにえを用いて邪悪な霊や問題を引き起こす霊を鎮めている。チノー語はチノー族のわずか1万人に話されている言語で、チベット・ビルマ語族のロロ語またはイ語に属する。言語学者は、雲南省で使用されているロロ諸語とチノー語が対をなすと考えており、そのうちの最大の悠楽方言の話者は約1万人で、補遠方言は約1000人に話されている。この2つの方言は相互に理解できない。チノー語は文字をもたず、チノー族の大部分が標準中国語を話すほか、雲南省の近隣諸族が用いるタイ諸語の話者でもある。

チノー族の生活は19世紀のほとんどの期間、変化しなかった。村の長老たちが日常の大半の決定をおこない、地主が経済的な決定を下した。村の男性の長老である桌巴と女性の長老の桌生は、村の最高齢の男女で共同集落の指導者だった。昔から続く習慣には、豊作を願って長老たちが祈りを捧げ、動物をいけにえに捧げる儀式などが見られた。また、長老が最初の数粒の種を植える習わしもあった。20世紀半ばに中国に共産主義革命が起き、チノー族の文化に大きな影響をおよぼした。1954年、中華人民共和国の新政権によって派遣された共産党幹部の一団が初めて山岳部のチノー郷にやってきた。彼らはチノー族の伝統や慣習の多くを終わらせる改革に協力させるために村の年長者たちを取り込んだり、時には排除した。翌1955年には、土地をもっと効果的に活用するための共同体制が組織された。きちんと整備された水田で米の生産量は急増し、飢餓と貧困という毎年のサイクルに終止符を打つことができた。1980年代の初めには、かつてはほとんどの人が読み書きができなかったチノー族の居住地域に14の小中学校があった。経済拡張はこの地域にささやかな革命をもたらした。21世紀初頭には、高価格と容赦ないやり方で知られた従来の行商人に代わって、あらゆる

種類の品物を手頃な値段で提供する一連の商店ができていた。

もっと知りたい人のために

Davies, Sara L. M. Song and Silence: Ethnic Revival on China's Southwest Borders. New York: Columbia University Press, 2005.

People's Daily Online. "The Jingpo Ethnic Minority." Accessed July 31, 2013. http://en glish.people.com.cn/data/minorities/Jingpo .html.

West, Barbara A. Encyclopedia of the Peoples of Asia and Oceania. New York: Facts on File, 2008.

Xioming, Xiao. China's Ethnic Minorities. Beijing: Foreign Languages Press, 2003.

チベット族
Tibetan

チベット族(Tibate、Tebilian、Bhotia、Phoke、Zang)はインド亜大陸のすぐ北側に位置するアジアのチベット地域に住む民族集団である。「世界の屋根」とも呼ばれるチベット族の故郷は、中華人民共和国南西部の広大なチベット高原地域にある。チベット民族は、かつては外チベットとして知られていたチベット自治区に集住している。中国の青海省や、内チベットと呼ばれる四川省、甘粛省、雲南省北部の西部地域にもおおぜいのチベット族が居住している。チベット高原地域のほかにも、チベット亡命政府を含むインドをはじめ、ネパール、ブータン、アメリカ、カナダ、スイス、台湾、オーストラリア、イギリスにもチベット族のコミュニティが存在する。推定650万人のチベット族は、シナ・チベット語群に属するチベット語あるいはボディック語と呼ばれる言語を話す。チベット族のほとんどはチベットの仏教であるラマ教を信仰しているが、仏教以前のボン教を信奉する人も少数ながらいる。

　チベットの神話や民間伝承では、チベット族の起源を、慈悲の菩薩の化身と考えられている猿と、岩の鬼の子孫につらなるとしている。10世紀の中国の年

代記には、早ければ紀元前200年に中国北西部の大草原地帯に住んでいた遊牧民のチャン（羌）族からチベット族が生じたと記されている。チベット文明はおそらくチベットのヤルンツァンポ川周辺で誕生し、6世紀にはチベット族による国家が形成された。630年に仏教が導入されると、この地域に高度な神政国家が栄えた。618年に吐蕃を樹立したチベットの統治者ソンツェン・ガンポは、ラサを王国の中心地とし、チベットの法律、文字、暦、高度な度量衡法などをつくった。王国は中国の唐王朝と外交関係を築き、ソンツェン・ガンポは641年に中国から来た皇女、文成公主を妻に迎える。文成公主はチベット文化の発展に大きな影響を与えた。700年頃、チベット王国は東西を結ぶシルクロード交易路を支配し、中国の唐朝からの貢納を受けていた。ガンポの後継者たちのもとでチベット仏教は国教となり、チベットの政治権力は中央アジアや中国にまで広がった。何世紀ものあいだ、チベットでは中国による侵入と征服への抵抗を中心に政治がおこなわれていた。800年代半ば、王位継承者をめぐる内乱でチベット帝国は崩壊し、軍閥や首長が統治する多数の国家が乱立する「分裂の時代」が始まる。大規模なモンゴル侵攻軍が、13世紀に外チベットとして知られる地域を征服し、最終的には山岳地帯の内チベットにまでその支配を拡大した。伝えられるところによると、チベット仏教のサキャ派の座主パクパがモンゴルの大都を訪れた折に、モンゴル皇帝フビライ・ハーンをチベット仏教に改宗させたという。パクパはその後ラサに戻って、チベット初の帝師となったとされる。中国の明代にはチベットはパクモドゥ派、リンプン派、ツァンパ政権の法王のもとで独立した神政国家を形成していた。15世紀、チベットの宗教指導者らはゲルク派と呼ばれる大乗仏教の改革派、黄帽派を受け入れた。1578年、モンゴル族トゥメト部の長であるアルタン・ハーンが、ゲルク派の高位のラマである法王ソナム・ギャツォに"ダライ・ラマ"という称号を与えた。ダライとはモンゴル語でチベットのギャツォ、「海」を意味する。1600年代半ば隣国の中国は満州族の支配下に入り、チベット王国に対する中国の脅威に終止符が打たれた。防衛のための軍事力を維持せずにすむように、1650年代にダライ・ラマ5世は中国の満州族の皇帝（清の順治帝）と保護関係を結んだ。しかし、勢力を拡大する満州族は内チベットをその帝国に取り込み、1720年にはチベットにおける満州族の支配を名目上確立したが、チベットを満州族清王朝の領土に組み入れることはなかった。

現代のチベット文化は、近隣のネパール、インド、中国の文化から吸収し、その影響を受けて発展したが、チベットが近づき難い辺境の地にあることから独自の文化的要素が保たれてきた。チベット族の社会と文化は、初期のチベット文化と特有の仏教の教えが歴史のなかで混交したものを基盤としている。チベット仏教は、アジアの低地の仏教と仏教以前のボン教が習合した固有の信仰・儀式体系である。ヒマラヤ地方の土着宗教であるボン教は、その地域に神々の信仰をもたらし、チベットの芸術と物質文化、なかでも独特のチベット建築に大きな影響を与えた。チベット族は、2つの異なる系統に大別される。短頭型（頭が丸い）と、長頭型（頭が長い）だ。前者は低地の耕作地に多く、初期の中国系、ビルマ系民族とより密接な関連性をもつ。後者はおもに北部のチベット族の遊牧民グループと中央チベットの貴族に見られ、テュルク系民族にひじょうによく似ている。身体的な相違にくわえて、チベット族は地域・言語的に3つの主要なグループに分類される。「ウー・ツァン」と呼ばれる外チベットのチベット族は、チベット自治区の住民の大部分を占めている。「アムド」はおもに東北部の青海地域に居住している。「カム」はチベット自治区東部、中国の四川西部と雲南北部の住民で、この3グループはさらに15の下位集団に分かれている。この3つの主要な区分は、チベット語の3つの方言の分布とも重なっており、文字はすべてに共通している。チベット文化は今もチベット仏教と深く結びついている。共産主義体制に置かれる前、チベットの人びとの日常生活は年間の宗教暦を軸に展開していた。チベットの住民の多く、なかでも青海のチベット族はヤク、牛、ヤギ、羊の群れとともに低地から高地の牧草地へと移動する半遊牧の生活を送っている。従来、チベットでは女性が複数の夫をもつ一妻多夫制の慣習が認められており、一般に一夫一婦制をとるアムドを除いて現在も広くおこなわれ、社会的にも受け入れられている。チベット文化には、チベット高原の過酷な気象条件に耐えうるチベット族の能力に関連した要素が見られ、彼らが頑健で忍耐力のある民族であることをしめしている。ブータン、ネパール北部、インドのシッキム州、カシミール地方のラダック地域など、かつてチベット帝国の一部をなしていた地域では、チベットの文化および言語的影響が色濃く残っている。

中国で清朝が衰退するにつれ、チベットに対する支配力も弱まっていった。英領インドはその勢力を広げ、ヒマラヤ以南の領域を手中におさめた。19世紀半

ばには、イギリスとロシアの両国がチベットをめぐって牽制しあうなか、中国の影響力は最小限になっていた。チベット族は再三にわたってイギリスの提案を拒んでいた。イギリスはチベットを中国との貿易中継地とみなしていたが、チベットがロシアの進攻ルートとなり、英領インドを危険にさらす恐れを懸念していた。チベット族が通商における譲歩を拒否すると、英領インド当局は1903年から1904年にかけてチベットを占領するために遠征隊を派遣した。イギリス侵攻軍はラサを制圧し、1904年にチベットのいくつかの都市を対外貿易に開放するという新たな条約に署名するようダライ・ラマに迫った。2年後、イギリスはチベット不在で中国と条約を結び、中国のチベット宗主権を認めた。満州族が主導する清王朝は、チベットの支配を強化するために、1910年にこの地域に大規模な中国軍を送り込んだ。中国の侵略により、ダライ・ラマと多くの信奉者はヒマラヤ山脈を越えてイギリス領に逃げ込んだ。1911年、辛亥革命で満州清王朝が打倒されると、チベット王国に対する中国の支配力はひどく弱まり、チベット軍兵士たちはすべての中国兵と官僚を地域から駆逐することに成功した。1912年2月18日、ダライ・ラマは中国からのチベット独立を宣言するためインドから帰国した。チベット族は外チベットにおける権力を強化し、中国の内チベットにあるチベット族居住地域の領有権を主張した。その要求が認められないまま、1918年に中国軍がチベットに侵攻し、チベット族は撃退を余儀なくされた。チベットはダライ・ラマが統治する神政国家として構築され、貴族と封建領主、約6000人のラマ僧からなる人口のわずか3パーセントの層が土地の大部分を所有していた。そのほかの大多数のチベット族のうち、約5パーセントが奴隷、20パーセントが仏教僧で、残りのほとんどは封土やラマ僧院の農奴として暮らしていた。チベットの法王であるダライ・ラマは、チベット国家の政治および宗教的統治者だった。1914年、ダライ・ラマはイギリスと新たな協定を結び、チベットの南の国境線マクマホン・ラインを定め、同線以南のチベット領はイギリスの支配下に置かれた。中国政府はこの協定を違法と非難した。おもに内チベットのチベット族に対する中国のひどい扱いをめぐってチベットと中国のあいだの緊張は続いた。1931〜1933年にかけての短期間の国境紛争は、チベットが新たに獲得した青海省の長江以北の地域を中国が取り戻して終わった。閉鎖的なチベットの支配層は、外国の影響で国内での自分たちの立場が弱くなることを恐れてイ

ギリスなどの外部からの援助の申し出を断った。チベットを外の世界に開放すれば、領土権を主張する中国への確かな抑止力となり、外モンゴルと同様に、外チベットも不安定ながらも今日にいたるまで主権を維持できただろう。中国の内戦とその後の日中戦争により、1930年代と1940年代はチベットに対する中国の圧力は和らいだ。第二次世界大戦中は中断されていた中国の内戦が1945年に再開され、1949年に共産主義の勝利で終わった。支配権の拡大を決意した共産主義中国は、1950年10月に東チベットに侵攻し、貧弱な装備のチベット軍の抵抗をすぐに打ち破った。ダライ・ラマは新設された国連に支援を求めたが、イギリスとインド当局への嘆願同様に無視された。1951年、中国の侵略者はダライ・ラマに新しい条約に署名させ、インドと接する不安定な南の国境に中国の軍隊を駐留させることを認めさせた。共産党指導者の毛沢東は、チベットの人口を多数派の中国人とチベット族を5対1の割合に変えることでチベット問題を終わらせるという政府の意向を発表した。そして1954年、中国政府はチベット族が住む内チベットへの大量入植計画を実行に移した。内チベットの入植地域のチベット族は反乱を起こし、自分たちの地域をダライ・ラマの統治下にある外チベットと再統合しようとした。戦闘と難民は外チベットにも広がり、同地のチベット族も1959年3月の動乱にくわわった。共産政権はチベットに侵攻し、ダライ・ラマ14世のテンジン・ギャツォと少なくとも8万7000人の難民がインド北部への亡命を余儀なくされた。チベット難民を受け入れるというインドの決定は、すでに緊張していた両国の関係を悪化させ、1962年に中国人民解放軍がインド北部に侵攻し、長い国境地帯の各地で激しい戦闘が始まった。中国政府は、厄介なチベット族を最終的に殲滅させることを決意し、古代の6125のラマ僧院とその貴重な宝物や図書館の破壊を命じた。10万人以上のチベット族が大量処刑され、中国政府はチベット族古来の土地に数百万人の中国民族を移住させる政策を進めた。1967～1977年にかけての中国の文化大革命の混乱と激動のさなかに、熱心な紅衛兵が残っていたラマ僧院や寺院の大半を瓦礫に変えた。古代の写本群はすべて略奪され、ほとんどが公の場で焼かれた。1959年には6254あったラマ僧院のうち、残ったのは13だけだった。1980年代後半、チベットに駐留していた大規模な中国軍がわずかに縮小されたことで、チベット族のあいだに民族自決権の要求が再燃する。1988年にラサで独立派デモが起きると、翌1989年にチ

ベット全土と隣接するの中国のチベット地域でも同様のデモが生じた。この年、失われた自由を取り戻すためのダライ・ラマおよびチベット族による平和的活動が評価されてダライ・ラマはノーベル平和賞を受賞した。1990年代から今日にいたるまで、中国当局はチベット地域で反体制活動の兆候があれば厳重に取り締まっているが、多くのチベット族、とくに僧侶や尼僧の抗議のニュースがあとを絶たない。

チベットの一妻多夫婚

一妻多夫婚は複婚の一形態で、女性が複数の夫をもつ。チベットには、この婚姻形態の長い歴史がある。複数いる夫は兄弟であることが多いため、兄弟間で土地が分割されることがなく、大家族を養い続けるのに十分な規模の農場を維持することもできる。兄弟は遺伝的に近いため、兄弟ですべての子供を一緒に育てることは社会生物学的にも理にかなっている。チベットで一妻多夫婚がとられる別の理由として、山岳地帯であるため農作業が大変で、より体力が求められるため、夫が数人いれば協力して働けることが挙げられる。

もっと知りたい人のために

Beech, Hannah. "Tibet's Next Incarnation." Time Magazine. October 1, 2011. http://www.time.com/time/magazine/article/0,9171,2095608,00.html

Kapstein, Matthew T. The Tibetans. Hoboken, NJ: Wiley-Blackwell, 2006.

Smith, Warren W. Jr. China's Tibet: Autonomy or Assimilation. Lanham, MD: Rowman & Littlefield, 2009.

Van Shaik, Sam. Tibet: A History. New Haven, CT: Yale University Press, 2011.

チャン(羌)族
Qiang

　チャン（羌）族は、アーマ、ルマ Qiang zu、Qiang Min、Ch'iang、Chiangmin、Rimai、Rima、Ma、Zangzu などとも呼ばれる。中国四川省の茂汶チャン族自治県におよそ32万7000人のチャン族が居住しているほか、雲南、甘粛、貴州省にも小規模なコミュニティが存在する。チャン族は中華人民共和国が認定した56の民族のうちのひとつである。公式には、すべてのチャン族はチャン語の話者とされるが、グループ内の言語の多様性は混迷をきわめている。大多数は多神教を信仰しており、より小さなコミュニティではチベット仏教や漢族からとり入れた道教を信奉している。

　"チャン（羌）"という名称はおそらく「牧畜民」という意味で、もともとは4000年ほど前に古代の漢族が西方の遊牧民をそう呼んだことに始まる。古代より中国史で知られているように、チャン族は単一の民族集団ではなく、漢民族以外のさまざまな民族集団や部族の総称だった。その歴史は、古くは紀元前1100年頃から前771年までの西周王朝の時代にさかのぼる。紀元前221年から後220年にかけての秦・漢王朝の統治下で、チャン族は主に内モンゴルから南下し、四川西部の高地に定住した。度重なる脅威にさらされたため、彼らは壮大な石造りの要塞を築いた。この時期、かなりの数の漢族がこの地域に移り住み、漢族とチャン族の混在するコミュニティもあった。数世紀にわたって、チャン族は中国とチベットという大国に挟まれ、その居住地域の大部分を支配されてきた。多数の軍隊がこの地域を荒廃させ、襲撃者や盗賊がチャン族の土地を踏みにじっていった。600年から900年にかけて、チャン族の多くがチベット文化や漢文化に同化し、この地域でチャン族と呼ばれる人びとの数は大きく減少した。数世紀のあいだ、中国の歴代王朝はチャン族の居住する地域に行政・軍事組織を置き続けた。チャン族の首長や指導者の多くは中国の朝廷から正式な任命を受けて、各地域の統治にあたった。17世紀半ばに始まった満州族が主導する中国清王朝の統治下で、任命された地元の世襲首長がチャン族を統治する制度から、清の朝廷から派遣された官吏が地域を直接統治する体制に移行していく。

　チャン族の文化は地域ごとにさまざまだが、多くの場合、母系社会では女性がチャン族のコミュニティで大きな権力をもっている。チャン族は基本的に一夫一婦制だが、一夫多妻制やいとこ婚も認めている。部族の多様性から、チャン族の

文化はほかの多くの文化に影響を受け、同時に与えてもきた。通常、チベット族の近くに住むチャン族はチベット文化の特徴を多くとり入れているが、大半は中国文化の影響を色濃く受けている。歴史的に見て、チャン族が居住する地域は襲撃部隊や盗賊、民族戦士によく攻撃されていたため、大きな要塞村のなかにある頑丈な石造りの家に住むという伝統が今日まで続いている。チャン族の宗教には、日常の生活に幸運をもたらす天神の象徴として、白い石を崇める信仰が含まれている。チャン族の言い伝えによると、白い石はもともと初期のチャン族が移住する際に道沿いに置かれた目印で、故郷に戻りたい者への道標や残された人びとに敬意をあらわすためのものだったとされている。その後、チャン族の家の屋根や塔の角、四角い石塔のてっぺんに白い石が置かれるようになった。チャン族の諸方言は北部方言と南部方言の2方言に大別され、後者は声調型である。どちらの方言群もいくつかの異なる下位方言で構成されており、チベット・ビルマ語族のチアン語派に分類される。方言の多くは著しく異なるため、相互に理解できない。

1800年代初め、チャン族の大多数は山地に居住しており、ほとんどの場合、同じ氏族の30〜100戸で構成される要塞集落に住んでいた。取引や文化交流を通じて漢族やチベット族と密なつながりを築いていたチャン族は、馬や薬草、農産物を農具などの必需品と交換することができた。封建的地主経済が農業生産を支配していた。チャン族の人口の約8パーセントを占める地主と裕福な農民が、耕作地の約43パーセントを管理していた。貧しい農民や小作人、雇われの農業労働者がチャン族の人口の大部分だった。19世紀後半から20世紀初頭にかけての清朝の最後の数十年間、この地域の行政は、腐敗した官僚や強欲な地主が税金を集めて清朝に朝貢する制度にほぼ依存していた。1949年に中国に共産党政権が誕生するまで、チャン族の大半は教育をほとんど、あるいはまったく受けられない、読み書きのできない農民だった。1950年代初めにこの地域にやってきた共産党幹部らは、ただちに地主階級を打倒し、チャン族の農民に土地を再分配した。のちにそれらの土地は集団化され、農民は国家の従業員となった。共産主義時代の初期を通して、多数のチャン族が再教育収容所に送られるか、国家の敵として排除された。1980年代に厳格な共産主義が終焉に向かい、チャン族の多くが民族の伝統を取り戻すことができた。1990年代には伝統的な音楽や舞踊、口述歴史への関心がふたたび高まったのにともない、チャン族の居住地域に

民族復興の広がりが見られるようになる。21世紀に入り、チャン族のなかにはこれまでの農業から、手工芸品をはじめとする生産品の商売に職業を変える人が多くなっている。2008年、深刻な地震（四川大地震）が四川省西部のチャン族の居住地域を襲った。震央となった汶川県の被害がもっとも大きかったが、チャン族の多くのコミュニティも甚大な被害を受けた。2013年にふたたび大地震が発生し、すでに壊滅的な状況にあったチャン族の村や町にさらなる被害をおよぼした。

もっと知りたい人のために

Chen, Yong, and David C. Booth. The Wenchuan Earthquake of 2008: Anatomy of a Disaster. Berlin: Springer, 2011.

Legerton, Colin, and Jacob Rawson. Invisible China: A Journey through Ethnic Borderlands. Chicago: Chicago Review Press, 2009.

Magnier, Mark, and Demick, Barbara. "Quake Threatens a Culture's Future." Los Angeles Times. May 21, 2008. http://articles.latimes .com/2008/may/21/world/fg-qiang21

Ming-Ke, Wang. "From the Qiang Barbarians to the Qiang Nationality: The Making of a New Chinese Boundary." In Shu-min Huang and Cheng-Kuang Hsu, eds. Imaging China: Regional Division and National Unity , 43-80. Taipei, Taiwan: Institute of Technology, 1998. http://ultra.ihp.sinica .edu.tw/~origins/pages/barbarbook4.htm

Simpson, Andrew. Language and National Identity in Asia . New York: Oxford University Press, 2007.

チュクチ族
Chukchi

チュクチ族は、チュコト、チュクチャ、ルオラベトラン、ルオラウェトラン、Chukchee、Lygoraveltlat などとも呼ばれる古アジア諸族で、民族的にも文化的にもアメリカ先住民族と関係がある。約1万6000人のチュクチ族のほとんどが、アメリカのアラスカ州の対岸にあるロシア連邦の極東区域のチュクチ自治管区に居住している。現在、チュクチ人の多くはロシア語を話し、その数は減少傾向にあるものの約半数が彼らの伝統言語を話すことができる。チュクチ・カムチャツカ語群に属するチュクチ語は、ロシア極東の小さな民族集団が話す5つの古シベリア諸語のうちのひとつで、アラスカ先住民が話す言語に関連している。チュクチ族は伝統的にシャーマニズムの一形態である善と悪の両方の精霊を崇拝する信

仰をもっているが、現在では多くの人がロシア正教の信者となっている。さらに、シャーマニズムやキリスト教以前の信仰も変わらず広く普及している。

　チュクチ半島（チュコト半島とも）はかつてアジアと北アメリカをつないでいた陸橋の最西端を形成していた。約3万年前から、遊牧狩猟民の小グループがマンモスなどの獲物を追って陸橋を渡って移動を始めた。陸橋の西端に定住した集団（バンド）が、チュクチ族やシベリア北東部のほかの先住民族の祖先となった。先史時代、チュクチ族は遊牧狩猟採集民として暮らしていたが、徐々にトナカイの遊牧をするトナカイチュクチの「チャウチュ」と、海岸で海獣狩猟をする海岸チュクチの「アンカリン」の2つのグループに分かれていく。トナカイチュクチは内陸部のツンドラ地帯で遊牧生活を送り、いっぽうの海岸チュクチは沿岸部に定住し、主に海洋哺乳類を狩って暮らしていた。16世紀のロシアのシベリア進出の先頭に立っていたのがコサックで、彼らが先導して探検し、砦を築き、先住民をロシア皇帝の支配下に置いた。1600年代半ば、コサックはシベリアの極北東沿岸を偵察したのち、最終的にアナディリ砦を築き、チュクチ族に貢納を強要しようとした。武力行使ではチュクチ族を簡単に制圧できないと悟ったロシア当局は戦術を変えて、貴重な毛皮を貢納する忌まわしい"ヤサク"を免除する平和条約をチュクチ族に提案した。ヨーロッパ列強との競争を危惧したロシアは沿岸を偵察し、ベーリング海峡を越えてアラスカの領有権を主張した。また、いくつかの交易拠点を設立したが、あまりに好戦的で納める毛皮も少ないチュクチ族の生活様式を変えるようなことはほとんどしなかった。1763年から1800年にかけて、ロシア帝国は正式にチュクチ族の土地を併合したものの、チュクチ族をロシアの直接統治下に置くための努力はほぼおこなわれず、交易は19世紀まで続いた。文化的には、チュクチ族はアラスカ周辺のアメリカ先住民族とつながりをもっているが、数十年にわたるソ連の統治によって環境はひどく破壊され、さまざまな問題も残されている。ロシアの北極圏の村落では、平均寿命は50歳未満で、結核やアルコール依存症、寄生虫感染症、高い失業率が深刻な悪影響をもたらしている。チュクチ族の初期の歴史において重要な部族区分は、伝統的な区分と文化的グループとして残っている。チュクチ族はトナカイチュクチと海岸チュクチに分けられ、さらに多数の方言・文化的グループに分類される。チュクチ語は、近隣の古シベリア族の言語や、アラスカ先住民が話すアレウト語と密なつながりを

もつ。チュクチ語の興味深い特徴として、男性と女性で発音体系が異なることが挙げられる。女性用の言語には、伝統的に女性にはふさわしくないと考えられている「r」の音がない。現在、多くのチュクチ人がロシア正教会の信者だが、キリスト教以前の慣習も変わらず広く受け入れられている。チュクチ族のシャーマンは霊界とつながっていると信じられており、治療や占い、魔術をおこなう。土着の信仰のなかには、宇宙のあらゆるものに存在する目に見えない霊を崇拝する信仰もあり、そうした霊に供物を捧げることは、チュクチ族の信仰体系の重要な側面となっている。チュクチ族の約2パーセントがロシア正教を信奉しているが、キリスト教信仰を自認する人は多い。チュクチ族の家庭でおこなわれる宗教儀式の大半には、ソ連当局が批難できるような明らかな宗教的階層が見られなかったため、シャーマニズムは生き残った。チュクチ族のシャーマニズムは、数十年にわたる抑圧を難なく乗りきったのである。

19世紀初頭、アルコールと銃器の導入、貴重な毛皮に対するロシアの要求の増大がチュクチ族の生活様式に影響をおよぼすようになる。毛皮をもつ陸生・海洋動物の狩猟の増加により、この地域の多くの種が絶滅の危機に瀕した。ヨーロッパの病気とアルコール依存症が小規模なチュクチ族住民に大きな損失をもたらした。ヨーロッパの存在によって深刻な問題の数々が生じたにもかかわらず、半遊牧民のチュクチ族はロシアの支配に抵抗し、1800年代になっても半独立状態の形をとり続けた。ロシア政府は1867年にアラスカをアメリカに売却したのち、外国人（主にアメリカ人）の捕鯨者や貿易業者を寄せつけないようにするために、北東アジアへの支配を強化した。1815年、最初の正教会の宣教師がチュクチ族の居住地域に入ったが、彼らの大多数はキリスト教への改宗を受け入れなかった。宣教師たちは4つのロシア正教会の神学校を立てて、多くの族長の息子たちにヨーロッパの教育をほどこした。第一次世界大戦の影響をほぼ受けなかったチュクチ族は、地方の行政機関が崩壊し、ロシア革命の噂が伝わってきたことに動揺した。戦略上重要なこの地域の覇権をめぐるロシア人勢力間の争いは、1920年の共産主義者の勝利で幕を閉じた。すぐさまソ連の支配下に置かれ、チュクチ族のトナカイの群れは没収または集産化され、シャーマンの権威は排除された。高まるチュクチ族の抵抗を一掃しようとする手際の悪い試みが多くの暴力と抑圧につながった。チュクチ族はソ連の共同体にふたたび落ち着いた

が、多数のチュクチ族指導者が殺害、投獄された。昔ながらの猟場や漁場は、ソビエト国家の共有地および共有財産とされた。1930年代までに、この地域には一連の広大な強制労働収容所がつくられ、主にヨーロッパロシアの反体制派や反ソビエトグループの人びとが入れられた。1950年代になると、ソ連当局はチュクチ族をツンドラや沿岸部から追い出し、ソ連製のプレハブ式住居のある集団農場に送り込んだ。1980年代には、多くのチュクチ族がアルコール依存症や無気力、失業に悩まされながら、完全にロシア語の環境下という文化的荒地の貧困のなかに生きていた。ソ連の統制が緩み、1991年に最終的に崩壊を迎えたことで、ロシア入植者のロシア西部への大量流出が生じた。取り残された先住民族のチュクチ族は、自分たちの伝統的な生活様式を最大限に活かして、ほとんどがトナカイの牧畜、狩猟や漁撈を生業とする生活に戻った。長期にわたってチュクチ族の経済と人口の衰退が続くなか、アラスカの諸団体による食糧援助やそのほかの物資の配送を含め、アラスカとのつながりが深まり、チュクチ族は北アメリカの先住民族との結びつきを取り戻すことができた。

エスニック・ジョーク

居住地域がロシア連邦の北東端と遠く離れているにもかかわらず、ロシアではチュクチ族が一般的なエスニック・ジョークの的になることがいちばん多い。チュクチ族をからかうジョークは、イギリスのアイリッシュ・ジョークやカナダのニューフィー・ジョーク、フランスやオランダで人気のベルギー・ジョークと似ている。ひとつ紹介しよう。あるチュクチ族の男性がソビエト連邦作家同盟に入会を申し込んだ。審査官は彼にどんなロシア文学に詳しいかを尋ねた。「プーシキンを読んだことはありますか？」男性は「いいえ」と答えた。「ドストエフスキーを読んだことは？」チュクチ族の男性はまたしても「いいえ」と答える。「そもそも読めますか？」審査官がそう聞くと、男性は怒りながら、こう答えた。「私は読者じゃない、私は作家だ！」

もっと知りたい人のために

Gray, Patty A. The Predicament of Chukotka's Indigenous Movement: Post-Soviet Activism in the Russian Far North. Cambridge: Cambridge University Press, 2004.

Icon Group International. Chukchi: Webster's Timeline History, 1605-2007. San Diego: Icon Group International, 2010.

Kettula, Anna M. Antler on the Sea: The Yupik and Chukchi of the Russian Far East. Ithaca, NY: Cornell University Press, 2000.

Vahtre, Lauri, and Jüri Viikberg. The Red Book of the Peoples of the Russian Empire. "The Chukchis." Accessed July 31, 2013. http:// www.eki.ee/books/redbook/chukchis.shtml

朝鮮民族
Korean

　朝鮮民族（Hanguk-in、Han-in、Hanja、Hanguk-saram、Choson-in、Choson-saram、Koryo-saram）は、大韓民国（韓国）と朝鮮民主主義人民共和国(北朝鮮)、隣接する中国各地に集住している。それ以外にもアメリカ、日本、カナダ、ロシア、オーストラリア、ウズベキスタン、フィリピン、カザフスタン、ベトナム、ブラジル、イギリス、タイ、ウクライナ、インドネシア、ドイツ、ニュージーランド、アルゼンチンなどにもかなり大きな朝鮮民族のコミュニティが存在する。総人口約8500万人と推定される朝鮮民族は、アルタイ諸語の朝鮮語派の言語を話すが、朝鮮語とアルタイ諸語の関連性については議論が分かれるところである。朝鮮民族の多くは無宗教だが、仏教、儒教、天道教のほかキリスト教がおもに韓国とコリアン・ディアスポラ（朝鮮半島からの離散民）のあいだで信奉されている。

　考古学的証拠から、朝鮮民族の祖先がシベリア中南部で発祥したことが分かっている。彼らはそこから南下し、新石器時代から青銅器時代にかけて、朝鮮半島への朝鮮民族の移動の波が続いた。朝鮮民族の歴史は、紀元前2333年に伝説の王、檀君王倹が古朝鮮王国を建国したときにさかのぼる。紀元前1500年頃、朝鮮半島と中国東北部の隣接する満州地域は、半定住農民が占めていた。紀元前400年頃、王国の都が平壌に移される。紀元前3世紀には、半島南部にライバルとなる辰国が樹立する。古朝鮮王国は紀元前108年に漢族の侵攻を受けて消失し、多くの小国に分裂した。最終的に南の百済と新羅、北の高句麗の3つの国家があらわれた。この3国が、57年から668年までのほとんどの期間を覇権を争

いつつ朝鮮半島と満州の一部を支配し、新羅が高句麗を滅ぼしていわゆる三国時代が終わる。その後、698年から926年までの南北国時代、朝鮮民族の故国は南の新羅と北の渤海に分裂した。統一新羅時代には、朝鮮民族の芸術と文学が栄え、仏教が新羅文化において重要な役割を担っていた。仏教の僧院は先進的な建築と学問の中心地となった。統一新羅時代は260年続き、935年に高麗に征服された。高麗は918年に建国され、1392年まで朝鮮民族の祖国を統一した。この期間のもっともすばらしい業績が、独特な高麗青磁と高麗八万大蔵経である。後者は約8万枚の版木に彫られた仏教聖典で、現代の大韓民国の国宝となっている。1234年には最初の金属活字が発明された。現存する最古の金属活字本『直指心体要節』は1377年のものである。14世紀までに、高麗は中国のモンゴル元王朝の圧力を受けて、その権力の大半を失っていた。朝鮮王朝は1392年に高麗を倒して建国され、19世紀末まで歴代の王が朝鮮を統治した。日本による朝鮮侵攻は、沿岸地域への倭寇の襲撃から始まり、1592年から1598年にかけて本格的な侵攻がおこなわれた（文禄・慶長の役）。日本との戦争中、朝鮮民族は強力な火器を開発し、完全に密閉された軍艦、亀甲船を使用して日本の水軍を撃退した。中国の明帝は援軍を送って、日本の侵略軍を迎撃する朝鮮を助けた。日本軍の侵攻によって朝鮮の国土は荒廃し、近隣の満州族と明王朝とのあいだで激化する紛争に巻き込まれた。満州族と中国人の双方から圧力を受けながら、朝鮮は中立を保とうとした。1627年、3万人の女真族（満州族）軍が国の防衛線を突破し、朝鮮は満州族の強大な王国の属国となった。満州族による中国征服後、満州清王朝による緩やかな支配下に置かれた朝鮮の統治者らはさらに孤立主義を深め、16世紀後半の日本軍の侵攻以来、繰り返し国を荒廃させてきた同盟や紛争を避けようとした。王国内では、朝鮮の儒教改革運動が支持を集めた。「実学」として知られるこの思想は、17世紀から19世紀にかけて王国で生じた急速な産業・農業・政治的変化から切り離されたかのように形而上学的な性質を強める朝鮮の宗教思想への批判から発展した。

　朝鮮の伝統文化は、現代の朝鮮の2つの国家と、近隣の中国や日本、アメリカなどその他の国に暮らす多数の朝鮮民族の住民のあいだで共有されている。今日の朝鮮文化は、朝鮮半島が政治的に分断された1945年以降、独自の現代的な形態を発展させてきた。歴史を通して、朝鮮文化は近隣の漢族や満州族の影響を色濃く受けてきたが、朝鮮民族はそうした

文化とは異なる固有の文化的アイデンティティを形成してきた。韓国は、とくに1960年代に世界の最先進工業国の仲間入りをしてから、工業化と都市化によって、外部から多くの影響をとり入れてきた。北朝鮮では、スターリン主義に基づく共産主義政権が、80年近くにわたって国民を外界の影響から遮断してきた。貧困と政治的行き過ぎにより、北朝鮮では多くの史跡や寺院、僧院が破壊されてきたが、韓国政府は古来の文化芸術や伝統に助成金を出している。朝鮮の建築物は、歴史を通して自然との調和を特徴としている。韓国では多数の建造物が文化財として保存されており、1970年代、80年代の経済成長によって促進された現代建築物と並んで建っていることも多い。北朝鮮は停滞し、飢えと苦しみが蔓延しているが、共産主義政権の統制下で大規模な軍事力を維持している。両国の接触を制限しようとする政府の努力にもかかわらず、北朝鮮に入り込む文化的要素などが南北間の数々の緊張を生んでいる。北朝鮮がなおも貧困と20世紀初頭の独裁政権から抜け出せないいっぽうで、南の韓国は世界の最先進国のひとつとなっている。韓国の芸術は音楽、テレビ番組、映画とともに国外のアジア各地でひじょうに人気が高い。また、世界有数の革新的な技術力を備え、韓国ブランドの名は世界中で知られている。韓国の携帯電話のテクノロジー、自動車、工業製品は世界各国に輸出されている。今日、北朝鮮や中国の近隣地域に住む朝鮮民族の多くは無宗教を自認しているが、伝統的なシャーマニズム信仰が今も残っている。朝鮮の歴史を通して、朝鮮シャーマニズム、大乗仏教、儒教の伝統的な信仰は、朝鮮文化に不可欠な要素であり、根底をなす影響を与え続けている。そうした影響は、韓国の大規模なキリスト教コミュニティや無神論者の多い北朝鮮でもみられる。両国の国語である朝鮮語は、隣接する中国の延辺朝鮮族自治州の2つの公用語のうちのひとつでもある。また、世界各地に在住する多くのコリアン・ディアスポラによっても話されている。朝鮮語はアルタイ諸語の朝鮮語派に属するが、現存するどの言語とも密接な関連をもたないと考える言語学者もいる。現代朝鮮語は昔から多数の地域方言からなり、南海岸沖にある済州島で話されている方言は、朝鮮語族の別の言語とみなされることが多い。朝鮮語は一般にハングルで表記されるが、ロシアや中央アジアではラテン文字やキリル文字の表記が使われている。1945年の南北の政治的分断以来、標準韓国語の語彙、発音、動詞の語形変化などで方言による違いが生じてきた。南の韓国では、とくに

テクノロジー、製造、エンターテインメントの分野の多くの英単語がとり入れられているが、北朝鮮ではそのニーズを賄うために専用の言葉がつくり出されている。

19世紀、国内の権力争いや外国からの侵略、反乱などで朝鮮王朝は急速に衰退していく。貿易や交流が増えるにつれ、西側の影響力も増していった。中国の満州清王朝と日本が戦った日清戦争（1894～1895年）は、おもに朝鮮における両国の覇権争いが原因だった。中国は朝鮮を属国とみなしていたが、敗戦によって、この地域の支配権が日本に移った。日清戦争の戦いの一部は朝鮮王朝の領土でおこなわれ、半島西部の多くの地域が荒廃した。産業と軍事力を強化していた大日本帝国は、朝鮮の近代化を日本の支配力に対する脅威ととらえた。日清戦争の講和条約である下関条約が結ばれ、朝鮮半島の朝鮮王朝と中国の清王朝とのそれまでの関係に終止符が打たれた。1897年、朝鮮王国は正式に新たな国家である大韓帝国となった。新政府は軍事、経済、諸産業、土地制度、教育の分野での近代化に部分的に成功した。朝鮮半島におけるロシアの影響力が増大していたが、日露戦争（1904～1905年）後、大韓帝国は日本の保護国となった。1910年、日本は大韓帝国を併合し、以後35年間におよぶ軍事支配が始まった。その統治はしばしば残虐なもので、併合後、日本は朝鮮の伝統と文化を抑圧し、おもに日本の国益のためにその経済を再編しようとした。1919年3月1日、朝鮮全土で反日独立運動のデモが起きる（三・一運動）。日本軍はデモ参加者に発砲し、約7000人が死亡した。

その後も抗日蜂起は続き、とくに1929年に大規模な反乱が生じたため、より厳しい軍政が敷かれることとなった。1937年、日本の中国侵攻から日中戦争が始まり、第二次世界大戦中、日本政府は朝鮮の伝統文化を消し去ることにさらに労力を注ぎ込んだ。朝鮮語は禁じられ、朝鮮民族は日本の姓を名乗るよう強制された。朝鮮の多数の文化工芸品や遺跡が破壊されたり、日本にもち去られた。全国で抗日運動組織が活動し、とりわけ中国国境沿いで日本軍を大いに苦しめた。第二次世界大戦中、朝鮮民族は日本の戦争努力のために強制労働をさせられた。朝鮮の何万人もの男性が日本軍に徴兵され、多くの朝鮮の少女や女性が慰安婦にされた。1945年、第二次世界大戦の終結と日本の敗北により、朝鮮の支配も終わりを迎えた。ソ連は戦争の終結間際になって日本に宣戦布告したにもかかわらず、1945年にソ連軍が朝鮮半島の北部地域を、アメリカ軍が南部を分割

占領した。国連の監視下で選挙が実施される予定だったが、冷戦思考が影響して、選挙は延期された。1948年までに、朝鮮半島は北部の共産主義政権と南部の欧米型の反共国家の2つの国家に分割されていた。米ソの進駐軍が半島から撤退すると、南部の弱体化が共産主義指導者の金日成(キムイルソン)を韓国侵攻へと駆り立てた。この軍事侵攻計画は当初、ソ連のヨシフ・スターリンに拒否されたが、1949年に共産主義者が国共内戦に勝利したことで、中国は北朝鮮に軍隊を派遣し、そのほかの支援もおこなった。1950年、韓国への侵攻から朝鮮戦争が始まった。国連の承認を得て、アメリカをはじめとする国連軍が混乱する韓国を支援するために介入した。北朝鮮と中国の同盟軍による最初の迅速な軍事侵攻以後は、両軍は膠着状態に入った。1953年7月に休戦協定が結ばれ、南北間の境界線が設けられた。この紛争で100万人以上の韓国の民間人と兵士が死亡し、国連軍と中国軍も数万人の死者を出した。この戦争は、冷戦の最初の武力紛争であり、1950年代に世界を二分した民主主義国家と共産主義独裁政権の冷戦は激化していく。1953年以降、朝鮮半島の南北両国の関係は緊迫した状態が続き、朝鮮民族は2つの根本的に異なる文化のなかで暮らしている。南の韓国では、戦後の復興とアメリカやその同盟国との長期にわたる協力関係にくわえて、戦時中とその直後に北朝鮮から逃れてきた多数の同胞が驚異的な経済成長を生み出し、1950年には世界でもっとも貧しい地域のひとつだった韓国を、1990年には世界でもっとも裕福な国に数えられるまでに変貌させるという劇的な変化をもたらした。北朝鮮では熱狂的な崇拝の対象になっている独裁者による体制、莫大な費用を投じた巨大な軍隊、非効率的な経済によって1980、90年代に飢餓が蔓延し、21世紀になっても続いた。核兵器の製造計画に始まり、一般市民を犠牲にした北朝鮮の軍事支出は不安定さを増大させ、韓国や日本への挑発を助長させ、朝鮮半島に利害関係をもつアメリカなどの国との関係を悪化させている。

もっと知りたい人のために

BBC News. "North Korea Profile." Last updated July 23, 2013. http://www.bbc.co.uk/news/world-asia-pacific-15256929

BBC News. "South Korea Profile." Last updated June 7, 2013. http://www.bbc.co.uk/news/world-asia-pacific-15289563

Demick, Barbara. Nothing to Envy: Ordinary Lives in North Korea. New York: Spiegel & Grau, 2010.

バーバラ・デミック『密閉国家に生きる私たちが愛して憎んだ北朝鮮』(園部哲訳、中央公論新社、2011年)

Oliver, Robert T. A History of the Korean People in Modern Times: 1800 to the Present. Newark: University of Delaware Press, 1993.

Tudor, Daniel. Korea: The Impossible Country. Clarendon, VT: Tuttle Publishing, 2012.

チワン(壮)族
Zhuang

チワン(壮)族(プーチワン、プーノン、プートウ、プーイ、プーマン、チュアン、チョワン、Buyang、Chwan、Tai Zhuang、Rau、Gaolanとも)は、中華人民共和国で最大の少数民族である。約1890万人とされるチワン族の人口のほとんどが中国南部の広西チワン族自治区に居住し、雲南省、貴州省、広東省、湖南省にもそれよりも少ない住民がいる。チワン族は中華人民共和国政府が認定する少数民族のなかで最多の人口を抱える。チワン族は、タイ・カダイ語族のタイ語群に属する多数の方言を話し、それぞれの話者は相互の言葉を理解できない。チワン族の大多数は伝統的な信仰体系を継承しており、少数派となる仏教徒や道教の信者もかなりの人数がいる。

チワン族は中国南部の先住民族のなかで最大の人口を誇る民族で、その祖先は旧石器時代にたどることができる。花山に残るその岩絵は紀元前475年から前220年に描かれたものと推定されている。中国初期の国家では、南方に住むタイ系民族は「南蛮人」と呼ばれることが多かった。紀元前218年頃、漢族が南のタイ系民族の領土に侵攻する。大苦戦を強いられ、紀元前214年までに広西の西部地域を制圧し、数十万人という漢族の移民に道が開かれた。漢族への服従と離反を繰り返していたタイ系民族が番禺という国家を築く。紀元前111年に番禺が滅亡すると、ふたたび漢族が南下し、南部の主要都市に入植地と駐屯地を設立した。チワン族はタイ系民族で最大の民族で、雲南に南詔と呼ばれる大国を建国した。南詔軍は751年と754年に唐軍を撃退したが、その後、内乱と農民の蜂起によって崩壊した。902年に南詔が滅びると、後継国家である大理がこの地域の大部分を掌握した。北の漢族と南の安南人から圧力を受けて、チワン族の指導者儂智高は1052年、漢族の侵略軍に対して広範な反乱を主導した。彼は今

もチワン族の民族の英雄として讃えられている。1070年頃、チワン族は現在のベトナムから侵攻してきた安南人を撃退する。漢族による支配が強化されたにもかかわらず、この地域はなおも不安定なままだった。チワン族の独立は、1253年にモンゴルがこの地域を征服するまで続いた。ヴェネツィアの探検家マルコ・ポーロは、モンゴル征服直後の荒廃した国を訪れている。歴代の中国王朝の緩い統治下に置かれていたが、タイ語を話す多数の住民の割合を下げるために、当局はこの地域への漢族の移住を奨励した。さらに、公式な政策として漢化も進められた。14、15世紀には、中国明朝の役人は民族集団同士を争わせる分割統治システムを多用した。中国の干渉とチワン族と近隣のヤオ族との緊張関係が戦闘に発展し、チワン族の歴史のなかでもっとも血なまぐさい戦いのひとつが生じる。1465年に大藤峡の乱で起きた両民族の衝突で2万人以上が命を落とした。16世紀半ば、チワン族は日本からの侵略者を撃退するためにふたたび団結した。漢族はいちばん肥沃な最良の土地を奪い、生産性の低い山岳地帯に先住民族を追いやった。1644年に満州族が中国を征服すると、南部地域の行政にも変化が生じた。満州族清王朝は、1650年に初めてタイ語を話す地域の一部を皇帝の直轄統治とした。1726年までに、清朝はすべてのチワン族を帝国の直接統治下に置いていた。

チワン族は、歴史を通して「水の住人」として知られてきた。彼らは古くから水辺の近くに集落を築き、水中に支柱や杭を立てて高床式の建物をつくった。チワン族は、中国で公式にチワン族と認定されたさまざまな部族や氏族、地域集団が統合してひとつの民族を構成している。彼らはおもに農耕民であるため、「土の人びと」を意味する"土"と呼ばれることも多い。チワン族の文化では、たくさんの伝説や民話、物語、物語詩などが世代から世代へと受け継がれてきた。歌は重要な文化的要素となっている。歴史を通して、チワン族の各コミュニティでは定期的に歌の祭典、歌節が開催され、周囲の村の若者たちは音楽を奏でたり、歌を歌って、結婚したい相手に求愛した。民俗文学と音楽、舞踊、芸術が組み合わさったチワン文化のもっとも有名な表現のひとつが7世紀にはじまったチワン歌劇である。同時期にさかのぼると考えられているのが、伝統的なチワン族の錦織物だ。天然の綿を使い、見事なデザインをほどこした壮錦は、何世紀にもわたって中国で珍重されてきた。また、重さ0.5トンに達することもある銅製の太鼓は、本来の用途は明らかではないが、今でも

文化の一部を形成している。チワン族は昔から一夫一婦制を営んできたが、古い結婚の風習から現代的な求愛と結婚のかたちに移行している。知恵の源泉である年長者を敬い、子供たちを共同で世話することは、重要な文化的特徴である。一般にチワン語と呼ばれるチワン族の言語は、実際にはタイ語族の16の下位集団からなる。その多くが西南官話の影響を強く受けており、話者は相互の言葉を理解できない。チワン族は民族グループだが、言語グループではない。チワン語の北部方言は標準語として用いられているが、チワン族の多くはグループ間のコミュニケーションに標準中国語や広東語を使うことを好む。"古壮字"と呼ばれるチワン語の文字は、今も歌を書くときや日常生活で使用されている。公式の標準チワン語にはラテン語を基にした文字が用いられるが、人気がなく、ほとんどの人は今も文字を書くときには古壮字か漢字を使っている。チワン族は多神教を信奉している。大きな岩や巨石、古代の木、高山、風景のさまざまな様相、ヘビ、鳥、動物、そして自分たちの祖先といった自然界の精霊を含む、多数の神や精霊を崇拝している。道教はチワン族の宗教的信仰に深い影響を与えてきた。少数派となる仏教の信奉者もかなりの人数がいる。そのほかに、19世紀にヨーロッパとアメリカの宣教師によってこの地域にもたらされたキリスト教を信奉する小さなグループもある。

中国南部の地域は変わらず満州族清朝の支配下にあったが、清朝が任命した地域の統治者が土地の大部分を管理し、チワン族の大半は小作人や小作農として暮らしていた。19世紀半ば、南のベトナムの侵略を開始したフランスが、その勢力を中国南部のチワン族の領域にまで広げようとしていた。フランス植民地当局は、1884〜1885年の清仏戦争のあと、チワン族の居住地域に関心を向けた。1898年、弱体化した清朝は広西とその近隣地域における広範な権限をフランスに与えることを余儀なくされた。衰えつつあった中国の満州族支配者に制限されることなく、フランスの宣教師たちはキリスト教、近代教育、ラテン文字をチワン族にもたらした。清朝末期の混乱と1911年の辛亥革命により、1910〜1916年にかけて、フランスの緩い権威のもとでチワン族はその居住地域を実質統治した。1916年から1917年にかけて脆弱な中華帝国がこの地域で権力を振るったが、当局にひどい扱いを受けたチワン族をはじめとする地域の民族グループが結集し、漢族の侵略に対する武力抵抗に立ち上がった。チワン族の農民は漢族の支配と地主による虐待に立ち向かう

ためにまとまった。1926〜1929年にかけて、チワン族の民兵組織は政府軍に鎮圧されるまで、タイ語圏のほとんどを事実上支配した。地元の軍閥たちが中国南部を支配し、1930年代に国共内戦が激化するなかで、当局の緩やかな統治下に残された。軍閥と中国政府との合意により、1936年にこの地域はふたたび中央の管轄下に置かれることになる。第二次世界大戦中、共産党当局者らがこの地域に入り込み、1949年におこなわれていた内戦で共産主義者が勝利すると、すぐさま支配権を掌握した。解放者として歓迎された共産主義者だったが、前政権と同じく、漢族以外の民族に対して残忍で無情であることが判明する。1950年、チワン族はフランスのひそかな支援を受けてベトナムで蜂起した。新たな共産主義政権に匪賊と呼ばれ、1952年に反乱が終結するまでに数千人が殺害・処刑された。中国政府はチワン族などの少数民族のために名目上の自治区を設立したが、土地の集団化が新たな紛争を引き起こした。1967〜1977年にかけての中国の文化大革命では、紅衛兵部隊がこの地域で暴れ回り、非漢族のあらゆる施設や寺院、宗教センター、文化施設を破壊した。チワン族の伝統や慣習の多くは進歩に悪影響をおよぼすとして禁じられた。国内のほかの自治区に比べて、チワン族の漢化は進んでいると考えられていたが、1990年代に少数民族の文化に対する保護を強化する新たな経済・政治法が定められると逆向きに動き始めた。21世紀に入り、チワン族の若者の多くは、中国の部分的な資本主義経済の恩恵を受けることを熱望しながらも、チワン族の方言やタイ系民族の文化のすばらしさをあらためて認識し、自分たちの文化的ルーツを再発見しつつある。

もっと知りたい人のために

Huang, Pingwen. "Sinification of the Zhuang People, Culture, and Their Language." Originally published in Ratree Wayland, John Harmann, and Paul Sidwell, eds. SEALSXII: Papers from the 12th Meeting of the Southeast Asian Linguistics Society (2002), Canberra, Pacific Linguistics, 2007, 89-100. http://sealang.net/sala/archives/ pdf8/huang2002sinification.pdf

Johnson, Eric, and Wang Mingfu. Zhuang Culture and Linguistic Heritage. Kunming, China: SIL International and the Nationalities Publishing House, 2008.

Kaup, Kathering Palmer. Creating the Zhuang: Ethnic Politics in China. Boulder, CO: Lynne Rienner, 2000.

McCarthy, Susan K. Communist Multiculturalism: Ethnic Revival in Southwest China. Seattle: University of Washington, 2009.

デカセギ
Dekasegi

　日系ラテンアメリカ人や"日系人"としても知られるデカセギは、1990年代初頭以降に日本に移住したラテンアメリカからの移民で構成される日本の民族グループである。日本にいる約35万人のデカセギは通常、ポルトガル語かスペイン語と日本語の二カ国語を話す。ポルトガル語かスペイン語だけを話すデカセギも多い。デカセギの大多数はローマカトリック信徒で、ごく少数が仏教や神道、プロテスタント諸派を信奉したり、無宗教と自認している。

　日本からの移住が最初に記録されたのは早くも12世紀で、日本人の集団が故郷の島国を離れてフィリピンに移住した。集団移民が始まったのは、1868年から1912年にかけての明治時代になってからである。日本の封建時代の末期には、とくに農村部の住民のあいだでひどい困窮と貧困が蔓延した。過密と失業を解消するために、日本政府は国民の他国への移住を奨励するようになる。その行き先のなかでも、アメリカやオーストラリアなどは、社会に溶け込めないという理由から、受け入れ可能な移民リストから東洋人を除外する政策をとっていた。ペルーは、1873年に大日本帝国と正式に外交関係を結んだ最初のラテンアメリカの国である。さらに、1899年に南アメリカで最初に日本人移民を受け入れた国でもあった。一部のラテンアメリカの国、とりわけブラジルは19世紀の奴隷制廃止後、労働力不足に悩まされていた。当初、そうした国々はヨーロッパ、なかでもイタリアとスペインからの移民の受け入れを促進していたが、ひとたびラテンアメリカに到着すると、ヨーロッパ人はひじょうに低い賃金で働かされ、長時間労働を含む劣悪な労働環境のもと、雇用主から虐待を受けることも多かった。こうした悲惨な状況を受けて、イタリア政府は1902年にプリネッティ命令を制定し、政府補助金によるブラジルなどのラテンアメリカ諸国への移住を終わらせた。とくにコーヒー農園や牧場はふたたび労働力不足に陥り、世界のほかの地域から労働者を呼び込む新たな取り組みがおこなわれるようになった。日本には余剰労働者向けの仕事はほぼなかったが、ラテンアメリカは働く機会にあふれていた。日本政府はラテンアメリカの主要国と交渉を重ねて、移民ひとりひとりに特別な証明書を与えて肉体労働者ではないことをしめすという協定をようやくとりつけた。いったん日本の海岸を離れると、移民はたいてい忘れ去られた。1908年に最初の日本人移民がブラジルに到着し

始め、その多くはブラジルの重要なコーヒー農園の労働者となった。ラテンアメリカに移住したのはおもに沖縄県、岐阜県、広島県、神奈川県、大阪府出身の人びとで、農場やプランテーションの労働者といった低賃金の仕事に就くために、契約に基づいてブラジル、ペルー、アルゼンチン、コロンビア、メキシコなどのラテンアメリカ諸国にやってきた。日本人移民の大部分は、数年間働いて十分なお金を稼いだら日本に帰国する予定だった。しかし、手っ取り早く大金を手に入れるという神話はそれこそ雲をつかむような話で、厳しい現実に直面する。移民たちに支払われる賃金はきわめて低く、長時間の過酷な労働を強いられた。言語、宗教、服装、食生活、生活様式、気候条件の違いといった障壁が新たな移民たちにとてつもないカルチャーショックを与えた。移民の多くは日本に戻ろうとしたが、契約期間を満たすよう主張する雇用主に阻まれた。第二次世界大戦中、ペルーの日系人コミュニティのほとんどが一斉検挙を受け、船でアメリカの強制収容所に送られた。ブラジルでは強制同化政策がとられた。ほかの国でも、移民は軍務や福祉や多くの職業で制限を受けたり、拒否されたりした。日本生まれの移民の第一世代、"一世"は概してラテンアメリカの日系移民社会を維持していた。ラテンアメリカで生まれた"二世"と、日本というルーツから離れた第三世代の"三世"は、自分たちが生まれた国の文化に同化し始めた。1960年代には日系二世、三世のラテンアメリカ人の多くは日本語を話さず、自分たちをブラジル人やアルゼンチン人、ペルー人と自認していた。ラテンアメリカの日系移民コミュニティは数十年にわたって、ラテン文化に同化するには異質すぎると考えられ、しばしば隔離のような状態に置かれたまま差別に苦しんできた。20世紀後半に新たに渡ってきた移民がいなかったため、日本人ディアスポラは独特なものとなっている。

日本におけるデカセギ・コミュニティは、おもに日系ブラジル人、日系ペルー人、日系アルゼンチン人、日系コロンビア人で構成されており、そのほかのラテンアメリカ諸国の日系人も少数存在する。"デカセギ"という言葉は、1980年代以降に日本に移り住んだ日系ラテンアメリカ人をさすときに使われる。彼らは日本国籍、二世ビザを取得し、ラテンアメリカの経済不安から逃れるために、日本への移住を奨励する入国管理法を利用して日本にやってきた。もともと日本語の"デカセギ（出稼ぎ）"は、大まかに言えば「家を離れて働く」という意味になる。この言葉は軽蔑的な意味で使わ

れることが多く、海外で生まれて日本を永住の地と考えるようになった日系人たちからひじょうに嫌がられている。デカセギの人びとは外国人、つまり日本人のいう"ガイジン（外人）"という含意をもって"デカセギ"という言葉が用いられることに憤りを感じている。日本政府は最近まで国内のマイノリティの存在について明確に言及してこなかった。日本に住む多数の日系ラテンアメリカ人は、ほぼ単一民族の国に住むことのさまざまな障害に直面している。デカセギの多くはローマカトリック信徒で、そのほかの多数の人もポルトガル語かスペイン語しか話さないため、閉鎖的な日本文化のなかでさらなる問題が生じている。多くのデカセギは自分たちを日本から見捨てられた人間だと考えている。信者にとって生きていくうえでの道徳的指針の源となっているローマカトリックの教えは、日本の宗教理念と衝突することが多々ある。日本の宗教の理想は、主に神道と仏教の要素が組みあわさったもので神話や伝統、地域の活動の基盤となっている。日本の学校は、日本語をほとんど、あるいはまったく話せない生徒にほぼ対応していないため、言語の問題はとくに難しい。デカセギの多くは、民族的背景に関係なく、たいていが外国人とみなされ、人種差別や外国人排斥の状況に直面することが多い。多くの日本人は、デカセギを新天地での生活を求めて日本を離れた者やその子孫だと思っている。あるいは、デカセギを哀れみの対象としたり、身分や生まれた順番、農村部での機会の少なさといった不運な境遇によって移住を余儀なくされた人びとの子孫だと考える人もいる。

デカセギは、多くの日本人がやりたがらない仕事——"きつい"、"汚い"、"危険"のいわゆる3K仕事をするために渡日した。1980年代から90年代にかけて、日本経済は右肩上がりで成長を続け、移民労働者の需要も高まり、ラテンアメリカからますます多くの日系人を引き寄せた。1990年、改正入管法が施行され、外国人労働者の需要を満たすために海外の日系人の移住を奨励した。日本政府は日系デカセギの渡日を歓迎し、日本人の血をひく者の多くに市民権取得を許可した。2000年までに、日本に居住するデカセギは30万人を上回り、そのうちの22万人以上がブラジルから、少数がほかの南米諸国から渡日している。日本にやって来たデカセギの大多数は工場都市で働き、地元に住む日本人がやりたがらない単純かつ低賃金の仕事に就いた。日本政府に誘致されたにもかかわらず、ほとんどの場合、彼らは定住した地域社会でまったくといっていいほど歓迎されな

かった。ひどい差別を受け、日本文化に溶け込むのが困難だった。日本経済の低迷により、2010年までには、多くのデカセギが失業し、地域によってはその数は最大70パーセントにも達した。かつて労働力が必要だったときには彼らを喜んで受け入れていた工場も、多くが閉鎖されたり、労働市場がもっと安い海外に経済活動を移したりした。その結果、多くのデカセギ・コミュニティが影響を被り、日本政府は日本を離れる意思のある人に奨励金を出し始めた。多くの人が政府の資金を受け取って、より強く故郷だと感じられる国に戻っている。

コンデ・コマ

ブラジルに帰化してオタービオ・マエダと改名した前田光世(みつよ)は、日本の柔道家で、20世紀初頭に人気の高かった賞金目当てで異種格闘技を戦った選手だった。彼はスペイン語とポルトガル語で"コンデ・コマ"、「コンバット伯爵」として広く知られていた。1908年にスペインで戦っていたときに使うようになったニックネームである。彼は、ブラジルにおける柔術の発展に関する第一人者のひとりで、南米への日本人移民の推進者でもあった。長いキャリアのなかで、彼は南アメリカ、アメリカ、メキシコ、中米、キューバ、ヨーロッパで転戦し、2000戦勝以上をあげている。

もっと知りたい人のために

Buerk, Roland. "From Brazil to Japan and Back Again." BBC News , May 1, 2009. http://news.bbc.co.uk/2/hi/business/8025089.stm

De Carvalho, Daniela. Migrants and Identity in Japan and Brazil: The Nikkeijin. London: Routledge, 2002.

Lie, John. Multiethnic Japan. Cambridge, MA: Harvard University Press, 2004.

Tsuda, Takeyuki. Strangers in the Ethnic Homeland: Japanese Brazilian Return Migration in Transnational Perspective. New York: Columbia University, 2003.

トゥ(土)族
Tu

　トゥ(土)族（チャガン・モンゴル、白いモンゴル、Tuzu、Tu Zu、Donghu、Tangut、Xianbei、Monguor、Monggurとも）はモンゴル系民族で、中華人民共和国で公式に認められている56の民族集団のうちのひとつである。推定人口29万人のトゥ族のほとんどは中国西部の青海省と甘粛省に住んでいる。もっとも広く話されている言語は、モンゴル語族のシロンゴル・モンゴル語に属するモングォル語である。青海省東部に住む少数のグループは、五屯語と呼ばれる混合言語を話す。トゥ族の宗教的信仰は、黄帽派チベット仏教と、漢族によってこの地域にもたらされた道教の要素が習合したものになっている。

　中国初期の年代記では、トゥ族は現在の遼寧省の西方に住む好戦的で屈強な民族として言及されている。4世紀に、トゥ族の祖先は東の甘粛と青海に移住した。彼らは新しい故郷で、吐谷渾と呼ばれる部族連合の王国を築いた。王国は7世紀に吐蕃との戦いに敗れ、多くの難民が南の黄河、湟水河、大通河流域へ逃れた。これらの難民の集団が現代のトゥ族の祖先となった。モンゴル民族が版図を大きく拡げた時代に、トゥ族は初めて独立した民族として記録されている。1227年、トゥ族の住む地域を制圧するためにモンゴル軍が派遣される。モンゴルの兵士はこの地域に留まり、地元の部族集団から妻をめとった。16世紀には敵対するグループに敗れた別のモンゴル族のグループが青海の東の地域に定住し、徐々にトゥ文化に溶け込んでいった。トゥ族のほとんどは羊やヤギを飼育し、毎年、群れを低地から山地へと移動させていた。17世紀中頃、一部の地域に農業が導入された。トゥ族は16人の世襲の族長または首長の統治下に置かれ、彼らは称号と土地を明の皇帝から与えられていた。時とともに、そうした首長が土地の大部分を支配するようになり、牧畜や農業のために貸し出された。封建領主の多くは大きな影響をもつラマ教の僧院のラマ（仏僧）で、トゥ族の農民に土地を貸す大地主でもあった。

　トゥ族の文化は、モンゴル系民族や漢族にくわえて、この地域に住む民族の影響を受けた混合文化である。トゥ族の多くは、中国政府が自分たちに与えた「先住民」を意味するだけの呼称を軽蔑的なものとみなしており、昔から白いモンゴルという意味の「チャガン・モンゴル」を自称している。近年、都市化が進み、漢族の多くの伝統や慣習をとり入れたことで、彼ら独自の伝統文化が消失の危機

にさらされている。古来より受け継がれてきた数々の歌やなぞなぞ、民話、ことわざが徐々に消えつつある。ほとんどのトゥ族の村落では、仏教寺院と道教寺院がもっとも重要な2つの建物とされる。トゥ族の居住地域の大半で仏教の僧侶の姿をよく見かけるが、道士やシャーマンの数はそれほど多くない。さまざまなモンゴルの特徴がトゥ文化の重要な要素を担っている。それらは時間の経過とともに吸収され、変化し、今日ではトゥ族の社会の独自の特色を形づくっている。トゥ族の言語はモンゴル語族のシロンゴル・モンゴル語派に属している。甘粛・青海省で話されているモンゴル諸語に分類されることもある。この言語は、チベット語と中国語の強い影響が見られるいくつかの方言で話されている。宗教に関連する言葉の多くはチベット語に由来している。基本語彙はモンゴル語と似ているが、形式と影響においては、中国のトンシャン族とバオアン族が話す言語に近い。中国政府はトゥ族の言語に対応するラテン文字の表記を創出したが、ほとんどのトゥ族は中国語の文字を使い続けている。

　世襲の首長の役割は徐々に変化していった。19世紀になると虐待が蔓延し、トゥ族の農民はさまざまな種類の税を支払うだけでなく、地主やラマ僧院のために1年のうちに何日間も労働を強いられるようになった。首長やラマ僧院は、自分たちの土地の状態を評価するために3年ごとに視察旅行をおこなった。彼らが支配する封建社会のなかで、トゥ族はしだいに農奴の階級に貶められていった。19世紀後半に、キリスト教の宣教師がこの地域に入ってきた。彼らはトゥ族の一部のコミュニティに教育を導入し、1915年から1949年のあいだに教会や小学校を建設した。20世紀初頭の動乱期に、馬氏一族の族長がこの地域を掌握した。軍閥としてこの地域を支配下に置いた馬氏は、40種類もの税と強制労働を課した。債務奴隷制や搾取、法外な地代を駆使して、第二次世界大戦が勃発するまでの約38年間、馬氏はトゥ族を支配した。多くのトゥ族は馬軍閥の圧政に抵抗し、1949年までにこの地域で深刻な反乱が続発していた。同年に勝利した共産主義者が幹部をこの地域に送り込んで馬軍閥を打倒し、地主やラマ教の僧院の影響を排除した。1950年代に家畜の群れと土地が集団化された時期にあっても、トゥ族は教育と生産性において飛躍的な進歩を遂げた。1954年、トゥ族の最初の自治県となる互助トゥ族自治県が設立される。1967～1977年におこなわれた中国の文化大革命によって、この地域は壊滅的な被害を受けた。ラマ僧院

や廟、教会や教会学校が紅衛兵によって破壊された。多くのトゥ族が逮捕されて、強制労働収容所や再教育収容所に送られた。1980年代の政治・経済改革により、トゥ族は古来のラマ教の僧院や廟の多くを再建することができたが、教会や教会学校は引き続き禁じられた。生産手段の回復によってトゥ族の地域はずっと豊かになったが、漢族文化への同化が進み、21世紀初頭までにトゥ族の文化はその歴史的要素のほとんどを失う危機にさらされた。

もっと知りたい人のために

Bulaq, Uradyn E. The Mongols at China's Edge: History and Politics of National Unity. Lanham, MD: Rowman & Littlefield, 2002.

Ethnic Groups. "The Tu Ethnic Minority." Accessed July 31, 2013. http://www.china.org.cn/e-groups/shaoshu/shao-2-tu.htm

Morgan, David. The Mongols. Hoboken, NJ: Wiley-Blackwell, 2007.

West, Barbara A. Encyclopedia of the Peoples of Asia and Oceania. New York: Facts on File, 2008.

ドゥアン（徳昂）族
De'ang

ドゥアン族は、トーアン、ドアン、デーアン、パラウン、パローン、Daeng、Dang、humai、Kunlois、Ang、Benglong、Benlong、Black Benlong、Padaung、Pale、Palay、La'eng、Liang、Raang、Red Benlong、Rumai、Ta'angとしても知られる。中華人民共和国で公式に認められている56の民族集団のうちのひとつである。中国に居住する約2万人のドゥアン族は、隣国ミャンマーの北部地区に住むより大きな民族集団、パラウン族の一員である。タアンとして知られるドゥアン族の言語は、モン・クメール諸語のパラウン・リアン語群に属するパラウン語である。ドゥアン族の大多数は上座部仏教徒で、少数が伝統的な宗教慣習に従っている。

ドゥアン族は、雲南の徳宏地域に最初に居住した民族集団、プー（濮）族の末裔の民族集団のひとつとされてきた。プー族のものとされる古代の茶畑、道路、町、村落の遺跡が発見されている。また、2000年前の中国の記録にプー族がこの地域の住民として記載されており、ほとんどの学者は彼らが古代中国で別のモン・クメール諸語の言語を話す民族の祖先だったと結論づけている。もと

もとプー族はチベット東部に起源をもつと考えられている。初期の移民はサルウィン川とメコン川沿いを南下し、のちに徳宏として知られる地域に定住した。8世紀までに、ドゥアン族をはじめとするモン・クメール系の民族は中国の緩やかな統治下に置かれ、その後、ペー族の南詔と大理国、傣族の支配下に入った。13世紀にモンゴルがこの地域を征服したときから、ドゥアン族はタイ語を話す傣族やそのほかの民族集団と密接な関係を築いていた。12世紀の雲南には今よりもずっと多くのドゥアン族が居住していた。彼らは傣族の支配を脱して、この地域でもっとも強力な王国のひとつを形成した。15世紀には、漢族を含むさらに強大な民族が進出してくると、ドゥアン族の貴族は徴税の対象となり、貢納を強制された。彼らの多くは南下し、現在ミャンマーの一部となっている土地に入った。1644年から1911年までの清朝の統治下では、ドゥアン族は崩龍族として知られていた。長年にわたって繰り返されてきた紛争と、雲南からの途切れることのない移住者によって、ドゥアン族の人口は激減し、18世紀末までにその数はわずか数千人になっていた。

ドゥアン族は、より大きなミャンマーのパラウン族と同じく、伝統的に上座部仏教を信奉している。宗教は歴史を通して彼らの文化の不可欠な部分を形づくってきた。1949年に共産主義者が中国を奪取するまで、ドゥアン族のほとんどの村落に仏教寺院があり、大部分の家族が少なくとも息子のひとりを僧侶にしていた。ドゥアン族の誰もが食べ物や金銭を寄付して僧侶を支援し、養うのが自分たちの責任だと信じていた。ドゥアン族の経典と文学はタイ文字で書かれており、すべての僧侶はその言語を読み書きできた。共産主義政権下での宗教の禁止は、ドゥアン族の文化に大きな影響をおよぼした。文化から宗教的な要素が取り除かれ、仏教に言及することは禁じられた。1980年代以降、一部の寺院は再建され、個人や共同の儀式が執りおこなわれている。ドゥアン族の若者は僧侶になることを許され、仏教はふたたびドゥアン族の文化の重要な要素となっている。何世紀にもわたって、より大きな南部のパラウン族から隔絶されていたため、ミャンマーの同族民族には見られない文化的特徴や儀式をもつようになった。19世紀に茶はドゥアン族の居住地域の主要な換金作物となり、現在も変わっていない。ドゥアン族の社会は、網の目のように交差する父系氏族からなり、各氏族は30～40の家族で構成されている。誰もが共通の祖先を認識しており、男系の原則を通して相互につながっている。ドゥ

アン族は、関連する方言グループでパラウンとも呼ばれるタアン語の独自の方言を話す。中国では、デアン・パラウン族に分類される3つ——パレ、ルマイ、シュエのグループが1985年に自称のドゥアンに変更されるまで、崩龍と呼ばれる民族グループにまとめられていた。

19世紀には、ほとんどのドゥアン族が小作農や小作人として働きながら、傣族の地主に貢納していた。ドゥアン族の多くは、傣族が所有する茶園やドゥアン族の村落の共同農地で働いていた。19世紀半ばまでには、ドゥアン族の土地に私有財産制度がみられるようになっていた。漢族や傣族の移民が大量に流入し、多くの人が土地を売り、ドゥアン族の土地の疎外化が始まった。ドゥアン族のほとんどは漢族や傣族の地主から土地を借り、小作人となった。第二次世界大戦とその後の国共内戦は、1949年に共産主義者が勝利するまで、この地域に暴力と混乱をもたらした。新政府は農民を賛美し、広大な私有地の多くを没収し、ドゥアン族の農民に分配した。1956年に制定された土地改革法により、個人の農場と所有地が集団化され、ドゥアン族は国の従業員として集団農場や共同体に所属することになった。こうした改革で漢族と傣族は財産を没収されることになったが、もともと小作人や借地人として働いていたドゥアン族にはほとんど影響はなかった。1978年に中華人民共和国政府が実施した改革開放政策により、資本主義活動が許可され、ドゥアン族の生産品に市場が開かれた。ドゥアン族は独自の地元市場をもたないため、職人らは竹、銀、綿でできた製品をつくり、傣族や漢族の市場で販売している。かつてドゥアン族の文化に不可欠な要素だった仏教もふたたび盛んになっている。それにともない、結婚や出産、死といった人生における大切な出来事を記念する個人および共同の行事もドゥアン族の生活のなかで重視されはじめている。

もっと知りたい人のために

Ethnic Groups. "The De'ang Ethnic Minority." Accessed July 31, 2013. http://www.china.org.cn/e-groups/shaoshu/shao-2-de%27ang.htm

Gall, Timothy L., and Jeneen Hobby. Worldmark Encyclopedia of Cultures and Daily Life. Farmington Hills, MI: Gale, 2009.

Ma Yin, ed. China's Ethnic Minorities. Beijing: Foreign Languages Press, 1989.

West, Barbara A. Encyclopedia of the Peoples of Asia and Oceania. New York: Facts on File, 2008.

トゥヴァ族
Tuvan

トゥヴァ族 (Tuvivinians、Tyvan、Tuwa、Tuba、Uriankhai、Uryankhay、Soyoty、Soyony) は、南シベリアおよびモンゴルと中国の隣接地域に住むテュルク系民族。混血の祖先をもつトゥヴァ族は、身体的にはモンゴル系民族に似ているが、文化および言語的にはテュルク系民族とより近い関係にある。約28万人とされるトゥヴァ族は、ロシア連邦の構成国のひとつであるトゥヴァ共和国の人口の大部分を占めている。トゥヴァ族の言語であるトゥヴァ語は、テュルク諸語の南シベリア語派の北方のテュルク系の言語に分類される。信仰に厚いトゥヴァ族の大多数はチベットの仏教形態のひとつであるラマ教を信奉している。約2パーセントと推定される少数の人がロシアの影響下でロシア正教に改宗した。

トゥヴァ族は何千年ものあいだ、牛やヤギ、羊、ラクダ、ヤクの群れを飼育する牧畜民だった。季節ごとに群れとともに新しい牧草地に向かい、移動テントのユルトに住みながら遊牧生活を送っていた。考古学的証拠から、おそらく紀元前7世紀から前6世紀にかけて、初期のスキタイ族が住む地域に存在したことが確認されている。トゥヴァ族のなかにときおりあらわれる金髪、そばかす、緑や青い目の人びとは彼らが起源と考えられている。中国の年代記には、早ければ200年頃にこの地域に"都播"と呼ばれる部族グループがいたことが記録されている。古い歴史文献によると、6世紀にトゥヴァ族はテュルク系民族のハン国の統治下に置かれた。中国やウイグルの民族は遊牧民のトゥヴァ族への侵攻を開始し、840年にエニセイ地域のキルギス人がトゥヴァ族の居住地域を制圧するまで、約1世紀にわたってウイグル系民族のハン国がこの地域を支配していた。10世紀の旅行者たちがトゥヴァ族について、世襲または選挙で選ばれた首長が統治する氏族ごとに住む遊牧民と述べている。また彼らは、東洋と地中海を結ぶ古代の隊商路であるシルクロード交易路の北方の草原に住む民族として知られていた。13世紀にこの地域はモンゴル軍の侵攻を受け、その後3世紀にわたってモンゴル系民族の支配下に入った。1207年から1368年までトゥヴァ族はモンゴル帝国に服属し、その後オイラトが16世紀までこの地域を制圧した。1650年頃、ジュンガル・オイラトは拡大する帝国にトゥヴァをくわえた。トゥヴァの諸部族は部族間で争うことも多かったが、18世紀初頭——南のモンゴル民族との接触を通じてチベット仏教が導入された

頃——にようやく、ひとつの独立した民族集団としてまとまった。この新しい仏教信仰はトゥヴァのすべての部族に受け入れられたが、ほとんどの部族が古来のシャーマニズム信仰の習慣や儀式の多くも守っていた。1757～1758年にかけて、中国の満州族の支配者がこの地域への侵略を開始し、トゥヴァ族の氏族は満州族統治下のモンゴルの民族集団オリアンハイ（ウリャンカイとも）として支配下に置かれた。

トゥヴァ族の文化は、テュルク系、モンゴル系、サモエード系民族、ケート族などの混血を反映している。トゥヴァ西部ではおもにテュルク系とモンゴル系の影響が強く、東西でサモエード系、そして東部ではケート族の影響が顕著に見られる。歴史的に見て、トゥヴァ族は2つの主要な下位集団に分類できる。西トゥヴァと、共和国のトジンスキー地区に集住するトジュ・トゥヴァ族だ。40年以上にわたるソビエト連邦の支配はトゥヴァ族に破壊をもたらしたが、教育と専門訓練の面では大きな進歩を遂げた。今日では、トゥヴァ族の大多数は読み書きができ、医師、エンジニア、教師などの専門的な教育を受けた人の数は隣国のモンゴルよりもはるかに多い。トゥヴァ族の大半は今も牧畜民や狩猟民だが、なかにはますます多くなっている都市部に住むトゥヴァ族の近くで穀物農家として定住生活を送る人もいる。1991年以降、中国からこの地域に戻ってきたトゥヴァ族が野菜の栽培を導入した。トゥヴァ族は移動テントのユルトに住み、遊牧生活を送っていた自分たちの祖先を尊敬しているが、現在は都市部のレンガ造りの家や高層マンションで定住生活を送っている人が多い。トゥヴァ族は豊かな口承叙事詩と音楽で知られている。"ホーメイ"と呼ばれるトゥヴァ族の喉歌は、2つの音を同時に出す歌唱法で有名だ。通常、ひとつの声は低音の基音（ドローン）で、もうひとつはフルートの音色のような高音だ。この倍音の歌唱法は、モンゴルの一部のトゥヴァ族およびチベット僧侶に特有のものとなっている。トゥヴァ語は、中国南部の新疆ウイグル自治区で広く話されているテュルク系のウイグル語と近縁の言語である。トゥヴァ語はロシアでは文語としての地位を確立しているがモンゴルの少数派は文語としてハルハ・モンゴル語を使用し、中国ではチャハル・モンゴル語が用いられる。トゥヴァ語は5つの方言——中央、西部、トジュ、南東部、トゥヴァ・キジ——に分かれている。ロシアで話されている方言と、モンゴルや中国で用いられている言語には、著しい相違が見られる。時とともにロシア語が浸透してきたとはいえ、今もロシ

ア連邦に住むトゥヴァ族の 99 パーセントがトゥヴァ語を母語とし、ほとんどの人が第二言語としてロシア語を話す。トゥヴァ族が信仰する仏教の一形態であるチベットのラマ教は、彼らの文化の不可欠な部分をなしている。現在インドに亡命中のチベットのダライ・ラマは、トゥヴァ民族の精神的指導者として崇拝されている。トゥヴァ族の信仰は今も、仏教と神、悪魔、祖先の霊などの目に見えない世界に対する伝統的なシャーマニズム信仰の要素を習合したものが多い。トゥヴァ族の仏教徒の大半は、自然のあらゆるものに精霊が宿り、供物を捧げて精霊を鎮めなければならないと信じている。シャーマンは、病人を治し、霊界と交信する能力をもつとされ、広く尊敬を集めている。

ロシアの遠征隊が初めてトゥヴァ族と接触したのは 1860 年頃で、ロシアと中国清朝のあいだで結ばれた北京条約の条項により、この地域が貿易に開放された時期にあたる。1870 年代、中国の満州族支配者の権力が衰え出すと、トゥヴァの地に対するロシアの関心が高まった。その後 20 年にわたり、数千人のスラヴ系入植者が「アジアのスイス」と呼ばれるこの地に定住した。満州族清国の弱体化にともない、内モンゴルのトゥヴァ族の居住地域に住むスラヴ系入植者たちが、徐々に地域を支配するようになっていく。数世紀にわたる満州族の支配を打倒した 1911 年の辛亥革命の混乱のさなか、トゥヴァ族の指導者たちは、ロシアの支援を受けて中央政府を組織した。1911 年 12 月 18 日、彼らは地域の強力なスラヴ系少数派の助力を得て、トゥヴァ族の領域が中国から独立することを宣言した。1914 年にヨーロッパで第一次世界大戦が勃発すると強い影響力をもつロシア系少数派の要求に屈したトゥヴァ族の弱小国家は、領有権を主張する中国やモンゴルに対抗するためにロシアの保護下に入ることを余儀なくされた。ロシア帝政政府はトゥヴァをロシアの保護領と宣言して、同国の防衛と外政の責任を負った。1915 年にトゥヴァ指導部、中国、ロシアとのあいだで国際協定が結ばれ、トゥヴァの自治が認められたが名目上は中国の統治下にあった。トゥヴァ族の人口の大部分は、おもに地方や小さな村に住んでおり、たいてい地域に根づいた封建制度のなかでトゥヴァ族貴族のもとで働いていたため、政治には無関心だった。ロシア革命の勃発を機に、トゥヴァ族はふたたび祖国の独立を主張する。1918 年初め、トゥヴァ族の革命家たちは地元のロシア人ボリシェヴィキの支援を受けて、この国の伝統的な支配階級に対して反乱を起こした。反ボリシェ

ヴィキの白軍がこの地域を制圧し、中国とモンゴルの軍隊が南西部と南部地区を占領したため、弱小なトゥヴァ民兵組織は領域から追いやられた。1919年半ば、ボリシェヴィキ赤軍がトゥヴァを占領し、1921年8月、一般にタンヌ・トゥヴァと呼ばれるトゥヴァ人民共和国が設立された。タンヌ・トゥヴァは1944年まで不安定な独立を維持していた。第二次世界大戦中の1944年、赤軍が戻ってきてタンヌ・トゥヴァを占領し、翌1945年、ソビエト連邦は住民の要望という名目でタンヌ・トゥヴァを併合した。1961年に自治共和国に昇格するが、トゥヴァは孤立したままで、トゥヴァ族は近隣の民族との接触を禁じられていた。ソビエトの反宗教体制のもと、多くの仏教寺院やラマ僧院が破壊された。こうした抑圧は、1970年代後半から1980年代初頭にかけて、ソビエト政府がアジアの仏教諸国を対象に展開した国際平和キャンペーンの一環として宗教の規制を緩和するまで続いた。1980年代後半に始まったソ連の自由化により、トゥヴァ族は長らく禁じられていた文化や家族、信仰のつながりをシベリア、モンゴル、中国の近隣民族とふたたび築けるようになった。20年以上外国人に閉ざされてきた絵のように美しいトゥヴァの地は、1988年についに旅行者に開放された。憎いソ連の拘束から解放され、トゥヴァの活動家たちはトゥヴァ語の教育を充実させ、破壊された仏教の僧院や寺院の再建を支援し、地域の関連のある民族との関係に対するあらゆる干渉を終わらせることを求める運動を始めた。トゥヴァ族の民族主義は急速に高まり、1990年6月、大規模なデモがトゥヴァ地方を揺るがした。活動家たちは消極的な地方政府の解散を要求し、1944年のソ連への併合を違法と非難した。デモは1990年の夏まで続き、エスカレートする反ロシア暴動から逃れるために3000人以上のスラヴ系民族がロシアに避難した。1991年のソビエト連邦の完全崩壊により、再度の独立に向けてトゥヴァの民族主義者の期待が高まった。しかし新トゥヴァ政権は、半世紀近くソ連の厳しい統治下にあったことで、教育を受けた行政官や専門家が不足しており、即時独立は不可能だと判断した。トゥヴァはトゥヴァ共和国と改名され、ソ連崩壊後のロシア連邦の構成国となった。

喉歌

有名なトゥヴァの喉歌は、何千年ものあいだ受け継がれてきた特有の倍音歌唱である。喉歌の歌唱法では、ひとつ以上の異なる音を基音に同時に響かせて、独特の音声を生み出す。喉歌の人気は、現代のトゥヴァ文化においても重要な要素となっている。以前は男性のみがおこなっていたが、ここ数十年のあいだに女性もこの歌唱法を習得した。伝統的に、女性の喉歌は男性の親族に害をおよぼし、難産を引き起こす可能性があると信じられていた。1998年に結成された「トゥヴァの娘たち」という意味のトゥヴァ・クズは、あらゆる種類のトゥヴァの喉歌を歌唱する女性のみのアンサンブルである。

もっと知りたい人のために

Giuliano, Elise. Constructing Grievance: Ethnic Nationalism in Russia's Republics. Ithaca, NY: Cornell University Press, 2011.

Gorenburg, Dmitry P. Minority Ethnic Mobilization in the Russian Federation. Cambridge: Cambridge University Press, 2003.

Hunmagyar.org. "Tuva." Accessed July 31, 2013. http://www.hunmagyar.org/turan/tuva/

Levin, Theodore. Where Rivers and Mountains Sing: Sound, Music, and Nomadism in Tuva and Beyond. Bloomington: Indiana University Press, 2006.

トゥチャ（土家）族
Tujia

　トゥチャ（土家）族（ビズィカ、モズィヘイ、Ba、Bizeka、Mozhihei、Tudja、Tuchia とも）は、中華人民共和国で公式に認められている 56 の民族のうち、最多の民族のひとつに数えられる。約 840 万人のトゥチャ族は、中国の湖南省、湖北省、貴州省と重慶直轄市にまたがる武陵山脈一帯に居住している。トゥチャ族のほとんどは伝統的なアニミズムの信仰体系を保持しており、少数が仏教、道教、キリスト教を信奉している。

　トゥチャ族の歴史は、約 2500 年前に現在の重慶市周辺の地域に住んでいたとされる古代の巴族にさかのぼることができる。巴族は、選出された王のもとに多数の異なる部族を含む国家構造を形成した。巴族の王国は歴代の中国王朝から圧力を受けるなか、紀元前 600 年から前 400 年のあいだにその勢力と領土拡大の最盛期を迎えた。紀元前 316 年、巴族の王国はついに秦国の軍隊に侵略され、滅ぼされた。巴国は解体され、中華帝国の領土となった。秦の国王は、巴族が間接統治を続けることを認め、征服した土地に大量の中国人入植者を送り込むこともなかった。

　漢籍ではさまざまな名前で呼ばれているトゥチャ族は 10 世紀に入る頃には独立した民族集団とみなされていた。12 世紀初頭に漢族の入植が始まり、この地域の民族構成を大きく変えた。漢族の移住者は最新の道具や農業技術をもたらし、トゥチャ族の封建領主は土地の一部を漢族の農民や商人に売り、彼らのなかには地主になった者もいた。自分たちの首長や封建領主、漢族の地主に搾取され、生き残るための手段としてトゥチャ族の多くが兵士となった。トゥチャ族は勇猛な戦士として知られ、ほかの民族の暴動を鎮圧するために雇われることも多かった。のちの 16 世紀に倭寇が侵攻した際には、撃退のために東に送られた。1644 年に満州族が中国を支配すると、とくに 18 世紀初頭から地域の首長を満州族の役人に置き換えるという制度の転換が進められた。1728 年から 1735 年にかけて、トゥチャ族の大多数は中央の支配下に戻ったが、新たな政権に対する抵抗は広がった。トゥチャ族の農民たちは、独裁的で専制的な首長の支配から満州族の役人による統治に代わったことには満足していたかもしれないが、満州族清国が漢族文化や習慣を押しつけようとすることには憤慨していた。彼らは多数の漢族移民と自分たちを区別するために、"トゥチャ" と自称するようになる。中国語で「地元の人」という意味だ。そして、

増え続ける漢族住民に対しては、"客家"（客人の意）と呼んだ。18世紀に入って清朝の支配力が弱まると、大規模な反乱が頻発した。

　トゥチャ族の文化は少数民族文化として公式に認定されているが、現在、彼らの伝統的な慣習が見られるのはおもに山間部の僻地である。多数を占める漢族の文化への同化により、ほとんどの地域でトゥチャ語が失われ、漢族の伝統と習慣がとり入れられている。今も残る文化の要素には、有名な歌や歌曲、5世紀以上にわたって受け継がれてきた擺手舞（バイショウウ）をはじめとする民族舞踊などが含まれる。トゥチャ族は、"西蘭卡普"と呼ばれる錦織物でも有名で、かつては中国政府への貢物として珍重されていた。伝統的な禁忌の多くは今も守られている。妊婦と少女は敷居に座ることが禁じられ、男性も蓑（みの）を着たり、鍬やバケツをもったまま家に入ることは許されない。若い女性は男性の訪問者の隣に座ることはできないが、少女は許されている。宗教的な儀式の際には、猫は鳴き声が不吉だとして遠ざけられる。同化が進むにつれて、彼らの宗教儀式や慣例は廃れつつあるが、伝統的な宗教信仰は今も道教や祖先崇拝、神々、精霊、悪魔に対するシャーマニズム信仰のなかに息づいている。トゥチャ族のほとんどは白虎のトーテムを崇拝しているが、湖南省西部では亀のトーテムも崇められている。また、彼らはよく自分たちを白虎の子孫だという。今もトゥチャ語を流暢に話せるトゥチャ族はわずか17万人から20万人程度となり、残りは標準中国語か地域方言を用いている。トゥチャ語は伝統的に2つの地域方言で話され、北部方言の話者は"ビズィカ"と自称し、南部方言の話者はみずからを"モズィヘイ"と呼んでいる。

　多数の漢族と混住しているトゥチャ族は、漢族のさまざまな習慣や伝統をとり入れながらも、伝統文化の多くを保持してきた。中国の中心部から遠く離れているため、トゥチャ族の大部分は19世紀に地元の軍閥の専制支配下に置かれていた。19世紀半ばに起きた太平天国（たいへいてんごく）の乱はトゥチャ族の地域にも深刻な影響をおよぼした。安い外国製品をもった西洋の商人が押し寄せ、地元の生産品を底値で買い叩いた。ゆっくりと崩壊しつつあった清王朝は、ついに1911年の辛亥（しんがい）革命で打倒された。清の支配がなくなると、トゥチャ族は競い合うさまざまな軍閥のあいだで板挟みになった。裕福な地主の大半は、高い収益が得られるアヘン用ケシの栽培により多くの土地をまわそうとした。横行する山賊がトゥチャ族の村を襲い、暴力行為も頻発していた。多数のトゥチャ族が共和党政府の行き過ぎたや

り方に反発し、地方に平和と秩序をもたらすことを約束した共産主義者が率いる反乱軍にくわわった。第二次世界大戦中はおおぜいのトゥチャ族が日本軍と戦い、その後の国共内戦では共産主義軍についた。1949年、戦いは共産主義者の勝利に終わり、トゥチャ族の地域は共産党の支配下に置かれた。山賊はただちに掃討され、地主や軍閥は排除され、トゥチャ族の農民はこの地域の真の人民として称賛された。再配分された土地はすぐに集団化され、トゥチャ族の労働者は国家の従業員とされた。1957年、トゥチャ族は少数民族として国から公式に認定され、あたかも自治権を与えたと錯覚させるようなトゥチャ族の自治州や自治県がいくつも設置された。1967年から1977年の中国文化大革命により、トゥチャ族の古来の寺院やトーテム、歴史的建造物のほとんどが瓦礫と化した。反革命的とみなされたトゥチャ族がおおぜい逮捕された。1980年代初めに導入された改革により、トゥチャ族は文化遺産の多くを取り戻し、再建したが、1960年代から1970年代にかけて強化された同化政策がひき続き進み、トゥチャ族の言語と多数の文化的特性が急速に失われた。21世紀に入る頃には、ほとんどのトゥチャ族は近隣の漢族と見分けがつかなくなっており、トゥチャ族の言語と伝統文化を保持しているのは、より辺鄙な山岳地帯に住むトゥチャ族のみとなっている。

もっと知りたい人のために

Chetham, Diedre. Before the Deluge: The Vanishing World of the Yangtze's Three Gorges. Basingstoke, UK: Palgrave Macmillan, 2004.

Guo, Rongxing. China's Ethnic Minorities: Social and Economic Indicators. London: Routledge, 2013.

People's Daily Online. "The Tujia Ethnic Minority." Accessed July 31, 2013. http://english.people.com.cn/data/minorities/Tujia.html

Xingliang, He. Totemism in Chinese Minority Ethnic Groups. Beijing: China Intercontinental Press, 2006.

ドゥンガン（東干）族
Dungan

ドゥンガン（東干）族（Lao Huihui、Hui、Huizi、Huizu、Huai、Tonggans）は中国系ムスリムとしても知られる民族宗教集団。主に中央アジアのキルギスタン、カザフスタン共和国に居住し、ウズベキスタン、タジキスタン、ロシア、ウクライナにも小規模なコミュニティが存

在する。中国からの難民の子孫であるドゥンガン族は、アラビア語、ペルシャ語、テュルク諸語、ロシア語からの借用語をとり入れた中国語の一方言を話す。およそ 11 万人のドゥンガン族は公式にはスンナ派イスラム教徒で、大規模な人口を抱える少数民族である回族ムスリムと密接な関係にある。近隣民族からドゥンガンと呼ばれているが、彼らはみずからを回族と自称する。また中央アジアの人びとは、中国の新郷西部に住む回族ムスリムのこともドゥンガンと呼ぶ。身体的特徴はほかの中国系民族グループに似ているが、ターバンを含む伝統的な服装とイスラム教を信仰していることからドゥンガン族と区別できる。

イスラム教は、海路と陸路の両方から中華帝国に伝わり、7 〜 8 世紀にかけてイスラム教徒の小さなコミュニティが設立された。初期のアラブ系、ペルシャ系、テュルク系のムスリム移民は中国人の妻を迎え、徐々に中国の言語と文化を取り入れるようになった。11 世紀、中国西部の西夏(せいか)として知られるタングート族の王朝は、ムスリムの商人や学者、兵士を歓迎した。13 世紀のモンゴル元(げん)王朝の統治下では、モンゴル征服で祖国を逃れてきた大量のアラブ系、ペルシャ系、テュルク系がゴビ砂漠のアラシャン高原地域の南の辺境に住み着いた。ムスリム難民は中国系やウイグル系、モンゴル系の女性と結婚して、徐々に同化していった。そうしたムスリムはその後回族と総称され、多数派を占める漢族の全体的な外見と、多くの文化的特徴を帯びるようになった。14 世紀になると、近隣民族を改宗させることでアラシャン地域に住むイスラム教徒の数は増加していった。中国の権力の中枢から遠く離れた地で、イスラム教徒は回族のスルタンの統治下で独立した状態を保っており、これが歴代の中国王朝の苛立ちの種になっていた。1644 年に満州族(まんしゅう)が中国を征服したことで、回族は異教徒の支配から逃れる機会を得た。1648 年、満州軍の侵攻を受けた回族ムスリムは、長期にわたって激しい抵抗を続けたが、結局、満州族の圧倒的な軍事力の前に敗北した。1785 年、回族はふたたび漢族の支配に対して蜂起する。満州族の統治者たちは、みずからの権力に対するイスラム教徒の脅威を排除することを決意し、アラシャン地方に官軍を送り込み、東洋では前例のない残酷な虐殺を繰り広げた。猛襲を逃れたごく少数の回族難民が北の中央アジアのムスリム居住地域へと逃げのびた。

ドゥンガン文化は回族、中国系、テュルク系民族の慣習と伝統が混ざり合っている。キルギスとカザフスタンに住むドゥンガン族の大多数は農民で、米や野

菜をつくっている。アヘンの生産に携わる者もいれば、乳牛を飼育している者もいる。もてなしの心で有名なドゥンガン族だが、文化を守るために儀式や行事の年間予定を厳守している。ドゥンガン族は、同族内でのみ結婚する。この風習は、現代の中国では失われてしまった多くの古代の伝統を含む、彼らの文化の独自性を守る一助となっている。中央アジアで高く評価されている独特なドゥンガン料理は、中国北西部の料理に似ているが、この地域のテュルク系の人びとの味の好みにあわせたものとなっている。話者によっては回語とも呼ばれるドゥンガン語は、今も多くの回族が居住している中国の甘粛省と山西省で話されている標準中国語の方言に似ている。中国語の話者はドゥンガン語を理解できるが、アラビア語やペルシャ語、テュルクからの借用語も多数含まれている。1950年代以降、ドゥンガン語の表記にはキリル文字が用いられている。ドゥンガン族の大部分はイスラム教スンナ派のハナフィー学派を信奉しており、少数がハンバル学派である。数十年にわたってソ連の統治下にあったため、多くのドゥンガン族は自分たちを文化的ムスリム、あるいは、たんに無宗教と自認している。

満州族による抑圧で、現在のフランスよりも広い面積をもつ回族の居住地域は荒廃し、多くが過疎地も同然となった。避難していた人びとも徐々に戻りつつあったが、中国東部地域の過剰人口が流入し、居住地区の大部分に住み着いた。差別と抑圧は変わらず続き、1862年に甘粛省でふたたび回族の蜂起が起きると、中国北西部で回族が多く住むほかの地域にもまたくまに広がっていった。ドゥンガン族の蜂起または回民蜂起として知られるこの反乱は15年間続き、最大で1200万人が死亡した。1877年から1878年にかけてのひときわ厳しい冬のあいだに、3つの主要な難民グループが天山山脈を越えてロシア帝国に逃れた。1880年代、別の難民がロシア領中央アジアに押し寄せた。中央アジアの人びとからドゥンガンと呼ばれた回族ムスリムは、自分たちの宗教と文化を守る自由と隔絶した場所を求めて、別々の町やコミュニティに落ち着いた。中央アジアの隣人たちと同じ宗教だったにもかかわらず、ドゥンガン族のイスラム教は多くの異なる要素を保っており、それがドゥンガン人を周囲の民族と隔てていた。時が経つにつれて、彼らの中国語の方言は、回回呼と呼ばれる独立した言語に発展し、民族のアイデンティティをしめす一要素を担った。ソ連と中国という両共産主義体制の険悪な関係によって隔絶されていたドゥンガン族は、つながりのある

中国の回族のあいだで消失してしまったり、抑圧を強いられていた多くの文化的特性を保っていた。ドゥンガン族の村や町の学校では、中国の北京標準語ではなく甘粛省の方言に基づいた標準語が使用されていた。1970年代、80年代のソビエトの統計によると、同じ地域のほかの少数民族よりもはるかに高い割合でドゥンガン族は自分たちの言語を使い続けていた。何十年ものあいだに、ドゥンガン族は文化や民族的特徴、アイデンティティの諸要素において、つながりをもつ回族のものとは異なる独自の民族的アイデンティティを発展させてきた。1991年にソビエト共産主義が崩壊し、中央アジアに新たな独立国家の数々が出現し、ドゥンガン族のコミュニティに激動と不安の時代が訪れた。ソ連の崩壊後、ドゥンガン族はロシア語の代わりにテュルク諸語を学び、多文化社会の一員として地域に順応してきた。21世紀の初めには、数十年にわたる隔絶ののち、中国の回族との文化的、宗教的な結びつきを新たにしている。

もっと知りたい人のために

Allès, Elisabeth. "The Chinese-Speaking Muslims (Dungans) of Central Asia: A Case of Multiple Identities in a Changing Context," Asian Ethnicity 6, No. 2 (June 2005): 121-134.

Kim, Hodong. Holy War in China: The Muslim Rebellion and State in Chinese Central Asia, 1864-1877. Palo Alto, CA: Stanford University Press, 2010.

Lipman, Jonathan Neaman. Familiar Strangers: A History of Muslims in Northwest China. Hong Kong: Hong Kong University Press, 1998.

Miller, Frederic P., Agnes F. Vandome, and John McBrewster, eds. Dungan People. Saarbrücken, Germany: Alphascript, 2011.

ドルガン族
Dolgan

ドルガン族（Dolghan、Dulghan）は、シベリア中北部のクラスノヤルスク地方に位置するタイミル自治管区の南部に居住するテュルク系民族で、この地区で最大の非ロシア系民族集団を形成している。推定8000人から1万人のドルガン族が、シベリア・テュルク語群の北方のテュルク系の言語であるドルガン語を話す。ドルガン族の多く（約60パーセント）がギリシア正教の信者だが、伝統的なシャーマニズム信仰も受け継がれており、約35パーセントが信奉している。このシベリアの先住民族は何千年もの

あいだ、自然と調和して暮らしていた。遊牧という生活様式と小規模であることで部族グループは生き延び、発展することができた。時が経つにつれて、さまざまなグループが狩猟や漁撈に適した特定の地域を好むようになっていった。東のエヴェキ族からトナカイの牧畜がこの地域にもちこまれると、ドルガン族の主要な生業となった。1500年代後半には、ロシアの探検隊が訪れるようになり、主にシベリアの広大な領土の地図作製や測量がおこなわれた。17世紀には、役人や徴税人、商人、コサックがこの地域に移住したことで、伝統的な経済と生活様式がほぼ破壊された。ロシア人は部族に対して、貴重な毛皮のかたちで税を支払うよう強要した。たいていの場合、徴税人たちの要求があまりに厳しすぎて、多くの先住民族が家畜や漁場を諦めて、ロシア人の要求にかなう量の毛皮を調達することに専念せざるを得なかった。エヴェンキ族、ヤクート族、エネツ族などの集団が、過重な毛皮税から逃れるためにレナ川とオレニョク川流域から北西に移動した。18世紀になって初めて、ドルガン民族グループが形成される。移民たちは先住のガナサンの集団を追い出して、猟場や漁場を占領した。集団の多くはトナカイの群れとともに北へ移動した。もともと、移民たちは孤立した小さな集団（バンド）でトナカイを飼育したり、魚を釣ったり、狩りをして生きていた。北極圏の北のツンドラ地帯で遊牧民として暮らすなかで、この小集団（バンド）は交易や異なる民族との結婚をおこなった。時とともに、さまざまなグループが共通の文化をもち、主に東に住む大規模な民族集団のヤクート族のテュルク系言語の影響を強く受けたテュルク語方言を取り入れるようになった。そして、多数の集団が自分たちを「川の中流に住む人びと」を意味する"ドルガン"と呼び始めた。ドルガン語は基本的にヤクート語と近接にあるテュルク系の言語だが、ドルガン氏族の伝統的な生活様式は、文化的には牧畜をおこなうヤクート族よりも遊牧民のエヴェンキ族の祖先に近い。ドルガン族は一般に、冬には森林のツンドラ地帯を歩き回り、夏には開けたツンドラに移動する。ドルガン族の冬期の野営地は、2つの季節帯の境界にまたがってつくられた。トナカイは野営地周辺の食料をすぐに食い尽くしてしまうため、たいてい、冬のあいだにツンドラの周縁部に沿って何度も移動することになるからである。春が近づくと、野営地のドルガン族はいくつかの血縁からなる小さな遊牧グループ（バンド）に分かれた。

　ドルガン族の文化は、18世紀にロシアの侵略によって始まった移住のなか

で、独立した民族集団として発達した。ドルガン族の伝承と多くのロシアの学者によると、彼らの祖先には50～52パーセントがツングース、30～33パーセントがヤクート、15パーセントがロシア、そして3～4パーセントがサモエード系が含まれる。ドルガン族の小さな民族グループは、ドルガン、ドンゴト、エジャンの3つの部族集団(バンド)からなり、各部族はタイミィル半島の異なる地域に居住している。ヤクート族やエヴェンキ族と同じく、ドルガン族は古くから父系・家父長制をとっている。伝統的なドルガン氏族の構造には、先史時代の母系制の痕跡が見られる。野営地での日常の仕事を管理する女性を選んだり、神聖な火を燃やし続けたり、グループの神聖な遺物の手入れをしたりといった昔からの伝統はドルガン族特有のものである。この遊牧民は、自然界の万物の精霊に対する信仰を含むシャーマニズム信仰体系を発展させてきた。人間の体に入り込んで徐々に魂を蝕み、病気を引き起こすと信じられていた邪悪な悪霊"アバーシ"から、シャーマンは人びとを守っていた。別の慈悲深い精霊は変わった形の石や枝角に宿ると信じられていて、アバーシに対する護符のようなものとして、グループの聖遺物として大切に管理されていた。シャーマニズムの風習のほとんどは、関連のあるエヴェンキ族の習俗とほぼ同じだった。ドルガン族の伝統や習慣の多くはトナカイの群れを中心に展開していた。ドルガン族は、とくに群れを長距離移動させるときにトナカイに乗っていた。また、ガナサンなどのサモエード系民族から犬ぞりもとりいれていた。ドルガン族は伝統的な語り部をとても尊敬していた。彼らがとくに好んだのは、さまざまな氏族の起源を語る動物の物語だった。19世紀の布教活動でキリスト教が導入され、ドルガン族のほとんどが強制的に洗礼を受けさせられた。時間とともに彼らはロシア人のキリスト教を受け入れるようになったが、キリスト教以前の自分たちの信仰や慣習の多くを今も受け継いでいる。宗教的信仰をもたないと自認する人も少数いるが、これは数十年にわたるソ連の無神論時代の遺産である。シベリアのほかの先住民族と同様に、ドルガン族は多くの社会問題、なかでもアルコール依存症、高い失業率、極貧に苦しんでいる。

19世紀初めにタイミィル半島地域に北上したロシア人は、厳しい土地に多様な民族が共生しているのを知った。ひとつの地域に共存するさまざまな集団(バンド)がまとまって、完全に新しい独自の民族コミュニティがつくり出されていた。19世紀末、ヘタ川沿いに住むロシア人移民

のグループは、トナカイの飼育というドルガン族の生活様式をとり入れ、徐々にドルガンの民族グループに同化していった。多様な言語と文化が新たなドルガン民族の主となる基盤をつくった。ロシア当局はふたたび毛皮税を課し、取引にアルコールが用いられることも多かった。詐欺にあったり、取引業者や腐敗した政府の役人に毛皮を強制的に取り上げられたグループもあった。20世紀初頭、ロシアの亡命者たちがドルガン族の文化と言語を研究した。1914年から1917年にかけてヨーロッパロシアで起きた第一次世界大戦と、その後のロシア内戦の影響を受けなかったドルガン族は、1920年にソ連の「カードル（幹部）」が自分たちの居住地域にやってきて動揺した。軍隊を後ろ盾に、ソ連の当局者はドルガン族を定住村や共同体に移住するよう強制した。トナカイの群れは没収され、牧畜をおこなうがソビエト国家の労働者という新たな立場に立たされ、衝突や暴動が巻き起こったが、ほとんどが容赦なく鎮圧された。ドルガン族はロシア人の監督下で、ソビエトの共同体や集団農場で働き、地形や天候によっては酪農や市場向けに野菜や花を育てたりといった新しい仕事を導入しながら、トナカイの牧畜や漁撈、狩猟といった従来の生業も続けた。1930年、ソ連当局はタイミィル自治管区（ドルガン・ネネツ自治管区とも）を設置した。ドルガン族は、新たな管区に含まれるシベリアのいくつかの民族集団のなかで最大の規模を占めていた。翌年、ソ連当局は従来の部族評議会を廃止し、新たにソビエト評議会を設立する。ソビエトの統治下で、この地域の小さな集団（バンド）の多く——主にエヴェンキ族かヤクート族が正式にドルガンの民族集団に加えられた。伝統的な生活様式と部族構造を失い、さらに集団化によって、ドルガン族の伝統経済は完全に破壊された。1935年、ドルガン族の居住地域内の鉱山と天然ガス鉱床を開発するためにロシアの都市ノリリスクが建設された。ドルガン西部の住民の多くは、強制的に故郷を追われるか、大規模な産業汚染や地域の環境や動物集団におよぼす被害から逃れるためにほかの地域への移住を余儀なくされた。ソ連の同化政策により、ロシア語とキリル文字がドルガン族の生活の一部となり、ドルガン族の文化がさらに損なわれていった。1980年代には、タイミィル地域の社会状況はソ連で最悪の部類に入るとされていた。工業都市ノリリスクとその多数のロシア人住民に支配され、シベリア系民族はほぼ顧みられず、半島でもっとも不毛な地域に押しやられていた。そして、この小さな民族集団はソ連時代を生き延び、1991年のソ連崩壊に

ともない、伝統的な文化と言語を復興させるという困難な道のりを歩み始めた。社会施設などの恩恵を被っているのは都市周辺の多数のロシア人住民だけで、ノリリスクの工業団地も周囲のツンドラ地帯に住む人びとの福祉にいっさい貢献してこなかった。無気力、アルコール依存症、人種差別は、なおも苦闘するドルガン族の人びとの日常生活の一部である。

もっと知りたい人のために

Balzer, Majorie Mandelstam. Culture Incarnate: Native Anthropology from Russia. Armonk, NY: M. E. Sharpe, 1995.

Nuttall, Mark, ed. Encyclopedia of the Arctic. London: Routledge, 2004.

Vahtre, Lauri, and Jüri Viikberg. The Red Book of the Peoples of the Russian Empire. "The Dolgans." Accessed July 31, 2013. http://www.eki.ee/books/redbook/dolgans.shtml

Ziker, John P. Peoples of the Tundra: Northern Siberians in the Post-Communist Transition. Long Grove, IL: Waveland Press, 2002.

トルクメン人
Turkmen

トルクメン人（Turkomen、Türkmen、Trukhmen）は、中央アジアに住むテュルク系民族である。トルクメン人の人口がいちばん多いのはトルクメニスタンで、イラク、シリア、イラン北東部、アフガニスタン北西部にもかなりの人口が居住し、トルコ、パキスタン、ロシアに小規模なコミュニティが存在する。初期のコーカサス系部族グループとその後のテュルク系のオグズ語群の子孫であるトルクメン人は、人口約830万人と推定され、テュルク系のオグズ族の言語を話す。トルコ語やアゼリ語、ウズベク語と関連をもつ言語である。トルクメン人は圧倒的多数がスンナ派イスラム教徒だが、イスラム以前の儀式や慣習も保持している。イラクとシリアには、キリスト教徒のトルクメン人の小さなコミュニティがある。

アラブとヒンドゥー教の伝承でアーリア人発祥の地として知られるこの地域の最初の住民は、コーカサス系部族グループだった。彼らは、トルコ語で黒い砂を意味するカラクム砂漠の周縁部に点在する肥沃なオアシスに住んでいた。そして、ペルシャ語を話すほかの民族、なかでも強力なペルシャ帝国の住民とのつながり

から大きな影響を受けて、定住農耕文明を発達させた。紀元前6世紀、当時この地域はアケメネス朝ペルシャの統治下にあり、遊牧民族の侵攻から町や都市を守るために強力な要塞が連なっていた。紀元前3世紀にアレクサンドロス大王率いるギリシャ軍がこの地域を征服し、西方の地中海文化に触れることになる。ギリシャ人は新しい都市を建設し、ギリシャの駐屯兵はこの地にとどまり、先住民のコーカサス系部族から妻を迎えた。紀元前225年頃から、地域の大部分がグレコ・バクトリア王国に組み込まれ、パルティア帝国の一部としてふたたびペルシャの支配下に置かれた。中東の覇権をめぐるローマ帝国の唯一の強敵であったパルティア人は、勢力を拡大するローマと長きにわたって戦争を繰り広げた。紀元前53年、約1万人のローマ軍捕虜がこの地域に送り込まれ、当時メルヴと呼ばれていた都市マルに強制定住させられた。広大な地域の大部分は遊牧部族の領域で、限られた肥沃な土地やオアシスにはペルシャ語を話す人びとが定着していた。長期にわたってくり返される侵略により、部族は地域全域に広がったが、サーサーン朝のペルシャ人がふたたびオアシスの都市を手中におさめた。トルクメン人の起源は、初期のコーカサス系民族の集団とオグズにたどることができる。オグズは、7～8世紀に現在のモンゴルの一部をなす地域に存在したテュルク系部族の緩やかな連合体である。7世紀の初めから、こうした砂漠地帯のテュルク系遊牧部族は周期的に西へと移動し、一部はペルシャ領を抜けて現在のイラクとシリアの一部に移り住んだ。651～716年のあいだに、ムスリム・アラブ人がこの地域を侵略し、ムスリムのカリフ帝国にくわわった定住民の大多数が、新しいイスラム教を受け入れた。メルヴ（現在のマル）の都市が、ペルシャの大部分と中央アジアにおけるアラブ統治の拠点となり、アラブ・ペルシャ系ムスリムの学びと文化の主要な中心地のひとつとなった。821年、テュルク系遊牧民のオグズ部族連合が地域全域を制圧する。交易の中心地オアシスと地域を横断する重要な交易路を掌握し、広大なカラクム地域の支配者としての地位を確立した。11～12世紀にかけて、オアシス交易都市は東洋と地中海を結ぶ交易路シルクロードの重要なキャラバンの中継地だった。1118年から1157年まで、テュルク系支配者らはメルヴをセルジューク帝国の中心地とし、この期間にテュルク系部族の大半が土地を離れてさらに西へと移動した。残ったテュルク系グループはカラクム地方の支配を続け、オグズ語と部族制度をオアシスのコーカサス系住民に少し

ずつ強いていった。1219〜1222年にかけて、モンゴル侵攻軍がカラクムの土地を襲い、おおぜいの定住民を支えていた広範な灌漑システムと交易の中心地を破壊した。トルクメン人の言い伝えによると、モンゴル侵略軍はこの地域で100万人以上を虐殺したという。彼らの定住農耕文明は破壊され、生き延びた人びとは小さな部族グループにまとまり、そのうち遊牧民として地域の各地に広がっていった。のちにすぐれた騎手や戦士として名をはせるトルクメンの部族は、モンゴルによる支配が終わるとふたたびオアシスに定住した。オアシスから拡大したトルクメン戦士は、1378年から1500年にかけて、中央アジアから西は遠くアゼルバイジャン、アルメニアにいたる広大な領域を制圧して、緩やかなトルクメン帝国を形成した。トルコ、イラク、シリアのトルクメン人住民と、故郷から遠く離れたそのほかの地域に住むトルクメン人の多くは、トルクメンの拡大が始まったこの時期に移住した。テュルク系ウズベク民族集団は16世紀に中央アジア全土を支配下に置いたが、その帝国はすぐにヒヴァ・ハン国やブハラ・ハン国などの後継国家に分裂した。ウズベク諸国が領有権を主張する地域に住むトルクメン諸部族は2世紀以上にわたって抵抗を続け、最後のトルクメン部族がヒヴァ・ハン国の支配下に入ったのは19世紀になってからだった。1716年、南アジアと中東への通商ルートを求めてこの地域に初めてやってきたロシア遠征隊の隊員がトルクメン部族民に殺害される。ロシアと中央アジアを支配していたウズベク諸国との外交関係は18世紀半ばにようやく確立された。

初期のコーカサス系民族とその後のテュルク系部族の混交から生じたトルクメン文化は、この2つとのちのさまざまな影響が融合したものとなっている。トルクメン人は3つの伝統的な行動規範——慣習法の"アダット"、イスラム法の"シャリーア"、適切な礼儀作法やふるまいに関する規定——に従っている。こうした伝統のいくつかの側面はソビエト支配下の数十年のあいだに失われたが、今でも日常の社会的行動を方向づけている。多くのトルクメン人がコーカサス系の先祖の白い肌と明るい目をもっているが、大多数は黒い髪と目をしたテュルク系民族の外見を受け継いでいる。中央アジアでもっとも伝統的な民族であるテュルク系民族のトルクメン人は、今も同系の部族ごとに分かれており、最大かつもっとも重要な部族集団は、マルのテケ部族、アットクのテケ部族、エルサル部族、ヨムート部族、ギョクレン部族である。すべての部族は地域、氏族、家族グ

ループに分かれており、みな西部アルタイ語族のテュルク系オグズ族の言語に属する諸方言を話す。トルクメン語は、トルクメニスタンからイラン、イラク、シリアにいたるまで、少なくとも 11 の地域方言で話されている。トルクメニスタンのトルクメン語はロシア語から多くの語彙を借用している。同国では、ラテン語の表記法に基づくいわゆる新しいアルファベットがトルクメン語の公式な文字とされているが、多くのトルクメン人がロシア語を第二言語として話し、旧ソ連時代のキリル文字が今も広く使われている。新たなラテン文字の導入により、トルコやイラクをはじめとする国々でラテン文字を使用する少数民族のトルクメン人とそのほかのテュルク系民族とのコミュニケーションが容易になった。イランとアフガニスタンではトルクメン語は文語に用いられず、両国のトルクメン人は通常、トルクメン語とペルシャ語の地域方言の 2 つの言語を話す。トルクメン人は叙事詩、英雄物語、抒情詩の豊かな伝統をもち、その多くはトルクメン部族の祖先と信じられている伝説上の始祖オグズ・ハーンにまつわるものとなっている。トルクメン文化史のなかでもっとも有名な人物は、18 世紀の詩人マグトゥムグリ・プラグである。彼はトルクメン人の精神的指導者で、哲学的詩人でもあり、トルクメン人の独立と自治のために尽力した。ほぼすべてのトルクメン人が彼の言葉を引用し、詩を諳んずる。トルクメン人は圧倒的にスンナ派イスラム教徒が多く、それぞれの部族や氏族グループが、どのようにイスラム教をとり入れることになったかについての言い伝えや記録も存在する。護符、吉日や厄日、邪眼の信仰といったイスラム以前の儀式や慣習も広くおこなわれている。トルクメンの各部族や氏族が、独自の墓地と聖廟を守り、トルクメンの土地では、それらが点在する風景が見られる。

1802 年に一部のトルクメン氏族のロシアへの帰属が公表された。これらの部族は、ウズベク人のヒヴァおよびブハラ・ハン国の支配に対するトルクメン人の蜂起が頻発していた時期に、ロシア帝国の援助を受け入れた。1865 年、トルクメン人の協力のもと、ロシア人がこの地域に侵攻し、1867 年にはトルキスタン総督府が設立された。ブハラ・アミール国（ブハラ・ハン国）は 1868 年にロシアの保護国となり、ヒヴァ・ハン国は民族紛争とロシアの侵攻で弱体化し、トルクメンの領域の一部の支配権を失った。強力なテケ部族に率いられたトルクメン人は、トランスカスピ海地域に自治国家を創設しようとした。1869 年、ロシア軍がトルクメン人の土地に進攻したが激し

い迎撃にあい、中央アジアの覇権を握るための長期にわたる軍事作戦のなかで最大の損失を被った。西部のトルクメン部族はふたたびウズベク人の勢力下に置かれることを恐れて、ロシアの勢力を受け入れたが、東部と南部の部族は彼らの土地を制圧しようとするロシアに激しく抵抗した。1873 年、ヒヴァ・ハン国は保護国としてロシアに帰順したため、ロシア人は残るトルクメン人の土地の領有を主張できるようになった。1881 年 1 月のギョクデペの戦いは、トルクメン部族民数千人の虐殺で終わった。ロシアは、名目上はなおもトルクメニスタンの一部を支配していた属国ブハラ・ハン国とヒヴァ・ハン国の南と西に新設したロシアのザカスピ州にあるトルクメン人の領土を手中におさめた。

1884 年、ロシア軍はオアシス都市マルを制圧し、トルクメン征服が公式に完了した。しかし、多くのトルクメン人戦士は 1895 年に最終的に敗北するまでロシア人と戦い続けた。ロシア統治下で、トルクメン人の領土はロシアが支配する中央アジアの領域のなかでもっとも開発が遅れ、いちばん貧しく、どこよりも後進的な地域のままだった。トルクメン人の蜂起が頻発し、水や土地をめぐる暴力的な紛争が蔓延していた。ロシアの権力がおよんでいたのは主要都市と、駐屯軍を置いたオアシス、一連のロシアの要塞だけだった。はるか西方のヨーロッパロシアで起きていた血みどろの第一次世界大戦の影響は受けなかったが、1916 年にイスラム教徒を労働大隊に徴兵しようとしたことで中央アジア全域で反乱が巻き起こった。ジュナイド・ハーン率いるトルクメン人がロシアの属国ヒヴァを占領し、自治政府を樹立した。中央アジアにおける反乱は、1917 年から 1920 年にかけてのロシア革命と内乱のなかでかき消されたが、内戦はこの地域を混乱に陥れた。1919 年 7 月には、すべてのトルクメン部族が新ソ連当局の管轄下に置かれていた。トルクメン人戦士の多くは、1921 年から 1924 年にかけてソビエト政権の支配に抵抗するゲリラ集団"バスマチ"の反乱にくわわった。1924 年、ソビエト政府は民族的境界画定によって中央アジアを分割し、名ばかりのトルクメン・ソビエト社会主義共和国を創設し、1925 年に新ソビエト連邦の構成共和国として認めた。1930 年代、この地域の集団化の過程で、トルクメン遊牧民は寄生者や反社会分子として名指しされ、定住を強制された。ソ連の中心地から遠く離れたトルクメン人の地では、その後数十年にわたってロシア系やトルクメン系の官僚による支配が続いた。彼らがその地位にあるための唯一の資格がソ

連指導部への絶対的忠誠だった。ほぼ無制限の権力を行使して、共産党の役人らはトルクメンを組織的に略奪し、「トルクメン・マフィア」という蔑称で呼ばれた。1960年代から1970年代にかけて、綿花の栽培には不向きな土地であるにもかかわらず、肥沃な地域全体でその生産が拡大され、環境を破壊し、市民の健康を危険にさらした。トルクメン・ソビエト社会主義共和国のソビエトの指導部は、ソビエト政府への服従を基盤としており、氏族、家族、影響力による結びつきがますます重要となった。共和国を支配していたトルクメンの共産主義者は汚職で悪名高かったが、何よりも大切なのは能力ではなく、モスクワへの忠誠だった。1985年、サパルムラト・ニヤゾフがトルクメン共産党第一書記に任命され、1980年代後半のソ連改革時代には共和国を率いた。1990年初め、最初の公開選挙が告知されると、トルクメンの復興が後押しされ、言語の使用や環境破壊、社会情勢といったそれまで禁じられた主題もとりあげられるようになった。ソ連の地方分権化により、現地のトルクメン共産党は共和国での支配力を強めることができた。1991年のソ連政府の崩壊後、トルクメンの旧共産党指導部はトルクメニスタンを完全に支配することが可能となり、1991年10月、トルクメニスタンは独立共和国を宣言する。ソ連政府のトップだったサパルムラト・ニヤゾフはすぐにナショナリストの指導者に生まれ変わると、新しいトルクメニスタン共和国の初代大統領となった。トルクメニスタンは独立以降、大統領とその側近が支配する一党独裁制の国家であり、ソ連時代の独裁体制から民主主義体制への移行はほとんど進んでいない。

トルクメンの馬

アハルテケはトルクメン人の歴史において重要な馬種である。トルクメニスタンで「黄金の馬」として知られるこの馬は、厳しい気候条件によく適応しており、現存する最古の馬種のひとつと考えられている。アハルテケの歴史は3000年前にさかのぼり、初期の部族民が移動や襲撃の際にこの馬を用いたとされる。彼らはアハルテケを選択的に繁殖させ、複雑な血統の正確な口頭記録を残した。1991年、ソ連の崩壊にともない、トルクメニスタンが独立したとき、初代大統領のアハルテケが新国家の国章に用いられた。

もっと知りたい人のために

Edgar, Adrienne Lynn. Tribal Nation: The Making of Soviet Turkmenistan. Princeton, NJ: Princeton University Press, 2006.

Kropf, John. Unknown Sands. Houston: Dusty Spark Publishing, 2006.

Peyrouse, Sebastien. Turkmenistan: Strategies of Power, Dilemmas of Development. Armonk, NY: M. E. Sharpe, 2011.

トールン（独龍）族

Derung

　トールン族は、トゥルン、Drung、Dulong、Dulonh、Dulongzu、Qiu、Tulongなどとも呼ばれる中華人民共和国に認定されている少数民族集団のひとつ。推定7000人のトールン族のほとんどが雲南省の最北西部、独龍江の両岸に位置する貢山トールン族ヌー族自治県に居住している。トールン族の言語は、チベット・ビルマ語族のヌン語派の一方言である。伝統的にアニミズムを信仰しているが、キリスト教徒や仏教徒のグループもトールン族社会の一部をなしている。

　トールン族の起源はわかっていない。この民族集団に関する初期の言及が、中国の唐代（618〜907年）の年代記に見つかり、ペー族の南詔王国の周縁部に住む辺境民族として挙げられている。南詔の滅亡後は継承国家の大理の支配下に置かれた。10世紀の宋王朝の典籍によると、トールン族は主に"土司"制度のもとでナシ族の土侯に統治されていた。地域の族長や首長は中国の朝廷に貢納することで被支配民族に対する大幅な自治権を認められていた。トールン族の所領への攻撃、なかでも奴隷を求めるチベット人による襲撃は、数百年にわたってこの地域に混乱をもたらした。奴隷商の興味をひかないように、トールン族の女性は伝統的に顔に刺青をほどこした。一族の一員であることをしめす模様の刺青は、12歳か13歳頃、成人期の始まりとともに入れはじめた。

　中国の記録に出てくるかぎりでは、トールン族の文化は焼畑農耕民としての生活様式に基づいている。トールン族は昔からトウモロコシ、小麦、豆を栽培し、狩猟、漁撈、採集で食生活を補完していた。20世紀半ば以降は水田の耕作が奨励され、余剰米は固定価格で国が買い取った。伝統的にトールン族は男性のみで構成される15の父系氏族からなる。それは村落に分けられ、氏族のメンバーは数世代がロングハウスで共同生活を送っていた。村落のメンバーは共通の祖先を信奉しており、その子孫は行政および儀式を担う頭人とみなされている。歴史を通して、これらの村落は独特な政治社会単位で、外部からの脅威にさらされたときには一時的に同盟を結ぶこともあった。トールン族の女性は漢族の女性とは異なり、昔から地位が高く、経済的意思決定にも関与し、資源の分配を監督し、年間の農業活動にも参加している。トールン語は、チベット・ビルマ語族のヌン語の方言で、独龍と怒江という2つの主要な方言で話されている。近隣

のヌー族の言語と密接に関連しており、同じ親族名称を用い、そのほかの文化的特徴も共有している。トールン語の文字はなく、人口も少ないため、政府はトールン文字を創出しようとはしてこなかった。トールン族の信仰は、伝統的な精霊信仰とシャーマニズム、仏教の教え、キリスト教の儀式が折衷的に融合したものとなっている。トールン族は万物——動物、植物、鉱物、太陽、月、星、地球のすべてに精霊が宿り、精霊が自然にバランスと連帯を与えている、という信仰をもっている。また、漢族からとりいれた祖先崇拝はトールン族の儀式や伝統の重要な要素となっている。

19世紀後半まで、トールン族はナシ族の土侯の統治下にあった。彼らはほとんどが農奴か小作人で、たいてい週のうちの数日は土侯のために働き、残りの日は村落の共有地を耕していた。20世紀に入る頃、トールン族の居住地域はチベット寺院の政治権力のもとに置かれ、彼らが封建的な土侯とトールン族の農奴の主人の両方の役割を引き継いだ。トールン族の一部はリス族の土侯の奴隷として自由に売買された。土侯からの虐待を防ぎ、奴隷としての魅力を損ねるように女性の顔に刺青を入れる慣習は続いていた。チベット人集団による襲撃も20世紀に入ってもおさまることはなかった。

1949年に中国本土に共産党政府が樹立すると、トールン族の生活は一変した。もはや思春期の少女が刺青を入れることはなくなり、トールン族の家族は政府の国勢調査のために漢族の姓を名乗ることを強制された。政府の計画には、トールン族の経済構造を焼畑農業から政府所有の水田を用いた集団や共同体による灌漑稲作農業に変えることが含まれていた。今日、亜麻を手織りしたトールン族の民族衣装は、政府機関の圧力を受けて、漢族の衣服に変わりつつある。1980年代に中国を席巻した諸改革により、1970年代の中国の文化大革命の厳しい引き締め政策がいくらか緩和された。けれども、少数民族の言語や文化を奨励するという、より理解ある政策にもかかわらず、多くのトールン族は同化と自分たちの言語と文化の喪失は避けられないという懸念を抱いている。

もっと知りたい人のために

Olson, James S. An Ethnohistorical Dictionary of China. Westport, CT: Greenwood, 1998.

People's Daily Online. "The Drung Ethnic Minority." Accessed July 31, 2013. http://en glish.peopledaily.com.cn/data/minorities/ Drung.html

West, Barbara A. Encyclopedia of the Peoples

of Asia and Oceania. New York: Facts on File, 2008.

Xiaoming, Xiao. China's Ethnic Minorities. Beijing: Foreign Languages Press, 2003.

トン（侗）族
Dong

カム、トンジン、Gam、Tong、Tung、Tong-chia とも呼ばれるトン（侗）族は、中華人民共和国で公式に認められている56の民族集団のうちのひとつ。人口約300万人のトン族が貴州省東部、湖南省西部、広西チワン族自治区北部の中国3つの省区の山間部に集住しており、湖北省とベトナム北部にも小さなコミュニティがある。トン族は、中国と東南アジアでタ語を話す民族のうち最北端に居住する民族の代表である。トン語は、チベット・ビルマ語族のチワン・トン語派に属している。

　トン族は、かつて中国南部の多くの地域に住んでいた古代ラウ族（ラオ／ラーオ族とも）の末裔とされている。北方タイ諸語を話すこの民族集団は、徐々に別々のグループへと分裂していった。そのうちのひとつが海岸に沿って北上し、貴州・湖南・広西地域に定住し、そこでトン族の祖先として進化した。トン族には東から移住したときの言い伝えがあるが、そのほかにも広西から南に移住したグループや、イナゴの大群から逃れるために中国の東海岸から逃げてきたグループの話も伝わっている。学者のなかには、秦と漢の時代、紀元前220年頃から後220年にかけて、現在の広西チワン族自治区と広東省に住んでいた百越をトン族の起源と考える者もいる。618年から907年までの唐の時代の典籍には、みずからをカムと呼ぶトン族は土地を所有する貴族階級が支配する封建社会だったと述べられている。その歴史のほとんどの期間、トン族はより強力な隣人の勢力下にあり、奴隷にされた者もいれば、ほかの民族集団の領地で小作農や小作人として働く者もいた。中国の記録では、トン族は10世紀の独自の民族集団として言及されている。13世紀、北方へ拡張するモンゴル人に追いやられるようにトン族は南に移住しはじめ、最終的に現在の居住地域である広西チワン族自治区、貴州省、湖南省にいたった。14世紀以降の明・清朝下では、この地域を管理していた漢族と争い、支配権を増す明・清に対して多くの反乱を起こした。貴州地方の歴史は、支配的な漢族とトン族などの非中国系民族との紛争および緊張関係に特徴づけられる。17世紀半ばから20世紀初頭にかけての清朝時代、トン族の居

住地域では農業が急速に発展し、灌漑によって米の生産量が大幅に増加した。トン族の村や町には自営の職人が暮らし、現在まで続く芸術や工芸の伝統を生み出した。大きな町や県都には、重要な食料や家畜の市場が立つ町が発展した。封建地主の多くも、トン族の農民が耕作した土地で主に換金作物をつくるようになった。

トン族は中国南部の隣接する20の県に居住し、さまざまな地域方言を話すタイ系民族である。トン語は北部方言と南部方言の2つの主要な方言グループに大別され、相互に会話は通じない。トン語は、チワン・トン語群と呼ばれる大きな北方タイ語族に属する一言語である。もともとは口頭のみの言語で文字はもたず、表記には漢字が借用されていたが、1958年に中国政府が研究者にラテン語を基にしたトン語の表記を創出させた。山岳地帯の居住地域にある森林は、トン族の文化・経済の重要な柱となっている。製材は販売用に生産され、木材はトン族が手工芸品や伝統的な器具をつくるための主材料となる。モミの木が好まれ、モミはトン族の社会において象徴的な重要性をもっている。子供が生まれると、親は赤ちゃんのためにモミの苗木を植える。子供が18歳になると、成長したモミの木を使って子供のために家を建てる。そのため、それらのモミの木は「18歳の木」と呼ばれる。木材は、有名なトン族の屋根付き橋「風雨橋」をつくるのにも使用される。トン語はチワン・トン語族のトン・スイ語群に属している。北部と南部の2つの方言に分けられ、それぞれに3つの地域方言がある。トン族の大半は、何世紀にもわたって表記に用いてきた標準中国語を話す。また、ほとんどの人がトン族の守護者である最高女神サアスィが統括する多くの神々を崇敬する多神教を信奉している。トン族のどの村にも高さ約1.2メートル、直径約3メートルの丸い石の祭壇を備えた寺院があり、たいていバナナの木やイバラに囲まれている。特別な機会には、トン族は鶏、アヒル、小麦粉の甘い揚げ物などの供物(くもつ)を女神の祭壇に捧げる。そのほか、近隣の漢族の影響を受けて上座部(じょうざぶ)仏教を信奉する者も少数いる。

19世紀に入っても、トン族の居住地域ではトン族の小作人が地主の土地で働く、大規模な封建土地所有制度がごく一般的だった。1840～1842年のアヘン戦争のあと、ヨーロッパの営利企業の搾取によってトン族はさらに貧窮化し、清朝の強欲な役人や傲慢な地主、債務奴隷制という重荷がさらに上乗せされた。地主による虐待や、居住地域に木材や製材を求める外国の営利企業が増えるいっぽ

うであることにトン族はしばしば抵抗したが、彼らの大半は借金まみれだったり、大きな土地に農奴（のうど）として縛られていた。1921年に中国共産党が彼らの居住地域に入ってくると、長期にわたる衝突が始まり、封建制に近い社会制度の悪用に異を唱えるトン族の幹部の数が増えていった。1930年代半ばの共産党紅軍の長征中、多くのトン族が案内役をつとめたり、兵士に穀物や食料を供給したりした。1949年、トン族をはじめとする地域の少数民族によって組織されたゲリラ大隊は、南部地方を中国政府軍から解放するために人民解放軍と戦った。1949年の共産主義者の勝利に続いて、トン族の居住地の3つの地域にトン族自治州が置かれた。農地改革により、何世紀にもわたって実施されてきた封建制度が廃止され、トン族はより高い教育を受け、自治州で役職につくことが可能になった。地域の各地に新設された学校では、標準中国語に加えてトン語で授業がおこなわれ、教育水準はまたたくまに向上し、トン族の文化と政治を担う新たな世代の指導者の育成が始まった。農業にくわえて、トン族の多くは木工、大工、建築の仕事にも長けている。トン族の若者の多くは故郷を離れ、都市部に住み、そこで貿易業者になったり、サービス業に就いている。近年の進歩の数々にもかかわらず、地域の貧困や経済資源の発展の遅れは依然として重大な社会問題となっている。

もっと知りたい人のために

MacKerras, Colin. China's Minorities: Integration and Modernization in the Twentieth Century. Oxford: Oxford University Press, 1994.

Prayer Site for the Dong People of China. "General Information." Accessed July 30, 2013. http://www.dongteam.org/info.html

Rossi, Gail, and Paul Lau. The Dong People of China: A Hidden Civilization. Singapore: Hagley & Hoyle, 1991.

West, Barbara A. Encyclopedia of the Peoples of Asia and Oceania. New York: Facts on File, 2008

トンシャン（東郷）族
Dongxiang

　トンシャン（東郷）族は、ドンシャン、トンシャンホイ、Tungsiang、Mongolian Huihu としても知られる、中華人民共和国が公認している民族集団のひとつである。ロシア人は歴史を通してトンシャン族をシロンゴル・モンゴルと呼んできた。トンシャン族は自分たちをサルタと称する。"トンシャン"という名称はこの民族集団の中国名で、漢族の居住地の東にあるトンシャン族の居住地域をさす「東の村の人びと」という意味をもつ。およそ62万5000人のトンシャン族が中国中北部、甘粛省に集住しており、新疆、青海省、寧夏回族自治区にも小規模なコミュニティが存在する。トンシャン語は、モンゴル系の言語のシロンゴル語派に属するモンゴル系の言語である。モンゴル系民族は主にチベット仏教を信奉しているが、トンシャン族は大部分がスンナ派イスラム教徒である。

　トンシャン族の起源はよくわかっていない。モンゴルに住むモンゴル族と近接にあるこの民族集団は、13世紀の大モンゴル帝国の時代に中央アジアの人びととの密接な接触を通じてスンナ派イスラム教に改宗したのではないかと学者たちは推測している。そのほかに、12世紀後半にチンギス・ハーンが甘粛の賀州地方に派遣したモンゴル軍兵士の末裔だという説もある。別の可能性としては、モンゴル系、漢族、回族、チベット系などの多くの民族が、何世紀ものあいだに融合したとも考えられる。さらに、トンシャン族が現在の新疆を中心に存在した古代の強力な帝国、チャガタイ・ハン国の一部を形成していたと考える者もいる。トンシャン族のほとんどは、自分たちの先祖がイスラム教に改宗し、モンゴル仏教徒に故郷を追われて現在の甘粛省民勤県に移住したと信じている。この民族集団の複雑な歴史は、モンゴル族、漢族、回族、チベット族に由来する氏姓からも明らかだ。1368年にモンゴル元朝に代わって中国を統一した明朝の初めに、モンゴル帝国の末期に駐留していたモンゴル系のトンシャン族には恩赦が与えられ、定住が許された。数世紀にわたって、トンシャン族はイスラム教を自分たちの独自の文化の不可欠な要素として守り続けた。中国系ムスリムと呼ばれる回族や、そのほかの民族集団の文化をとり入れることで、トンシャン族の文化は近隣民族の文化との相違をさらに際立たせた。18世紀の初めまでには、数百ものモスク、神学校、イスラム寺院がトンシャン族の居住地域の風景のあちこちに見られた。トンシャン族の多くは羊の大きな群れを飼

う遊牧民だった。今日でも、羊はトンシャン族の仕事と生活において重要な役割を果たしているだけではなく、トンシャン族の民族精神の象徴とみなされている。独立心の強い民族であるトンシャン族は、自分たちの自由と家畜の群れを守るために何世紀にもわたってくり返し武器を取り続けた。歴史を通して、トンシャン族は宗教的にカディーム（老教）、イフワーン派（新教）、西道堂の3つの宗派に分かれていた。回族と漢族の支配階級は、もっぱら「分割統治」政策を利用したため、18〜19世紀にかけて、しばしば3宗派間に争いの種をまき、確執を生じさせた。ときには武力衝突に発展することもあった。

　イスラム教徒のトンシャン族は、自分たちの宗教と歴史を愛し続けた。595のモスクと79の宗教建造物を数えた時期もあった。トンシャン族の約30世帯にひとつの割合だ。年間で、各家庭が支払わなければならない宗教関連の出費は34種類もあった。20世紀半ばまでは、トンシャン族は中国のイスラム教徒である回族の下位集団とみなされていた。今日もトンシャン族はひじょうに敬虔なイスラム教徒である。歴史的に見ると、トンシャン族の約3分の2がスンナ派イスラム教徒で、約3分の1がシーア派で、少数がワッハーブ派だった。トンシャン語はモンゴル語族に属し、相互に理解可能な3つの方言で話されている。トンシャン語の文字はなく、漢字やトンシャン族の宗教に用いられるアラビア文字、ウイグル文字が表記に使用される。トンシャン族のほとんどは農民で、ジャガイモや大麦、ヤムイモを栽培し、羊を飼育して生活している。また、多くの家庭が主な交易品である卵を得るために鶏を飼っている。トンシャン族の居住地域の大部分は雨不足であるため、多数の人が貧困に苦しみ、開発と灌漑の不足に悩まされている。乾燥した環境のため、トンシャン族の土地は中国の開発事業からほぼ除外され、農業・工業開発はほとんどおこなわれていない。トンシャン族の文化でもっとも伝統的な要素のひとつが、地元で「花児」と呼ばれるさまざまな民族歌謡だ。かつては、よりよい未来への希望を表現し、抑圧者に対する怒りを吐き出すために歌われていた。長い圧政の時代には「花児」は容赦なく一掃されたが、1980年代以降に復活している。サンタ語やシロンゴル・モンゴル語としても知られるトンシャン語は、モンゴル語族の別の支流を形成している。アラビア語は彼らの宗教の言語であるため、その知識が広く普及しており、多くの人が公式でない文書でアラビア文字をよく使用している。近年、ラテン文字を使った

トンシャン語の正式な表記が創出されたが、あまり用いられていない。

19世紀、トンシャン族はしばしば旱魃に見舞われ、飢えと飢饉がつねに身近だった。ジャガイモの導入は極度の貧困を軽減する一助となり、穀物とトウモロコシを中心とした食生活を補った。酢麺や酒の製造に用いられるマッシュポテトは、主要な交易品になった。20世紀の初めまで、トンシャン族の居住地域は中国北西部でもっとも貧しい地域に数えられていた。第二次世界大戦が始まる前の数年間、共産党軍と国民党軍の戦闘が勃発し、トンシャン族が住む地域にも暴力が広がった。1945年に国共内戦が再燃し、1949年に共産主義者の勝利に終わった。共産党の少数民族政策により、1950年に甘粛省に東郷族(トンシャン)自治区が設立された（1955年に東郷族自治県に改名）。トンシャン族と近隣民族グループとの不和は変わらず、「連帯委員会」と呼ばれる支部がその解消のために開設された。何世紀にもわたってこの地域の悩みの種だった浸食を抑えるために、不毛の丘陵地に木や草が植えられた。広大な丘陵地帯の農地は棚田になり、灌漑計画が実行された。1954年、トンシャン族はより大きな回族の一部ではなく、独立した別の民族集団として認められた。1960年代から70年代にかけての文化大革命の時期には、トンシャン族は政治弾圧の対象となった。紅衛兵の幹部はモスクを汚したり、破壊したり、トンシャン族の宗教・政治指導者にコーランで禁じられている豚肉を食べるよう強要したりした。文化大革命の凄惨な年月における経験が、トンシャン族のアイデンティティ意識をさらに研ぎ澄ました。21世紀に入り、中国政府は原理主義の蔓延が地域での民族および宗教問題につながる恐れを懸念して、イスラム教徒に対してより慎重になっている。

もっと知りたい人のために

Gladney, Dru C. Muslim Chinese: Ethnic Nationalism in the People's Republic. Cambridge, MA: Harvard University Asia Center, 1996.

Legerton, Colin, and Jacob Rawson. Invisible China: A Journey through Ethnic Borderlands. Chicago: Chicago Review Press, 2009.

Lipman, Jonathan Neaman. Familiar Strangers: A History of Muslims in Northwest China. Seattle, WA: University of Washington Press, 1998.

Yardley, Jim. "Deep in China, a Poor and Pious Muslim Enclave." New York Times , March 19, 2006. http://www.nytimes.com/2006/ 03/19/international/asia/19ethnic.html?page wanted=all&_r=0

屯堡人
Chaunqing

屯堡人(Chuanchun、Chuangqing、Pu、Shertu、Tunbao)は老漢族とも呼ばれる、おもに中国貴州省の安順地域に住む混合民族である。近隣民族は、屯堡人を「大きな足の女」を意味する"大脚女"または「大きな袖」を意味する"大袖子"と呼んでいる。およそ60万～100万人の屯堡人が、彼らの祖先ミャオ族の東ミャオ諸語から多くの語彙を借りた標準中国語の地域方言を話している。屯堡人の大多数は仏教徒で、約3分の1が伝統的な信仰を守り、少数がキリスト教を信奉している。

屯堡人の起源は、8～9世紀に最初に貴州に送られた漢族の兵士と強制労働者にたどることができる。1200年頃、貴州の植民地化が始まり、多くの駐屯地が置かれた。兵士たちは江西から連れてきた奴隷や強制労働者を使って駐屯都市を築いた。地元の住民は、彼らが駐屯地に建てた石造りの要塞にちなんで、新参者たちを「石の城の人びと」を意味する"屯堡"と呼んだ。「守備隊の人びと」という意味の名称で呼ぶ者もいれば、地元のイ族は彼らを「白い肌の漢人」または「蛇を食べる漢人」を意味する名前で呼んだ。駐屯地の兵士や労働者は地元のミャオ族やイ族と混血したが、彼らの子孫は中国語と多くの中国の伝統を守り続け、ミャオ族とイ族の文化的伝統も取り入れた。屯堡人——その新しい名前は「黒い服を着た人びと」を意味した——は、何世紀ものあいだ独自の中国語方言を保ち、その後やってきた漢族の入植者やミャオ族やイ族の住民との違いは明確だった。屯堡人の結婚の風習や祝祭もまた、彼らを周囲の住民と隔てていた。時がたつにつれて、屯堡人は独立した民族集団として発展し、屯堡人のなかでも中国人の特徴が少ない一部の集団が分離してトゥチャ族という民族集団になった。13世紀にモンゴル軍の侵略を受けて、屯堡人の居住地域は新しく樹立されたモンゴル人が主導する元王朝の領有となった。1413年、貴州布政使司が設置され、ミャオ族とヤオ族を制圧するために新たな駐屯地が置かれた。屯堡人は、四川や湖南から移住してきた農民から中国式の農業を取り入れた。この地域では封建制がとられていたため、多くの屯堡人がイ族の地主の管理下で小作人として働くことを余儀なくされた。1735年と、1795年から1806年にかけて起きたミャオ族の蜂起では、多くの屯堡人が反乱軍と戦った。

かつての屯堡人はさまざまな名前で知られていたが、そのほとんどはこの地域の屯田兵という彼らの地位を示唆するも

のだった。屯堡人は漢族やミャオ族、イ族との融合を通して何世紀ものあいだに発展していった。屯堡人の文化は基本的に漢族の文化構造に、土着の多くの伝統や習慣が混ざっている。屯堡人は数世紀にわたって、現地の諸言語の語彙や構造を多く借用しながら、独自の標準中国語の方言を保ってきた。近隣民族とのつながりはあったが、特有の祝祭をおこない、ほかとは異なる結婚の風習をもっていた。屯堡人が仏教と儒教を――大多数とまでは言わないにしろ――信仰してきたという歴史は、彼らの故郷にある数々の古い寺院、なかでも1368年に建てられた有名な文廟（孔子廟）や、1616年建立の仏教の白塔、天台山の仏教寺院の存在が証明している。仏教と儒教は、屯堡人の文化にとても深く結びついている。屯堡人のもっとも重要とされる祝祭は、仏教の説話が起源となっている。閻魔大王によって地獄の最下層に堕とされた女性がいた。彼女の子供たちは母親を救おうと決心し、ある春の日に出発して、母親のたどった道を歩いていく。彼らは24の障壁を突破し、ついに地獄の王に対峙する。血の川で、惨めな母親の姿を目にした彼らは地獄の王の残虐さを非難し、母親を取り戻して急いで川を渡り、人間の世界に連れ戻した、という話だ。屯堡人の約4パーセントがローマカトリック信徒で、これは、この地域で初期に布教活動がおこなわれたことによる。

19世紀初頭、貴州地方はなおも混乱のなかにあった。非漢族の少数民族が中国の支配に対して蜂起を繰り返し、漢族の一員として屯堡人が標的になることも多かった。1854年から1873年にかけて起きたミャオ族の反乱はこの地域に混乱をもたらし、多くの屯堡人が暴力から逃れるために村をあとにした。長期にわたる反乱で屯堡人は分裂していく。つながりのあるミャオ族の側に立つ者もいれば、清朝政府を支持する者もいた。1911年に清帝国が倒され、共和国が設立されたが、地域の軍閥が貴州の大部分を支配していた。共産党と中国政府（国民党）との内戦が激化し、1920年代にこの地域でふたたび戦闘が生じた。1934年から翌35年にかけて、有名な「長征」中に共産党軍が貴州に逃げ込んだ。現地の地方民兵部隊は、勢いを増す共産党軍の敵ではなかったが、政府は貴州に軍隊を派遣して、紅軍を追い出した。土着の軍閥も排除し、中央政府がふたたび直接統治する貴州省が成立した。日本の中国侵略と第二次世界大戦により、中国の内戦は一時的に終結したが、1945年に再開する。1949年に共産党が勝利し、中国の少数民族を公式に認める政策が始まる。公認された少数民族には、

一般の人びとには許されていない特権が与えられた。1950年代、屯堡人の指導者たちは少数民族としての地位を正式に申請したが、新たな人民共和国政府は屯堡人が「もともと漢族の一員だった」という理由で拒否した。以前に却下されたにもかかわらず、屯堡人は1970年代に再度、少数民族の地位を申請したが、地元のミャオ族やイ族と混ざっていても漢族を祖先にもつことを理由に申請はまたしても却下された。1990年代のデタントに後押しされて、屯堡人はいま一度少数民族の地位を獲得しようとしたが、やはり申請は拒否された。彼らは国内の未識別の少数民族のリストに追加されたが、公式には彼らは多数派の漢族の一部のままだった。21世紀に入り、多くの屯堡人は独立した少数民族としての地位を諦めて、自分たちの未識別少数民族グループを、多数の人口を抱える（公認を受けている）トゥチャ族の民族集団に加えようとしている。伝統的にも文化的にも、トゥチャ族は屯堡人と密接な関係にある。

公式な認定

屯堡人はいまだに中国政府から正式な少数民族として認められていないが、しばしば少数民族として扱われてきた。多数派の漢族に対する家族計画政策が中国全土でまだ厳格に守られていた頃、屯堡人の夫婦は第二子を産むことができたが、通常、これは公認された民族だけに与えられる特権だった。大規模な抗議活動や嘆願にもかかわらず、現在も切望している少数民族としての公式な認定は受けられていない。だが中華人民共和国政府は、屯堡人が身分証明書の民族籍を漢族から屯堡人に変更することを許可するところまで歩み寄っている。

もっと知りたい人のために

Chen, Jerome. The Highlanders of Central China: A History 1895-1937 . Armonk, NY: M. E. Sharpe, 1992.

Herman, John E. Amid the Clouds and Mist: China's Colonization of Guizhou, 1200-1700 . Cambridge, MA: Harvard University Asia Center, 2007.

Jenks, Robert Darrah. Insurgency and Social Disorder in Guizhou: The Miao Rebellion 1854-1873 . Honolulu, HI: University of Hawaii Press, 1994.

Zhilong Zhang, "Minority Wants to Be Counted," Global Times , July 25, 2012, accessed July 30, 2013, http://www.global times.cn/content/723288.shtml

な行

ナシ（納西）族
Naxi

　ナシ（納西）族（Nakhi、Naqxi、Nakhi、Nahi、Moriayi、Mosha）は、中華人民共和国で公式に認定されている56の民族のうちのひとつ。中国の雲南北西部と四川省南西部のヒマラヤ山麓地域に、推定31万人のナシ族が居住する。ナシ語はチベット・ビルマ語族のロロ諸語に属するナシ語派の言語である。ナシ族はおもにトンパ教と呼ばれる土着宗教を信仰しており、チベット仏教（ラマ教）や道教を信奉する有力なグループのほかに、少数のキリスト教徒がいる。

　中国の歴史的な年代記によると、ナシ族の祖先は紀元前206年から後220年までの漢王朝時代の部族とされている。学者たちは、ナシ族は古代からチベット高原地域に居住していた遊牧民族の古羌人の末裔と考えている。彼らは、数千年前からこの地域に住んでいたとされる。ナシ族の祖先はもともと中国北西部からやってきたと思われる。南下してチベット系民族の住む地域に定着した彼らは、たいていもっとも肥沃な川の流域を占領して、ほかの部族グループをより不便で、痩せた土地に追いやった。ナシ族は、いわゆる茶馬古道でチベットやインドと交易した。元来は家畜を飼育・繁殖する生活を送っていたが、10～13世紀にかけて定住農業を始めた。この期間、奴隷を所有する豊かな農民たちが徐々に土地と権力を手にして、封建的な支配階級へと発展していった。1278年、モンゴル元王朝の統治下で、ナシ族の都は中央政府の管轄する麗江という行政地区に編成された。14世紀、木徳と呼ばれるナシ族の首領が麗江の世襲の官職を与えられ、この地域のナシ族やほかの民族を管理した。その後、数世紀にわたって、ナシ族の首領である木氏は、税金と貢物を銀、穀物、奴隷のかたちで明の朝廷に送った。明当局は、雲南の西北部地域のさまざまな民族グループの統治を木氏に一任していた。17世紀には、生産方法が改善され、ナシ族の居住区で農地の売買、賃貸が広がり、封建制が終わって地主経済が始まった。1723年以降、満州族の清王朝時代には、麗江の世襲制のナシ族の首領の代わりに宮廷から役人が派遣されるようになり、木氏は地方官に任命された。

　ナシ族の文化はおもに、古来のトンパ教と近隣のチベット系民族との密接な関係によって形成されてきた。ナシ族は古代から米、トウモロコシ、ジャガイモ、小麦、豆、綿、麻を栽培する農耕民族で

ある。彼らの故郷は広大な森林に覆われており、土着の医療行為で使用される多様な薬草、球根、菌類にくわえて、さまざまな種類の貴重な木材が得られる。トンパは実際にはナシ族古来の文化である。現在では宗教とみなされているが、今もナシ族社会の重要な要素である。トンパ教はチベットのボン教の信仰体系から発展した。ナシ族のトンパ教の僧侶または宗教的職能者は、ナシ語で「賢者」を意味する"トンパ"と呼ばれる。人間と自然の調和を重視する文化において、トンパは重要な役割を担っている。彼らは通常、自然界のあらゆる場所に存在するとされる精霊を鎮めるために宗教儀式をとりおこなう。トンパ教の核にあるのは、人間と自然は同じ父親をもつ異母兄弟であるという信念だ。これは、自然の資源を使いすぎた人間に対する天からの復讐という状況を生み出す。何世紀にもわたって多くのナシ族がチベット仏教を信仰しており、ナシ族の居住地域のあちこちに多数の"ゴンパ（僧院）"が存在する。ナシ語は2つの方言グループに大別される。西部方言（標準語）は下位方言にほとんど差異は見られない。もうひとつの東部方言（ナ語とも）は中国政府がナシ族に含めているモソ族がおもな話者である。

19世紀のナシ族の文化には、中国の家父長制に徐々にとって代わられた母系制の家族構造の名残りがまだ残っていた。ナシ族の居住地域のほとんどで封建地主制が主流で、資本主義の要素もいくつか入るようになっていた。ナシ族の人口の約10パーセントを占める地主と富農が、土地の60〜70パーセントを所有していた。小作農は、地代として収穫量の50〜80パーセントを要求されることも少なくなかった。強制労働、債務奴隷制、法外な地代によって小地主階級が幅を利かせるいっぽうで、ナシ族の大部分は貧困のなかで暮らしていた。20世紀初頭、ナシ族の一部は商人や店主となって都市化を始めた。1930、40年代の日中戦争期、外国貿易は封鎖されたため、インドとの貿易が大幅に拡大した。ナシ族の主要都市、麗江はインド、チベット、中国内陸部への新たな通商ルートの拠点となった。1949年に国共内戦が共産主義者の勝利で終わると、1950年代には共産党幹部がナシ族の居住地域に進出してきた。地主や富農は打倒され、たいてい容赦なく排除された。当初、再分配制度によって農民に土地が与えられたが、その後、集団化でとりあげられ、ナシ族の農民は中国国家の従業員として集団農場で働かされた。1980年代に厳格な共産主義体制が緩和されると、繁栄の時代に突入し、資本主義へ移行する新た

な中国の輸出品として、鉄製品や銅製品、木工品、タンニン、織物、製紙、彫刻作品などの伝統的な手工芸品が急速に増加した。

もっと知りたい人のために

Chao, Emily. Lijiang Stories: Shamans, Taxi Drivers, and Runaway Brides in Reform-Era China. Seattle: University of Washington Press, 2012.

Ethnic Groups. "The Naxi Ethnic Minority." Accessed July 31, 2013. http://www.china.org.cn/e-groups/shaoshu/shao-2-naxi.htm

Legerton, Colin, and Jacob Rawson. Invisible China: A Journey through Ethnic Borderlands. Chicago: Chicago Review Press, 2009.

Mathieu, Christine, and Cindy Ho, eds. Ancestral Realms of the Naxi. Stuttgart, Germany: Arnoldsche Verlagsanstalt, 2011.

Wiens, Mi Chu. "Living Pictographs: Asian Scholar Unlocks Secrets of the Naxi Manuscripts." Library of Congress Information Bulletin, June 1999. http://www.loc.gov/loc/lcib/9906/naxi1.html

ナーナイ族
Nanai

　ナーナイ族（ナニ、ゴルド、ゴルディ、ヘジェン、Samagirとも）は、ロシア極東と中国黒竜江省との国境地域に居住するツングース系民族。推定2万人のナーナイ族がロシアのハバロフスク地方のアムール川、ウスリー川、ギリン川沿いと中国東北部を流れる松花江（スンガリ川）沿いの広範囲に散在する集落に住んでいる。ナーナイ語はツングース・満州諸語の南ツングース語群に分類され、同じナーナイ語群に属する小さなグループ、ウリチ語とオロチ語と近い関係にある。ナーナイ族の大多数は伝統的なシャーマニズム信仰を守っており、少数がチベット仏教のラマ教を信奉している。

　中国の典籍には、早くも紀元前2世紀から前1世紀にアムール、スンガリ、ウスリー地方に民族がいたことが記されている。ナーナイ族は、ほかのツングース系民族と同様に、ときには中国王朝の臣下とみなされ、貢納を課されることもあったが、中国の直接統治下に置かれることはなかった。7世紀の終わり頃、ナーナイ族は渤海に服属するが、渤海は926年に契丹系モンゴルの侵略により滅亡した。ナーナイ族のほとんどの氏族は、当

時女真族と呼ばれていた満州族と密接なつながりを築いていた。女真族の金は中国の王朝、遼と北宋を滅ぼし、中国北部を掌握した。1206年、女真族の支配下にあったモンゴル部族が、のちにチンギス・ハーンとして知られる新しい指導者のもとで蜂起する。モンゴル軍は女真族を破り、1234年にこの地域を制圧した。モンゴル帝国下で、女真／満州族やナーナイ族を含むツングース系民族が分断された。南部地域の人びとは中国民族として扱われ、北部地域の住民はモンゴル民族とみなされ、ナーナイ族はモンゴルの文化・言語的影響を受けた。何世紀も続いたモンゴルと中国の侵攻でナーナイ族は広く遠くまで散らばっていった。16世紀末の女真統一により、ナーナイ族はふたたびひとつの王朝のもとにまとまった。1644年、女真族——満州族と呼ばれた——は中国人を破り、壮大な中華帝国を手中におさめた。多くのナーナイ族が地域の近縁の満州族にくわわり、ほとんどの場合、ナーナイ族の伝統は失なわれた。満州族の統治下では、広大なアムール川流域や満州と呼ばれる地域への漢族の入植が厳しく制限されたため、ナーナイ族をはじめとする民族は独自の文化や言語を保持することができた。1640年代にロシアのコサックがアムール地方の偵察を始めたが、1689年にロシアと中国が交わしたネルチンスク条約の条項で、外満州として知られる地域が中国の領土であることが確認された。中国人は権力を行使してナーナイ族の村々に税を課そうとしたが、うまくいったのはナーナイ族と中国人農民が混在する地区だけだった。

"ナーナイ"や"ナニ"という呼称は、1920年代からアムール川流域の先住民族をさすときに使われてきたが、「土地の人」もしくは、たんに「人びと」という意味になる。ロシア人はもともとナーナイ族をゴルド／ゴルディなどと呼んでいたが、この呼称はナーナイ族と関連のあるウリチ族、オロチ族、ネギダール族にも使われた。中国のナーナイ族はヘジェン（ヘジェ）として知られる。これは、アムール川下流域のナーナイ族の現地での呼び名に由来している。歴史を通して、ナーナイ文化は川での漁撈を基盤としており、ナーナイ族の集落のほとんどは地域の川の岸辺につくられている。伝統的な衣服は、乾燥させたチョウザメの皮からつくられており、乾いた皮を木槌で完全に柔らかくしてから縫い合わせたものだった。この独特の風習から、ナーナイ族の住む地域にやってきた初期のロシア探検家たちは、彼らを「魚皮のタタール」と呼んだ。ナーナイ語は2つの異なる方言で話されるが、ナーナイ族は教育

や行政の言語としてロシア語か中国語を用いるため、前世紀のほとんどの期間、話者は減るいっぽうだった。近年、ロシアのナナイスク地区では、ナーナイ語の出版物を出したり、学校でナーナイ語を使う機会を増やす動きが高まっている。ナーナイ族はおもにシャーマニズムを信奉し、クマとトラをとくに崇敬している。彼らはシャーマンを自分たちの世界と精霊の世界、太陽や月、水、木、山に宿る精霊との仲介者とみなしている。伝統的なナーナイ族の信仰では、彼らの故地は広大な平原だったが、蛇が川の谷をえぐり出したと言われている。20世紀に入り、ナーナイ族の一部の集落は昔から続く信仰を失うことなく、チベット仏教を受け入れるようになった。

　1800年頃、中国の満州族の支配力が衰え出すと、ロシアの遠征隊がアムール地方に戻ってきて、ナーナイ族の集落や地域のほかのグループとの交易を始めた。中国の弱体化がさらに進むと、とうとう外満州（現在のロシア極東南部）は勢力を広げるロシア帝国に割譲されることになった。この地域に住むナーナイ族はロシアの統治下に置かれ、たいていが水産品や毛皮のかたちで貢納を強いられた。ロシアによる植民地化は、多くの場合、ナーナイ族が伝統的な漁場から追い出されることを意味した。中国満州のナーナイ族の居住地はそれまで隔絶されていたが、漢族の入植がついに許可されると、1878年以降は、急激な圧力にさらされることとなった。1904年から1905年にかけての日露戦争により、満州における日本の影響が強まっていく。1931年から1932年のあいだに日本は満州を占領し、工業化と軍事化が急速に進められた。ソ連極東地域に先住民局が設立された1924年以降、ナーナイ族はロシアのソ連体制下に置かれていた。1926〜28年にかけて、ナーナイ族はより大きな村に定住することを強いられた。これは、ナーナイ族がひとつの民族としてのアイデンティティを初めて自覚する一因となった。満州における日本の厳しい統治下でナーナイ族は壊滅状態に追い込まれ、1945年の第二次世界大戦の終戦時には生き残っていたのはわずか300人程度だった。近年、ロシアと中国の関係改善にともない、国境の両側のナーナイ族は家族と文化の絆をあらためて確認している。少数民族の文化に対する奨励政策により、ナーナイ族は古くからの伝統の多くを守ることができたが、使用拡大の取り組みにもかかわらず、ナーナイ語はなおも消滅の危機に瀕している。

もっと知りたい人のために

Forsyth, James. A History of the Peoples of Siberia: Russia's North Asian Colony 1581-1990. Cambridge: Cambridge University Press, 1994.

ジェームス・フォーシス『シベリア先住民の歴史　ロシアの北方アジア植民地 1581-1900』(森本和男訳、彩流社、1998 年)

Hutton, Ronald. Shamans: Siberian Spirituality and the Western Imagination. London: Continuum, 2007.

Olson, James S. An Ethnohistorical Dictionary of the Russian and Soviet Empires. Westport, CT: Greenwood, 1994.

Vahtre, Lauri, and Jüri Viikberg. The Red Book of the Peoples of the Russian Empire. "The Nanais." Accessed July 31, 2013. http://www.eki.ee/books/redbook/nanais.shtml

ニヴフ族
Nivkh

　ニヴフ族 (ギリヤーク、Nivkh、Nivikh、Nivkhi、Gilyak とも) は、サハリン島 (樺太) の北半分とロシア東部のシベリアの太平洋岸に位置するアムール川河口に住む先住民族。歴史を通して、ニヴフ族はサハリン全土と日本の北の島である北海道の一部を含む、より広い地域に居住していた。推定 6000 人のニヴフ族はおもにロシア語を第一言語としているが、今でも約 1 割が孤立した言語とされているニヴフ語の話者である。ニヴフ族の大多数は伝統的なシャーマニズムの信仰体系を守り続けており、少数がロシア正教会の信者である。

　ニヴフ族の祖先は、更新世後期のシベリア南部のザバイカリエ地方に起源をもつと考えられている。この部族は最終氷河期に今日のタタール海峡 (間宮海峡) を形成している陸橋を渡ってサハリン島に移住し、おそらく北海道に南下した。氷河期がついに終わって海面が上昇し、ニヴフ族は北アジア本土と、サハリンおよび北海道の島々という 2 つのグループに分かれた。海氷が後退して北方の土地が温暖化すると、より強力な民族が地域に移動してきて、たいていが先住民族と同化した。ニヴフ族は、日本のアイヌ民族と同じく、より大きな民族集団に吸収されなかった原住民族の子孫と考えられている。言語的にも民族的にも孤立していたが、ニヴフ族は地域のナーナイ族、女真族 (満州族) などのツングース系民族と結婚や交易関係を続けていた。12 世紀の初め、満州北部とシベリア南東部のニヴフ族は、満州族の祖先でますます勢力を増していた女真族にしば

しば貢納をしていた。またこの頃、ニヴフ族は漢族とも接触し、毛皮を中国の織物やアルコール、タバコ、ビーズにくわえ、宝飾品をつくるための丸い金属などと交換していた。名目上は部族長のもとで自治が認められていたが、ニヴフ族は満州族や、のちには中華帝国の勢力圏に組み込まれることが多かった。北海道とサハリンのニヴフ族は、島々のアイヌ住民としょっちゅう敵対するも、個々の部族グループとして独立を維持していた。1644年、急速に拡大する満州族が中国を征服し、その影響力を北のニヴフ族の土地にまで広げた。中国では満州族清王朝の従属民族とみなされ、ニヴフ族の首長は毛皮のかたちで税を徴収していた清の役人によって任命されることがほとんどだった。16〜17世紀にかけて、ロシア人が極東地域にまで進出すると、この部族地域の支配をめぐって地域内で紛争が生じた。17世紀初頭、アムール川沿いでサケ漁を営むニヴフ族の村に初めてロシア人があらわれた。毛皮税を課そうとするロシア人に対するニヴフ族の抵抗は、たいてい暴力に発展した。ロシアと中国の両帝国のあいだでネルチンスク条約が締結されると、ニヴフ族はロシア人と満州族、アイヌ民族との仲介役を果たし、朝貢関係にあるアイヌ民族を通して、本土の日本人とも接触を保った。北海道では、この大きな島の南西部を日本軍が占領した。1600年代後半、日本人とニヴフ族の紛争によって部族は壊滅状態に陥り、1世紀も経たずにニヴフ族は故地である北海道から姿を消した。

　ニヴフ文化は伝統的に部族に基づいている。1920年代のソビエト体制の初期に、散在していたニヴフ族は居住地域を追い出され、住民が少数の大きな村に移住させられたときに、氏族のほとんどが崩壊した。林業、鉱業、石油掘削、工業がニヴフ族とその土地に大きな損害を与え、汚染や風土病、地域の天然資源の枯渇という遺産を残した。近年、サハリンのニヴフ族の多くは、数家族が小さな集落に共存するという昔ながらの生活様式に戻っている。氏族制が復活し、ふたたびニヴフ族の小さな社会の重要な部分となっている。おもな生業である狩猟と漁撈は、氏族単位で組織されることがほとんどである。ニヴフ語は、チュクチ語やコリヤーク語などと一緒に古シベリア諸語に分類されることが多いが、それらの言語とニヴフ語の共通点はほとんどない。多数の言語学者が、ニヴフ語を孤立した言語、つまり現存するどの言語とも関連性が証明されていない言語だと考えている。この言語は、アムール方言とサハリン方言という相互に理解できない2つの方言からなり、さらに、それぞれ

に下位方言がある。ニヴフ語は文字をもたない口頭言語だったが、1931年にソビエトの言語学者がアムール方言を基にラテン文字を用いたニヴフ文字を考案した。1936年には、ラテン文字の表記から、キリル文字（ロシア語アルファベット）に変えられた。アムール方言に基づく文字は、1979年にサハリン方言の文字形態が創出されるまで唯一の文字表記だった。ロシア植民地当局がニヴフ族をロシア正教に改宗させようとしたが、大多数のニヴフ族は、山や川、海、空を司る漠然とした神々を崇拝する伝統的な信仰を守っている。昔からニヴフ族のシャーマンが毎年恒例の熊祭りをとりしきるが、これはおそらくアイヌ民族からとり入れた風習で、ニヴフ族の女性たちが育てた神聖な子グマが複雑な宗教儀式のなかでいけにえに捧げられ、食べられる。ソ連政権時代にはこの祝祭は禁止されていたが、近年になって徐々に復活している。

　1800年代初頭、ニヴフ族の居住地域がコサックに占領され、虐殺と強制移住がおこなわれた。ロシア人は、外部からの侵略者に激しく抵抗するニヴフ族を悪魔と呼んだ。1858年のアイグン条約と1860年の北京条約の締結により、アムール地域がロシア帝国に割譲され、ロシア帝国はアムール地方とサハリンにあるニヴフ族の領域を完全に支配した。暴力や強制移住、そして免疫のなかったヨーロッパの病気である天然痘、ペスト、インフルエンザの流行によって、ニヴフ族の人口はまたたくまに減少した。1855年の日露和親条約（下田条約）の条項で日本とロシアはサハリン島（樺太）を共同統治すると定められたが、1875年にロシアがサハリン島を領有することになった（樺太千島交換条約）。1904年から1905年の日露戦争後、同島は北緯50度線を境にロシアと日本に分割された。日本領南サハリン沖での日本の魚資源の乱獲により、ニヴフ族の多くが飢餓に直面し、島の北部へ移住せざるを得なくなった。日本領に残ったニヴフ族は強制同化され、サハリンの南半分からニヴフ族は姿を消した。1917年から1920年にかけて、ロシア革命とその後のロシア内戦が共産主義者の勝利に終わり、共産主義者が樹立したソビエト政権はニヴフ文化に大きな変化をもたらした。1920年代、ニヴフ族は村を捨てて共同体での定住を強いられた。1930年にニヴフ族の居住地域に最初の集団農場が設立され、地域の資源から生じる利益を最大限に活用するために、ニヴフ族が数千年かけて築いてきた夏と冬に集落を移動するという伝統的なシステムを強制的に放棄させられた。1950年代から1960年代にかけて、小規模な集団農場や集落は閉鎖され、

ニヴフ族はまたしても政府の厳重な管理のもとで、多民族が集住するより大きなコミュニティに移住させられた。1980年代には、ニヴフ族の大多数はロシア式の家に住み、既製の服を着て、店で食べ物を買い、おもにロシア語でコミュニケーションをとるようになっていた。言語の衰退と同化は1991年のソ連崩壊まで続いた。いにしえから続く狩猟と漁撈の伝統は1990年代と21世紀初頭に復活し、ニヴフ族という小さな民族集団の言語と文化の保護を目指すささやかな文化復興の基盤となった。

もっと知りたい人のために

Colombi, Benedict J., and James F. Brooks, eds. Keystone Nations: Peoples and Salmon across the North Pacific. Santa Fe, NM: School for Advanced Research Press, 2012.

Ensemble XXI. "Journey to the Indigenous Nivkh People of Sakhalin." YouTube, January 16, 2008. http://www.youtube.com/watch?v=rGhJJQpOplU

Forsyth, James. A History of the Peoples of Siberia: Russia's North Asian Colony 1581-1990. Cambridge: Cambridge University Press, 1994.

ジェームス・フォーシス『シベリア先住民の歴史　ロシアの北方アジア植民地1581-1900』(森本和男訳、彩流社、1998年)

Hutton, Ronald. Shamans: Siberian Spirituality and the Western Imagination. London: Continuum, 2007.

Vahtre, Lauri, and Jüri Viikberg. The Red Book of the Peoples of the Russian Empire. "The Nivkhs." Accessed July 31, 2013. http:// www.eki.ee/books/redbook/nivkhs.shtml

日本人
Japanese

大和民族とも呼ばれる日本民族は日本最大の民族集団で、総人口の約98.5パーセントを占める。約1億2400万人の日本人には、日本に住む1億2000万人にくわえ、ブラジル、アメリカ、中国、フィリピン、カナダ、ペルー、オーストラリア、イギリス、タイ、ドイツ、アルゼンチン、フランス、韓国、シンガポール、台湾、ミクロネシア、メキシコ、ボリビア、ニュージーランドに大規模なコミュニティが存在する。さらにアジア、ヨーロッパ、南太平洋のそのほかの地域にも小さなコミュニティがある。日本語は日琉語族または日本語族に属しているが、朝鮮語族やアルタイ語族との系統関係が不明瞭で、議論が分かれるところであり、

孤立した言語とみなされることも多い。日本の宗教伝統は、大乗仏教と日本の土着宗教である神道の要素が混交したものとなっている。

日本人の歴史は、紀元前1万年から前300年頃までの縄文時代にまでさかのぼることができる。多くの学者は、東南アジアからやってきた人びとが縄文時代に日本列島に定着したと考えている。紀元前300年から後300年頃の弥生時代に、ふたたび渡来人の波が北東アジアから日本列島に押し寄せたとされる。そのほかに、日本人の祖先は北東アジアに起源をもち、3万年以上前、当時の日本列島が細長い半島のような形をしていて陸橋でアジア大陸とつながっていたときに渡ってきた人びとだとする説もある。もっとも広く信じられているのが、日本人は先住民の縄文人とその後の渡来系弥生人の子孫だという見解だ。日本人の起源について学者たちのあいだで結論は出ていないが、考古学者らは紀元前3万9000年から前2万1000年頃の旧石器時代に旧石器人が日本に居住していた証拠を見つけている。知られている世界最古の土器の一部は、紀元前14世紀の後期旧石器時代に縄文人がつくったものである。"縄文"という名称は、この時代の土器に特徴的な「撚り紐でつけた文様」に由来する。紀元前1200年から前1000年頃のあいだに、原始的な稲作の文化が日本に広がった。紀元前400年から前300年頃にかけて、渡来系弥生人が日本列島に定着し始め、先住の縄文人を吸収または混血した。弥生人は水稲耕作と高度な青銅・鉄の技術をもち込んだ。すぐれた農耕法のおかげで、時とともに人口が増大し、その後の300年から750年頃にかけての日本史の古墳時代から奈良時代の基盤をつくることができた。古墳時代には、仏教伝来以前から存在していた土着の神祇信仰が広まった。地方の首長が本州西部の大部分と九州北部の支配権を獲得し、最終的に日本の皇室として発展していった。710年に日本初の本格的な都が奈良に置かれ、日本の文化、宗教、仏教芸術の中心地となった。現在の皇室は700年頃に権力を掌握し、以後、今日にいたるまで日本の頂点の地位に置かれている。ほとんどの期間、尊崇の対象となってきたが実権はほぼもたなかった。封建時代の日本は、大小さまざまな数百の政治勢力が地域に乱立し、所領をもつ地方の領主である"大名"がそれぞれ家臣団を擁していた。1185年頃から19世紀半ばまで、日本は武将の長である"将軍"の統治下にあった。天皇は国家元首であり続けたが、ほとんど名目だけにすぎなかった。1185年から1333年までの鎌倉時代は、その後約700年

にわたって続く中世への移行期間にあたり、鎌倉幕府による統治がおこなわれた。天皇や朝廷が担っていた伝統的な要素は存続が認められたが、その役割はおもに儀式的なものにとどめられた。軍事、内政、司法に関する事柄は武士階級の管轄下に置かれ、その最高権力者が国の統治者として認められていた将軍だった。この時期に禅宗が日本に伝えられ、1274年と1281年の2回にわたるモンゴル帝国の襲来——元寇は撃退された。1333年、天皇とその一派が主導したクーデターにより、鎌倉幕府が倒される。天皇は権力の座に返り咲き、将軍による軍政に代わって天皇親政が開始される。多くの地方の武将の支持を受け、1338年に将軍による統治がふたたび始まり、天皇はまた名ばかりの存在に戻った。将軍や武士による統治は、さまざまな将軍家のもとで1868年まで続いた。14、15世紀、全国各地の武将や守護大名の衝突が続き、戦乱が絶えず、日本社会は戦国時代を迎える。1600年、天下の覇権を賭けた戦いに勝利した徳川家康が江戸(のちに東京と改名)に都を築き、江戸時代が始まる。徳川時代としても知られるこの時代の特徴として、内乱の無秩序状態に逆戻りするのを防ぐために、日本人を外部世界との接触から遮断するなど、さまざまな厳しい法が定められたことが挙げられる。キリスト教は16世紀にポルトガル人とスペイン人の宣教師によって初めて日本に伝えられたが、弾圧され、多くの日本人キリスト教徒が殺された。日本社会は武士、農民、職人、商人の4つの階級または身分に分かれていた。17、18世紀の天下泰平の世は、急速な経済成長と読み書きの普及を促した。新興勢力となった商人階級が日本文化の中心となり、俳句や和歌、小説、演劇、版画などの芸術が大きく花開いた。

現代の日本文化は、数千年にわたって発展してきた伝統文化と、アジア、ヨーロッパ、北アメリカの各地からの影響が入り混じったものとなっている。「黒船」の来航と明治維新で幕引きを迎えるまで、日本人は長期にわたって外界からほぼ孤立した状態を続けていたため、文明開化はかなり急速に進んだ。文学や音楽などの文化的要素は、日本に仏教が普及した当初は中国やインドの影響が見られたが、鎖国時代に独自の日本様式として多くの発展を遂げた。19世紀の開国以来、西洋と東洋の文学と音楽が相互に強く触発しあい、今日もなお影響を与えあっている。絵画、書道、彫刻、木版画、生け花、舞台芸術といった古くから続く価値ある文化はすべて、他文化に感化されつつも古来の伝統を色濃く残している。そのほかの重要な文化的要素とし

て、日本で芸術作品としての地位を確立している建築と庭園が挙げられる。また、かつては日本以外ではほとんど知られていなかった日本料理も、今では世界中で容易に食べられるようになった。武士階級の支配下にあった長い封建時代は、剣術、弓道、槍術、柔術、相撲などの整然と体系化された武道という遺産を残した。野球やサッカーといった外来のスポーツも、世界のほとんどの地域と同様に、現在では大切な文化的象徴となっている。日本の大衆文化は、現代日本のありようや関心を反映しているだけでなく、過去とのつながりも与えてくれる。人気のテレビ番組、映画、小説、ビデオゲーム、音楽はたいてい昔の芸術や文学の形式を基盤にしている。日本語は中国語とは関連性のない言語だが、その表記体系には中国の表記文字である"漢字"が多用されており、多数の語彙も中国語からとり入れている。日本が好景気に沸いた1980年代以前は、日本語は国外ではほぼ知られていなかったが、その後の日本の大衆文化の普及とともに、日本語学習者は数百万人に達した。日本の宗教的信仰は、伝統的に大乗仏教の要素と土着の神道の体系が融合したものとなっている。神道は、日本固有の多神教の信仰体系で、正典は存在しない。古来より天皇家が信奉するもののひとつで、1868年には国教化政策が進められた。大乗仏教は6世紀に中国とインドから日本に伝わり、多くの異なる宗派が生まれた。日本人の大多数（84〜96パーセント）は神道と仏教の両方を信仰していると自認している。どちらも道徳的な導きの唯一のよりどころとしてではなく、神話や文化的伝統、現代における活動の基盤としての役割を果たしている。日本文化のひとつの様相として何世紀も前から変わらず続いているのが、在日外国人マイノリティに対する日本人の蔑視と同和問題である。この数十年で日本に移住してきた多数の日系人は、そのほとんどがブラジルや南アメリカ各地から来ており、彼らはしばしば差別を受け、在日外国人マイノリティとしての扱いを受けている。

世襲制の幕府は経済全体を規制し、宗教を抑制し、代々続く武家を従属させ、統一税制、財政支出、官僚制を維持した。日本の統治者たちは外国との関与や戦争を注意深く避けた。また、幕府司法を持続させ、抗議行動や批判は容赦なく取り締まった。厳しく専制的であることが多かったものの、徳川幕府は19世紀の日本に平和と豊かさをもたらした。日本人の約8割が米作農民で、人口が安定した状態で米の生産量は着実に増え、持続的な繁栄を確かなものとした。成長を続ける都市では、職人や商工業者の同

業組合である株仲間が商品やサービスの需要の高まりに応えていた。日本経済の商業化は急速に進み、辺境の町や村が次々に国家経済に組み込まれた。地方の士族は農業や商売に関わることを禁じられ、家族や家臣を養うために莫大な借金をした。複雑で費用のかかる儀式の数々がさらなる借金を呼び、ついに1830年から1843年にかけて深刻な財政危機に陥った。改革が実施され、贅沢が戒められ、商売の急成長を妨げる措置がとられたが、改革はすべて失敗に終わり、徳川体制そのものを脅かした。国の鎖国政策は2世紀以上続いていた。1844年、オランダ国王ウィレム2世は日本に開国を促す親書を送ったが、幕府はこれを拒否した。1853年7月8日、米海軍のマシュー・ペリー海軍代将は4隻の軍艦からなる艦隊を率いて蒸気を吐きながら浦賀に入港し、艦砲で威嚇した。これらの軍艦は"黒船"と呼ばれた。翌年、ペリーは7隻の艦船を率いてふたたび来航し、日米の外交関係を樹立する和親条約を締結するよう将軍に要求した。その後5年以内に、幕府は欧米列強のほとんどと同様の条約を結んでいた。欧米列強に関税自主権を与え、日本に来たすべての外国人の治外法権を認めることを強制したこれらの条約は、20世紀初頭まで日本が外交をおこなううえでの障害となった。

1868年、日本で政治・経済・文化の近代化改革がはじまり、中央集権・統一近代国家である大日本帝国が誕生した。この明治時代は45年間続き、経済が急速に発展した時代となった。日本は朝鮮と台湾を植民地化し、欧米列強の仲間入りをした。またたくまに国の支配権を握った軍閥の台頭により、近隣諸国との緊張が高まり、1931年には日本は国際世論を無視して満州（まんしゅう）と中国への侵攻を開始した。アジアで勢力を拡大し続ける西側の民主主義諸国に対抗するために、日本はドイツ、イタリアとそのほかの枢軸国（すうじく）との軍事同盟に加わった。1941年12月、日本はアメリカ、イギリス、オランダに宣戦布告する。日本による真珠湾攻撃（しんじゅわん）は、太平洋におけるアメリカの海軍力を排除することで、東南アジアの資源豊富な地域のほとんどを日本軍が征服できるようにするのが目的だった。太平洋戦域におけるアメリカ軍の立ち直りにより、一連の激しい海戦が始まり、日本海軍の艦隊はほぼ壊滅した。アメリカ軍の爆撃機が日本の本土の空襲をおこない、主要都市が焦土と化した。本土決戦派は、予想される連合軍の攻撃を撃退するために日本の全国民が死ぬまで戦うことを要求したが、長崎と広島への原爆投下により、日本人の戦意は急速に衰えた。1945年に日本は降伏し、国外の領土を放棄し、連

合国軍の占領下に置かれた。日本の復興を監督するために非武装・民主主義が導入された。日本の民主化が進められ、アメリカの援助によって国内のインフラの大部分が再建された。アメリカによる占領のもと、日本は近代産業国家に生まれ変わった。昭和天皇は日本国民統合の象徴として、天皇の地位を継承することを許された。1952年、日本は政治的・経済的に完全独立を回復し、数十年にわたる冷戦の時代には、国際社会の主要な一員となった。1970年代までには製造業、なかでも自動車産業とエレクトロニクス産業が日本を世界でもっとも裕福な国のひとつに変えていた。国家が繁栄しても、社会的協調や公益のために尽くすといった長く日本人を支えてきた日本文化の多くの伝統や慣習が失われることはなかった。2011年の東日本大震災では、巨大地震と津波の影響で1986年のチェルノブイリ事故に次ぐ深刻な原子炉のメルトダウンをはじめ、壊滅的な被害が生じた際にそうした日本人の国民性がよい方向に働いた。

未解放部落

一般的に部落民という言葉は、「集落の人びと」や「村落の住民」を意味するのに使われるが、かつて日本社会の最下層に位置づけられていた集団をさす言葉でもある。歴史を通して、部落民は激しい差別と排斥の犠牲者となってきた。この身分に属する人びとは、その大部分が賤視されていた職業につく人びとで構成されていた。つまり"穢れ"が多いとみなされる職業に就いていたとされる。昔から未解放部落民は、町や村にある自分たちの集落に住んでいた。

もっと知りたい人のために

Brinckmann, Hans. Japanese Society and Culture in Perspective. Last modified January 15, 2010. http://www.habri.co.uk/

Davies, Roger J., and Osumu Ikeno. The Japanese Mind: Understanding Contemporary Japanese Culture. Clarendon, VT: Tuttle Publishing, 2002.

Morton, W. Scott, and J. Kenneth Olenik. Japan: Its History and Culture. New York: McGraw Hill, 2004.

Murray, David. Japan. New York: Amazon Digital Services, 2011.

ヌー(怒)族
Nu

ヌー(怒)族(アノン、アヌ、ヌス、Anoong、ANung、Lutze、Luzi、Nung、Noutzu、Nu-tsuとも)は、中華人民共和国で公認されている民族集団のひとつ。推定3万5000人のヌー族が雲南省に集住しており、四川省、チベット自治区、隣接するミャンマーにも小規模なグループが存在する。ミャンマーでは、ヌー族はキンパンと呼ばれている。ヌー族は、チベット・ビルマ語族に属する諸方言を話す。ヌー族の大多数はチベット仏教を信奉しているが、伝統的な精霊信仰を守っている少数派もかなりの規模にのぼる。そのほかに少数のキリスト教徒もいる。

怒江(サルウィン川)と瀾滄江(メコン川)沿いのヌー地域は、ヌス族とアヌ族として知られる民族が住んでいたとされ、どちらも近隣のイ族と深いつながりをもっていた。歴史的に、この地域の部族は石弓や毒矢を使って狩猟をして暮らしていた。毒矢はヌー族が身を守る唯一の手段であり、その歴史において重要な役割を果たした。より大きく、より攻撃的な民族グループが、徐々に彼らを川の流域から耕作が難しい高地へと追いやった。8世紀にヌー族はペー族の南詔の支配下に置かれ、その後は大理国に服属した。雲南の大部分を支配していたこれらの国家は、しばしば漢族の侵攻の脅威にさらされた。13世紀の初めにモンゴル侵略軍がこの地域を占領し、ヌー族はモンゴル元王朝が統治する中国帝国にとり込まれた。元代とのちの清朝の満州族の統治下で、ヌー族の村の大部分は麗江のナシ族の首領に管理されていた。17世紀以降、ヌー族はさまざまなチベット系民族やペー族の首長らに支配され、その後はチベットのラマ僧の統治下に置かれた。これらの支配者はヌー族の土地で最良のものを奪い、多くのヌー族を奴隷として連れ去った。

中国政府は古くから続く氏族制度を廃止したいが、ヌー族の氏族の結びつきはなおも強く、氏族の大きなネットワークが小さな民族集団の人びとを結びつづけている。氏族はヌー族の生活の中心であり、たいてい3世代がひとつの世帯に暮らしている。周囲の家族はほとんどが親戚や一族のメンバーである。ヌー族は雲南省の民族のなかでもっとも教育水準が低く、いちばん貧しい民族である。教育の機会は徐々に多くなっているものの、ヌー族の成人で標準中国語に堪能な者はほとんどいない。現在、ヌー族の子供の大半は中国語の学校に通い、年配の者は新しく手に入れたテレビやラジオで中国語を学んでいる。中国政府の決然とした取り組みにもかかわらず、ヌー族は新たな生活様式や農耕方法をなかなかとり入れなかった。ヌー族の多様なグループのあいだでは、依然として社会的発展に大きなばらつきが見られる。一部の地域では、ヌー族の農法や生活の水準は近隣の漢族やペー族、ナシ族と同程度である。いっぽう、歴史を通してヌー族が守ってきた地域社会を重んじるコミュナリズムの名残りが見られる地域もある。ヌーという名称は、近くを流れる怒江に由来しており、川の上流に住む人びとはみずからをヌーまたはアヌと呼ぶ。川の下流の住人は通常、ヌスと自称する。中国政府は、ヌー族をいくつかの小部族とまとめてヌー民族と認定した。ヌー族の諸言語は、チベット・ビルマ諸語のロロ語群に属し、相互の言葉は通じない。ヌー語には文字がなく、表記には漢字が使用される。ヌー族の一部は、仏教の一派であるチベット仏教を信奉しているが、古来の土着の宗教的信仰を守っているグループもある。南部の集団のいくつかはキリスト教徒を自認している。

19世紀までに、ヌー族の居住地域における土地所有は、原始的な共有制度、個人所有、集団所有の3つの地域的な形態をとっていたが、土地のほとんどは非ヌー族の地主によって管理されていた。氏族制度は変わらず根強く、氏族の同盟はヌー族の集落の過酷な貧困を軽減するのを助けた。彼らの村落は僻地にあったため、20世紀の初めに低地で見られるようになった近代化にさらされることもなかった。20世紀半ばまで、初等教育を受けたヌー族はほんの一握りだった。1949年に国共内戦で共産主義者が勝利するまでヌー族は隔絶されていた。1950年には政府職員がヌー族の村によくやってきて、種子や農具、日用品を提供していた。1950年代半ばには、ヌー族の村は集団化され、ヌー族は政府の職員が直接運営する共同体で働いていた。教育や医療、乳児死亡率は劇的に改善さ

れた。中国の文化大革命の行き過ぎた行為はヌー族にさらなる苦難をもたらしたが、1980年代の経済・政治改革により、新たな時代が始まった。多くのヌー族が換金作物の代わりに彫刻や宝飾品などの手工芸品に目を向けるようになった。今日では、ヌー族の子供たちの大多数が学校に通い、一連の診療所や医療施設は、かつてこの小さな部族集団を襲った病気の軽減に大きく貢献している。

もっと知りたい人のために

Ethnic Groups. "The Nu Ethnic Minority." Accessed July 31, 2013. http://www.china.org .cn/e-groups/shaoshu/shao-2-nu.htm

Foley, Peter J., "A Snapshot of the Nu," Cultural Survival Quarterly , 30.1 (Spring 2006). http://www.culturalsurvival.org/publications/cultural-survival-quarterly/china/snapshot-nu

Harrell, Stevan. Cultural Encounters on China's Ethnic Frontiers. Seattle: University of Washington Press, 2000.

Mullaney, Thomas, and Benedict Anderson. Coming to Terms with the Nation: Ethnic Classification in Modern China. Berkeley: University of California Press, 2011.

Olson, James S. An Ethnohistorical Dictionary of China. Westport, CT: Greenwood, 1998.

ヌリスタン族
Nuristani

ヌリスタン族（ヌリスタニ、ヌーリスターン、Kalasha、Nuri、Indo-European peopleとも）は、おもにアフガニスタン東部のヌリスタン地域に住むインド・ヨーロッパ語族。19世紀後半にイスラム教に改宗するまでは、周辺のイスラム教徒からカーフィル（不信心者）や異教徒と呼ばれることも多かった。ヌリスタン族はヒンドゥークシュ山脈の南斜面の山あいに居住している。ヌリスタン地域以外にも、隣接するアフガニスタン諸州やパキスタンのチトラル地区の周辺地域にヌリスタン族のコミュニティが存在する。ヌリスタン族はチトラルのカラーシャ族と近縁だが、イスラム教の信者であるといる点で区別される。ヌリスタン族は、色白の肌、明るい色の目、多くが金髪か赤毛という明らかにヨーロッパ系の外見をしている。15万人から30万人と推定されるヌリスタン族はインド・イラン語族の3つの語群のうちのひとつであるヌリスタン語群を形成する諸方言を話す。あとの2つのインド・アーリア語群とイラン語群にはすっと多くの下位区分が含まれる。ヌリスタン族の圧倒的多数がスンナ派イスラム教徒で、その祭礼や儀式にはイスラム以前のさまざまな民

俗習慣が混ざり合っている。

　ヌリスタン族の起源はよくわかっていないが、かなり初期のインド・ヨーロッパ語族の移住者に連なるのではないかと考えられている。ヌリスタン族の祖先はもともとアフガニスタンの平原や低地に住んでいて、おそらく紀元前200年頃にこの地域に定住したと思われる。時が経つにつれ、平原地帯には征服者が次々に押し寄せ、この小さな集団は高地の山間に追いやられた。紀元前1700年から前1100年のあいだにヴェータ語で書かれた讃歌集であるインドの聖典「リグ・ヴェーダ」にヌリスタン族が言及されている。紀元前4世紀、アレクサンドロス大王率いるギリシャの侵略軍は、長期にわたる厳しい戦争の末、ついにヌリスタン族を破った。ギリシャ人はその年代記のなかで、ヌリスタンの谷に住む民族は色白で、文化的にも言語的にも異なると述べている。高山の山間部に住むヌリスタン族は、古来の文化と信仰——地域で発展した多くの習慣や儀式をともなう古代ヒンドゥー教の一形態——を保持していた。部族またはコミュニティごとに特定の神々が崇拝されていたが、すべてのヌリスタン族がヒンドゥー教の神ヤマラージャ（閻魔羅闍）を創造主として崇敬していた。ヌリスタン族はこの神をイムラと呼んでいた。700年頃、アラブ系の侵略者が現在アフガニスタンと呼ばれるこの地域を席巻し、住民を殺すか、彼らの新しいイスラム教に強制的に改宗させた。侵略者の猛襲を逃れた人びとは高地の山中へと逃げ込んだ。山の要塞でヌリスタン族はイスラム教への改宗を免れ、古来の信仰と文化を守り続けた。周辺のイスラム教徒は、独自性を保つヌリスタン部族を「不信心者」や「異教徒」を意味する"カーフィル"と名づけ、山岳部にある彼らの居住地域をカフィリスタンと呼んだ。10世紀、ガズナ朝の支配者がヌリスタン族の偶像崇拝と異教信仰に対し、ヌリスタン地域における聖戦を開始した。侵略軍はヌリスタン族の主要拠点を占領・破壊し、寺院を略奪した。ガズナ朝の侵略軍は、低地にある彼らの本拠地から遠く離れた地域を占領し続けることが難しくなり、最終的に撤退し、ヌリスタン族は伝統的な信仰を守り続けた。14世紀にモンゴル軍がこの地域を侵略し、低地住民の多くを虐殺したが、ヌリスタン族の山の要塞を制圧することはできなかった。この地域を最初に訪れたヨーロッパ人はポルトガル人のイエズス会宣教師ベント・デ・ゴイスだと言われている。彼は、ラホールから中国に向かう旅の途中でこの地域や人びとについて書き残している。

　ヌリスタン族はカラーシャと呼ばれる

こともあるが、この呼称は隣接するパキスタンのチトラル地域に住む同系のカラーシャ族をさすべき名称である。ヌリスタン族とカラーシャ族の違いは信仰する宗教で、カラーシャ族はおもに古来の宗教的信仰を守っている。どちらも白い肌、明るい色の瞳、金髪や赤毛、または薄めの茶色の髪といった身体的特徴で知られている。ヌリスタン族はカラーシャ族と遺伝的な近縁関係にあるが、近隣民族との遺伝的なつながりはほとんどない。山間部のヌリスタン族の居住地域が古来より隔絶されていたことから、その住民も遺伝的、文化的に孤立していた。19世紀以降、西洋の多くの探検家が、ヌリスタン族をアレクサンドロス大王のギリシャ軍兵士の後裔ではないかと考えてきた。ヌリスタン族の土地にそびえ立つ巨大な山のひとつは、カラ・イスカンダリア（アレクサンドロスの砦の意）として知られている。ヌリスタン族は、インド・ヨーロッパ諸語のインド・イラン語族に属する3つの語派のひとつを形成するヌリスタン語派の言語を話す。この語派には5つの異なる——だが関連した——言語が含まれる。今日のヌリスタン族の多くは、アフガニスタンの2つの公用語であるパシュトー語とダリー語をはじめ、ほかの言語を話している。近代に入るまで、ヌリスタン族は一度も征服されたことはなく、中央権力の直接的な支配下に置かれたこともなかった。そのため、アフガニスタンやパキスタンの低地の諸文化から消え去った多くの古代の習慣や儀式、伝統を保持している。1890年代に征服され、イスラム教スンナ派に強制改宗されたあともヌリスタン族の文化が損なわれることはなかった。彼らの信仰は、ほとんどがイスラム教の伝統とイスラム以前の信仰に関連する古来の民俗風習が習合したものである。1975年に映画化もされたラドヤード・キプリングの小説『王になろうとした男』のなかで、ヌリスタン族はイスラム以前の時代の"カーフィル"として描かれている。

　19世紀の初め、平原のムスリム集団が侵入してきたことで、山岳地帯のヌリスタン族の生活はしばしば混乱に陥った。この地域はカフィリスタンと呼ばれ、すべてのイスラム教徒を侮辱する、忌まわしい土地とみなされていた。イギリスの冒険家アレクサンダー・ガードナー大佐は1826年と1828年の2回、カフィリスタンを訪れたときのことを記している。最初は、アフガニスタン人が彼の遠征隊の隊員を殺害し、彼と部下たちはカフィリスタンを通って逃げた。2年後、彼はアフガニスタンに戻る際にクナール渓谷を訪れている。1893年、アフガニスタンの領土と英領インドの境界線と

してデュアランド・ラインが画定される。ヌリスタン族の大部分は正式にアフガニスタンの支配下に置かれたが、山の要塞に暮らす部族は独立を保っていた。1895年、アフガニスタンのアミール（君主）アブドゥル・ラフマーン・ハーンはカフィリスタンに侵攻し、ヌリスタン族をイスラム教に強制改宗させた。これは、国の全土を中央集権化するための軍事行動の締めくくりを象徴するものとされた。デュアランド・ラインのイギリス側に居住するカラーシャ族は伝統的な信仰を保ち続けた。1896年、アブドゥル・ラフマーン・ハーンはヌリスタン族の名称を「光で照らされた人びと」を意味する"ヌリスタン"に改名し、「異教徒の土地」という意味のカフィリスタンは「光の土地」をさす"ヌリスタン"となった。部族の一部はデュアランド・ラインを越えて英領インドのチトラル藩王国に逃れ、同地の親族に合流したが、大半は1930年代にイスラム教に改宗した。また、同族のカラーシャ族の多くも1970年代に強制改宗させられた。1970年代のアフガニスタンの動乱は、1978年に政府が倒されて翌1979年にソ連がアフガニスタンに侵攻するまで、おもに低地に限定されていた。ヌリスタン族は最初に武器を手に取り、侵略者に立ち向かった民族のひとつだった。彼らは近隣諸州の征服において重要な役割を果たしたが、1979〜1989年にかけてのソ連軍との戦闘を通して、ヌリスタン地域はもっとも血みどろのゲリラ戦がおこなわれた戦場となった。1989年のソ連軍の撤退はアフガニスタンに樹立された共産主義政権を弱体化させ、1992年の崩壊につながった。ヌリスタン族は、ソ連侵攻軍との戦いを主導したアフガニスタンの民族の模範として称賛された。ソ連軍の撤退後、ヌリスタン族は自分たちの州を要求した。1989年、彼らに独立した州を与える計画が策定されたが、内戦が国中を席巻したため棚上げされた。1996年にタリバンが権力を握り、その厳しい支配が低地全域に広がったため、多くのヌリスタン族は山岳地帯の山間の地に戻ることを余儀なくされた。2001年のアメリカ同時多発テロ事件に関与したタリバンが打倒され、カブールに民主政権が発足する。ヌリスタン族の勇敢さに対して、同年、彼らの歴史ある故郷がラグマン州とクナル州から分離され、正式に新たなヌリスタン州となった。21世紀に入り、多数のヌリスタン族がカブールやその他の地域に移住し、そこで商人や兵士として高く評価され、多くが成功している。

もっと知りたい人のために

Barrington, Nicholas, Joseph T. Kendrick,

and Reinhard Schlagintweit. A Passage to Nuristan: Exploring the Mysterious Afghan Hinterland. London: I. B. Tauris, 2006.

Robertson, George Scott. The Kafirs of the Hindu Kush. Seattle: Amazon Digital Services, 2012.

Strand, Richard, Nick Dowling, and Tom Praster. Nuristan Provincial Handbook: A Guide to the People and the Province. Brighton: IDS International, 2009.

ネネツ族
Nenets

　ネネツ族（ユラク、ユラク・サモエード、サモエード、Nentsy、N'enyts、Khasava、Hasavan、Hasabaとも）は、ロシア北極地域で最多の人口を誇る先住民族である。ネネツ族の居住地域は、ヨーロッパロシア北西部のコラ半島からシベリア中北部のタイミィル半島にいたる森林限界のすぐ北側に位置するツンドラ、タイガ、永久凍土の広大な地域にまたがる。この地域は、ロシア連邦の3つの自治管区――ネネツ自治管区、ヤマロ・ネネツ自治管区、旧タイミィル自治管区からなっている。推定4万3000人のネネツ族は現在、3つのすべての自治管区で少数派を形成している。ネネツ語は、ウラル語族に属するサモエード族の言語

で、実際には2つの異なる方言に分けられる。現代のネネツ族は伝統的なシャーマニズム信仰を守っており、人口のわずか4パーセント程度がキリスト教の諸宗派――おもにロシア正教会――に属している。

　多くの学者は、ネネツ族の祖先を約3000年前に西に移動したフィン・ウゴル系民族から分かれた初期の諸氏族にさかのぼると考えている。この小さな氏族グループはおそらく紀元前200年頃にテュルク系のアルタイ系民族と混合したと思われる。ネネツ族とこの地域の近縁部族は、何世紀にもわたって、北極圏の広大な土地でトナカイを放牧し、森林限界以北のツンドラやタイガにある放牧地に季節ごとに群れを移動させていた。ネネツ社会は、明確に定義された氏族単位で緻密に構成され、それぞれが自分たちの放牧地、漁場、狩場をもっていた。11世紀、ヨーロッパの年代記にトナカイ遊牧民としてネネツ族が初めて言及される。1200年頃、ネネツ氏族の一部はスラヴ系民族の影響を受けるようになり、ロシア人はネネツの氏族を"サモエード"と呼んだ。これは「人食い」を意味し、とくに儀式の際に生のトナカイの肉を食べるネネツ族の習慣に由来していた。トナカイは遊牧氏族に食料と住まい、衣類を提供した。トナカイの群れは

伝統的な生活様式、さらには宗教的信念と深く結びついていたため、どうしても必要でないとき以外にネネツ族がトナカイを殺すことは決してなかった。西部のネネツ氏族は、13世紀に通商を中心とするノヴゴロド共和国の支配下に置かれた。ノヴゴロドは税金と貢物を要求し、たいていは貴重な毛皮のかたちで支払われた。14世紀、一部の氏族は南の強力なタタール人のハン国から税を課された。16～17世紀にかけて、ロシア人はある種の間接統治をおこなった。毛皮税"ヤサク"を徴収するために地域内にコサックの砦が建てられたが、ネネツ族は従来の氏族首長のもとで日々の生活を送っていた。ロシア正教に改宗したネネツ族には市民権が与えられたため、毛皮猟をおこなうネネツ族を増やす目的で強制的に洗礼を受けさせ、農奴にすることも多かった。毛皮をもつ動物の数が急速に減少するにつれて、ロシア人はこの地域とその住民に対する関心を失った。何世紀ものあいだ、ロシアの商人が地域のほとんどの商業を掌握し、最初は鉄や鋼の道具でネネツ族の気をひき、その後は銃器とアルコールで彼らをひきつけた。ヨーロッパロシアからもち込まれた病気で、ネネツ氏族の多くが命を落とした。ロシアの入植者たちは、頻発するネネツ族蜂起の数の多さと凶暴さに狼狽したが、反乱は18世紀半ばまで続いた。

ネネツ族は、ロシアの北極地域に住む近縁の民族集団のなかで最大の民族で、経済活動に基づいて2つのグループに大別される。ツンドラネネツはトナカイ遊牧民、狩猟者、罠猟師を主体としている。もういっぽうの森林ネネツはおもに亜寒帯の森林限界より下の地域に住む牧畜民と漁師だ。頑強で意志の強いネネツ族は、帝政下でもその後の共産主義独裁政権下でも、何世紀ものあいだ抑圧と同化に抵抗してきたが、その代償として多くの命が失われた。数十年にわたるソ連の環境への無関心は、重金属や化学物質による汚染という遺産を残し、ネネツ族に深刻な健康リスクをもたらしている。彼らの平均寿命はわずか45～50歳だ。ネネツ族は、フィン・ウゴル諸語と同じくウラル語族に属するサモエード語派の言語を話す。ネネツ語は、ツンドラネネツ語と森林ネネツ語という2つの主要な方言に分かれる。国土が広大なため、どちらの方言も十以上の下位方言で話されている。ネネツ族のほとんどは伝統的なシベリアのシャーマニズムの一形態を信奉している。自然環境、動物、植物を崇拝し、そのすべてにそれぞれの精霊が宿ると信じられている。トナカイは純潔の象徴とされ、とくに尊ばれている。一部の地区では、ロシア正教の要素がネネツ族

の伝統的な神や精霊への崇敬と混交している。ソ連下の数十年間、宗教儀式や祭礼をおこなうことは禁じられていたが、ネネツ族の信仰は生き残り、今日、力強い復活を遂げている。

1800年代に入ると、ネネツ族の生活様式にロシアが干渉することが多くなる。1824年、帝国政府はロシア正教会への大規模な改宗を実施する。1870年代、帝政当局が西部のネネツ族の居住地域の大部分を没収し、多くの氏族がヨーロッパロシアの北西の国境地帯に移り住んだ。ネネツ族のほとんどは変わらず遊牧生活を送り、貧しいままだったが、なかには数千頭にのぼる群れを抱えるネネツの一族もいた。とはいえ、大半のトナカイの群れははるかに小規模だった。1918〜1920年のロシア内戦に赤軍が勝利し、ネネツ族の地域にもソビエト当局者がやってきて、社会主義社会の実現に向けて動き出す。当初、ソビエトはネネツ族が伝統的な生活様式を継続できるように広大な土地を提示した。その代償が、ソ連の普遍的なシステムへの強制的な同化だった。この計画には、ネネツ族から過剰な富を押収することも含まれた。トナカイの群れは没収され、ネネツ族の牧畜民はそれぞれトナカイを4頭ずつだけ飼育することが許された。一族の狩人たちはみな、蓄えていた毛皮をひとつ残らず奪われた。平均的なネネツ族の集団(バンド)は、ただ生きるだけに少なくとも250頭のトナカイを必要としたため、数千人のネネツ族の人びとが飢えと病気で命を落とした。1920年代後半から1930年代にかけて、北部全域が名ばかりの自治区に編成された。ソビエト体制の数十年間、反意の兆しが少しでも見えようものなら厳しく罰せられ、伝統的な信仰は抑圧され、遊牧民は定住集落に移り住むことを強要された。1991年のソ連崩壊により、ネネツ族は文化、言語、信仰の復興を含め、ソ連以前の生活様式の多くを取り戻すことができた。

もっと知りたい人のために

Golovnev, Andrei V., and Gail Osherenko. Siberian Survival: The Nenets and Their Story. Ithaca, NY: Cornell University Press, 1999.

"The Nenets." BBC Home. Last updated March 2008. http://www.bbc.co.uk/tribe/tribes/nenets/

Slezkine, Yuri. Arctic Mirrors: Russia and the Small Peoples of the North. Ithaca, NY: Cornell University Press, 1996.

Vitebsky, Piers. The Reindeer People: Living with Animals and Spirits in Siberia. Boston: Mariner Books, 2006.

は行

バオアン（保安）族

Bonan

　バオアン（保安）族（Baonan、Bao'an、Baonuo、Paoan、Pao-an、Paongan）はボウナンとしても知られる中華人民共和国が認定する民族集団のひとつである。中国北西部の甘粛省と青海省に約1万9000人のバオアン族が居住している。そのほとんどは、甘粛省と青海省の国境近く、黄河の南に位置する積石山バオアン（保安）族トンシャン（東郷）族サラール（撒拉）族自治県に住んでいる。独自の民族集団として認められているバオアン族は主にイスラム教を信奉しているが、小規模な仏教徒の集団も存在する。その数は約4000人で、公式にはトゥー族（モンゴルとも）の民族集団に分類されるが同じ言語を話す。両グループの話すバオアン語はモンゴル諸語の一分派に属している。

　バオアン族は、13世紀の元朝時代に青海省に駐留していたイスラム教徒のモンゴル軍兵士の子孫だと考えられている。兵士たちはチベット族から地域を守る任務を負っていた。"バオアン（保安）"という名称には「私があなたを守る」という意味がある。何世紀にもわたってほかのモンゴル系集団、中国系ムスリムとも呼ばれる回族、トゥー族、漢族、チベット族と融合し、現在のバオアン族が形成されていった。バオアン族は伝統的に、中国北部の大きな民族集団、回族と似た服装をしている。歴史を通して、バオアン族は農民や鍛冶屋として暮らし、主に交易品のナイフを製造していた。1585年頃、彼らはチベット地域の北にある青海省（アムド地方）の同仁県の僧院周辺に住んでいたという記録が残っている。歴史的な文献には、チベットのラマ教に属する仏教徒として記載されている。その後、バオアン族のイスラム教徒の一部は北に移動した。彼らのなかには、18世紀に回族のスーフィー教団の一派の指導者、馬来遅のもとで改宗し、その教えをとり入れた者たちもいた。その信仰からしばしば迫害を受けたムスリムのバオアン族は閉鎖的な社会を形成した。だが、保安刀が彼らに繁栄をもたらした。その美しさと耐久性で知られるバオアン族のナイフは、とりわけ農業や畜産が制限される地域で地元経済の重要な要素をなした。

　バオアン族は主に農民で、ナイフの製作によって収入を補っている。中国で公式に認められている民族集団のなかで最小規模に数えられ、実際には2つの集

団が含まれている。ひとつは公認されているグループで、もうひとつは民族・言語的に関連をもつバオアン族で、ラマ教を信奉し、バオアン語の話者であるにもかかわらず、現在は公式にはトゥー族に入れられているグループである。多くの学者にくわえ、バオアン族の多数も、バオアン族という民族に対する当局の概念に不自然さを感じている。イスラム教徒のバオアン族とその近縁にある青海省の仏教徒のバオアン族は、古くからモンゴル語族に属するバオアン語を話していた。青海省の仏教徒のバオアン族はわずかに異なる方言を話すが、相互に理解できる。バオアン語は口頭言語で、表記には漢字が用いられている。ここ数十年でバオアン語の使用は減少し、甘粛省で話される標準中国語の賀州方言がよく使われるようになっている。現代のバオアン語は、現代のモンゴル語よりも話し言葉のトゥー語やトンシャン語に似ている。バオアン族は、トンシャン族や回族のイスラム教徒と多くの文化的伝統を共有している。バオアン族の民族衣装には、チベット族、回族、トンシャン族の影響が見てとれる。一般的に、バオアン族の既婚女性は黒いベールを着用し、未婚の女性は緑色のベールをかぶる。何世紀にもわたってかなり孤立した状態にあったため、バオアン族の宗教・文化的伝統や儀式の多くは独特なものであり、ほかの地域では失われてしまったものとなっている。

19世紀に入ると、甘粛省と青海省の国境地域のイスラム教徒と仏教徒の緊張関係は深刻な問題となっていく。1862年、宗教間の摩擦から、ラマ教徒のバオアン族を含む近隣の仏教徒によるイスラム教徒のバオアン族への迫害が生じた。そうした争いと水利権をめぐる衝突により、イスラム教徒のバオアン族は甘粛省の東から西へと移住することになる。その後、回民蜂起（1862〜1874年）として知られる大規模なイスラム教徒の反乱の余波で、バオアン族はさらに東に移動し、現在の居住地域となる積石山バオアン（保安）族トンシャン（東郷）族サラール（撒拉）族自治県に移った。甘粛省でほかのイスラム教徒と共住しながら、バオアン族は農業と畜産、保安刀として知られる有名なナイフを製造し、ささやかに繁栄した。彼らの新しい故郷となる地は、豊富な水と青々とした草原に恵まれていたが、地域の封建的な経済・社会構造が大きな足かせとなり発展は遅れたままだった。バオアン族と回族の地主たちがほとんどの土地と森林、水車を所有し、河川輸送システムを独占していた。バオアン族の大部分は土地を借りて小作人になるしかなく、地代が収穫高の半分に達

する場合もあった。第二次世界大戦中、中国東部での戦闘から逃れてきた難民がこの地域に定住し、封建制度の改革が始まった。1949年、国共内戦に勝利した共産党がこの地域を掌握する。新しい体制はバオアン族の農民を美化するいっぽうで、地主や土地や事業の所有者たちを罰した。その後、すべての土地が集団化され、土地の再分配政策は撤回された。教育が受けられるようになり、集団農場で地域の食料を生産するかたわら、バオアン族の多くは手工業として保安刀と呼ばれる幅広の鍛造刀をつくっている。1980年代以降、厳しい経済統制の緩和にともない、土産物やコレクターズアイテムとしての価値が高まったため、ナイフの生産量が増加している。

もっと知りたい人のために

Akasov, Anna, Charles Burnett, and Ronit Yoeli-Tialim. Islam and Tibetan Interactions along the Musk Routes. Farnham, UK: Ashgate Publishing, 2010.
Ethnic Groups. "The Bonan Ethnic Minority." Accessed July 31, 2013. http://www.china .org.cn/e-groups/shaoshu/shao-2-bonan .htm
Ma Yin, ed. China's Minority Nationalities. Beijing: Foreign Language Press, 1989.

Olson, James S. An Ethnohistorical Dictionary of China. Westport, CT: Greenwood, 1998.

ハカス族

Khakass

ハカス族(アバカン・タタール、ミヌシン・タタール、アバカン・テュルク、エニセイ・テュルク、Khakas、Khakassians、Khaas、Khorray、Tadar とも)は、ロシア連邦の南シベリアのハカス共和国に集住しているテュルク系民族。推定9万人のハカス族はテュルク系とモンゴル系の混血で、身体的にはモンゴル人に似ているが、文化的、言語的には中央アジアのテュルク系民族により近い。ハカス共和国外では、隣接するロシア連邦のクラスノヤルスク地方にコミュニティがあり、ケメロヴォ州とトゥヴァ共和国にも小規模なグループが存在する。ハカス語は、南シベリアのテュルク語群のエニセイ・テュルク系の言語に分類され、ハカス族の主要な5部族から名前をとった同系諸方言で話されている。ハカス族は公式にはロシア正教のキリスト教徒だが、シャーマニズムと仏教が習合したキリスト教以前の信仰も受け継いでいる。

5世紀初頭の中国の記録にこの地域の住民が初めて登場し、おもに遊牧生活を

送る民族集団として挙げられている。北米の先住民族とより近縁の関係にあったこの先住民族は、移住してきたテュルク系遊牧民に殺されるか、吸収された。6世紀から8世紀にかけて、長い歴史をもつ民族キルギス人を中心とする連合であるテュルク系ハン国がこの地域を支配した。13世紀にモンゴル侵略軍に敗れたテュルク系民族の大部分は南西に移動し、現在のキルギスタンがある地域に居住した。ハカス族は自分たちをシベリアに残ったキルギス人の末裔だと考えている。シベリアのキルギス人は2世紀以上にわたってモンゴルの支配下に置かれ、徐々に征服者たちと混血して現代のハカス族を形成した。モンゴル帝国ジョチ・ウルスが崩壊したあとも、エニセイ系諸部族は周期的にモンゴルの襲撃を受けた。16世紀にオイラト族が主導する強力な部族連合が拡大を始め、最終的にはその版図をエニセイ川流域にまで広げた。シベリアにおけるロシア帝国拡張の急先鋒だったスラヴ系コサックが連合の領域に入り込むようになり、北部のハカス部族から定期的に毛皮税"ヤサク"を取り立てた。エニセイ地域の豊かな銅鉱床(どうこうしょう)に目をつけたロシアは、1707年にハカスを併合する。1727年には、この地域が帝政ロシアの保護領であることが宣言された。ロシア人は毛皮のかたちで税を徴収し、ときには部族の反乱を鎮圧することもあったが、ほとんどはハカス族に自治を任せていた。だが18世紀後半、ロシアはエニセイ川流域の植民地化を進め、ロシア人にタタールと呼ばれたハカス民族は徐々に追いやられていった。

ハカス族がテュルク系、モンゴル系、ケート系、サモエード系の血統をもつことはなおも明白だが、文化や言語においてはテュルク系の影響がもっとも色濃く、多くの人が今もモンゴル系の身体的特徴を備えている。ハカス族は5つの部族グループに大別され、さらに下位集団と氏族に分かれていて、従来より部族や氏族に強い忠誠心をもっている。「ハカス」という呼称は、1923年にソビエト当局がこの地域に住む関連諸部族の呼び名を決めたときに初めて使用された。1930年以降、さまざまな部族グループがハカスという名称を使い始め、より大きな部族グループの総称となった。家族、氏族、部族としての意識が依然として高いものの、1991年のソビエト政権崩壊以後は、ハカス族という民族としてのアイデンティティも強まっている。ハカス語は、テュルク諸語の東語派に属するウイグル・オグズ系の言語で、5つの主要な方言と多くの下位方言で話されている。古ウイグル語から進化したと考え

られており、古ウイグル語は20世紀初頭のソ連統治下で画一化が進められるまで部族の諸方言に残っていた。名目上はロシア正教のキリスト教徒だが、ハカス族のほとんどは霊の世界に対する伝統的な信仰を保ち続けている。多くの人が今も乳と火を崇拝し、シャーマンの知恵が広く敬意を集めている。そのシャーマニズム信仰はソ連の圧制を乗り越えて受け継がれているだけでなく、ソ連崩壊後のハカス文化復興の一環として新たに認識されている。

19世紀、ロシア政府は有罪判決を受けた犯罪者や政治犯をこの地域の収容所や要塞に送り込んだ。多くの囚人は釈放後もこの地域に留まったため、ハカス族の居住地ではスラヴ系住民がさらに増加した。高価な毛皮というかたちでロシア当局から課される終わりのない負債、増え続けるヨーロッパ人入植者、ロシア官僚や宣教師による専制といった植民地化の過程は、ハカス族の自信と独立心を急速に喪失させた。1876年、現地の言語や習慣をよく知らない正教会の宣教師たちは、3000人のハカス族に同時に洗礼を授け、男性全員にウラジーミル、女性全員にマリアという聖名（洗礼名）を与えた。宣教師によって表面的にロシア正教に改宗させられたが、伝統的なシャーマニズムと仏教の教え、キリスト教の教義が融合した独特な信仰が生まれることになった。1890年代にこの地域を通るシベリア鉄道が完成し、ヨーロッパロシアからの移民が促進される。ハカス族は疎外され、最良の土地を奪われるいっぽうで、帝国政府の役人たちから税や貢物としてますます多くの毛皮を要求されるようになる。部族地域では、年間に1人当たり最大6枚ものクロテンの毛皮をおさめなければならなかった。第一次世界大戦の影響は受けなかったが、1917年にロシア革命のニュースが届くと、ハカス族はただちに地元のボリシェヴィキが権力を掌握するのを阻止するための準備に入った。その努力もむなしく、ロシア内戦で勝利した赤軍は1920年にハカス族の居住地を制圧した。遊牧民の諸氏族は定住を強いられ、彼らの家畜の群れは集団化され、残された土地の多くは大量に流入してきたヨーロッパ人移民のものとなった。ソ連はハカス族の領域となるハカス自治州を創設し、建前上はハカス族にある程度の自治権を与えたが、現実は都市化が進むロシア文化において、ハカス族は農村部の貧困のなかに追いやられていった。ソ連の価値観とロシア文化に日常生活を支配され、地域のソ連当局者がたえずロシアの言語や文化の偉大さを強調するなかで、ハカス族の言語と文化の重要性が貶められた。置き去りにさ

れたハカス族は衰退の一途をたどり、アルコール依存症が蔓延し、ソビエトの普遍文化への同化を求める圧力も高まっていく。1950年代から1960年代にかけて、ハカス族の人口が増加し始めると、緩やかな文化復興も生じた。1990年代初頭のソ連邦の崩壊により、地方の役人は新生ロシア連邦のハカス共和国で職を得ることができたが、ハカス族の生活は変わらず社会的無関心、アルコール依存症、薬物乱用、結核や性病などの病気という苦難に満ちている。

もっと知りたい人のために

Gorenburg, Dmitry P. Minority Ethnic Mobilization in the Russian Federation. Cambridge: Cambridge University Press, 2003.

Kazachinova, Galina, and Kira Van Deusen. Mountain Spirits. Vancouver, BC: Udagan Books, 2003.

Olson, James Stuart. An Ethnohistorical Dictionary of the Russian and Soviet Empires. Westport, CT: Greenwood, 1994.

Vahtre, Lauri, and Jüri Viikberg. The Red Book of the Peoples of the Russian Empire. "The Khakass." Accessed July 31, 2013. http:// www.eki.ee/books/redbook/khakass.shtml

ハザーラ族
Hazara

ハザーラ族（バルバリー、Hezareh、Hezare'I、Kewariとも）は、モンゴル系とテュルク系の混血の祖先をもつ人びとで、山岳部のハザーラジャート地域に集住している。アフガニスタン中央部の都市バーミヤン周辺や、アフガニスタン西部のパロパミサス山脈、イラン東部のマシュハド南部のホラーサーン州およびパキスタンの都市クエッタ周辺にもハザーラ族の大きなコミュニティが存在する。さらに、タジキスタン、欧州連合、オーストラリア、ニュージーランド、アメリカ、カナダ、トルコにも小規模な集団が居住している。確かな国勢調査統計が出ていないため、ハザーラ族の総人口は500万から800万以上と幅広く推定されている。19世紀以前、ハザーラ族はアフガニスタンの全人口の約67パーセントを占め、当時のアフガニスタン最大の民族集団を形成していたと考えられている。その後、迫害や暴力、虐殺を受けて激減し、現在はアフガニスタンの人口の10～20パーセントと見積もられる。ハザーラの言語であるハザーラギー語は、ペルシャ語方言ダリー語――アフガニスタンの2つの公用語のうちのひとつで、多くのハザーラ族も話す――にひじょう

に近い関係をもつペルシャ語の一言語である。ほかのペルシャ語方言の話者もハザーラギー語を理解できるが、ハザーラギー語はテュルク語やモンゴル語から多くの単語や形式を借用している。ハザーラ族の大多数はシーア派イスラム教徒で、西側のイラン人と信仰をともにしているが、アフガニスタンやパキスタンのスンナ派イスラム教徒の隣人とは異なる。少数がイスマーイール派かイスラム教スンナ派を信奉している。

　ハザーラ族の起源については完全に調査されたことはない。外見的には、モンゴル系の人びとに似た特徴をもっているが、ハザーラ族の文化や言語には、モンゴルと中央アジアのテュルク系の両方の影響が見てとれる。多くのハザーラ族は、自分たちの祖先は13世紀にチンギス・ハーンの軍隊の一員としてこの地域にやってきたモンゴルの兵士とその奴隷の女性だと信じている。モンゴル兵は1221年にバーミヤンの都市を包囲したのち、アフガニスタン中央部の高地の駐屯地に定着した。そのほかに、有名なバーミヤンの大仏をつくったとされる古代のクシャン族の子孫だとする説もある。多くの学者は、ハザーラ族をモンゴル系とテュルク系の混合民族だと考えており、遺伝子研究でも裏づけられている。彼らの外見はモンゴル人ととてもよく似ており、古くから近隣のペルシャ系やテュルク系民族と区別されてきた。ハザーラ族が最初に歴史書に登場するのは、インド亜大陸のムガル帝国の創始者バーブル統治下でつくられた年代記で、その後16世紀のペルシャのサファヴィー朝のシャー・アッバースの宮廷歴史家らもハザーラ族に言及している。居住地域の東と西の両方からたえず侵略を受けていたため、ハザーラ族は強力な戦士の伝統を発展させた。1737年、ペルシャのイスラム教シーア派の支配者ナーディル・シャーがハザーラ族の居住地域を統治下に置き、近隣のスンナ派と対立するハザーラ族のシーア派を支援した。スンナ派のイスラム原理主義者らはシーア派を異端者とみなし、対立する住民間の暴力が地域内に蔓延した。ハザラジャートはその後、パシュトゥーン族の統治者アフマド・シャー・ドゥッラーニーの領土に併合され、彼の死後、1773年にパシュトゥーン族が主導するアフガニスタンの帝国は、イラン東部から現在のインドとパキスタンのパンジャブ地方とカシミール地方にまで領土を広げた。パシュトゥーン族のスンナ派イスラム教徒の台頭がハザーラ族のシーア派に対する差別を強め、18世紀後半から19世紀初頭にかけて、ハザーラ族は肥沃な低地からハザーラジャートの乾燥した不毛の高地へ

と追いやられた。

　ハザーラ族は独特な民族である。その宗教や祖先の混血、独立心の強さが彼らと近隣民族を隔ててきた。とくに過去2世紀のあいだ、迫害と差別がハザーラ族を形づくり、特徴づけてきた。ハザーラ文化はこの地域でも特有のもので、独自の伝統や慣習も多いが、ペルシャや中央アジアのさまざまなテュルク文化、モンゴル民族の影響も受けている。"ハザーラ"という名称は、もともと1000人からなるモンゴルの戦闘部隊を指していたが、現代では一般的に、ただ「山岳部族」を意味する言葉と解釈されている。ハザーラ族は昔から自民族内で婚姻を結ぶことを好んだ。通常はいとこ同士で結婚し、族外の相手を選ぶことはまずなかった。ハザーラ族の約3分の1は牧畜民で、馬の毛のフェルト地でつくった円形のテントのような"ユルト"で生活しながら、群れを追って高地に移動する半遊牧生活を今も送っている。農民や商人として成功する者もいるが、貧困と差別のため、アフガニスタンのハザーラ族のなかには高地を離れてカブールなどの都市に移り、日雇い労働者として働くことを余儀なくされている人もいる。単純労働を進んで引き受けるため、ハザーラ族は勤勉と評されるが、それが社会的地位の低下や差別の増大にもつながっている。ハザーラギー語と呼ばれるハザーラ族の言語には長い口頭伝承がある。だが教育の機会が多くなったことで、伝統的な物語について書かれた記録や詩を含む文学も増えている。昔からハザーラ族は詩に長けており、よく暗唱され、子供たちの教育にも用いられてきた。ハザーラ族の識字率は変わらず低いが、近年では教育をより受けやすくするための取り組みが進められている。1980年代までは、教育を受けたハザーラ族のほとんどが書き言葉としてペルシャ語かアラビア語を使用していたが、近年、独自のハザーラギー語の表記を創出しようという動きが高まっている。ハザーラ族の大半は、イスラム教シーア派のイスナ・アシャリ法学派または「十二イマーム派」に属している。宗教的少数派には、「七イマーム派」と呼ばれるイスマーイール派や、主に西部に住むハザーラ族が信奉するイスラム教スンナ派などが含まれる。イスナ・アシャリ法学派は預言者ムハンマドの義理の息子をとりわけ崇敬している。歴史を通して、アフガニスタンのシーア派住民は、周りの正統派を自称するスンナ派の人びとから異端の烙印を押されてきた。ハザーラ族はおそらく14世紀のモンゴル統治下か、16世紀後半にペルシャのシーア派サファヴィー朝の影響を受けてシーア派イスラム教に改宗したと思われ

る。何世紀ものあいだイスラム教の教えにしたがってきたにもかかわらず、多くのハザーラ族は今も邪視、特定の動物や闇夜に関する迷信、幽霊の実在を含めて霊の世界の存在を信じている。

　19世紀初め、この地域に対するヨーロッパ列強とペルシャの関心がひときわ高まる。1809年、アフガニスタンの統治者はイギリスと協定を結び、侵攻してくるペルシャとロシアとの戦いにおける支援を取りつけた。ハザーラ族は抗争を回避しようと、とくに1839〜42年と1878〜1879年の第一次および第二次アフガン戦争のあいだ、故郷を支配しようとするアフガニスタンとイギリス両者の攻撃に抵抗した。1880〜1901年までのアブドゥル・ラフマーンの治世中、ハザーラ族は「異端者」と宣告されたため、処罰を受けることなく殺されたり、奴隷にされたりする可能性があった。聖戦"ジハード"が宣言され、政府軍が遂行した。アフガニスタン政府当局者が扇動した虐殺で数千人のハザーラ族が死亡した。1893年のハザーラ族の蜂起は失敗に終わり、居住区の全住民が虐殺されるか、奴隷にされた。ペルシャやイギリス領に亡命したハザーラ族もいた。アフガニスタンにおける奴隷制は1919年に正式に禁止されたが、国を主導するパシュトゥーン族は第二次世界大戦後まで一部のハザーラ族を奴隷として使い続けた。1960年代、70年代には、困窮と経済の荒廃、宗教的迫害が活動家の運動を促進させ、アフガニスタン王国内における政治的・文化的平等の獲得に焦点が向けられた。有名なハザーラ族の象徴であるバーミヤン山腹に彫られた巨大な古代の仏像は、この地にハザーラ族が定住する前から存在していたが、平等を求めるハザーラ族の闘いのシンボルとなった。1973年にアフガニスタン王国が倒され、1978年には血なまぐさいクーデターが起こり、共産主義政権が誕生してクーデターは収束した。アフガニスタンの不安定な共産主義体制を支援するために、1979年にソ連軍が同国に侵攻し、10年におよぶソ連軍の駐留が始まる。その賛否を巡って、アフガニスタンのさまざまな民族グループ間の対立がいっそう深まり、しばしば民族紛争に発展した。そうした対立のなかで、ハザーラ族が暮らす山間部の地域は何とか支配を免れてきた。1980年代、彼らは中立を保って政府軍を攻撃しない代わりに、高地のコミュニティの自治を許可する、という合意をアフガニスタン政府から取りつけた。1982年以降、イランの新イスラム政権による原理主義グループへの干渉と支援が、ハザーラ族のグループ間の衝突を引き起こし、数千人が死傷した。ハ

ザーラ族が「ハザラ・アフガン戦争」と呼ぶこの国内紛争は、ハザーラジャート地域を荒廃させ、数万人の難民を生み出した。1989年、ソ連軍がアフガニスタンから撤退し、あとには敵対する民族や宗教グループで深く分裂した国が残された。イランやパキスタンに逃れた数千人のハザーラ族難民は、なおも続く暴力と不安定さのため、故郷に戻ることができなかった。1994年、パシュトゥーン民族を中心に構成されたイスラム教スンナ派原理主義組織であるタリバンが登場し、またたくまにハザーラジャートを含むアフガニスタンの約90パーセントを制圧した。タリバンの熱狂的な信奉者たちは、イスラム教スンナ派の教義を極端に解釈した。そして、すべての男性は髭を生やさなければならず、女性はほぼ完全に隔離され、音楽やテレビ、スポーツなどの娯楽を全面的に禁止する、といったことが強制された。シーア派のハザーラ族は、宗教的異端者としてとくに標的にされた。タリバンの弾圧により、数千人のハザーラ族がイランやパキスタンに設立された難民キャンプに避難した。1995年、タリバンの司令官マウラウィ・ムハンマド・ハニフは、ハザーラ族の殲滅というタリバンの政策を発表した。異端者の殺害は罪とはみなされなかったため、タリバン支持者はハザーラ族を殺すよう奨励された。ハザーラ族の虐殺は、タリバン武装勢力が進攻し、制圧したいくつかの都市でおこなわれた。ハザーラ族の女性は昔からスンナ派の民族グループの女性よりも大きな社会的自由を認められてきたが、タリバンによる女性の教育、医療、労働の禁止によってとくに不利な影響を受けた。色鮮やかな赤や緑の花柄のワンピース、フェルトのブーツ、ビーズの被り物など、ハザーラ族の女性が着用する伝統的な服装はタリバンの方針に背くとしてすぐさま禁じられ、テントのようなブルカの着用を強要された。タリバン当局は、偶像崇拝を禁じるイスラム教の教義に反しているという理由から、2001年3月にバーミヤンの大仏をダイナマイトで爆破した。唯一無二の歴史遺産を身勝手に破壊したことで、タリバンに多くの非難が浴びせられたが、タリバンは後進的で反政府的なハザーラ族の指導者たちが仏像を迷信的な護符として利用しているためだと反論した。石仏を山岳地帯の故郷の中心と考えていたハザーラ族は、ヒンドゥークシュ山脈の山腹に彫られた大仏の破壊を嘆き悲しんだ。2001年9月、ニューヨークの世界貿易センタービルが攻撃されたことで、タリバンをはじめとするテロ組織への世界的な反対運動がまき起こる。アメリカを中心とする連合国軍による数週

間の爆撃を受けて、タリバン政権は崩壊した。2001年のタリバン政権の瓦解により、最悪の虐待の数々はなくなったが、ハザーラジャートは壊滅状態だった。経済は完全に崩壊し、多くのハザーラ族が荒廃した山あいの地で育つ唯一の作物であるアヘン用ケシの栽培に目を向けた。スパイとして、あるいは多数派のシーア派を弱体化させるタリバンの取り組みの一環としてハザーラ族と混住していたパシュトゥーン族移民は、ほとんどがハザーラ族居住区から追放された。何世紀も迫害され、基本的人権を否定されてきたにもかかわらず、ハザーラ族は民主主義国家として生まれ変わったアフガニスタンで主導的な役割を担っている。長年にわたって歴代政権から与えられなかった教育はとくに重要視され、男女ともに識字率が急上昇している。アフガニスタンの多くの地域で、なおも女性たちがタリバンの遺産を乗り越え、基本的権利を獲得するために苦闘しているいっぽうで、ハザーラ族の女性は近隣民族よりも大きく前進している。現在、ハザーラジャートでは対象となる少女の約80パーセントが地域の学校に通っているのに対し、アフガニスタン南部の5州ではわずか10パーセントに過ぎない。目下のところ、活動家の多くがパキスタンの大都市クエッタの周辺地域に主に住む約65万人のハザーラ族の窮状の改善に取り組んでいる。近年、それらの住民は宗教的異端者として、さらには少数民族として標的にされている。イスラム教スンナ派の熱狂的な信奉者は、長年続いている自爆テロや殺人、放火、襲撃の責任を問われているが、パキスタン政府はほとんど取り締まってこなかった。

バーミヤンの大仏

バーミヤンの石仏は、世界最大の大立像で、おそらく4、5世紀にさかのぼるものである。アフガニスタン中央部のハザーラ族の故郷の象徴とされることも多い。バーミヤン市に面する断崖に彫り込まれた2つの巨大な石仏はそれぞれ高さ55メートルと37メートルで、幾度もの侵攻や戦争、自然災害を1500年以上にわたって乗り越えてきた。2001年、アフガニスタンのタリバン政権は、ユネスコの世界遺産に登録されているこの古代の仏像が偶像崇拝の対象であり、イスラムの教義に反すると布告。そして、この文化財を対空砲と爆発物で破壊した。

もっと知りたい人のために

Hazara People International Network. Accessed July 30, 2013. http://www.hazarapeople.com/

Jawad, Nassim. Afghanistan: A Nation of Minorities. London: Minority Rights Group, 1992.

Monsutti, Alessandro. War and Migration: Social Networks and Economic Strategies of the Hazaras of Afghanistan. London: Routledge, 2005.

Mousavi, Sayed Askar. The Hazaras of Afghanistan: A Historical, Cultural, Economic and Political Study. Basingstoke, UK: Palgrave Macmillan, 1997.

Zabriskie, Phil, "Hazaras: Afghanistan's Outsiders," National Geographic, February 2008. http://ngm.nationalgeographic.com/2008/02/ afghanistan-hazara/phil-zabriskie-text

『ナショナル ジオグラフィック』(2008年2月号)「嘆きのハザラ アフガニスタンの異端者」

パシャイ族

Pashayi

　パシャイ族（PaSai、Pashai、Pashi、Safi、Kohistani）は、主にアフガニスタン東部と隣接するパキスタンのカイバル・パクトゥンクワ州、チトラル地区に住むダルド系民族である。およそ55万人とされるパシャイ族のほとんどが高地民だ。アフガニスタンでは、ラグマーン州とナンガルハール州の北部地区とカピサ州の東部地区に集住しており、ヌリスタン州とクナル州にも小規模なコミュニティがある。パシャイ族の言語は、インド・ヨーロッパ諸語のインド・アーリア語群に属するダルド語派に分類される。アフガニスタンの主要民族であるパシュトゥーン族の言語であるパシュトー語が第二言語として話されている。パシャイ族の大多数はスンナ派イスラム教徒で、ニザール派イスラム教を信奉する少数派も重要な位置を占めている。

　歴史的に、アフガニスタンの北部と東部はインドの文化および宗教圏と考えられていた。この地域に関する初期の記録には、パシャイ族が森林の多い一帯の米とサトウキビをつくる地域に住んでいたと記されている。この地域の住民の多くは仏教徒だったが、ヒンドゥー教や部族宗教を信奉する小さなグループも見られた。パシャイ族の地域は、紀元前1000年紀の初めから11世紀にかけて、大河の流域を中心に高度な文明を築き、繁栄した古代王国ガンダーラの一部を形成していた。アレクサンドロス大王率いるギリシャの戦士たちが紀元前327年にガンダーラを制圧したが、ギリシャの影響はほぼ受けなかった。パシャイ族は1021年にアブー・マンスール・サブク・ティギーンが統治するパシュトゥーン族のガズナ朝によりイスラム教に改宗し、このときに"ガンダーラ"という名前は消えたとされる。征服に関する記述によると、ガズナ朝は非イスラム教徒をすべて虐殺し、町や都市を徹底的に破壊し、低地で生き残った人びとをイスラム教に改宗させた。ヴェネツィアの冒険家マルコ・ポーロは、13世紀にこの地域を旅したときにパシャイ族について記している。14世紀、モンゴルの侵略軍が低地地域を荒廃させ、パシャイ族の多くは山岳地帯に追いやられた。高地のパシャイ族は、16世紀後半に多くの部族民がイスラム教に強制改宗させられるまで、伝統的な信仰をほぼ保っていた。16世紀、この地域はインドのモンゴル系民族の後継者であるムガル帝国の統治下にあった。ムガル帝国の貴族は、森林に覆われた丘陵地帯の美しさと河川流域の肥沃さで名高い高地で時を過ごした。18世紀

初頭、アフガニスタンの領土はパシュトゥーン族のホータキー朝が統治する王国の一部となった。パシュトゥーン族の文化と言語が北部の非パシュトゥーン族の住む地域に広がるにつれて、パシュトゥーン族のパシャイ族への影響力も強くなっていった。

　パシャイ族が記した記録や伝承がないため、この民族集団の起源と系統は謎に包まれたままである。伝統的に、パシャイ族は古代ガンダーラ系民族の子孫だと信じられてきた。パシャイ語はインド・アーリア諸語のダルド語群に属し、そのなかでもっとも話者の多いカシミール語と、ギルギット・バルティスタン州で話されるシナー語、パキスタン北部で用いられているコワール語またはチトラル語と関連をもっている。パシャイ族の故郷はよく"コヒスタン"と呼ばれる。これは「山や峰の土地」を意味し、この地域にそびえるヒンドゥークシュ山脈の高峰をさしている。パシャイ族は今も部族民だが、ほとんどが村や町に住んでいる。昔から個人的な諍いは被害者側によって解決され、確執につながることも多かった。パシャイ族は何よりも名誉を重んじる。パシャイ族の理想は、部族と家族に忠実で、敵にとっては危険で、つねに争いの必要性に備えている誇り高き戦士であることだ。パシャイ族の成人男性はみな、ナイフか銃を携帯している。この文化には歌や民間伝承の豊かな伝統があり、そのほとんどは世代から世代へと口頭伝承で受け継がれている。パシャイ語は2000年以上にわたって話されてきたが、文語にはパシュトゥー語が用いられてきた。2003年に文字表記が考案され、小学校での書き言葉の導入が始まっている。イスラム教は現代のパシャイ文化の不可欠な要素であり、もっとも辺鄙な地域の読み書きのできない集団のあいだでさえ、コーランの多くの部分が暗唱されている。パシャイ族の女性は昔から隔離されることもなく、肉親や近親以外の男性とも自由に交流している。多くの氏族は女性にある程度の性的自由を認めているが、アフガニスタン人のイスラム教徒が住む地域のほとんどではまず許されていない。

　パシャイ族の居住地は、アフガニスタンとイギリスが覇権を争う不安定な地域に位置しており、部族の襲撃や抗争、蜂起が頻発していた。パシャイ族の男性は、ひどく好戦的な恐ろしい戦士として知られていた。1893年、イギリスとアフガニスタンの両政府は国境線となるデュアランド・ラインを定め、それぞれの勢力圏を決定した。新たな国境は多くのパシャイ氏族や家族を分断し、密輸が広くおこなわれるようになったが、ほと

んど見過ごされた。1920年代後半、国王アマヌッラー・ハーンは長年にわたるアフガニスタンの孤立を終わらせ、王国の近代化に着手した。女性に教育の機会を与え、ベール着用の慣習を廃止し、イスラムの伝統よりも世俗の法律を優先するといった改革をおこない、より保守的なパシャイ族の地域で緊張が高まった。1929年に起きた大規模な蜂起に多数のパシャイ族の戦士がくわわり、国王は王位を追われた。戦士たちは新国王が即位すると故郷に戻り、1970年代初頭までカブールやアフガニスタン低地の政変からは距離を置き続けた。1973年に君主制が終わり、共和国が樹立されると長い衰退が始まり、1979年に共産主義クーデターとソ連の大規模なアフガニスタン侵攻が生じた。パシャイ族は反ソ連ゲリラ軍にくわわり、その後10年にわたる激しい戦闘で山間の多くの地域が荒廃した。1989年、ついにソ連の占領は終わりを迎えるが、パシャイ族の多数の指導者や戦士を含む85万人から150万人のアフガニスタン人が命を落とした。政府の弱体化、汚職、民族紛争により、1992年から1993年にかけて、パシャイ族の支援を受けたパシュトゥーン族と、タジク人やウズベク人をはじめとするアフガニスタン北部の諸民族とのあいだに激しい内戦が勃発する。戦争の暴力は、パシュトゥーン族の過激派学生による組織、タリバンによる政権の奪取を実現させた。タリバンは厳格なイスラム政権を敷き、娯楽や音楽を禁止し、女性に頭から足までをテントのように覆うブルカの着用を強制した。2001年のアメリカ同時多発テロ事件へのタリバンの関与は、アメリカ主導の侵攻をもたらし、2003年にタリバン政権は打倒された。より穏健な政府——変わらずパシュトゥーン族が多数派を占める——はパシャイ族の支持を獲得したが、彼らの祖国は依然として貧困に苦しみ、開発も遅れている。

もっと知りたい人のために

Adamec, Ludwig W. Historical Dictionary of Afghanistan. Lanham, MD: Scarecrow Press, 2011.

Ewans, Martin. Afghanistan: A Short History of Its People and Politics. New York: Harper Perennial, 2002.

Keiser, R. Lincoln. Muslim Peoples: A World Ethnographic Survey. Westport, CT: Greenwood, 1984.

Yun, Ju-Hong. "Pashai Language Development Project: Promoting Pashai Language, Literacy, and Community Development." SERVE International Afghanistan, 2003. http://www-01.sil.org/asia/ldc/parallel_papers/ju-hong_yun.pdf

パシュトゥーン族
Pashtun

パシュトゥーン族（Pushtun、Pahktun、Patan、Pakhtoon、Pashto、Pukhto、Pashtu）は、おもにパキスタン北西部とアフガニスタン南部および東部のパシュトゥーニスタンまたはカイバル・パクトゥンクワとも呼ばれる広大な地域に居住するインド・イラン系民族。推定5000万人のパシュトゥーン族が、この地域で最多の民族集団のひとつを形成している。パシュトゥーン族はアフガニスタン最大の民族集団で、300年以上にわたってこの国を支配しており、これまでのアフガニスタンの統治者のほぼ全員がパシュトゥーン族出身である。パキスタンでは、パシュトゥーン族がカイバル・パクトゥンクワ州、連邦直轄部族地域、バローチスターン北部で最多の民族集団を形成している。従来のパシュトゥーン族の居住地域以外では、パキスタンとアフガニスタン各地、アラブ首長国連邦、アメリカ、イラン、カシミール、イギリス、ドイツ、カナダ、インドにパシュトゥーン族の大きなコミュニティがあり、ロシア、オーストラリア、マレーシア、チリ、タジキスタンにも小さなグループが存在する。パシュトゥーン族の言語はパシュトー語と呼ばれ、インド・イラン語族の南東語群に属している。多くのパシュトゥーン族は、第二言語としてウルドゥー語、ダリー語、または英語を話す。パシュトゥーン族の大多数はイスラム教徒で、しばしば対立するイスラム教のスンナ派とシーア派に分かれており、少数の者がアフマディ派、イスマーイール派、キリスト教を信奉している。

パシュトゥーン族の起源については、学者たちのあいだでも見解は定まっていない。パシュトゥーン族の伝承によると、彼らはイスラエルの王サウルの伝説的な孫、アフガナの末裔とされる。もっとも一般的な見解としては、彼らの起源は古代アーリア系部族にさかのぼり、その後、侵略してきたさまざまな民族と混交していったと考えられている。3世紀頃から、パシュトゥーン族はアフガンとして知られることが多くなり、現在ではこの名称はアフガニスタンに住む人びととの総称として用いられている。広大なヒンドスタン平原に続く峠を含む山岳地帯のパシュトゥーン族の居住地は、何千年ものあいだ、侵略者にとって回廊のようなものだった。古代の仏教圏の中心地だったパシュトゥーン族の故地──アレクサンドロス大王の軍隊がやってきた当時はガンダーラとして知られていた──には、ギリシャの影響を受けた仏教社会の考古学的証拠が見つかる。1世紀、攻め入って

きたクシャン族がこの地域を蹂躙した。イラン高原地域から追い出されたグループが7世紀に山地を占領し、高地の山あいに小さな部族国家を築き、先住の人びとを徐々に吸収していった。632年から661年にかけて、ペルシャの商人が西部のパシュトゥーン部族にイスラム教を伝えた。新しい宗教は少しずつ東に広がり、10世紀までにはパシュトゥーン族の大半がイスラム教徒になっていた。パシュトゥーン族の居住地域にあるムスリムの中心地は、いわゆるイスラム黄金時代にイスラム世界の主要拠点となっていったが、13世紀のモンゴル征服で終わりを迎える。モンゴル侵攻によるパシュトゥーニスタンの荒廃で、主要都市の人口は減少し、生き残った人びとの多くは農耕部族民としての暮らしに戻ることを余儀なくされた。押し寄せる侵略者の波は、パシュトゥーン族を戦士の民族に変え、彼らはしばしば世界最高のゲリラ戦士と称された。さまざまな部族グループは脅威にさらされたときだけ団結し、部族間の戦争も多かった。パシュトゥーン族の居住地域は、歴史を通じてカブールを中心とした歴代の王国の統治下に入っていた。パシュトゥーンの諸部族は北と東に勢力を広げ、多くの低地に定住し、おそらく15世紀にはペシャワール渓谷に到達した。強力な部族グループに分かれていたため、パシュトゥーン族がアイデンティティ意識を共有するようになったのは16世紀になってからだった。17世紀、パシュトゥーンのアフリディ族が部族民を結集して、4万のムガル帝国侵攻軍を破った。この好戦的な部族を部分的にしか制圧できなかったため、インドのムガル帝国の統治者たちは帝国の不安定な国境地帯の治安を維持するために現地の支配者や首長に協力の報酬を支払うようになった。16世紀から18世紀初頭にかけて、パシュトゥーニスタンはシーア派ペルシャ民族の住む西部と、名目上はムガル帝国が統治する広大な領土とに分かれていた。1707年にムガル帝国の勢力が急速に衰え、1747年にアフガニスタンのドゥッラーニー朝のもとでパシュトゥーン族がまとまることを可能にした。パシュトゥーン族がアフガニスタンの多くの民族を支配するようになると、その大半が別の地域、とくに首都カブール周辺に移り住んだ。

20世紀に入るまでパターン族やパサン族と呼ばれていたパシュトゥーン族は、地理的に区分けされた4つの部族連合で構成されている。アフガニスタンのグループはドゥッラーニーとして知られる。ほかの3つはパキスタンに存在し、ドゥッラーニーと並ぶパシュトゥーン部族連合のギルザイに、高地のグルー

プ、彼らはパキスタンとアフガニスタンの国境沿いに住む多数の異なる部族グループからなっている。最後が現代のパキスタン社会にもっとも溶け込んでいるグループである。これらの部族連合はさらに約60の部族グループに細かく分かれている。今日のパシュトゥーン文化には、高度な教育を受けた都市部の住民からテント生活を送る遊牧民まで、きわめて多様な人びとが含まれているが、部族や下位部族、氏族グループが変わらずパシュトゥーン族の忠誠心の中核となっている。パシュトゥーン族は、民族をアフガニスタンとパキスタンに分断する国境や、多数の部族区分を越えて強力な社会文化的民族アイデンティティを発展させてきた。パシュトゥーン族のすべてのグループが、「パシュトゥーン族の掟」である"パシュトゥンワーリー"に従っている。これは、古くから伝わる成文化されていない厳格な行動規範で、10の主要な原則と義務が含まれる。見知らぬ人もすべての客人をもてなすこと（メルマスティア）、たとえ不倶戴天の敵であっても、逃げてきた者には保護を与えること（ナナワティ）、正義を求める、もしくは悪人に復讐すること（バダル）、パシュトゥーン族の土地、財産、家族、女性を守ること（トゥーラ）、女性を守ること（ナームース）、名誉を保ち、弱者を守ること（ナング）のほか、家族、友人、部族に忠誠を尽くすこと、思考、言葉、行為を正しくすること、神を信じること、つねに勇気をしめすこと、が定められている。パシュトゥンワーリーの本質と意義を見いだし、再発見することは、すべてのパシュトゥーン族男性の自己責任と考えられている。パシュトゥーン族の話す言語は、パフトーと呼ばれる北部方言と、パシュトーと呼ばれる南部方言の2つの主要な方言グループからなる。さらに民族区分にほぼ対応する4つの下位方言に分かれている。パキスタン北西部で話される主要方言のパフトー（東部パシュトー語）と、パキスタン中部とアフガニスタン東部で話される南部パシュトー語、アフガニスタン西部とイランで話されるドゥッラーニー（西部パシュトゥー語）、そしてパキスタンの部族地区で話される中央パシュトー語の4つだ。それぞれの地域方言に、いくつかの下位区分と多数の地域変種が存在する。パキスタンでは、改良されたペルソ・アラビア文字を表記とする東部パシュトー語のユースフザイ方言が文語の基盤となっており、アフガニスタンではカンダハール方言が標準語となっている。パシュトー語はアフガニスタンの2つの公用語のうちのひとつだが、パキスタンでは公用語はウルドゥー語と英語だ

けである。1984年から初等教育でパシュトー語の使用が認められているが、高等教育はウルドゥー語でおこなわれる。パシュトゥーン族の宗教的信仰は圧倒的にイスラム教が多く、そのほとんどがイスラム教スンナ派ハナフィー派だが、スンナ派とシーア派の二大宗派の信者の対立が続いている。イスマーイール派やアフマディ派などの小規模なグループは異端者とされることも多く、少数のキリスト教徒は背教者とみなされている。宗教グループ間の暴力は、とくにパキスタンでよく見られる。

パンジャブのシーク教徒は版図を北に広げ、1823年にドゥッラーニー帝国からカイバル峠以東の領土を奪った。アフガニスタンの国王は当初、シーク教徒に占領された領土を取り戻すためにインドのイギリス軍に援助を求めたが、パシュトゥーン族の東部領域は、1849年にイギリスがシーク教徒を破るまでシーク教徒の勢力下に置かれた。東部領域の返還を求めるアフガニスタン政府の要求にもかかわらず、パシュトゥーン地域の大部分はイギリスの支配下のままだった。1872年から1875年にかけての調停と、1893年の合意により、イギリス領とアフガニスタンとの国境線デュアランド・ラインが定められ、歴史あるパシュトゥーニスタンが分断された。イギリス軍は英領パシュトゥーニスタンの主要都市に駐屯したが、無法地帯と化した部族地帯を平定できなかったため、治安維持のために地域の支配者や族長に報酬を支払うという従来の慣行を引き継いだ。イギリスによる支払いは合法の主要な収入源となったが、密輸をはじめとする違法行為は峠を越えて続けられた。1880年代から1890年代にかけて、部族地域をイギリスの直接支配下に置くために軍事遠征が幾度もくり返されたが、ほとんど成功しなかった。1901年、パシュトゥーン部族の征服に失敗したイギリスは、北西辺境地区と呼ばれる半自治地域を創設し、主要な町に駐屯するイギリス軍はパシュトゥーン族の領域の3分の1程度を支配するのみとなった。英領パシュトゥーニスタンでは、パシュトゥーン族の"ジルガ"――地元の部族指導者または評議会（長老会議）を通した間接統治が続いた。アフガニスタンの多数派パシュトゥーン族は、イギリスの影響を受けながらも、アフガニスタン国王と貴族が率いる支配的な民族集団であり続けた。アフガニスタン国境沿いの山岳地帯に位置するワジリスタンの部族グループが、1919年から1920年にかけてイギリスの支配に対して蜂起した。反乱はまたたくまに広がり、当局は最終的に反乱軍を鎮圧するまでに3万人のイギリス軍

とインド軍の動員を強いられた。1930年代、地域の宗教指導者に率いられたパシュトゥーンのアフリディ族がイギリスに対して聖戦を宣言する。反乱が終結するまでに1万人以上のパシュトゥーン族が死亡し、イギリス人をはじめとする西洋人への消えない憎しみを残した。アフガニスタンは、ドゥッラーニー部族連合が主導する王政のもと、1926年に独立した多民族国家として認められた。アフガニスタン政府は歴史的、民族的根拠に基づいて、イギリス統治下のパシュトゥーン族の領域に対する権利を主張した。北西辺境州のパシュトゥーン族は、アフガニスタンのドゥッラーニー部族連合の支配者もイギリス当局も認めなかった。アフガニスタン政府はイギリスと同様、峠を開放したままにし、地域の密輸や部族の反乱を抑制するために地元の支配者に金銭を支払うことを余儀なくされた。第二次世界大戦後、イギリスが英領インドを非宗教的なインドとイスラム教のパキスタンに分割することも含めて独立に向けて準備を始めたとき、アフガニスタン政府は北西辺境州がパキスタン、インド、アフガニスタンのいずれかに帰属するか、独立するかという幅広い選択肢を示した。だが、イギリス当局はインドかパキスタン帰属の2つの選択肢しか与えなかったため、パシュトゥーン族の領域であるパシュトゥーニスタンは投票でイスラム教国パキスタンへの帰属を決めた。アフガニスタン政府は、パシュトゥーニスタン東部が新たなパキスタン国家に組み込まれることに反対し、新しい国連組織へのパキスタンの加盟に反対票を投じた。1979年のソ連のアフガニスタン侵攻では、600万人の難民が国境を越えて逃れ、そのほとんどが北西部のパシュトゥーニスタンに押し寄せた。難民の約85パーセントはパシュトゥーン族で、その多くはパキスタンのパシュトゥーン族と部族や家族のつながりをもっていた。1986年のソ連軍撤退に続くアフガニスタン紛争では、南部のパシュトゥーン部族と北部の非パシュトゥーン族が戦った。パキスタンの北西辺境州の神学校出身の学生が中心となった過激派学生グループ、タリバンがアフガニスタンのパシュトゥーン族の居住地域で徐々に勢力を広げていった。当初は、長年にわたる内戦の調停役とみなされていた彼らだが、厳格なイスラム法に基づく強権統治を敷いた。とくに女性が標的となり、家の外で働くことは禁じられ、8歳以降は教育を受けられず、医療を受けることも許されなかった。アフガニスタン男性は髭を剃ることをやめて、整えずに伸ばすことが求められ、タリバンの支配地域では音楽やスポーツをはじめと

する娯楽がいっさい禁じられた。タリバンとアルカイダとして知られるイスラム過激派組織とのつながりから、アフガニスタンで過激派に物質的な支援と訓練施設が提供された。2001年9月11日のアメリカでのアルカイダの攻撃のあと、タリバンとアルカイダはテロリストに指定された。2001年10月、アメリカ軍とイギリス軍は長期にわたるアフガニスタン紛争に新たな局面を開いた。彼らの目的はタリバンを権力の座から下ろし、アフガニスタンの潜伏地からアルカイダを引きずり出すことだった。タリバン政権はすぐさま倒され、西側諸国の支援を受けて穏健派政権が樹立された。タリバンはパキスタンで広範な支持を得て再組織さ れ、アフガニスタン国内への攻撃を開始し、2021年にアフガニスタンを支配下に置いた。パシュトゥーン族の社会では、女性は今も夫や男性の親族の利益のために権利を奪われたままである。さまざまな障害はあるものの、パシュトゥーン族女性はパキスタンとアフガニスタンの両方で一連の変革を開始した。アフガニスタンとパキスタンで続いている民族および宗教紛争は、パシュトゥーン族の民族アイデンティティをさらに強固にしている。彼らは、伝統あるパシュトゥーニスタンの歴史・民族地理を反映した国境に見直すよう要求している。

ソードダンス

ソードダンス（ハタックダンスとも）は、アフガニスタンとパキスタンに住むパシュトゥーンのハタック族の敏捷な戦士が踊る、素早い動きの剣舞である。ハタック族の戦士が戦いの前に踊るこのダンスは、17世紀に戦いの準備運動として始まった。何世紀ものあいだに発展してきたこのダンスでは、戦士たちが武器を手にして踊る。一度に最大で3本の剣をもち、複雑な体の動きで体力を見せつける。地域ごとにさまざまな舞の型があり、今日ではアフガニスタンとパキスタンの多くのパシュトゥーン部族によって踊られている。

もっと知りたい人のために

Akbar, M. J. Tinderbox: The Past and Future of Pakistan. New York: Harper Perennial, 2012.

Knudsen, Are. Violence and Belonging: Land, Love, and Lethal Conflict in the North-West Frontier Province in Pakistan. Copenhagen, Denmark: Nordic Institute of Asian Studies, 2009.

Lindhom, Charles. "Respect Essential for Survival in Pashtun Culture." Accessed July 31, 2013. http://home.honolulu.hawaii.edu/~pine/Phil100/pashtun.htm

Nichols, Robert. Settling the Frontier: Land, Law and Society in the Peshawar Valley, 1500-1900. New York: Oxford University Press, 2001.

客家（ハッカ）

Hakka

　客家（ハッカ）は、中国南東部と台湾の西部地区に居住する中国系民族で、客家人、ホッカ、ケジア、ケチャ、haak gaaとも呼ばれる。アジアには推定8000万人の客家が存在し、そのうちの約4500万人が中国か台湾に住んでおり、残りは東南アジアを中心に中国人移民の居住区に分布している。客家の人口の大部分は福建省、広東省、四川省、江西省、河南省に居住し、それよりも小さな諸集団が海南島と香港に見つかる。中国以外のアジアの地域ではインドネシア、マレーシア、東ティモール、フィリピン、台湾にかなりの数の客家が住んでいる。また、アジア以外にも東アフリカ、ヨーロッパ、南米、カナダ、アメリカに客家のコミュニティが存在する。

　客家語が広く話されている台湾は、その言語と文化の研究の重要な中心地となっている。客家の大多数は大乗仏教派で、多くの場合、その信仰には儒教、道教、伝統的なアニミズムやシャーマニズムの信仰、そして近年ではキリスト教の要素が混ざり合っている。

　客家の祖先は、紀元前221から前206年まで続いた中国の最初の統一王朝である秦朝の黄河流域にたどることができる。彼らは社会不安や戦争、反乱や侵略から逃れるために数度にわたって南へ移動した。10世紀の唐王朝末期と北宋時代の1125年に移住しており、1125年のときは満州の女真族が北宋の首都を占領し、大量の難民が南に逃れたという状況だった。モンゴル拡大と1271年のモンゴル元王朝の成立により、さらなる移住が生じた。移った地域にもともと住んでいた漢族から迫害や差別を受けることも多かった。"客家"という名前は「よそ者」

や「客族」を意味し、部外者や国内移民としての彼らの立場を示唆している。満州族が主導する清王朝の康熙帝の治世下（1661〜1722年）で、福建と広東の沿岸地域は、明朝の残党による脅威のためという理由から、勅令により10年近く立ち退きが命じられていた。ついに脅威が取り除かれると、皇帝は沿岸地域にふたたび人を住まわせるという新たな布告を発し、家族ごとに奨励金を与えた。新しく移り住んだ者たちは客族として登録され、客家の移住民とその地域に先住していた広東語を話す住民との区別が強調された。広東人は肥沃な自分たちの農地を何が何でも守ろうとし、移住者には沃野のはずれや険しい山岳地帯に住むよう強要した。移民と先住民族との対立は武力衝突に発展することも多く、客家という言葉は侮蔑的な意味で用いられた。

客家はみずからの文化と言語を誇りに思っているが、自分たちを独自の民族集団だと主張したことはない。ただ、古代中国の先住民族を形成していたと主張する人もいる。ほかの中国系の民族とは異なり、客家には纏足の習慣はなかった。5回の大規模な移住とその開拓者精神から、「アジアのユダヤ人」と称されるようになった。中国でもっとも謎めいた少数民族とされる彼らは、孫文、鄧小平、李登輝がみな客家出身だという事実から、指導者を輩出する集団として描かれることもある。言語と文化における相違が、中国のみならず世界各地で客家の住民を特徴づけている。農耕民としての生活様式と近隣民族との衝突により、客家の人びとは防衛と共同生活に基づいた独自の建築を発展させた。すでに人が多く居住している地域に移り住んだとき、客家が利用できる農地はほとんどなかった。そのため、客家の多くの男性は軍隊や公務員でのキャリアを求めるようになり、伝統的に客家文化は教育と向上を重んじてきた。もともとの住民との対立は、客家文化の一部として今も受け継がれている多数の独特な武術を生みだした。宗教的には近隣の漢族とほぼ変わらず、祖先崇拝が客家の信仰表現の基本的な形態となっている。

南東部諸省に住む客家は、数百年も前からその地に定着していたにもかかわらず、広東人の住民からなおもよそ者とみなされていた。土地や水をめぐる一連の対立が小競り合いに発展し、ついには1855年から1867年にかけて、客家と広東の本地人（プンティ）とのあいだで紛争が勃発する。とくに珠江デルタ周辺で激しい戦いが繰り広げられた。この紛争で100万人以上が死亡し、さらに多くの人が難民として遠くは台湾、アメリカ、東南アジア、フィリピンにまで逃れ

た。広東人と客家の対立は、マレー半島の移民のあいだでも生じた。広東人および福建人移民と客家との一連の武力衝突は拉律戦争として知られるようになり、1874年に両者のあいだで平和条約が結ばれ、終わりを迎えた。19世紀後半には、英領植民地の香港への客家の移民が始まり、1967～77年にかけて中国本土を震撼させた文化大革命のあいだも続いた。台湾への継続的な移住は、紛争や貧困、差別からのもうひとつの逃げ道だったが、1895年に台湾島が日本の統治下におかれると本土からの移住はほとんどなくなった。インドネシアへの移民は、18世紀にリアウ諸島とブリトゥン島に鉱山労働者が移住したのに始まり、19世紀には次の集団がボルネオ島のカプアス川流域に移り住んだ。彼らが、現在インドネシア、マレーシア、シンガポールに居住する客家の先祖である。時とともに、客家の移住はインド洋のモーリシャスとレユニオン島、カリブ海のジャマイカとトリニダード、南アフリカ、タイ、そして南北アメリカ大陸、なかでもパナマ、ブラジル、アメリカ、カナダにいたった。客家は、中国および華僑(かきょう)の歴史に多大な影響を与えてきた。とくに客家出身の政治・革命・軍事指導者の数においては、実際の人口に見合わないほど多くを輩出している。清朝に対する太平天国(たいへいてんごく)の乱でも重要な役割を果たし、その後の国共内戦における党派間の戦闘でも、客家の兵士は両側で戦った。中国南部、なかでも広東省では客家の影響が今も色濃く、広東省ではいわゆる客家集団が省政府を確実に掌握している。

もっと知りたい人のために

Constable, Nicole. Guest People: Hakka Identity in China and Abroad. Seattle: University of Washington Press, 2005.

Kiang, Clyde. Hakka Search for a Homeland. Pittsburgh: Allegheny Press, 1991.

Leong, Sow-Theng. Migration and Ethnicity in Chinese History: Hakkas, Pengmin, and Their Neighbors. Palo Alto, CA: Stanford University Press, 1997.

T'ing-yu, Hsieh. "Origins and Migrations of the Hakkas." Accessed December 6, 2008. http://weber.ucsd.edu/~dkjordan/chin/Hsieh HakkaHistory.html

ハニ(哈尼)族
Hani

　ホニ(豪尼)、アイニ／アイニー(愛尼)、ウォニ(窩尼)、Hanhi、Haw、Haqniqとも呼ばれるハニ(哈尼)族は、中国南部の雲南省に住む民族集団で、ベトナム、ラオス、ミャンマーにも小規模なグループが存在する。中華人民共和国で公式に認められている56の民族集団のひとつで、総人口は150万人と推定されている。チベット・ビルマ諸語のロロ語派またはイ語派の一言語で、ハニ族と同じ居住地域で話されているアカ語、イ語、ラフ語に関連する言語を話す。ハニ族の大部分は伝統的な精霊信仰を信奉しており、少数ながら仏教徒やキリスト教徒もいる。

　ハニ族の起源は正確にはわかっていないが、羌と呼ばれる彼らの祖先は、3世紀以前に青海チベット高原地域から南に移り住んだと考えられている。そのほかに、紀元前3世紀に現在の四川省を流れる大渡河以南に住んでいた部族の末裔だとする学説もある。ハニ族の伝承によれば、彼らはつながりのあるイ族の子孫で、50世代以上も前に別の部族集団としてイ族から分かれたとされている。中国の古い記録文書によると、初期のハニ族の一部は、4～8世紀のあいだにメコン川流域を南下した。地域のハニ族の部族長は中国の唐王朝に貢納し、肥沃な土地の大部分を地主として所有する正式な認可を受けていた。ハニ族の大多数は、広大な土地で小作農や小作人として暮らしていた。13世紀初め、モンゴル族の中国征服に続き、モンゴル元王朝は雲南にハニ族やほかの少数民族のために自治区を設立した。1368年にモンゴル征服王朝を倒した明王朝は、官職に任命された地域の部族長や地主を通して権力を行使する体制に戻った。1644年から1911年にかけて、満州族が主導する清朝では、部族長や地主による統治制度に代わって首都から朝廷の役人が送り込まれるようになる。ハニ族の近代の歴史のほとんどの期間を特徴づける封建地主制は、肥沃な土地の広範囲を占領した地主によるハニ族の農民への過酷な搾取をもたらした。一部の地域では、初期の土地の共同所有の名残が見られ、土地の大部分をそれぞれの村落が所有していた。集落の住民はたいてい水田や茶畑をもっていて、村の共有地も得たり、耕したりすることもできた。しかし、私有地制が徐々に主流となるにつれ、地主や裕福な農民が農耕にいちばん適した土地や茶畑、森林、水田を所有するようになっていく。ハニ族の貧しい農民は、債務奴隷制や法外な徴税や課税など、さまざまな方法で搾取された。

中国政府の「生活の質」指数によると、ハニ族は公式に認定された少数民族のなかでいちばん順位が低く、少数民族の平均 62.7 パーセントに対して、ハニ族はわずか 38.3 パーセントだった。また、平均寿命と乳児死亡率でもハニ族は最下位だった。ハニ民族は、この民族の正式な定義を満たす 10 以上の同系民族で構成されている。ハニ族と水牛が切っても切れない関係にあることは、彼らがもっとも大切にしている伝説が教えてくれる。伝説によると、あるとき天神アボモミは地上に水牛を遣わした。あらゆる場所で作物が育つように草や木を植えなければならないと人間に教えるためである。人びとが水牛の命令に従えば、彼らは 1 日おきに食事をとれるようになるだろう、と伝えるはずだった。ところが残念なことに、水牛はたいへん物覚えが悪かったため、作物を植えなければならない、あらゆる場所で草や木が育つことができるように、と神のメッセージとは反対のことを告げた。さらには、自分の言うことを聞けば——1 日おきではなく——1 日 2 回食事ができるだろう、と伝えたのである。もちろん、人びとは水牛の指示どおりにあらゆる場所に作物を植えたが、彼らの生活はまったく改善されなかった。アボモミはすぐ忘れてしまう水牛をひどく不満に思い、ハニ族が土壌を耕すのを手伝わせるために地上に送り返したという。今日も、ハニ族の農民は水牛を崇めている。ハニ族の男性が死ぬと、彼の水牛が殺されて死者を次の世界に導くことができるように一緒に埋葬される。ハニ族の伝統的な精霊信仰には先祖の霊に対する特別な崇拝が含まれている。天や地、龍樹、故郷の村落に宿る神々や家の守護神、尊敬される先祖の霊をなだめるための儀式が定期的におこなわれる。中国南部、ベトナム、ラオス、ミャンマーで話されているハニ族の言語は、チベット・ビルマ諸語のロロ語派またはイ語派のハニ語である。ハカ方言とハオバイ方言という大きく 2 つの方言グループがあり、ハカ方言は 5 つの地域方言で構成され、ハオバイ方言は 2 つの異なる方言を含む。まとめてビカとして知られるこれらの言語は、中国政府によって話者がハニ族と正式に分類されているため、現在ではすべてハニ語の方言とみなされている。

19 世紀に入る頃には、ハニ族の地域グループ間で社会発展に大きなばらつきが見られるようになっていた。一部の地域のグループは発展し、繁栄しているいっぽうで、中国でもっとも貧しいままの地域グループもあった。ハニ族の居住地域のほとんどは、村落共同体の原始的な経済から、19 世紀の中国の大部分を

特徴づけた封建的な地主経済への移行地域のようなものだった。中国政府の官僚が地域の部族長や地主を通して強いた法外な徴税や課税の負担に、ハニ族の農民はしばしば蜂起した。20世紀初頭、多数のハニ族が憎き清朝の打倒を求めるグループに参加し、その多くはのちに新しい中国共産党に合流した。第二次世界大戦前、共産主義者と政府軍の対立と武力衝突が幾度となく繰り返され、戦争が終わると国共内戦として拡大した。1949年に共産主義者が勝利し、1950年代に共産党による土地改革政策が始まると、農民階級の高揚政策の一環として、部族長や地主を倒すために共産党幹部がハニ族の居住地域にやってきた。1957年には多くの民族自治県が設立された。決定権は共産党当局にあったものの、居住地の行政に関するハニ族の発言権は増大した。何世紀ものあいだ放置されていた昔の棚田の多くが、主に教育や農業生産性などの向上のためにふたたび利用されるようになり、ハニ族がつらい過去の歴史を乗り越える一助となった。とはいえ、ハニ族が中華人民共和国が公式に認定する56の民族集団のうちでもっとも貧しく、いちばん発展が遅れていることに変わりはない。

もっと知りたい人のために

Hansen, Mette Halskov. Lessons in Being Chinese: Minority Education and Ethnic Identity in Southwest China. Seattle: University of Washington Press, 1999.

MacKerras, Colin. China's Minorities: Integration and Modernization in the Twentieth Century. Oxford: Oxford University Press, 1994.

West, Barbara A. Encyclopedia of the Peoples of Asia and Oceania. New York: Facts on File, 2008.

パミール族
Pamiri

　パミール族は、かつては古い総称であるパミール民族として知られていた。パミーリーを自称するいくつかの小民族のグループで構成されるが、通常はみずからを独立した民族集団とみなし、バダフシャニを自称する。山岳タジク人やパミール・タジク人といった総称で呼ばれることもある。パミール族はインド・ヨーロッパ語族に属し、タジキスタンのゴルノ・バダフシャン自治州と隣接するアフガニスタンのバタフシャン州にかかるパミール高原に推定35万人以上が居住する。この地域のほかにも、中国北西部の

新疆（しんきょう）地域とパキスタンのアッパー・フンザ、チトラル、ゴジャール地域にパミール族のコミュニティが存在する。別々に数えられていないため、正確な人口推定は難しい。従来の国勢調査資料では、アフガニスタンを除くすべての地域でタジク民族に登録されている。アフガニスタンではパミール族として知られ、アフガン系民族のリストに記載されている。パミール族は東イラン語群に属する同系の諸方言を話す。パミール語は、タジキスタンとアフガニスタンのバダフシャン地域の大多数が話すタジク語との関連はほとんどない。パミール族の大部分は、イスラム教シーア派の一派であるイスマーイール派の分派のニザール派の信者であるため、アーガー・ハーンを信奉している。少数——とくにヤズグレム族、ワハン族、バルタング族——がイスラム教スンナ派ハナフィー派の信者である。

パミール族の言い伝えでは、彼らは紀元前327年頃にパミール高原に侵攻したアレクサンドロス大王軍のギリシャ人指揮官の末裔とされている。パミール族が初めて歴史書に登場するのは2世紀、中国の学者がルーシャーン族、シュグナーン族、ワハン族について言及した際にパミール族にも触れている。パミール族は数世紀のあいだ独立を保ったが、ほとんどの期間は諸外国勢力の政治支配下に置かれていた。この地域は重要な交易拠点であり、早くも4世紀には貴重な宝石やラピスラズリが取引されていた。シルクロードの交易路のひとつがこの地域を通っていたため、パミール族は外国の品々を手に入れられるようになった。アレクサンドロス大王にさかのぼる血統の歴代の王が、何世紀にもわたって、バダフシャンと呼ばれる地域を統治していた。15世紀、最後のスルタンであるムハンマドが殺され、モンゴル帝国の後継国家のひとつであるティムール朝の統治者アブ・サイード・ミールザーの支配にとって代わった。この地域はひんぱんに侵略され、パミール高原の谷間や閉ざされた集落はパミール族の小氏族の避難場所となっていた。16世紀のあいだ、バダフシャンの支配者は何度も入れ替わった。その後、この地域を支配する大帝国は、たえず戦いをくり返す小さな山岳民族らにその自治を任せた。18世紀に、バダフシャンはアフマド・シャー・ドゥッラーニーに征服され、アフガン人の支配下に置かれた。18〜19世紀にかけて、近隣のアフガンとウズベクの統治者らはパミール地域の覇権をめぐって争いをくり広げた。

パミール民族は中央アジア地域に現存する最古の小民族と考えられている。数千年を経てもなお、彼らはヨーロッパ系

の外見を保っており、多くは青または茶色の目をしていて、とても色白だ。シュグナーン族、ルーシャーン族、バルタング族、ヤズグレム族、イシュカーシム族、ワハン族、バジュイ族、フフ族を含むすべてのパミール民族は、タジキスタンとアフガニスタンのバダフシャン地域全域で言語・文化・宗教的な深いつながりを共有している。パミール族が話す言語は、インド・イラン諸語の南東語群に属する東イラン諸語の言語群に区分される。文語はタジク語に基づいており、パミール族のほとんどが第一言語または第二言語としてタジク語を話している。タジキスタン政府は、パミール語の諸方言をタジク語にごく近い言語だと主張しているが、学者や言語学者は、パミール諸語をインド・イラン諸語の下位語群のひとつで、パシュトゥーン族の言語であるパシュトー語のみを近縁言語に含む語群に分類している。この言語グループは話者の数が減少しており、消滅の危機に瀕していると考えられている。多数派のタジク族はイスラム教スンナ派の信者であるため、イスマーイール派を信奉する少数派のパミール族は、言語、文化、宗教の点で、この地域の大多数を占めるタジク族とはさらに離れた関係にある。ペルシャ語で「世界の屋根」を意味するパミール高原は、何千年ものあいだパミール民族を守り、彼らがコーカサス系の身体的特徴だけでなく、地域特有の文化的特性や伝統の多くを保つことを可能にしてきた。パミール族の伝統的な信仰や儀式の多数は、農業や動物の飼育と関連している。植え付けや水やりをすべき時期は、慣行に従って決められる。パミール族の女性はタジク族の女性よりも大きな自由を享受しており、男性と同じように公共の場での集まりにもよく参加している。女性が家の外で働くことも許されていて、近隣民族とは異なり、ベールをかぶることもなければ、家の特定の場所に居場所を制限されることもない。

19世紀初頭に、アフガニスタン王国とウズベク族のブハラ・アミール国がパミール地域をめぐって争った。19世紀後半、ロシアの保護国となったブハラは南へ拡大を続け、いっぽうのアフガニスタンはイギリスの緩い支配下にあり、ヒンドゥークシュ山脈やパミール高原に向かって勢力を広げた。1840年から1859年にかけて、ブハラのアフガン人とウズベク人がしばしば遠征隊を送り、パミール族の生活を混乱させた。バダフシャンの統治者ミール・シャーは、アフガニスタンの名目上の支配を受け入れることに同意する条約に署名したが、パミール民族にはほとんど何の変化ももたらさなかった。1895年、本格的な衝突を避け

るために、イギリスとロシアはパンジ川をブハラとアフガニスタンの国境と定め、バダフシャンとパミール民族の故郷を事実上分割した。ブハラ・アミール国は川より北の領域を支配し、アフガニスタンは南の土地を領有した。1904 年、ロシアはブハラのバダフシャン全域を併合し、北部パミール族をロシアの直接統治下に置いた。パミール族は伝統的な生活様式をほぼ守っていたが、それもロシア内戦が終わり、中央アジアにボリシェヴィキ幹部がやってくるまでのことだった。新ソ連政府は 1924 年に新設されたタジク・ソビエト社会主義共和国内にゴルノ・バダフシャン自治州を設立した。ソ連内のパミール族とアフガニスタンや中国のパミール族との接触は抑制・制限された。1991 年にソビエト政権が崩壊してようやく、散らばっていたパミール民族はつながりを取り戻したのである。

もっと知りたい人のために

"About Pamirians." YouTube, November 16, 2007. http://www.youtube.com/watch?v= mwvEMj0WSqM

Bergne, Paul. The Birth of Tajikistan: National Identity and the Origins of the Republic. London: I. B. Tauris, 2007.

Countries and Their Cultures. "Pamiri."
Accessed July 31, 2013. http://www.every culture.com/wc/Tajikistan-to-Zimbabwe/ Pamiri.html

Forbes, Andrew. Silk Road. London: Insight, 2013.

Koen, Benjamin D. Beyond the Roof of the World: Music, Prayer, and Healing in the Pamir Mountains. New York: Oxford University Press, 2008.

バローチ民族
Baluchi

バローチ民族(Baloochis、Baloch、Kur Galli)は、バルーチとしても知られる南アジアの民族集団で、パキスタン、アフガニスタン、イランの国境にまたがる地域に住んでいる。その居住地は月面の風景になぞられることが多く、ほとんどが乾燥地で、モンスーン地帯の外側に位置している。鉱物が豊富であるにもかかわらず、この地域では持続可能な収入を得る方法がほぼない。大部分のバローチ民族は行政サービスを受けたり、遊牧生活を送ったり、密輸をして生きている。なかには漁師として働いたり、わずかな肥沃な地域で農民として乾燥農業や灌漑農業に携わっている者もいる。バローチ民族の最大の居住地域がパキスタンのバ

ローチスターン州で、イランのシースターン・バローチスターン州ではバローチ民族が多数派を占めているが、民族やグループとしての権利はほとんど認められていない。また、アフガニスタン南部のニームルーズ州、ヘルマンド州、カンダハール州にも居住している。大バローチスタンには、250〜300万人のブラーフイー族を含む推定1000万〜1500万人のバローチ民族が住んでおり、この地域で活動する多くの民族および民族主義グループの定義によると、イラン南東部からアフガニスタン南部、パキスタン中央部にいたるバローチ民族が居住するすべての地域が含まれる。ごく少数のシーア派イスラム教徒、バハーイ教徒、キリスト教徒を除いて、バローチ民族の大多数はイスラム教スンナ派を信奉している。伝統的にバローチ民族には文化的にも歴史的にも関連性のある2つの異なる民族が含まれる。バローチ族（イラン高原に起源をもつ部族に連なるかつての遊牧民族の末裔）とブラーフイー族（ブラーフイー・バローチ、アーリア人以前の住民であったドラヴィダ族に連なる伝統的な定住民）である。文化交流や社会的なつながり、血縁関係がしばしば国境を越えてバローチの2つのグループを結びつけている。だが、地理的に南部、西部、東部バローチ民族に分類される数多くの——たいてい敵対関係にある——部族グループへの分裂は、この地域の自然環境の厳しさを物語っている。バローチーやバルーチーと呼ばれるバローチ民族の言語は、イラン語群の北西群に分類される。バローチ民族の多くは第二言語としてペルシャ（ファルシ）語、シンディー語、ブラーフイー語を話す。バローチ系民族の一部は、サラーイキー語やパンジャービー語といった別の言語を話している。

現在、マクラーンと呼ばれるこの地域は、港湾都市マカとして広く知られ、初期のペルシャ帝国の東部の領土として知られていた。バローチ民族のなかには、ノアの孫クシュの息子であるニムロデにみずからの起源をたどる人もいれば、アラブ人かペルシャ人が祖先だと主張する人もいる。初期のバローチ民族は過酷な環境を生き抜くために、乾燥した農地に水を供給するシステム"カナート"や高地の水を平野の果樹園やヤシの木に送る地下の排水トンネルなど、さまざまな独創的な方法を考案してきた。バローチ民族の伝承によると、彼らは7世紀のイスラム支配下の初期に現在の居住地域に定住したとされる。だが最近の遺伝学的研究から、彼らとこの地域の古代民族とのつながりが確認されている。多くのバローチ民族は、自分たちの祖先がアラブ人で、そのルーツはシリアの都市アレッ

ポにさかのぼると信じている。インド亜大陸全域で支配的だったドラヴィダ族は、紀元前1700年から前1200年にかけて、イラン高原のバンプール地方からこの地域を席巻したアーリア人の侵入によって大部分がインド南部に追いやられた。亜大陸北西部の乾燥した山地の谷に住むドラヴィダ族は襲来を免れた。アーリア人は、さらに東へ移動する際に彼らの住む谷をたいてい迂回して、広大な地域に遊牧生活を送る少数のアーリア人部族だけを残したからだ。遊牧民と先住のブラーフイー系ドラヴィダ族の交流により、彼らの文化は徐々に広範にわたってバローチ民族のなかに融合していった。ブラーフイー族は周辺のバローチ部族と自由に交流したが、自分たちのドラヴィダ語は保ち続けた。7世紀、侵攻してきたアラブ系イスラム教徒が、渓谷に住むブラーフイー系定住民にイスラム教をもたらした。アラブ人の支配下で、バローチスタンではイスラム社会制度の一部としてアラブ人統治者に貢納しながら、地元の指導者が統治権を保持できる半独立的な部族制度が強化された。そのほかのバローチ民族の部族は、テュルク系民族のセルジューク朝軍の侵攻により、故郷からさらに西方に追われた。彼らは11、12世紀に乾燥地帯に移り住み、新たな部族グループを形成した。13世紀にモンゴル侵攻を逃れた難民も東の険しい土地に移り、遊牧生活を始めるか、アラビア海沿岸で漁師となった。バローチスタンへのモンゴル侵攻は、この地域に消えない跡を残した。のちにムガルとして知られるモンゴル人がおこなった残虐行為の数々は今でもよく知られており、世代から世代へと語り継がれている。ブラーフイー語を話す部族はしばしば、モンゴルの大軍の猛襲によって肥沃な谷を追われたときの話を物語る。この地域の希少な資源をめぐって頻発した侵略と暴力的な衝突が、戦士文化の発展をもたらした。この地域の覇権を求めるさまざまな帝国に対するバローチ民族の抵抗は、偉大な戦士の伝説と外部の者への拒絶を生み出した。長年にわたって安定した体制を築いていたブラーフイー族は、多数派部族となった。ブラーフイー族の強力な国、カラートのハーンが17世紀からバローチスタンの大部分を統治した。東のムガル帝国と西のペルシャは、この地域とその重要な交易路の支配権をめぐってひんぱんに争った。多くの場合、地元の部族長とカラートのハーンは、より強力な隣国に服属しながらも、権力は保持していた。18世紀、ムガル帝国の衰退にともない、カラートのハーンは緩やかな部族連合を維持しながら勢力を拡大していった。定住したブラーフ

イー族と主に遊牧生活を送るバローチ族の結束は、征服して得たものはすべて部族長のあいだで分配するというやり方によって保たれていた。18世紀後半、ブラーフイー族にナスィール大王として知られるナスィール・ハーン1世がカラートのハーンとなる。その44年間の治世のあいだ、部族間の地域的な紛争はやみ、行政の効率化が進み、イスラム法の戒律が厳格に守られた。

　バローチ文化は、部族の法が定める慣行と伝統に基づいている。そうした歴史的伝統はバローチ民族のアイデンティティにとってひじょうに重要なものとして受け継がれ、古代からのその独特な文化的アイデンティティと7世紀以来ほとんど変わっていない生活様式を保ち続けることを可能にした。今日のバローチ文化は変わらず階層化されたもので、家族、氏族、部族の関係による複雑なシステムに基づいた軍事的封建制を特徴としている。バローチ民族は個人の名誉をことさら重んじる。そして、古来の行動規範である"マヤール"を守り続けている。この慣習法は父から子へと口頭で受け継がれ、もてなしや寛大さ、復讐、宗教および世俗の指導者への敬意、戦争中の行動といった事柄を取りあげている。町や部族の指導者や年長者は、年次会合で紛争やそのほかの問題について評決を下す

際に、このバローチの部族慣習法に照らす。近代化が広がるとともに、多くのバローチ民族が乾燥した故郷の地を離れ、バローチスターンの外でのよりよい暮らしを求めるようになり、従来のような指導者の影響力は弱まりつつある。都市部でバローチ民族の住民がもっとも多いのは、パキスタンのバローチスターン州の州都クエッタと、隣接するシンド州にあるパキスタン最大の都市カラチだ。バローチ民族を構成する2つのグループであるバローチ族とブラーフイー族は、何世紀ものあいだ、きわめて近くに暮らし、見分けがつかないことも多いが、ブラーフイー族は古代ドラヴィダ語を存続させているため、別の民族とみなされている。ブラーフイー語は、南インド全域で話されているドラヴィダ語に関連する言語だが、バローチー語の強い混合が見られる。ブラーフイー族の大半は、古代の言語と地域のバローチー方言の両方の言葉を話す。バローチー語は、インド・イラン語に属し、ペルシャ（ファルシ）語やクルド語と関連をもつ。さまざまな方言で話され、東部、西部、南部の3つのグループに大別できる。19世紀から20世紀初頭にかけて、バローチの学者たちはペルシャ語とウルドゥー語の文字を用いて、口語のみのバローチー語を表記してきたが、パキスタンの独立とバロー

のアイデンティティの高まりを受けて、アラビア文字をバローチー語に適応したナスタリク文字が好んで使用されるようになった。バローチ民族の大多数はイスラム教スンナ派のハナフィー派を信奉している。それよりも規模は小さいが、主にイランとアフガニスタンのバローチ地区に住むシーア派イスラム教徒や、パキスタンのバローチスターン州の少数派集団ジクリ派イスラム教徒なども見られる。100万人と推定されるジクリ派は、バローチスターン南部で15世紀に設立された宗派で、そのほとんどがマクラーン地域とカラチに居住している。ジクリ派は救世主を信じており、その教えは預言者ムハンマドの教えにとってかわるものだと主張している。ジクリ派は異端とみなされることが多く、スンナ派による少数派ジクリへの弾圧が断続的に引き起こされている。近隣民族と民族的な関連性をもっているにもかかわらず、バローチ族と他民族との関係は争いの歴史である。地域の天然資源をめぐる対立だけでなく、昔からバローチ族が外部からの影響を拒んでいることも多くの衝突の原因となっている。

ヨーロッパ人が初めてバローチスターン地域の探査に訪れたのは1810年だった。植民地をめぐるヨーロッパ諸国の競争関係は、この地域の覇権争いにも重要な役割を果たした。第一次アングロ・アフガニスタン戦争中の1839年、イギリスはバローチスターンの大部分を占領し、ロシア人がバローチの港を通ってインド洋に航行するのを防ぐための手段だとして占領を正当化した。1846年、イギリス当局は領有したバローチスターンを3つの地域に分割した。イギリスが直接統治する居住地域、カラート藩王国を通じて管理される領土、さまざまなバローチ族の首長の統治下にある部族地帯である。イギリスは1877年に北部地区をイギリス保護領バローチスターンとして成立させた。南部地区のカラート藩王国とバローチスターン藩王国として知られる部族の藩王国は、条約と常駐英国人顧問によって英領インドと結びついた半自治国家のままだった。1895年から1896年にかけて、英領バローチスターンと隣接するペルシャとの国境が交渉によって取り決められ、かなりの数のバローチ民族の住民がペルシャ領にとり残された。イギリスは、長きにわたる侵略の歴史における新たな侵入者とみなされ、断続的に蜂起が繰り返され、20世紀まで続いた。第一次世界大戦中、多くのイギリス軍部隊がヨーロッパに帰還した際に、イギリス領バローチスターン全域で深刻なバローチ蜂起が勃発した。1930年代、イギリスおよびイラン領バ

ローチスタンのバローチ指導者たちが、バローチ民族の居住するすべての地域を統合するよう初めて要求した。イランのバローチスタンでは蜂起が頻発していたが、レザー・シャーがバローチ部族に対する一連の平定作戦を開始し、鎮圧された。1935年までには、スィースターン・バルーチェスターン州のバルーチ族は制圧されていた。1940年代、人口の急増により、国境地帯のバルーチ族は住民のまばらなアフガニスタン南西部に追いやられた。英領インドの独立に先立ち、1947年にイギリス政府は、亜大陸をヒンドゥー教が多数を占めるが非宗教国家インドとイスラム教国パキスタンに分割し、多くの半自治国家・地域に2つのうちのどちらかを選ぶよう迫った。英領バローチスタンの部族長らはパキスタンに帰属したが、カラート藩王国を中心とするバローチスタン藩王国連合はどちらにも加わることを拒否した。1947年8月、インドとパキスタンが完全な独立を認められたすぐ翌日にカラートのハーンはバローチスタンの独立を宣言する。1948年、パキスタン、イラン、アフガニスタン、イギリスの各政府からの激しい圧力を受けて、ハーンは宣言を無効とし、イスラム教国のパキスタンへの併合を余儀なくされた。イギリス統治下での間接統治と実質的な自治に慣れていたバローチの指導者らは、新たなパキスタン政府にも同じことを要求し、バローチスタン地域と中央政府とのあいだに緊張と対立を引き起こした。1950年代から60年代にかけて、地域的な反乱と暴力的な紛争がパキスタン政府を弱らせた。1971年の東パキスタン（現在のバングラデシュ）の分離独立後、当局は厳しい統治を敷き、伝統的な指導者の権威を終わらせようとした。1973年、パキスタンのバローチスタンで大規模な反乱が勃発し、すぐにイラン南東部のバローチ民族の居住地域に拡大した。1974年の最盛期には、約5万5千人ものバローチの反乱軍が、8万〜10万人のパキスタン軍およびイラン軍とぶつかった。勝利者はあらゆる村を破壊し、1万人以上のバローチ民族が死亡し、さらに多くの人が難民となってようやく反乱は1977年に鎮圧された。今日もなお、バローチ民族の居住地域全域で散発的な反乱が続いている。分断されたバローチ民族の居住地域は、依然として3つのどの国でも、もっとも貧しい地域のひとつのままである。近年、この地域への他民族の移住が、広大な地域に不安を引き起こしている。

もっと知りたい人のために

Axmann, Martin. Back to the Future: The Khanate of Kalat and the Genesis of Baluch Nationalism, 1915-1955 . New York: Oxford University Press, 2012.

Scholz, Fred. Nomadism and Colonialism: A Hundred Years of Baluchistan 1872-1972. New York: Oxford University Press, 2002.

Titus, Paul, ed. Marginality and Modernity: Ethnicity and Change in Post-Colonial Balochistan. New York: Oxford University Press, 1997.

ハンティ族
Khanty

　ハンティ族（ユグラ、Khant、Khanti、Khande、Kantek、Hanty、Ostyak、Obdorとも）は、オスチャーク族としても知られる北シベリアの民族で、西シベリアのハンティ・マンシ自治管区とロシア連邦の近隣地域に居住している。しばしばユグラと呼ばれる彼らの居住地域は、オビ川の下流域にある。1年のほとんどの期間が凍ったままの深い森と沼地がある北極圏ツンドラ・タイガ地帯だ。推定3万人のハンティ族は、フィン・ウゴル語群のウゴル語派に属するオビ・ウゴル語の一方言を話す。ハンティ語は、ヨーロッパの遠く西にあるハンガリーで話されているマジャール語と関連がある。ハンティ族は名目上はロシア正教徒だが、伝統的な信仰と大小さまざまな神が習合した信仰体系を形成している。

　ハンティ族の起源については、学者たちの見解は一致していない。考古学者はハンティ族、近隣のマンシ族、そしてハンガリー人の祖先が3000〜4000年前に西シベリアの森に住んでいたことをしめす証拠を発見している。ヨーロッパロシア北部のペチョラ川流域で進化した民族が、紀元前1世紀にウラル山脈を越えてオビ川流域に到達したという説もある。そのほかに、ウラル山脈の東でウラル系民族とほかの集団の混血によって発展し、その後、何らかの理由で故郷を離れて北東に移動し、オビ低地に定住したが、その近縁グループは西に進み、最終的に現在のハンガリーに定着したと考える学者もいる。11世紀、ノヴゴロド公国から東に向かった商人や探検家たちがハンティ族の部族と接触する。13世紀にハンティ族はノヴゴロドに服属した。1440年代から1570年代まで、ハンティ族の居住地域はシベリア中西部のタタール国家シビル・ハン国の緩い統治下に置かれた。1483年と1499年にはスラヴ民族の遠征隊がハンティ族の居住地にやってきた。16世紀後半から17世紀初頭に

かけて、ハンティ族は拡大するロシア帝国の支配下に入った。1572年のモスクワの年代記では、ハンティ族は服属部族として言及されている。ロシア人は強力なタタール諸ハン国を破り、1595年にオビ川の河口に入植地区を設立した。ロシアの毛皮商人と政府役人がこの地域を実質的に支配し、ハンティ族に対してヨーロッパロシアでひじょうに貴重とされた毛皮を税として徴収した。18世紀半ばまでに、ハンティ族は公式にロシア正教に改宗していたが、彼らの伝統的な信仰と社会構造は植民地時代を経て受け継がれた。

　ハンティ文化は、過酷な環境に対応して発展した独特の文化で、一連の特有の社会的、経済的慣行と伝統が保たれている。歴史を通して、ハンティ族は部族に分かれており、それぞれの部族が強力な父系氏族制をとっていた。氏族は地域の部族に属し、部族がまとまって、東部、北部、南部の地域民族グループを形成しており、グループによって文化的特徴や方言が異なっていた。その社会では女性は宗教的偶像を汚し、氏族や家族を誘惑する存在とみなされていたため、女性の権利は厳しく制限され、ベールの着用が強制された。現代のハンティ文化は、彼らの伝統的な生活様式とヨーロッパの習慣が独特に混ざり合ったものとなってい

る。ハンティ語は話者が少ないにもかかわらず、10の異なる方言で話され、大きく3つの方言群に区分けされる。方言の数は、彼らの居住地域の広さと人口の少なさを反映している。19世紀半ば、ロシアの宣教師たちがハンティ語の文字を創出して、ハンティ語を書記言語にした。1868年には、聖書の一部がハンティ語で書かれた最初の刊行物が出版された。さらには、正教会の聖職者が書いた小学校の教科書も1897年に使用されるようになった。現在の文語はカズィム方言をもとにしたものだが、この地域の教育のほとんどはロシア語でおこなわれている。ハンティ族の宗教的信仰は、古来の慣習とのちのキリスト教の教義が融合したもので、生まれ変わりも信じられている。赤ちゃんが誕生すると亡くなった氏族の誰かが生まれ変わったとみなされる。昔から、ハンティ族の住居には氏族の祖先や動物の霊をあらわす木製の偶像が必ずあった。ここ数十年は政府の圧力により、葬儀などの集まりの際に動物を殺す儀式は省かれることが多い。

　1800年代初め、地方に住むハンティ族の氏族までが、毛皮で支払う負債と、ロシアの商人や役人から提供されるアルコールの組み合わせで従属させられていた。なかには、ハンティ族を搾取から守ろうとする役人もいたが、彼らの居住地

域は僻地にあり、統治機関も小さかったために、効果的な対策をとることができなかった。ロシアの起業家は、疑うことを知らないハンティ族の長老たちから広大な土地や漁場を奪った。ロシア革命とソ連体制の確立後、ロシアの影響力はひときわ大きくなった。1924年、北部委員会と呼ばれる政府の特別委員会が、ハンティ族をはじめとする少数の民族に対処するために設立された。委員会は現代医学と小学校を導入し、ハンティ族による女性抑圧に反対する活動をおこなった。1930年に名ばかりの自治管区が創設されたが、集団化の過程でシャーマンや部族長が処刑された。多くのハンティ族の子供が連れ去られ、ロシア語を用いる寄宿学校に送られたことで、1933年に広範におよぶハンティ族の蜂起が勃発した。ハンティ族の生活を近代化し、「ソビエト化」する取り組みの一環として、彼らの伝統的な宗教的信仰を抑圧し、ソビエトの普遍化が推進された。1953年にソビエトの独裁者ヨシフ・スターリンが死去したあとも、ハンティ族の生活を近代化する政策は続いた。1960年代には、ハンティ族の女性にベールを脱ぎ捨てるよう促すために、地方政府の後援で「オープンフェイス」の式典がおこなわれている。1980年代には、ソ連の誤った政策が西シベリアに壊滅的な打撃を与えていた。巨大油田は石油や化学薬品の流出を招きやすく、川や沼地をひどく汚染し、伝統的な漁村を崩壊させた。大規模な土木計画の数々によって、北部地区のトナカイ遊牧民の放牧地が損なわれた。今日のハンティ族の生活は、北部で半遊牧生活を送る一部のトナカイ飼育民を除き、農業や漁業を営む小さな村落を基盤としている。そうした村では、おもにロシア語が話されているが、ハンティ文化がほぼ保たれ、年中行事や儀式の多くも受け継がれている。環境破壊を受けて、活動家や環境保護団体は土地と先住民族、そして古来から続く彼らの文化を存続させるために、より慎重な開発政策を求めている。

もっと知りたい人のために

Balzer, Majorie Mandelstam. The Tenacity of Ethnicity: A Siberian Saga in Global Perspective. Princeton, NJ: Princeton University Press, 1999.

Jordan, Peter. Material Culture and Sacred Landscape: The Anthropology of the Siberian Khanty. Lanham, MD: Altamira Press, 2003.

Uralic Peoples of Siberia and Russian Northern Europe. "Khants or Ostyaks." Accessed July 30, 2013. http://www.suri.ee/eup/khants.html

Widget, Andrew, and Olga Balalaeva. Khanty: People of the Taiga Surviving the Twentieth Century. Fairbanks: University of Alaska Press, 2011.

ビャオ(標)族
Biao

　ビャオ(標)族（Gang Bau、Kang Bau、Kang Pau、Kang Beu）は、主に中国南部の広東省と広西チワン族自治区に隣接する地域に居住している。およそ16万人のビャオ族は、タイ・カダイ語族に属するビャオ語を話すが、同じ語群のほかの言語との関連性についてはまだ研究段階である。ビャオ族は伝統的な宗教信仰を守り続けており、多くの場合、そこに道教や仏教の教えが習合している。

　考古学的な発見から、この地域にはすでに新石器時代には人が住んでいたことがわかっている。同地域で見つかった出土品は、初期の住民が石器を使用し、農業や牧畜、漁撈、狩猟をおこなっていたことをしめしている。彼らの多くは洞窟に住んでいた。約2000年前、彼らは青銅の器具や剣、ナイフを使い始めた。ビャオ族の祖先は、紀元前220年頃から紀元220年頃までの秦・漢王朝時代に、近隣の漢族と密接な関係を築いた。

朝廷は郡政府を設置し、多数の漢族をこの地域に移住させた。漢族入植者は、鉄の道具や武器とともに、より高度な農法ももたらした。7世紀までに、ビャオ族の農民は中原の農民に匹敵する生産水準に達していた。奴隷は重労働に使われ、自由農民や小農は重税を強いられ、地域の民兵組織や軍隊に徴集されたほか、地域の統治者へのさまざまな奉仕を強要された。ビャオ族のなかには、自然災害などの不運に見舞われて土地を失い、奴隷として売られた者もいた。13世紀半ばのモンゴル侵攻により、侵略されたビャオ族は年に2回、中国のモンゴル元王朝に穀物を貢納して封建社会を維持した。1644年に北から侵攻してきた満州族によって明王朝が倒されると、明の遺王たちがビャオ地域に逃れた。この地域の最大の都市である肇慶は、満州族の完全な支配下に置かれるまでの数年間、明の帝位継承者を主張する皇族の首都として機能した。17世紀半ばから満州族の清王朝のもとで、ビャオ族は税金の徴収および法と秩序の維持を担当する小さな行政単位に分割された。この単位の住民は主に同じ姓をもつ一族からなっていた。

　ビャオ族の文化には、古来のタイ族の影響と、数世紀にわたる近隣の漢族との交流から取り入れたものの両方が見られる。中華人民共和国はビャオ族を独立し

たひとつの民族として公式に認定しておらず、恣意的に漢族のグループに加えている。漢族に分類されているものの、ビャオ族は自分たちを独自の民族グループとみなしている。1940年代以前でさえも、ビャオ族の農業経済は比較的進んだものだった。農業技術、作物の種類、農具は基本的に近隣の漢族と同じものを用いていた。馬も使用されたが、役畜(えきちく)の多くは雄牛だった。現在のビャオ族は主に米、サトウキビ、果物、松やに、桂皮(けいひ)をつくり、園芸と換金作物がビャオ族の経済に大きく貢献している。ビャオ族は古くから紡織と染色で知られ、織物を交易品とすることも多かった。1949年以前は、両親が取り決めた早婚が一般的で、花嫁は夫とは同居せずに、最初の子供が生まれるまでは自分の家族と一緒に暮らしていた。民族の異なる漢族との結婚も認められているが、結婚式は家族の財産をすり減らす高額な儀式となっている。ビャオ語は、タイ・カダイ語群に分類されるが、そのうちのどの系統に位置しているのかは確定していない。多くの学者は、ビャオ語がタイ・カダイ語族のカム・スイ語群に入ると考えているが、その関連性はまだ研究中である。中国当局は、ビャオ地域の学校で標準中国語をもっと使用することを奨励している。ビャオ族の大多数は亡くなった先祖に加え、あらゆる生き物と地域資源に宿る精霊への崇拝を中心とした伝統的なシャーマニズム信仰を守っている。その独自の宗教体系のなかには、古来の慣習に道教や仏教の教えが混交していることが多い。

19世紀、沿岸地域で取引されるアヘンが引き金となり、イギリスと清国のあいだに第一次アヘン戦争が起きる。中国の敗北により、外国からの侵略と干渉の時代が始まる。港湾都市は、労働者が東南アジアや北アメリカへ向かう主要な出口でもあった。おおぜいの貧しいビャオ族が集団移住に加わったが、すぐに海外につくられた漢族のコミュニティに吸収された。19世紀半ばにキリスト教宣教師がこの地域に入り、近代教育の最初の実例となった。1850年代に起きた太平天国(たいへいてんごく)の乱は、もともとは外国の影響力に反対するものだったが、中国南部での内戦となった。広東(カントン)省は長きにわたって外界と接触していたため、反満州族および反帝国主義活動の中心地となった。多くのビャオ族が近隣の漢族とともに破壊工作とされる活動に加わり、そうした彼らの活動により、多くのビャオ族の村落が罰せられた。1920年代初め、この地域は中国の国民党政府が支配する地域に含まれ、ビャオ族は国内各地で権力を振るっていた軍閥や増大する共産主義者の勢力と戦うために徴兵された。第二次

世界大戦の勃発により、国民党と共産党との戦いは中断されたが、1945年にふたたび内戦が始まった。1949年に勝利した共産党は、ビャオ族を共産主義国家の労働者として共同体や集団組織に強制的に送り込んだ。ビャオ族の古い伝統や習慣の多くは時代遅れ、さらには反体制的とみなされて禁じられた。政府は国内の少数民族の多くを公式に認定していったが、さまざまな請願や要請にもかかわらず、別個の民族集団だというビャオ族の主張を退け、恣意的にビャオ族を大きな漢族の民族集団に加えた。近年、同化を求める政府の圧力を受けながらも、ビャオ族は独自の言語を残し、みずからの歴史的な文化を復興させる取り組みを続けている。

もっと知りたい人のために

Brook, Timothy. *The Troubled Empire: China in the Yuan and Ming Dynasties*. Cambridge, MA: Belknap Press, 2010.

Diller, Anthony, Jerry Edmondson, and Yongsian Luo, eds. *The Tai-Kadai Languages*. London: Routledge, 2008.

Lewis, Mark Edward, and Timothy Brook, ed. *The Early Chinese Empires: Qin and Han*. Cambridge, MA: Belknap Press, 2010.

プイ（布依）族
Bouyei

プイ（布依）族（プイョイ／プーヨイ Glay、Buyei、Buyi、Buxqyaixとも）は中国南部の民族集団で、中華人民共和国で公式に認められている56の民族のうちのひとつである。300万人近い人口をもつプイ族は、公式には独立した民族集団だが、プイ族の多くは自分たちをチワン族とみなしている。プイ族の居住地域は貴州省の雲南・貴州高原地域の亜熱帯高地の森林で、雲南省と四川省に小規模なコミュニティがあり、ベトナムのラオカイ省にはボー・イー族として知られる少数の住民がいる。プイ族は北方タイ諸語に属するタイ・カダイ語の言語を話す。プイ族の大多数——おそらく80パーセントに達する——は伝統的な多神教を信仰しているが、少数派の仏教徒も急激かつ大幅に増えている。

中国最古の民族に数えられるプイ族は、2000年以上前から貴州地方に住んでいるとされる。プイ族の言語や地名、地理的分布の研究から、学者たちはプイ族が近縁のチワン族と共通の祖先をもつと考えている。古代中国では、何世紀にもわたって越人（チワン族・プイ族）を夷族と呼んでいた。700年頃にプイ族とチワン族は分離を始め、900年までには

別々の2つの民族集団に分かれた。618年から907年までの唐代には、中国政府はすでにプイ族の居住地域における行政制度を確立していた。地方の封建領主の統治者に任命され、土地は貴族の一族が管理する封建領土に分割された。この制度は、1644年に満州族が中国を征服するまで1000年以上も続いた。満州清王朝は、少数民族の役人から権力を取りあげた。プイ族の居住地域の行政は封建制に逆戻りし、地方の軍閥が権力を握った。封建領主と地方官が肥沃な土地をすべて所有したが、領土内の農奴や農民は彼らのものではなかった。農奴や農民は残酷な扱いと搾取に苦しんだが、もはや土地の所有者が彼らを気ままに殺すことは許されなかった。農民の各世帯には家族を養うために土地の区画が割り当てられたが、土地の購入は禁じられていた。農民や農奴は、代々貴族の家のために働く多くの人びとと同じく、自分が働く土地に縛られていた。18世紀初頭、搾取と残虐行為が増えるにともない、階級対立が激化し、農民の反乱が多発した。1797年、南籠蜂起として知られる最大規模の反乱が勃発する。清朝による報復とプイ族への弾圧によって、多くのプイ族が南に移動し、一部はベトナム北部に定住した。

プイ族の文化は、雲貴高原の農耕民としての彼らの長い歴史に基づいている。水稲や陸稲、小麦、トウモロコシ、キビ、ソルガム、ソバ、ジャガイモ、豆を栽培しているほか、綿花やタバコ、サトウキビ、アブラギリ、コーヒー、紅茶、バナナ、麻、ココアなどの換金作物もつくっている。さらに、絹織物をはじめとする絹製品も製造している。都市化が急速に進んでいるものの、プイ族の多くは、たいてい複数の氏族が住む村落での暮らしを続けている。ほとんどの村は肥沃な平原や農地の近くの広い川の流域に位置している。製造業やサービス業に従事するために、大きな都市の中心部に移り住むプイ族も増えてきている。プイ族には、女性が自分が刺繍した絹の球を関心のある男性に投げて好意を伝えるという習俗がある。男性がそれに応えたら、2人は一緒に過ごし、その後、婚約にいたる。さまざまな地域で、プイ族と漢族との結婚がひじょうに多くなり、プイ文化の中国化の一環として、親が決めた見合い結婚という慣習もみられる。プイ族の豊かな文化には、精霊信仰、多神教、シャーマニズム、オカルティズム、道教、仏教から得た影響と哲学が習合している。1980年代に中国の文化と経済が開かれたことでますます繁栄し、大量消費主義の高まりが生じ、多くのプイ族、とりわけ都市部の若者は伝統文化を拒んで物質主義を

受け入れるようになっていく。プイ族は漢族のさまざまな伝統や習慣、行事を取り入れるだけでなく、過去1年間の役牛の労をねぎらう牛王節などの古代の儀式も保持し続けている。プイ族の伝統的な宗教体系は、古来の精霊信仰と道教の要素が混ざり合ったものとなっている。宗教の規制が緩和された1980年代以降、プイ族の多くが仏教を信奉している。彼らは霊の世界を信じ、祖先を崇敬してきた。そのさまざまな儀式や儀礼が現代のプイ族の宗教信仰体系の一部をなしている。タイ・カダイ語群の北方タイ語に属するプイ語は、プイ族の3つの主要な居住地域に対応する3つの方言グループで話されている。近隣に住むずっと数の多いチワン族の方言の話者は、プイ語を部分的に理解できる。

　19世紀に入ってからも、多くのプイ族は裕福なプイ族や漢族の地主階級が所有する土地で農奴や土地をもたない農民として働いていた。さまざまな地域で搾取や虐待、債務奴隷制が横行していた。親族はたいてい地主や大地主の干渉を受けない土地を共同で購入し、耕すために協力した。地元の軍閥はしばしば広大な私有地を守るために、プイ族の若者を強制的に地元の民兵組織に加入させた。この土地所有制と地主貴族の封建制は1911年に辛亥革命が起きるまで続き、その後、貴族に代わって裕福な地主が支配階級となった。プイ族の農民にとってはほぼ何も変わらず、彼らは地主の田畑でただ働き続け、自分の村に経済的利益をもたらすこともほとんどなかった。プイ族は昔から自家用に鶏や豚を飼っていた。鶏肉と豚肉はどちらも、彼らにとっては生活に必要なものとしての価値をはるかに超えた象徴的な特性を備えている。豚肉は豊作を意味し、鶏肉の各部位は幸運、達成、くつろぎを象徴している。20世紀初頭に中国全土を席巻した数々の政治変革にともない、プイ族の居住地域にも激しい混乱と変化が生じた。1920年代、30年代には、地元の軍閥がしばしば中央政府に反発し、封建制に近いやり方で地域を統治した。共産主義の台頭により、新たな思想と統治者である国民政府との対立はますます深まっていく。第二次世界大戦中は思想の相違はひとまず脇に置かれたが、1945年に共産党と国民党の衝突は内戦に発展し、中国本土全域を巻き込んだ。プイ族の居住地域でも戦闘が起こり、1949年に共産主義者が勝利するまでにプイ族の多くの村や町が破壊された。共産主義の理想が実現され、地主や血縁グループはまたたくまに大規模な国営の集団農場や共同体にとってかわり、プイ族の農民はそこで働いた。いっぽう、かつての富裕層は

ほとんどが投獄され、その財産は新しい共産主義国家に没収された。労働者と農民への虐待は変わらず続いていたが、省内の乾燥した地域に灌漑が導入されたため、米などの穀物の生産は増加した。共産主義政権の少数民族制度の一環として道路、教育、医療の拡充が進められ、多くのプイ族が極度の貧困から抜け出すことができた。1967年から77年にかけての文化大革命のあいだに、プイ族の歴史的な記念建造物や寺院、宗教的建造物のほとんどが破壊された。また、多くのプイ族が強制労働のためにほかの地域に送られた。1979年以降の変化、とくに経済統制の緩和により、プイ族の居住地域に多様な新しい産業がもたらされた。1980年代半ばには、国が富と資本主義の理想に対する新しい賛美に沸くなか、多くのプイ族がささやかな繁栄を享受していた。2010年までに、プイ族の平均年収は2000年の約5倍になっていた。製造業の増加、農業生産高の拡大、個人の財産に関する新しい法律に加えて、急速に成長する観光産業が多数のプイ族の村や町の繁栄を助けた。プイ族の伝統的な芸術品や手工芸品、なかでも蠟纈(ろうけつ)染めや絹製品は、数十年にわたって公的にないがしろにされてきたが、復興が進められた。祖先や山、木、川、湖、雷をはじめとする自然の力に結びつく精霊を称えるプイ族の儀式は、観光の目玉としてだけでなく、プイ族の復活した文化遺産の一部としてふたたび注目を集めている。

世界一長い物語詩

プイ族はその歌、なかでも伝統的な掛け合い歌（山歌）で有名である。結婚の祝祭では、おおぜいの若い男女が集まって物語詩の歌掛けで祝う。物語詩は多くの新しい節を追加しながら、世代から世代へと受け継がれてきた。貴州省の鎮寧プイ族ミャオ族自治県では、伝統歌を継承する役目を担った高齢の女性たちが、祝福の歌を歌うために招待されることが多い。まっすぐな竹笛と銅の太鼓を伴奏に、掛け合い歌の歌詞を一度もくり返すことなく、最長7日間、昼も夜も休みなく歌い続けることができるという。

もっと知りたい人のために

Corrigan, Gina. Guizhou Province. Hong Kong: Airphoto International, 2002.

Newman, Jacqueline M., "Bouyei, Buyi, or Puyi: One People with Many Names," Flavor and Fortune, 16 (2009): 19-21. http://www.flavorandfortune.com/dataaccess/article.php?ID=90

Olson, James S. An Ethnohistorical Dictionary of China. Westport, CT: Greenwood, 1998.

Xiaoming, Xiao. China's Ethnic Minorities. Beijing: Foreign Languages Press, 2003.

ブハラ・ユダヤ人
Bukharan Jews

　ブハラ・ユダヤ人は、中央アジア・ユダヤ人としても知られるユダヤ人の宗教的・文化的少数民族集団である。現在のウズベキスタンおよびタジキスタン共和国の一部をなしていたブハラ・ハン国（ブハラ・アミール国とも）は彼らの歴史的な故郷で、伝統的な結びつきをもつ。今日のブハラ・ユダヤ人の大多数はイスラエルかアメリカに住んでおり、祖国に残っている人はおそらく1000人にも満たない。そのほかに欧州連合、カナダ、オーストラリア、ロシアにもブハラ・ユダヤ人のコミュニティが存在する。現在、ブハラ・ユダヤ人の多くはヘブライ語または英語を母語としているが、約15万～20万人のブハラ・ユダヤ人のうち、およそ半数が伝統的にヘブライ文字で書かれる古代ヘブライ語から多数の語彙を借りたペルシャ語の方言であるブハラ語（ユダヤ・タジク語とも）を話すことができる。現代のブハラ・ユダヤ人は、イスラエルとアメリカの多数派ユダヤ人の宗教的慣習のほとんどを取り入れているが、いくつかの伝統的な習慣や慣行も残している。

　ブハラ・ユダヤ人の起源は明らかではないが、いくつかの古い文書によると、イスラエル人は紀元前10世紀にはすでに商人として中央アジアへ旅するようになっていた。伝統的に、ブハラ・ユダヤ人は自分たちの祖先を紀元前7世紀のアッシリア捕囚の際に連行されたといわれる「イスラエルの失われた十支族」にたどる。別の可能性として、中央アジアのユダヤ人は紀元前6世紀から前5世紀にかけてバビロン捕囚以後に戻らなかったイスラエル人の子孫だとも考えられる。ブハラ・ユダヤ人は、2500年以上にわたってほかのユダヤ人社会から事実上切り離されていた。だが、彼らは圧倒的困難をものともせずにどうにか生き抜き、独自の文化と信仰を守り続けたのである。ヨーロッパと極東を結ぶシルクロードが開かれたことで、ユダヤ人は2世紀から16世紀にかけて繁栄を享受した。とはいえ、とくに8世紀のアラブ系イスラム教徒による征服や13世紀のモンゴル侵攻の際には、迫害にさらされた時期もあった。16世紀初めには、イスラム法を厳守する遊牧民のウズベク諸部族がこの地域を侵略した。ブハラ・ユダヤ人は差別を受け、多くは強制的にイスラム教に改宗させられ、残りは大きな町や都市のゲットーに閉じ込められた。彼らはイスラム教徒と見分けがつくように黒と黄色の特徴的な服を着るよう強要された。1620年頃、イスラム教の

規制が緩和されていた時期に、ブハラの市街地に最初のユダヤ教のシナゴーグが建設された。18世紀にふたたび差別と迫害が始まり、ユダヤ人の多くの施設やシナゴーグが閉鎖され、ユダヤ人の大部分はイスラム教への改宗を強いられた。18世紀半ばまでに、かつては多数いた中央アジアのユダヤ人住民の残りの人びとは主にブハラに住み、ブハラ・ユダヤ人として知られるようになっていた。彼らはモーセ五書のうちの三書しかもっておらず、ヘブライ語を知らず、バル・ミツヴァの儀式のかわりに地域の成人式をおこなっていた。のちにパレスチナのツファトで著名な学者となったモロッコのテトゥアン出身のラビ・ヨセフ・マイモンは1793年、ブハラを旅行し、もはや少数となったユダヤ人住民が消滅しかけていることに驚愕した。さらに彼らはユダヤ人の宗教的習慣や戒律の知識もなく、順守もしていなかった。ラビはブハラにそのまま住み、彼の指導のもとでほかの中東のユダヤ人もブハラに移り住むようになり、ブハラ・ユダヤ人はその小さなコミュニティを復活、拡大させていった。

中央アジアからイスラエルやアメリカなどに住む場所は変わったものの、ブハラ・ユダヤの文化は服装や料理、音楽、礼拝において独自の伝統を失っていない。ブハラ・ユダヤ人は、故郷を離れて新しい土地で繁栄した独特の文化をもつ、中央アジアでもっとも古い民族宗教グループのひとつと考えられている。近年は近代化・標準化されているブハラ語だが、ブハラ・ユダヤ人の主要な言語であることは変わらない。イスラエルでは現在、この言語はヘブライ文字で表記されているが、アメリカとカナダでは、改良ラテン文字で書かれることが多い。年配のブハラ・ユダヤ人のなかには、1940年にソ連当局に言語として強制されたキリル文字のロシア語アルファベットしか知らない者もいる。隔絶され、ユダヤ人地区やゲットーでの生活を強いられていたブハラ・ユダヤ人と、近隣のムスリム系諸民族との関係は、寛容で打ち解けたものから、暴力的な強制改宗、虐殺、追放まで多岐にわたった。ブハラ・ユダヤ人の新たな故郷——おもに西側諸国——は、古くから続く彼らの文化を守り、恐怖や迫害などを知らない次の世代に受け継いでいくという新たな課題を抱えている。

19世紀にブハラ・ユダヤ人の人口が増加したため、ムスリムの統治者たちは彼らがユダヤ人居住区以外に住むことを許可した。ペルシャのマシュハドのユダヤ人地区が破壊され、市内のユダヤ人住民全員が強制改宗させられたことで、そ

のほかのイスラム国家にある居住地域から比較的安全なブハラ・ハン国へとユダヤ人移民の波が押し寄せることになった。ブハラ・ユダヤ人はユダヤ人の学校のネットワークを確立した。ブハラのアミール（君主）がユダヤ人に新しいシナゴーグを建設することを禁じていたため、このネットワークはしばしばユダヤ人センターの役割を果たした。1868 年、中央アジアを征服したロシアがブハラ・ハン国をロシアの保護国とした。ロシアの不寛容とムスリム多数派からの継続的な抑圧は当時オスマントルコ領パレスチナに属していたイスラエルの地へとブハラ・ユダヤ人を集団移住にかり立てた。彼らは、エルサレムのブハラ・ユダヤ人居住区として知られるようになる地域に落ち着いた。1876 年から 1916 年まで、ブハラ・ユダヤ人は宗教の教えを実践することを許され、ビジネスやエンターテインメントの分野で成功した者も多かった。第一次世界大戦とロシア革命の動乱も、ソ連の専制下に置かれるまでは遠い世界の出来事だった。宗教的な迫害、財産の没収、抑圧、逮捕により、数千人がパレスチナへの逃亡を余儀なくされた。中央アジアのブハラ・ユダヤ人コミュニティは、規模を大幅に縮小しつつもソ連政府への忠誠をしめしながら伝統を守ろうとした。1972 年からは、ブハラ・ユダヤ人の大多数がイスラエルとアメリカに移るという最大規模の流出が始まった。1980 年代後半から 1990 年代前半にかけて、ソ連の移民制限が撤廃されると、残ったブハラ・ユダヤ人のほとんどがイスラエルや西側諸国へ出国した。

失われた支族

ブハラ・ユダヤ人のあいだには、自分たちがイスラエルの失われた部族であるナフタリ族とイッサカル族の末裔だという伝承がある。ユダヤ人が商人として中央アジアに旅していたという、早くは紀元前10世紀にさかのぼる記録が残っているが、そうしたユダヤ人グループの存在は忘れ去られていた。中央アジアにおけるユダヤ人住民の存在を裏づける最初の年代記は、4世紀の初めにメルヴ（現在のトルクメニスタンのマル）に旅したタルムード学者のラビによって書かれた。彼は日記のなかで、地元のユダヤ人がつくったワインやアルコールがユダヤ教の戒律に従ったもの（コーシャー）ではないかもしれないことを心配している。

もっと知りたい人のために

Cooper, Alanna E. Bukharan Jews and the Dynamics of Global Judaism. Bloomington: Indiana University Press, 2012.

Dymshits, Valery, and Tatjana Emelyanenko. Facing West: Oriental Jews of Central Asia and the Caucasus. Zwolle, Netherlands: B. V. Waanders Uitgeverji, 1998.

Goodman, Peter. "Bukharian Jews Find Homes on Long Island." Newsday , September 2004.

Ochildiev, David. A History of the Bukharan Jews. Moscow: Mir Collection Publishing House, 2005.

プミ（普米）族
Pumi

　プミ（普米）族（P'umi、Primi、Pimi、Prummi）は、中華人民共和国で公式に認定された民族のひとつ。推定3万8000人のプミ族が中国南西部の雲南省に集住しており、隣接する四川省にも小規模なコミュニティが存在する。一般にプリンミ語として知られるプミ族の言語は、チベット・ビルマ語族のチアン諸語の北部グループに属している。プミ族の大多数は、現地でザンバラと呼ばれる仏教以前のボン教を信奉している。より小規模なグループが、近隣のチベット人住民のチベット仏教を受け入れている。

　プミ族の起源は青海チベット高原地域の遊牧民につらなると考えられている。紀元前4世紀頃、彼らはおそらく狩猟動物を追って南下し、四川盆地のすぐ西側の高原東部にある横断山脈のより温暖な谷部に入った。7世紀までにプミ族は四川に移住し、そこで西昌地域の有力な民族グループのひとつを形成した。近隣のチベット民族の影響を受けて、プミ族はボン教と呼ばれるチベット仏教以前の信仰の多くの要素をとり入れ、自分たちの伝統的な信仰体系に融合させた。その後、プミ族と近隣のチベット民族との密接なつながりを通して、チベット仏教がもたらされた。おそらく13〜14世紀にかけて、この地域へのモンゴル侵入にともなう移住の一環として、さらなる移動がおこなわれ、プミ族は現在の雲南省の山岳地帯の寧蒗、麗江、維西、蘭坪地域に南下した。移民たちは遊牧民、採集民、狩猟民、農民として定着した。17世紀までに、プミ族のほとんどは農業をとり入れ、農業は地域経済の中心となっていった。地域の地主——おもに漢族かペー族——がプミ族のコミュニティを統治していた。プミ族の複数の村落で共用されるいくつかの共有地を除いて、ほとんどの土地は地主の所有で、地主は小作農から地代を徴収していた。プミ族の族長やこの地域の地主たちにとって、儲かる副業が家内奴隷の売買であり、奴隷の多くがプミ族の人間だった。約2000年の歴史があるにもかかわらず、プミ族の人口は病気、飢餓、戦争、そして他文化への同化によって比較的少数にとどまっていた。

　1960年、それぞれに異なる名前をもつ多数の小部族グループが、公式にプミ族として認定された。"プミ"という呼称は「白い人」を意味する。何世紀にもわたってチベット民族と密接な関わりをもち、またチベットにも近いことから、プミ族の文化はチベットの隣人たちの文化とよく似ている。だが近年では、近隣

の雲南省の漢族から多くの伝統をとり入れている。チベット民族とは異なり、プミ族は米を主食としている。米をつくるには寒すぎる地域にあるプミ族の村でも、たいていジャガイモを米と交換している。一般にプミ族は父系の一夫一婦制だが、北部の一部のコミュニティでは一夫多妻制が認められている。"プリス"と呼ばれる伝統的なビールのような飲み物はプミ文化の重要な要素で、通常は儀式や典礼、結婚の祝いの場で供される。「結婚」をあらわすプミ語は、「プリを飲む」という意味になる。プミ族の言語は少なくとも5つの地域方言で話されている。一部の学者は、プミ語はもともとチアン語だったと考えているが、現代のプミ語にはチベット語や標準中国語からの借用語が多数含まれている。プミ族のほとんどは、ザンバラと呼ばれる混合信仰体系を信奉している。ザンバラはチベット古来のボン教を基盤とし、そこに仏教や近隣の民族グループの信仰が混ざり合ったものである。プミ族は精霊の世界を信じており、精霊の気分を害すると凶暴な捕食獣が大量に放たれて家畜を食い荒らし、農作物を台無しにする恐れがあると考えられている。ラマ教や道教の信者を自認する人も増えているが、大多数はさまざまな神と、崇拝されている先祖が自分たちの生活に及ぼす影響力を信じている。

19世紀の初め、プミ族の文化は前封建的な組織段階にあった。通常、異なる名前をもつ別の氏族がひとつの氏族グループとしてまとまっていた。同じ氏族に属する一族は拡大家族として機能し、共通の祖先を讃えて定期的に食事をともにした。結婚はおもに異なる氏族のメンバーとおこなわれた。村の族長や尊敬される長老は大きな影響力をもち、争いを解決するためにしばしば助言を求められた。氏族のメンバーは責任を共有し、困難な時期には相互に助けあった。一部の地域では、地主が土地の大部分を所有し、プミ族の大多数は大規模な土地の小作人や債務奴隷の地位に置かれた。20世紀に入る頃には、プミ族の90パーセント以上が山の中腹に散らばる土地で働く農民だった。彼らの多くは、おもに羊や牛などの家畜の飼育もおこなっていた。鍛冶（かじ）が知られていなかったため、プミ族の道具のほとんどは木製だったが、漢族との取引でいくつかの鉄製品を入手していた。限られた数の「公有の丘地」を除いて、地主が土地を所有し、収穫量の少なくとも半分を地代として徴収した。プミ族とナシ族の地主は家内奴隷を所有しており、売ったり、贈り物として与えたりもした。プミ族はかなり孤立した状態を保っていたが、1949年に国共内戦が

終わると中国新政権の共産党員らがこの地域にもやってきた。彼らはただちに地主とその家族を排除し、プミ族の農民に土地を再分配し始めた。ただし、これらの土地はのちに集団化され、プミ族の農民は国家の従業員となった。1960年、中国政府は、関連性のある多数の小部族をプミ民族として公式にひとつにまとめた。1980年代に厳格な規制がずいぶんと緩和されたことで、多くのプミ族が自分たちの土地を購入し、木製品や手工芸品を販売する事業を始め、山腹の棚田で米を栽培することが可能になった。

もっと知りたい人のために

Ethnic Groups. "The Pumi Ethnic Minority." Accessed July 31, 2013. http://www.china.org.cn/e-groups/shaoshu/shao-2-pumi.htm

McCarthy, Susan K. Communist Multiculturalism: Ethnic Revival in Southwest China. Seattle: University of Washington Press, 2009.

Mitchell, Sam. Ethnic Minority Issues in Yunnan. Kunming, China: Yunnan Fine Arts Publishing, 2004.

Mullaney, Thomas, and Benedict Anderson. Coming to Terms with the Nation: Ethnic Classification in Modern China. Berkeley: University of California Press, 2011.

プーラン（布朗）族

Blang

ブーランとも呼ばれるプーラン（布朗）族は、中華人民共和国が認定している56の民族集団のうちのひとつである。中国南西部の雲南省に集住しており、ミャンマーやタイの近隣地域にも小規模なコミュニティが存在する。およそ9万5000人のプーラン族が、おもに雲南省南西部の勐海県に住んでいる。プーラン族はモン・クメール語群のワ語派を話す。多くの人が、中国の公用語である標準中国語にくわえて、近隣民族の言語である傣語とワ語の話者でもある。プーラン族の大多数は公式には上座部仏教徒だが、ほとんどの人は今も古代のアニミズム信仰と祖先崇拝を受け継いでいる。

長い歴史のなかで、プーラン族は先祖からの縁に基づく小さな氏族社会に暮らしていた。各氏族はそれぞれの領土をもち、氏族のメンバーは各々に割り当てられた仕事に責任を負い、作物の収穫に参加した。中国の古い記録文書によると、プ（蒲）族と呼ばれる歴史的な部族が瀾滄江と怒江流域の最初の住民だった。プ族は現在のプーラン族の祖先だと考えられている。"蒲"という名称は、プーランの輸出品のひとつで、世界的に有名なプーアル茶に残っている。伝統的に

プーラン族は米、トウモロコシ、豆を生産し、それらの農作物がプーラン族の農業の基盤を形成していた。たえず戦争を繰り広げていた古代のビルマと中国の王国は、両者の国境地域にあるプーランの居住地域の支配権をめぐってひんぱんに争っていた。紀元前109年、漢の武帝は雲南地方における支配を確立し、中国とビルマおよびインドを結ぶ交易路を開拓するために軍隊を南に派遣した。交易路はプーランの居住地域の周辺を通ることが多く、交易所や町に近いプーランのコミュニティに新たな影響と進歩をもたらした。8〜9世紀にかけて、プーラン族はこの地域に栄えたペー族の南詔王国の名目上の統治下に置かれる。南詔の後継国家の大理国は、プーラン族の居住地全域を含む広大な地域を支配した。13世紀初頭、モンゴル軍の襲来を受け、プーラン族の土地はモンゴル族による元王朝の支配下に入る。プ族が広く用いた鉄製の鍬は、元朝廷へのプーラン族からの貢物となったことで、その重要性がしめされた。14世紀後半、明王朝がこの地域の支配権を握ると、任命された官吏の下でいくつかの郡に分割され、彼らがプーラン族などの少数民族の管轄にあたった。15世紀末になると、ビルマの王国がこの地域に関心をもち始め、16世紀初めには武力侵略を開始する。こうした動乱のなかで、プーラン族の領土はしばしば侵略され、プーラン族はジャングルに覆われた山中へと逃げ込んだ。満州族が中国北部に建てた清王朝は、1659年についに雲南を掌握する。新政権はこの地域に封建制を復活させ、部族の人びとは社会の底辺に置かれた。

プーラン族は通常、標高1500メートルから2300メートルにかけての山岳地に住んでいる。大部分が農民で陸稲や綿花、サトウキビ、有名なプーアル茶などの換金作物を生産している。一般的に、プーラン族のコミュニティは血族で構成されている。2階建ての家屋の1階で家畜も飼育している。社会構造は氏族外婚を基本とし、伝統的に最大12の異なる氏族を含む100戸以上からなる村もある。通常は、村人たちが耕した土地は共有され、各氏族が土地の一部を管理している。プーラン族には伝説や民話、詩、物語、なぞなぞ、物語詩などの豊かな口承の伝統がある。口頭伝承は、彼らの歴史を語り、知識を伝え、感情を表現する手段である。音楽と踊りはひじょうに人気があり、ほとんどの祝祭に踊りや音楽の催しがともなう。剣と棒の踊りは山岳地帯で人気だ。プーラン族はもてなしの心で有名である。年配の女性はビンロウの実を噛み、歯を黒く染める。これは美しさの証とみなされている。プーラン文

化における傣族の影響は、傣族の商人によってプーラン族にもたらされた音楽や踊り、仏教の信仰から明らかだ。プーラン族の大多数は上座部仏教を信奉しており、仏教以前の伝統や儀式の多くも受け継がれている。1949 年に共産主義政権によってこの地域での布教活動が打ち切られる前から、キリスト教徒の小さなコミュニティが存在していた。プーラン語はモン・クメール諸語のワ語派に属し、中国とミャンマーでいくつかの方言で話されている。プーラン族の多くは日常生活でワ語か標準中国語を用いているが、ほとんどの人が伝統的なプーラン語を話し、理解できる。

　19 世紀初め、プーラン族の発展にはかなりの偏りがあった。一部のコミュニティは傣族の影響を受けて宗教的、社会的慣習を変えた。漢族やほかの民族集団と密接なつながりをもっていた集団は、たいてい近隣民族の文化的側面を取り入れていた。「黒茶」と呼ばれることも多いプーアル茶を中国やモンゴルに輸出することで、プーラン族の村の多くは繁栄した。茶は変わらずプーラン族の文化の重要な部分であり、若芽を精製する特別な方法があり、多くの儀式で茶が不可欠な要素となっている。地主や封建軍閥、近隣民族にたびたび搾取されてきたプーラン族は、昔から険しい山岳地帯のさらに高地に移動することで抑圧から逃れるという方法をとり続けてきた。1930 年代に始まった雲南省とビルマおよび南部とを繋ぐビルマ公路の建設により、プーラン族の生産物、なかでも茶の新たな市場が開かれた。第二次世界大戦中、この地域は北方で起きている戦闘から逃れてきた漢族を中心とする多くの難民を受け入れた。1949 年、国共内戦に勝利した中国共産党がこの地域を掌握した。長年にわたって耐え忍んできた農民が重視されるようになったことで、土地を所有するプーラン族の地主や裕福な商人や職人に対する虐待が生じた。1980 年代初頭、プーアル茶の需要が増え続けるなか、厳しい経済規制がずいぶん緩和されたことで、プーラン族は肥沃な土地のほとんどを茶の生産に転換できるようになった。

もっと知りたい人のために

Davis, Sara L. Song and Silence: Ethnic Revival on China's Southwest Borders . New York: Columbia University Press, 2005.

Ma Yin, ed. China's Minority Nationalities . Beijing: Foreign Language Press, 1989.

McCarthy, Susan K. Communist Multiculturalism: Ethnic Revival in Southwest China. Seattle: University of Washington Press, 2009.

People's Daily Online. "The Blang Ethnic Minority." Accessed July 30, 2013. http://

english.people.com.cn/data/minorities/Blang.html

ブリヤート人
Buryat

ブリヤート人（Buriat、Byryat、Buriyad、Burgut）はブリヤート・モンゴル人、北モンゴル人などとも呼ばれ、モンゴロイドの内陸アジア型に属する民族である。外見はモンゴル人の特徴を備えているが、テュルク系やツングース系の多くの身体的、文化的特性もあわせもつ。ブリヤート人の正確な起源ははっきりとわかっていないが、ほとんどの学者は、ブリヤート人の祖先にはモンゴル系、テュルク系、ツングース系、サモエード系やそのほかの系統の民族が含まれると考えている。ブリヤート人の大多数はロシア連邦加盟国のひとつであるブリヤート共和国に居住し、それ以外にロシアのアガ・ブリヤート自治管区とウスチオルダ・ブリヤート自治管区、モンゴルと中国の近隣地域にもブリヤート人が居住している。人口約50万人のブリヤート人はロシアのシベリアで最多の少数民族を形成しており、その大半がシベリア南部の神聖なバイカル湖周辺に住んでいる。モンゴル諸語の北方派に属するブリヤート語は、地域の学校で教えられている。現在、バイカル湖以西に住むブリヤート人のほとんどはロシア正教を信奉しているが、湖以東側の地域であるトランスバイカルに住むブリヤート人の大部分は仏教徒で、ラマ教と伝統的な宗教を組み合わせた土着の信仰も守っている。少数だがシャーマニズムを信奉し、霊の世界にまつわる伝統的な信仰を保っている人びともいる。

バイカル湖周辺地域に住む多様な民族は、近代以前に中央アジア全域に広がった部族連合に吸収されたと考えられている。連合の崩壊後、巨大な淡水湖の周辺に住む部族は、その後の民族分裂の下地となる防衛体制をつくりはじめた。ブリヤート人の起源は、バイカル湖東に成立したカルルク・テュルク語群のグループにまでたどることができる。この地域の部族は、754年に中国が支配権を放棄するまで、強力な中国の歴代王朝の緩やかな管理下にあった。南から相次いでやってくるモンゴル人移民に圧倒され、テュルク系部族はひとつ残らず姿を消すか、1205年にチンギス・ハーン率いるモンゴル人の侵略によって吸収された。14世紀まで、さまざまなブリヤート人のグループが、モンゴル人が築いた大帝国に服属した。16世紀には、ブリヤートの諸部族は多種多様な部族グループを組み

入れた防衛連合を形成していた。1643年、ロシアの領土拡張の先鋒であったコサックがバイカル湖地域に到達する。ロシア人は徐々にこの地域の政治・経済的な主導権を握り、1700年頃に最後のブリヤート部族を支配下に置いた。1689年と1727年にロシア帝国と中国王朝のあいだで結ばれた条約により、ブリヤート人と南のモンゴル民族との接触は事実上断ち切られた。ロシアの支配下でさまざまな部族グループが異なるブリヤート文化に溶け込んでいくなかで、ブリヤートの諸部族が結集してひとつの民族集団が形成された。ロシア政府は部族の地域をブリヤートの主要な4部族に割り当て、広大な土地の残りをロシア人入植者のために開放した。18世紀を通して、ロシアの入植者たちはいちばん肥沃な土地を奪い、バイカル湖の西に住んでいたブリヤート人の多くを追いやった。

古来よりブリヤート文化は牛、馬、羊、ヤギ、ラクダを飼育する遊牧の歴史を反映している。その文化は父系の系統で構築され、血縁の氏族が村落をつくり、村々は部族連合の一部を形成していた。古くからブリヤート人は5つのグループに大別されてきたが、20世紀に入ってその境界があいまいになり、近年は、バイカル湖以西の住民（イルクーツク・ブリヤート）と湖以東の住民（トランスバイカル・ブリヤート）の2つの区分だけになっている。ブリヤート文化には、モンゴル人がこの地域にもたらした慣習や特性の多くが残っている。そのなかには、彼らの好きなスポーツ——レスリング、アーチェリー、競馬——やブリヤート人の歴史を伝える口承のとてつもなく長い叙事詩"ウリゲル"も含まれる。シャーマニズムから受け継がれた伝統的なスピリチュアリズムと、その後の仏教の影響が結びつき、ブリヤート人に生来の平和を好む感覚を抱かせ、争いに巻き込まれるよりも争いを避けるほうがはるかに優れているという考えを後押ししている。仏教に内在する向学心もブリヤート人によい影響をもたらしている。現代のブリヤート人、とくに共和国の首都ウラン・ウデなどの都市部で都会化したブリヤート人は高い水準の教育を受けており、民族が生き抜き、多くの若者が地域産業で働く力をつける助けとなっている。

ラマ教とも呼ばれるチベット仏教は、19世紀にバイカル湖地域に広がった。その穏やかな教義は、ごく辺境の地域を除き、ブリヤート人の大多数に受け入れられた。建設が進んでいたシベリア鉄道が1898年にイルクーツクに到達すると、土地を求めるおびただしい数のロシア農民が押し寄せた。この新たな流入を受けて、宗教的、民族的迫害と差別的なロシ

アの法に反対するブリヤートの氏族が団結した。この地域の49院のチベット仏教の寺院"ダツァン"を中心に回っていたブリヤート人の生活は、1917年にロシア革命が起きるまでは変わらぬ活気に満ち、第一次世界大戦へのロシアの関与の影響も受けずにいた。その後のロシア内戦中は、ブリヤート人は中立を保とうと努めたが、1920年にボリシェヴィキが勝利し、ブリヤート人の居住地域を占領した。1921年にソ連の少数民族綱領のもとでブリヤート・モンゴル自治州が置かれ、1923年に自治共和国に昇格された。1925年には仏教とブリヤート語に対する反対運動が始まり、図書館には火が放たれ、寺院は強制的に閉鎖された。家畜の集産化により、ブリヤート人の人口はさらに減少した。1929年、ソ連の行き過ぎた行為に対し、ブリヤート人は蜂起する。だが、彼らは敗北し、ロシアの独裁者ヨシフ・スターリンの命令で数千人の僧侶を含む約3万5千人が虐殺された。ソ連政府は多数派を占めるブリヤート人を弱体化させるために、スラヴ系の人びとの移住を奨励した。第二次世界大戦の終わりには、古来の故郷でブリヤート人は少数派になっていた。1991年のソビエト連邦の崩壊により、ブリヤート共和国が新しいロシア連邦の加盟共和国となるプロセスが進められた。ブリヤート文化の復興と、彼らにとって神聖なバイカル湖周辺の劣悪な環境は、1990年代以降、勢いを増す文化運動における主要な関心事となっている。21世紀に入り、活動家たちはロシアにある3つのブリヤート地域の統合と、1937年にスターリンの命令で分割される前の自治共和国時代の境界線の復活を要求している。

古儀式派

ブリヤート人は学問と平和を愛することで知られ、18世紀初頭から多くの古儀式派を受け入れてきた。17世紀後半のロシア正教会内の暴力的な宗教的分裂により、"ラスコーリニキ"または"セメイスキエ"と呼ばれる宗教的少数派の古儀式派が誕生した。18世紀から19世紀にかけて、古儀式派はヨーロッパロシアで厳しい迫害にさらされてきた。多くの古儀式派は東のバイカル湖周辺に新たに開かれた地区に逃げ込み、そこで平和を好むブリヤート人に温かく迎えられた。ブリヤート人は難民の定住を支援し、彼らに新しい故郷でのあり方を教えた。

もっと知りたい人のために

Montgomery, Robert W. Late Tsarist and Early Soviet Nationality and Cultural Policy: The Buryats and Their Language. Lewiston, NY: Mellen Press, 2006.

Thomson, Peter. Sacred Sea: A Journey to Lake Baikal. New York: Oxford University Press, 2007.

Witczuk, Julia. Siberia: In the Baikal Land of the Buryats. Warsaw, Poland: Multico Oficyna Wydawnicza, 2001.

ペー(白)族
Bai

　ペー（白）族はペーヅ、ペーニ、ペーホ、ペーホー、ミンチャ、Baip、Bai Man、Bo、Sou、Miep jiax などとも呼ばれる中国の民族集団で、中華人民共和国で公式に認定されている 56 の民族のうちのひとつである。"ペー"という名称は、中国語で「白」を意味し、ペー族の伝統的な衣服をつくる白いシープスキンの色にちなんで漢族が最初にそう呼んだとされる。推定 200 万人のペー族が中国の雲南省に集住しており、それよりも数は少ないが近隣の貴州省や湖南省の各地域にも分布している。現在、ペー族の大多数は雲南省大理ペー族自治州に居住している。シナ・チベット語族の言語を話すが、その分類はまだ確定していない。ペー族の大部分は仏教を信仰しているが、村の神々も崇拝し続けている。道教やイスラム教、キリスト教を信奉する氏族もいる。

　考古学的な証拠から、雲南省の洱海地域には早ければ紀元前 7000 年から前 3000 年に人が住んでいたことが分かっている。当時の石器は、住民が農耕の技術をもち、小規模な農業を営んで、彼らの生業となる漁撈と狩猟を補っていたことをしめしている。時が経つにつれて、ペー族はその言語がチベット・ビルマ語群に属しているにもかかわらず、タイ族とみなされるようになった。異なる民族との結婚や民族交流を通して、ペー族は中国人の身体的特徴を多く備えるにいたった。ペー族の起源については歴史家と民族学者で意見の分かれるところであり、学者のなかには、ペー族が古代の氐羌に連なると考える者もいる。そのほかに、昆明と洱海周辺に住んでいたペー族の祖先が、北方からその地域に流入してきた漢族と接触した紀元前 3 世紀末頃に独自性を発展させたとする説もある。中国の歴史記録によると、紀元前 221 年に秦が中国を統一したとき、彼らは南西部の僰を征服し、多くの人びとを奴隷として連れ帰った。紀元前 182 年に、現在の四川省と雲南省の国境地帯にあった僰侯国への漢族移住が始まったため、多くの僰人が南の雲南に移動することになった。そのうち僰人と漢族が混血し、バイ族として発展していった。紀元前 109 年、漢王朝は洱海湖畔の町、大理に帝国の行政官と兵士を派遣し、その後、相当な数の漢族の入植者が続いた。中国の干渉にもかかわらず、ペー族は居住地域の独立を維持できていた。729 年、彼らはバイ族とイ族の 6 つの小王国を統合して、多民族国家である南詔を建国する。もともとは、唐王朝が中国とチベッ

トとのあいだの緩衝国にするために建国を促したのだが、新たな南詔はすぐにチベットよりも大きな脅威とみなされるようになった。751年、唐軍はこの地域を攻撃するが、撃退される。わずか3年後にふたたび侵攻したが、またしても敗北した。南詔王国は中国とインドのあいだの交易路をおさえ、絹や綿の織物の販売も独占した。王国は交易にくわえて、塩と金鉱山からの収入によって繁栄し、ますます強大になった。ペー族を中心とする王国は経済の拡張と文化の復興の黄金期を享受していた。王国は南に拡大し、その後、北に転じて、829年には中国の都市である成都を中心に四川の一部も征服した。それからの数年間、ペー族が主導する南詔は最盛をきわめる。だが873年までには、中国の攻撃により南詔軍は雲南まで退却していた。9世紀には南詔に仏教が広がる。奴隷の反乱とペー族以外の民族による蜂起で南詔は終焉を迎え、902年大理として知られる小さな王国が建国された。大理国は300年以上続いたが、1253年に侵攻してきたモンゴル民族によって征服された。全盛期には、大理の支配下にある領土は現在の雲南省の約3倍の広さだった。1274年、かつての南詔や大理の領土を含む歴史ある雲南行省がモンゴル元王朝によって設けられた。モンゴル人が連れてきた多数のムスリム兵士が、ペー族の居住地域に定住した。この地域への支配力を強化するために、元は従来のペー族の族長に官職を与え、世襲の特権を認めた。土地のほとんどは地元の貴族の手に集中していたが、封建的な土地制度は地主制度へと移行していく。1381年、中国の明王朝が権力を掌握し、1644年に満州族に倒されるまでこの地域を統治した。明代には地域の族長に代わって、朝廷から任命された役人がペー族の居住する地域を管轄した。数々の政治改革により、貴族家系の政治的・経済的特権は弱まり、多くの奴隷が解放され、小作人は土地を耕す動機を与えられた。満州族が設立した続く清王朝では、地方の役人やペー族の首長を行政官に任命し、事実上、封建的特権を復活させたことで、17、18世紀の多くのペー族の搾取と抑圧を招いた。何世紀にもわたって、ペー族は科学研究と農業による繁栄、ほかのさまざまな文化の影響を独自の文化に混交した高度な文化をつくりあげた。気象学、天文学、暦の開発、建築、医学、文学、音楽、芸術における発明と進歩が中国から北のビルマやインドをつなぐ重要な交易路を通して広まった。豊かな文学作品には、彼らの生活様式や仕事、自然や抑圧との闘いが反映されている。宗教はペー族の生活において重要な役割を担っていた。仏教

の僧院や住職は広大な土地などの財産を所有していた。ペー族の農民は、宗教活動によって畜牛をはじめとする貴重な犠牲を強いられることも多かった。

　伝統的に、ペー族の社会は氏族の系統ではなく、核家族、小規模な拡大家族と村落に基づいている。同じ村に住む人びとは、姓は関係なく、通常は村の創始者である共通の祖先を崇拝した。17〜19世紀にかけてと、20世紀初頭にふたたび──おそらく中国の影響によって──親が決める見合い結婚が一般的になった。多くの場合、子供たちは幼い頃に婚約し、10代後半で結婚する。高齢の親は通常は末の息子と一緒に住み、彼が家を相続する。共産主義を強制される1949年までは、ペー族の社会は地主、商人、町や都市に住む裕福な農民、職人、土地をもつ農民、土地をもたない農民を含む階層的な階級制度で構成されていた。1950年代と60年代、そして70年代のほとんどの期間、農民が讃えられ、富裕層は虐待され、攻撃を受けた。1970年代に経済改革が始まると、社会経済的により階層化された社会がふたたび出現する。ペー族の言語は、ペー族の3大居住地域に対応する3つの主要方言で話されている。シナ・チベット語族のなかのペー語の位置づけはまだはっきりしていない。これまでシナ・チベット語族のチベット・ビルマ語派に分類されると考えられてきたが、それよりも上古漢語と同じくシナ祖語からの派生語という可能性を示唆する研究もある。現代のペー語の約60パーセントが中国語の語根をもつと推定される。1957年にペー語に応じたラテン文字の表記が採用され、1993年には表記法の改訂がおこなわれた。仏教は1949年までずっと強力な社会勢力だった。1980年代初頭から、中華人民共和国政府は宗教に対する見方を緩和させる。ペー族は多数の寺院を再建し、仏教や道教の団体の多くを復活させることができたが、宗教的な儀式や慣行をおこなっているのはほとんどが古い世代である。ペー族は昔から仏教を信奉しているが、本主（ほんしゅ）と呼ばれる村の守護神、自然に宿る精霊、南詔王国の崇敬される支配者、ペー族の民間伝承の英雄たちも変わらず崇拝の対象となっている。居住地域の全域に、イスラム教徒の村が存在する。通常、彼らは自分たちのことを白回と呼ぶ。その多くは、自分たちの先祖が回族で、パンゼーの乱の敗北後に1860年代にこの地域に逃れてきたか、13世紀のモンゴル征服でこの地域に駐留したムスリム兵の末裔だと主張する。

　19世紀、階層化されたペー族の社会では、町や村の年長者がひじょうに尊敬されていた。女性は農民人口の多い地域

であっても、男性と比較的同等の地位についていた。1856年、回族のイスラム教徒である杜文秀が雲南の人びとを率いて清朝の圧制に対して蜂起した。反乱軍は大理に自治政権（平南国）を樹立し、農業と工業の生産力を高め、高い地税を下げて、地域内のさまざまな民族グループに対して漢族がおこなっていた差別をなくすための措置を講じた。反乱は約18年続いたのち、容赦なく鎮圧された。ペー族の居住地域は、司法運営と徴税を管轄する官吏が率いる伝統的な中国の制度に基づいて組織されていた。政府の司法制度が存在するにもかかわらず、ペー族は問題を自分たちで解決するか、村の長老に委ねることを好んだ。刑事でも民事でも、事件のほとんどがこの方法で対処され、処罰は当事者の関係に応じて決められた。20世紀初頭、キリスト教宣教師が少数の地域住民を改宗させたが、ペー族のキリスト教徒は疑いの目で見られ、ときには家族や村から排斥されることもあった。1937年から38年にかけて、ビルマ公路が建設されると、外国貿易が大幅に増加し、ペー族の土地での布教活動も活発化した。第二次世界大戦により、中国の東海岸から大量の難民がやってきて、大規模な工業施設が比較的平穏な地域に移転されたため、雲南は大きく変わった。第二次世界大戦中にビルマ公路が拡張され、この地域の重要性が高まる。ペー族の地域は変わらず封建地主制のもとにあり、ペー族の約90パーセントが農民として働いていたものの、土地を所有しているのはわずか20パーセント程度だった。ペー族の家族の多くは小作農で、地主が所有する土地で働き、土地だけでなく個人の自由もほとんどなかった。20世紀半ばまでには、ペー族は漢族の文化に急速に同化していった。第二次世界大戦後の中国の内戦は1949年に共産主義の勝利で幕を閉じ、雲南に社会主義体制が敷かれた。共産党の少数民族政策の一環として、1956年に雲南省大理ペー族自治州が設置され、ペー族の人口の約半数が居住した。政府の少数民族政策により、ペー族は漢族とは別の民族識別と、民族衣装や音楽、祭り、言語発達などの古くからの歴史に基づいたエスニック・マーカーをもつことが奨励された。共産主義革命以前、ペー族の大部分は「ペーの王の末裔」を意味する"白尼（ペーニ）"と自称していた。雲南で共産主義体制が確立されると、ペー族は1950年代に民族識別工作の対象となり、中華人民共和国が公認する少数民族のひとつであるペー族と認定された。1967年から77年まで続いた文化大革命のあいだ、ペー族の仏教寺院の大半が破壊され、宗教的行為は禁じられた。共産党の

規制はあったものの、拡大家族と村落はペー族にとって生産と消費の両方の重要な単位であり続けた。中国のほとんどの民族とは異なり、ペー族の社会では女性は二流市民として扱われることはなく、娘を授かって息子をもたないことは悲劇だとはみなされない。雲南に住む民族グループのなかで、ペー族はもっとも教養のある民族のひとつといわれ、その誇り高い自尊心と独自の民族アイデンティティ意識で名高い。何世紀ものあいだ、ペー族の文化はみずからのアイデンティティを失うことなく、漢族の進歩の多くを吸収してきたのである。

もっと知りたい人のために

Ethnic Groups. "The Bai ethnic minority." Accessed July 30, 2013. http://www.china.org.cn/e-groups/shaoshu/shao-2-bai.htm

Harrell, Stevan. Cultural Encounters on China's Ethnic Frontiers. Seattle: University of Washington Press, 2000.

McCarthy, Susan K. Communist Multiculturalism: Ethnic Revival in Southwest China. Seattle: University of Washington Press, 2009.

Mullaney, Thomas, and Benedict Anderson. Coming to Terms with the Nation: Ethnic Classification in Modern China. Berkeley, CA: University of California Press, 2011.

ヘジェ(赫哲)族
Hezhe

　ヘジェ(赫哲)族は、ナーナイ、ナーニ、サマギル、粛慎、ヘジェン、Yupibuとも呼ばれる。中華人民共和国が公式に認定している56の民族集団のうち、最少の民族のひとつを形成している。推定5000人のヘジェ族は、中国とロシアの国境にまたがって居住するツングース系民族の一派である。ヘジェ語は南方ツングース語派のナーナイ語群に属する。だが今日では、中国にいるヘジェ族のほとんどが標準中国語を母語としている。ヘジェ族の大部分はチベット仏教の信者で、彼らの伝統的なシャーマニズムの儀式や慣習の多くが仏教の慣行と混ざり合っている。

　ヘジェ族の祖先は、アムール川(黒竜江)、スンガリ川(松花江)、ウスリー川周辺の地域に居住していた遊牧民として、中国の年代記で早くも紀元前2世紀と前1世紀に言及されている。そのほかのツングース系民族と同様に、中華帝国の服属民族とみなされることが多く、税金や貢物を納めることもあったが、中国王朝の直接統治を受けたことはなかった。ヘジェ族の起源は、遊牧民の女真族にたどることができる。女真族は騎馬民族タタールの一部族で、いくつかの王

朝の時代に中華帝国の北の国境を襲った。7世紀の唐代に、女真／ヘジェ族の居住する地域に黒水州都督府が創設され、彼らは初めて中国の直接統治下に置かれた。その後まもなく、ヘジェ族は初期の満州族国家である渤海国の支配下に入ったが、926年に渤海はモンゴル系の契丹の侵略を受けて滅ぼされた。南部に住むナーナイ／ヘジェ族の諸氏族は、近隣のツングース系の満州族——当時は女真族と呼ばれていた——と密接な関係を保った。17世紀、満州族は南下して中華帝国を征服し、清王朝として統治した。ヘジェ族は、同じ地域に住む近縁のツングース系民族とともに、満州の軍事組織「八旗」に編入された。清朝は地域のヘジェ族の首長に肩書と行政権を与え、彼らはその特権を利用して貧しいヘジェ族を搾取し、支配層と農民からなる封建社会をつくりあげた。清朝は、満州と呼ばれる広大な地域への漢族の定住を禁じる政策をとり、この地域の満州族やヘジェ族などのツングース系民族が独自の文化と言語を保持できるようにした。1640年代にロシアのコサック率いる偵察隊がアムール川流域にやってきたが、1689年に帝政ロシアと中国清朝が結んだネルチンスク条約の条項により、スンガリ川流域とそこに住むヘジェ族は中国に帰属し、近縁のヘジェ族——のちにナーナイ族と呼ばれるようになる——はロシアの支配下に置かれることが定められた。清朝の行政官らはその権限をかさにヘジェ族の村落に税を課そうとしたが、成功したのはヘジェ族と中国本土の農民が共住していた地区だけだった。

ヘジェ族の文化は、この地域のより大きな満州族の文化と関連をもつツングース文化である。"ヘジェ"という名称はスンガリ川流域の住民が用いた名前からとられており、ロシアではナーナイとして知られている。ヘジェ族の言葉で「人びと」という意味だ。20世紀の初めまで、広く分散していたヘジェ族の村々には文化的、言語的な統一性がなく、通常は地理や神話から取った名前を名乗っていた。その伝統文化は川での漁撈を基盤としており、ヘジェ族の村落のほとんどはスンガリ川の川岸に沿ってつくられている。チョウザメや鹿の皮を用いた伝統的な衣服はもうつくられていないが、漁撈の伝統は今も続いている。ヘジェ族の文化には物語を語り、歌を歌うお気に入りの娯楽となっている豊かな口頭伝承の伝統がある。古代の英雄たちの物語が歌と話で交互に綴られていくため、長い叙事詩のなかには朗読に数日かかるものもある。第二次世界大戦中にほぼ消滅しかけたヘジェ族の文化だが、1940年代後半に復活を遂げ、今日も繁栄を続けている。

ヘジェ族は伝統的なシャーマニズムの信仰体系の多くを保持しており、なかでもクマとトラを崇敬している。シャーマンには神に供物や祈りを捧げることで悪霊を追い払う力があるとヘジェ族は信じている。また、太陽や月、山、水、木の精霊も変わることなく尊崇している。トーテム・ポールの一種であるアイドル・ポールは、今日では民俗文化の一部となっているが、以前はヘジェ族の各村を飾っていた。チベット仏教の導入により、2つの伝統が融合し、中国に住むほぼすべてのヘジェ族がその慣習を守っている。ヘジェ族は、人はみな3つの魂をもっていて、肉体が死ぬとひとつは死に、残りの2つの魂は生き残ると信じている。残った魂のうちのひとつは生まれ変わり、もうひとつは導き手としてとどまる。ロシア語でナーナイ語とも呼ばれるヘジェ語は、消滅危惧言語とみなされている。ヘジェ族の若者は一般に、標準中国語を母語としているためだ。中国で話されている方言、スンガリ方言の話者は主に高齢者だが、ヘジェ族の地域では学校のカリキュラムに導入する取り組みがおこなわれている。

　19世紀初頭に中国の満州族王朝が弱体化し始めると、ロシア人がヘジェ族の居住地域に戻ってきた。彼らは地元の住民と交易し、中国との国境のすぐ北の地域の植民地化を開始した。長年、中国が領有を主張していたアムール地域とウスリー地域は、拡大するロシア帝国に併合され、ヘジェ族とナーナイ族はふたたび分断された。中国満州のヘジェ族の居住地域は、古くから近隣民族から孤立していたが、満州への漢族の移住がついに許された1878年以降は、土地をめぐる激しい圧力にさらされた。何百万人もの中国系移民がこの地域に押し寄せ、ヘジェ族や先住民を追い出して、いちばんよい農地や漁場を手に入れた。点在していたヘジェ族の集団（バンド）の多くは圧力に屈し、20世紀の最初の数十年のあいだに近隣の中国文化や満州文化に同化した。1931年、日本軍が満州に侵攻し、同地を占領したことで中国との長い戦争が始まった。ヘジェ族の居住地域における日本の支配は厳しく、しばしば残虐なものだった。計画的な虐殺政策がとられ、ヘジェ族は強制収容所に送り込まれた。食料は不十分で、狩猟や漁撈といった伝統的な生業も失い、アヘン中毒になり、ヘジェ族の人びとは多大な犠牲を払った。その後の中国の推定によると、ヘジェ族の80〜90パーセントが日本の支配下で命を落とした。強制収容所と日本の残酷な政策の数々により、1945年に生き残っていたヘジェ族はわずか300人ほどだった。第二次世界大戦が終戦を迎えると、中国

の国共内戦が再開され、1949年に共産党が勝利した。中国の共産主義者は少数民族の文化を奨励し、生き延びたヘジェ族の再定住を支援した。中国のヘジェ族はゆっくりと回復し、発展していった。1960年代、70年代には農業が促進され、多くのヘジェ族が集団農場に移り住ん だ。21世紀の現在、ヘジェ族は公式に認められた少数民族のひとつを形成している。少数民族に認定されているため、近隣の漢族よりも多くの子供を産むことが許され、この小さな民族集団の回復を助けるさまざまな優遇政策がとられている。

舞王

中国でもっとも有名なヘジェ族の韓庚（ハンギョン）は、標準中国語のポップス、マンドポップの歌手で、中国のスーパースターだ。俳優、モデル、歌手、ダンサーであるハンギョンは、中国で認定されている56の民族集団のすべての民族舞踊に長けているだけでなく、伝統的なバレエやヒップホップも得意だ。2005年にデビューした韓国の男性アイドルグループ、SUPER JUNIORの元メンバーで、ソロ活動を追求するために中国に戻った。ハンギョンのダンス能力は、ほかのエンターテインメントの分野での人気と相まって、中国で「舞王」や「人気王」と呼ばれるほどである。慈善活動に熱心なことでも知られ、ハンギョンのファンも彼の呼びかけに応じて、さまざまな慈善活動を積極的におこなっている。

もっと知りたい人のために

Ethnic China. "The Hezhe." Accessed July 30, 2013. http://www.ethnic-china.com/ Hezhe/ hezheindex.htm

Hutton, Ronald. Shamans: Siberian Spirituality and the Western Imagination. London: Continuum, 2007.

Legerton, Colin. Invisible China: A Journey through Ethnic Borderlands. Chicago: Chicago Review Press, 2009.

Mackerras, Colin. Ethnic Minorities in Modern China. London: Routledge, 2011.

ま行

マオナン(毛南)族
Maonan

　マオナン(毛南)族(阿南とも)は、中華人民共和国で公式に認定されている民族のひとつ。推定11万8000人のマオナン族は、中国南西部の広西チワン族自治区の険しい北部地域と貴州省の南部に集住している。マオナン族は、中国南部全域で話されているタイ・カダイ語群に属する言語を話す。マオナン族の大多数は道教を信奉しており、伝統的な精霊信仰を守り続けている少数派の人数もかなり多い。

　マオナン族は、自分たちの祖先が北方から移動してきて、関連のあるチワン族が住む北側の亜熱帯高地に定住したと考えている。この地域のチワン族と増え続ける漢族の影響を受けて、支配層の下に多数の人びとが置かれる階級制度が発展した。歴史的に見て、マオナン族はより大きなタイ・カダイ語群の祖先である百越(越族)につらなる遼人の子孫と考えられている。中国の歴史書には、約1800年前に広西と貴州地域の境界付近にマオナン族が存在したことが記録されている。マオナン族は、アイナンとしても知られ、これは「マオナンの人」または「三南」という意味になる。1〜2世紀にかけて、マオナンの居住地域は穏やかな気候、険しく美しい風景、農業に適した平野部を特徴とする亜熱帯地域として言及されていた。多くの小川が水田の灌漑に利用されていたが、17世紀半ばにはマオナン族はまだ木の鍬や鋤を使用していた。次の世紀にわたって肥沃な土地は徐々に支配層の手に集中し、鉄製の道具が導入されて、階級の区別が明確になっていった。支配層である地主階級の成長にともない、土地を所有しない小作人、わずかな土地しかもたない貧しい農民、十分な土地をもち自給自足できる農民、そして地域の肥沃な土地の大部分を所有する地主と裕福な農民が出現した。農民はたいてい高額な地代や高利によって搾取されていた。この地域は、貧しい農民から買われたり、未払いの借金によって強制的に奴隷にされたりした少女の奴隷で有名だった。

　マオナン族の文化は、漢族とチワン・タイ系諸族の影響が色濃いタイ文化である。同姓同族のマオナン族の人びとが、通常は100戸以下の小さな村落で一緒に暮らしている。マオナン族の80パーセント以上が同じ譚という姓を名乗っている。譚とは彼らの祖先の名前で、湖南から南下してこの地域に定着し、地元の

タイ族の女性と結婚したと言われている。そのほかに多く見られる姓として盧、蒙、韋、顔などがあり、彼らの祖先は山東や福建からこの地域にやってきたと考えられている。マオナン族は農民であるだけでなく、肉牛の飼育にも長けており、その肉は遠く離れた上海、広州、香港にも出荷されている。結婚の形態はほとんどが一夫一婦制で、昔から親が縁組をしていた。「夫の家に住んではならない」「未亡人は亡くなった夫の弟と結婚しなければならない」など、結婚に関する古い習わしが今も守られている。マオナン族の人口は、1982年の約3万8000人から1990年には7万2000人に増加している。これはおもに生物学的な理由からではなく、1990年にヤンホワン族が正式にマオナン族に編入されたことによる。マオナン語は、タイ・カダイ諸語のチワン・トン語群のトン・スイ語派に属する言語である。現在、マオナン語を第一言語として使用しているのはマオナン族の約半数に過ぎず、母語はますます使われなくなっている。今では多くの人が標準中国語や人口の多い南の隣人のチワン族の言語を話している。仏教と精霊信仰の影響を受けたマオナン族の道教の信仰には、毎年おこなわれる寺院の祝祭が含まれる。これはマオナン族の守護神である三界公を祝う祭りで、三界公はマオナン族に耕作用の雄牛の飼育法を教え、マオナン族が飢餓にさらされることなく十分な食料を栽培できるようにしたとして崇敬されている。

19世紀に入る頃には、人口の4パーセントに満たない地主と富農が肥沃な土地の35パーセント以上を支配していた。人口の54パーセントを占める小作人や小作農が所有するのは、そうした豊かな土地の約18パーセントにすぎなかった。農地の地代はひどく高く、マオナン族の農民のほとんどは地主につねに借金をしている状態だった。マオナン族の娘の多くは、家族が法外な地代とたまった借金を支払えなくなると借金のカタに連れていかれて地主の奴隷にされた。20世紀初め、不満を抱くマオナン族の多くが平民の生活を改善しようとするさまざまな組織にくわわった。1920年代につくられた新しい共産主義グループに加入した人もいた。共産主義者と政府の衝突は第二次世界大戦のあいだも続き、戦後は国共内戦として知られる内戦が本格化した。勝利した共産主義者たちは1950年代初頭にマオナン族の居住地域にやってきて、支配層の地主や裕福な農民を排除するか再教育収容所に送り、彼らの土地を没収して農地の再分配を始めた。だがその後、それらの農地は取りあげられて、共同体や集団農業に組み込まれ、マオナ

ン族の農民はそこで働いた。1980年代に厳格な共産主義体制がずいぶん緩和され、マオナン族はふたたび個人財産を持てるようになり、手工芸品や肉牛、地域全体に名高い衣類などを売って収入を増やしている。

もっと知りたい人のために

Ethnic Groups. "The Maonan Ethnic Minority." Accessed July 31, 2013. http://www.china.org.cn/e-groups/shaoshu/shao-2-maonan.htm

Harrell, Stevan. Cultural Encounters on China's Ethnic Frontiers. Seattle: University of Washington Press, 2000.

MacKerras, Colin. China's Minorities: Integration and Modernization in the Twentieth Century. Oxford: Oxford University Press, 1994.

McCarthy, Susan K. Communist Multiculturalism: Ethnic Revival in Southwest China. Seattle: University of Washington Press, 2009.

マカイエンサ
Macanese

　マカイエンサ（マカエンセ、パトゥア、Macanese、Macaense、Makistaとも）は、中国南東部に位置するかつてのポルトガル領マカオ、中華人民共和国マカオ特別行政区に起源をもつポルトガル系とアジア系（ほとんどが中国人）の混血の人びとをさす。マカオには推定5万〜7万5000人のマカイエンサが住んでおり、ポルトガル、ブラジル、香港、アメリカ、カナダ、ペルーに大規模なコミュニティが存在する。一般に、中国語の広東語方言を話し、多くはポルトガル語やパトゥア語——ポルトガル語と広東語、そのほかの言語の影響が混交したクレオール言語——の話者でもある。マカイエンサの大多数がローマカトリック信徒で、少数だが仏教、プロテスタントを信奉する人もいる。

　ポルトガル語でマーカウと呼ばれるマカオの歴史は、この地域が南海郡の一部を形成していた紀元前221〜前206年の秦王朝の記録にたどることができる。この沿岸地域の最初の住民は、13世紀に侵略してきたモンゴルの大軍から逃れてきた難民だった。1535年にポルトガル人の漁師とその家族が広東・福建地域から沿岸の村々に少しずつ移ってきた

が、マカオが重要な移住地となったのは1550年代にポルトガル人商人が移り住むようになってからである。交易での数々の利点を考えた中華帝国は、1557年にこの地域の居留権をポルトガルに与えて交易拠点とした。移住者や交易商のほとんどは、妻や家族をポルトガルに残して単身でアジアへ渡ってきた。マカオで、ポルトガル人男性はアジアのほかのポルトガル人居留地からやってきたマレー系民族、シンハラ族、日本人、のちには地元の広東人女性と結婚したり、一緒に暮らした。1564年までに、ポルトガルはヨーロッパとアジアの交易を独占していた。教皇グレゴリウス13世は、増え続けるカトリック住民の要求に応えて、マカオにカトリックマカオ教区を設立する。増大するポルトガル人住民の自治の要求は拒否したものの、1583年、中国政府は当局の厳しい監視のもとで植民地の社会・経済問題に対処するために市議会の設立を許可する。1631年、中国政府はポルトガルの商業活動をマカオ港に制限した。17世紀半ば、この港町の人口は約3万人になり、そのなかには中国人2万人、奴隷5000人、ヨーロッパ人2000人、そしてのちにマカイエンサと呼ばれるようになる混血の人びとが約3000人いた。マカオは繁栄し、ヨーロッパ系とアジア系の混血の多数の住民を含む人口が増加した。16世紀後半から17世紀にかけて、この植民地は黄金時代を迎える。スペインとポルトガルが同君連合となった時期にも重なり、マカオをはじめとするポルトガル植民地は、スペインと戦争状態にあったオランダの攻撃にさらされた。オランダによる占領の試みに何度も見舞われたものの、マカオはしだいに中国沿岸部でもっとも重要な交易の中心地のひとつとなり、ヨーロッパと中国のどちらの商人も港湾地域に定住するようになった。交易拠点としての重要性はもちろんのこと、マカオはローマカトリック教会の宣教師の活動の中心地でもあった。神学校ではますます多くなる混血の子供たちにポルトガル語で教育をおこない、彼らは植民地でヨーロッパ流の教育を受けた最初の住民となった。1685年、中国の皇帝がすべての外国との貿易解禁を決定したため、ポルトガルは中国との貿易における特権的な立場を失った。続く世紀にヨーロッパ諸国とアメリカはさまざまな会社や工場を設立したが、その多くはマカオにあった。

マカイエンサの文化は、ヨーロッパと中国の影響が混ざり合った文化である。ポルトガルの伝統が多くを占めるが、中国の文化類型も重要な要素となっている。何世紀ものあいだ、マカイエンサは

ポルトガル植民地政府と中国人との接点としての役割を果たしてきた。マカオに派遣されたポルトガルの役人は、中国人についてほとんど何もわかっていなかった。また、植民地の人口の90パーセント以上を占めていた中国人住民のほうもポルトガル人のことをほぼ知らなかった。そのため、マカイエンサが情報、法律、ビジネスの通訳兼伝達者となった。当初、地元の広東系住民はヨーロッパ人との結婚を拒んだが、多くの中国人がローマカトリック信徒に改宗するだけでマカイエンサになった。非カトリックの広東人住民から拒絶されたキリスト教徒の広東人は、ヨーロッパ人やマカイエンサのエリート層と結婚するようになる。民族集団としてのマカイエンサの正確な民族構成については、議論が分かれるところである。マカイエンサには、キリスト教に改宗した中国人の子孫と、初期のポルトガル商人家族などのおもにヨーロッパ系の子孫が含まれる。従来より、その民族の帰属はカトリックとポルトガルの文化類型への統合を基盤としてきた。"パトゥア"（「方言」の意）と呼ばれるマカオの言語は、おもにポルトガル語、広東語、マレー語、シンハラ語から派生したクレオール言語で、現在はマカオおよび海外に渡ったマカイエンサの少数が話すのみとなっている。話者の数が減少し続けているため、ユネスコにより消滅の危機に瀕している言語に挙げられている。今日、ほとんどのマカイエンサは広東語やポルトガル語、または居住している国の言語を話す。マカイエンサのローマカトリック信仰は、言語や伝統が衰退しつつあるなかで存続している文化要素のひとつである。何世紀ものあいだにマカオで発展してきたカトリックの慣習は、多くの面でマカイエンサとほかのユーラシア系グループとの違いを際立たせている。

この植民地は重要な貿易の中心地であることに変わりはなかったものの、中国沿岸部のほかのヨーロッパの貿易拠点との競争で、19世紀初頭に中国との貿易の多くが奪われた。1839年から1841年にかけてのアヘン戦争のあと、イギリスが深水港のある近くの香港（ホンコン）を掌握すると、ほどなくこの地域のほとんどの船舶が香港に向かうようになった。ポルトガル当局は1851年に近くのタイパ島を占拠し、1864年にはコロアネ島へも支配を広げた。2つの島が追加されたことで、植民地の領土は大幅に拡大した。1887年、中国およびポルトガル政府は「ポルトガルによるマカオの永続的な占有と統治」の権利を承認する新たな条約に署名した。これにより、マカオは正式にポルトガル直轄の植民地となった。1911年

の辛亥革命と続く共和国政府の樹立後もマカオの地位は変わらず、港は中国沿岸部の主要な密貿易拠点のひとつのままだった。第二次世界大戦中、日本はポルトガルの中立的立場を尊重し、マカオは中国南部の唯一の中立港としてひとときの好景気に沸いた。その文化、音楽、ダンス、料理が中立地を訪れた人びとに認められ、マカオにおけるマカイエンサ文化の最盛期とみなされた。1945年の日本の降伏後、国共内戦が再開され、1949年に中国共産党が勝利する。新生の中華人民共和国はポルトガルによるマカオ支配を「不平等条約」の産物と非難したが、主権の問題については適切な時期まで先送りされた。1974年、ポルトガル独裁政権が倒され、ポルトガルは脱植民地化政策を進めていく。アフリカをはじめとするポルトガルの海外領土が放棄されていくなかで、マカオはポルトガル施政下の中国領土であることがあらためて確認された。マカオは行政、財政、経済面での大幅な独立性が認められた。貿易も再開され、マカオ文化が新たに開花した。1980年代後半、ポルトガルと中国の両政府間の交渉を含め、マカオの先行きをめぐり、自分たちの将来を案じたマカイエンサの流出が始まった。その多くはポルトガル、ブラジル、北米へ向かったが、地元の広東文化に適応した人びともいた。1999年にマカオを中国に返還する合意がなされると、国を離れるマカイエンサの数は急増した。主権の移譲により、ポルトガル人とマカイエンサのマカオ流出がさらに加速し、そのほとんどはすでに中国の緩い統治下にあった近隣の香港に向かった。行政権譲渡の合意により、マカオは中国の特別行政区として存続することが認められた。21世紀初頭までに、この地域は中国沿岸部でもっとも重要な観光地のひとつとなった。さまざまなカジノ目当てに訪れる観光客は、マカオに残っているマカイエンサの料理や独特の文化も堪能している。

もっと知りたい人のために

De Pina-Cabral, João. Between China and Europe: Person, Culture and Emotion in Macao. London: London School of Economics monographs on social anthropology, 2002.

Miu Bing Cheng, Christina. Macau: A Cultural Janus. Hong Kong: Hong Kong University Press, 1999.

Porter, Jonathan. Macau the Imaginary City: Culture and Society, 1577 to Present. Boulder, CO: Westview Press, 1999.

Zhidong, Hao. Macau: History and Society. Hong Kong: Hong Kong University Press, 2011.

マンシ族
Mansi

　マンシ族（ヴォグル、ユグラ、Maansi、とも）は、シベリア西部のオビ川流域に住むオビ・ウゴル諸民族である。マンシ族の居住地域は元来ユグラと呼ばれていたが現在はロシア連邦のチュメニ州のハンティ・マンシ自治管区・ユグラの一部となっている。たんに「人間」や「人」を意味する"マーンシ"と自称していたマンシ族は、かつては、コミ語とハンティ語での呼称であるヴォグルと呼ばれていた。コミ族はしばしばロシアの遠征隊をオビ川に案内していたため、彼らが用いるマンシ民族の呼び名が使われるようになった。推定1万5000人のマンシ族は、ハンガリー語も含むウゴル語群の下位区分のオビ・ウゴル諸語に属する言語を話す。マンシ族は名目上はロシア正教の信者だが、キリスト教以前の多くの伝統も受け継いでいる。

　マンシ族の起源は明らかではないが、学者や歴史家がいくつかの説を唱えている。考古学的研究から、マンシ族とハンティ族、マジャール人の祖先が3000〜4000年前に西シベリアのタイガと森林に覆われたツンドラ地帯に居住していたことがわかっている。一説によると、この3つの民族グループの祖先は、北ヨーロッパロシアのペチョラ川流域から派生し、紀元前1世紀にウラル山脈を越えてオビ川地域に移動した。このウゴル系民族をウラル山脈の東でウラル系民族と別の先住民族が混血した人びとに由来すると考える者もいる。多くの学者の見解では、500年頃にウゴル系民族は故郷を捨てることを余儀なくされ、ウラル山脈を抜けて北東に移動し、オビ川流域に定住した。いっぽう、その同系集団がさらに西方へと大移動し、中央ヨーロッパのハンガリー大平原にたどり着いた。当時ユグラとして知られていたマンシ族がヨーロッパで最初に言及されたのが、1113年にノヴゴロドで出された『原初年代記』である。12、13世紀のさまざまな記録文書には、ヨーロッパで需要の高いクロテン、オコジョ、ホッキョクギツネなどの貴重な毛皮のかたちでオビ・ウゴル系の部族から貢物を徴集するために、ノヴゴロドからこの地域にひんぱんに遠征したことが記されている。14世紀までに、マンシ族はヴォグルと改称されていた。16世紀後半、コサック率いるロシアの遠征隊がウラル山脈を越えてシベリアに入り、オビ地域を制圧した。鉄鋼の道具、のちには銃器に驚嘆させられたマンシ族は、徐々に植民地政府の統治下に入っていく。マンシ族の居住する地域に設立されたロシアの町は交易の中心地となっ

た。1708年、オビ地域は広大な領土の富を搾取するために設置された新たなシベリア県の一部となる。帝政下で、この地域は犯罪者や政治犯のシベリア流刑地として悪名を馳せた。1700年代後半になると、ロシア正教会の宣教師たちがマンシ族の改宗を始めた。マンシ族のほとんどは正式にキリスト教に改宗したが、土着の宗教的信仰の力強い要素の数々も守り続けていた。毛皮をもつ動物の数が激減しだすと、帝国政府はこの地域にも先住民族の幸福にも関心を失っていった。

マンシ族の文化は、オビ川流域にある森林と凍った湿地で培われた慣習や伝統とともに、彼らの故郷の厳しい環境を反映している。伝統的に、マンシ族は父系氏族制をとり、地理的に北部、南部、東部の3つの異なる民族グループに分かれていた。各グループは、より大きなマンシ文化の一部としてそれぞれが独自の文化的、方言的要素を保っていた。古くから続くマンシ族の伝統では、女性の権利と行動が厳しく制限されていた。女性は信仰の教えを汚すものとみなされ、氏族や家族のメンバーを誘惑する存在と考えられていたため、ベールをかぶって顔をおおい隠していた。マンシ族の言語は、オビ川とその支流沿いの広い地域で話されている。近隣のハンティ族の言語と密接な関係をもち、現代のハンガリー語との関連性はより遠くなっている。今日のマンシ族は教育と行政の言語としてロシア語を日常的に使用しているため、マンシ語は消滅の危機に瀕していると考えられている。4つの主要な方言のうち、2つはすでに消失したと言われ、マンシ族のなかでも先住民言語を話せる人は3分の1にも満たない。19世紀に正教会の宣教師が考案したマンシ語の表記文字が1868年に初めて公表され、1937年にはマンシ文字がロシア語のキリル文字に変更された。名目上はマンシ族はロシア正教会の信者だが、彼らの信仰は制度化されたキリスト教と、西シベリアの環境、動植物を中心とした大規模で豊かな民間信仰体系が折衷的に融合したものとなっている。

19世紀初頭、ヨーロッパの商人やロシアからの入植者がマンシ族の歴史ある放牧地や狩猟地に入り込むようになる。積み重なる借金とロシアの商人や政府の役人から提供されるアルコールの組み合わせによって、マンシ族は経済的に従属し、事実上は奴隷と変わらなかった。20世紀に入っても、マンシ族はおもに罠猟や狩猟、漁撈を生業とする遊牧民のままだったが、北部地域の人びととはトナカイの牧畜を営んでいた。1917年のボリシェヴィキ革命後、マンシ族の居

住地域でヨーロッパの存在感が強まっていく。1924年に設立された政府の特別部門である北部委員会は、一次医療や学校にくわえて、共産主義体制の基本要素も導入した。新ソ連当局はまた、女性の抑圧をやめ、マンシ族の女性に顔のベールをとるよう促すキャンペーンを開始した。さらには西シベリア再編の一環として、1930年から1931年にかけてオスチャーク・ヴォグル自治管区も設立された。理論上はオビ・ウゴル民族のマンシ族とハンティ族の自治を認めるとしながら、実際は部族の人びとをより大きなソビエト文化に同化させる計画だった。マンシ族の子供たちはロシア語学校で義務教育を受けさせられ、マンシ族の若い世代はロシア・ソビエト文化に触れることとなった。数十年にわたるソ連支配下で、マンシ族はより広範なソビエト文化にとりこまれ、伝統的な文化や言語の多くを失った。鉱物と石油が豊富な彼らの故郷では、1960年代に大規模な開発が始まり、数万人の入植者が押し寄せて、相次ぐ環境危機にさらされている。1991年のソ連崩壊後、マンシ族とハンティ族は故地に影響を与える決定への参画を求めたが、現実にはその文化と言語は消滅の危機に瀕しており、石油流出や化学物質汚染による健康問題が急速に増加している。

もっと知りたい人のために

Forsyth, James. A History of the Peoples of Siberia: Russia's North Asian Colony 1581-1990. Cambridge: Cambridge University Press, 1994.

ジェームス・フォーシス『シベリア先住民の歴史 ロシアの北方アジア植民地 1581-1900』(森本和男訳、彩流社、1998年)

Olson, James S. An Ethnohistorical Dictionary of the Russian and Soviet Empires. Westport, CT: Greenwood, 1994.

Quartly, Alan. "Siberia's Dying Mansi People." BBC News, World Edition. September 5, 2002. http://news.bbc.co.uk/2/hi/europe/2238333.stm

Slezkine, Yuri. Arctic Mirrors: Russia and the Small Peoples of the North. Ithaca, NY: Cornell University Press, 1996.

満州族
Manchu

満州族(満族、満州民族 Manchurians、Mandzhu、Mandju、Mandzhuri、Niuchiとも)は、かつて満州と呼ばれた地域のツングース系の先住民族である。中国の満州族の人口は 1050 万人から 1150 万人と推定されている。ツングース系民族のなかで最多となる満州族は、中華人民共和国で 4 番めに大きな民族集団である。言語的には現在、満州族は中国東北部の諸方言か標準中国語を話しており、満州語だけの話者は少数になっている。満州語は、広範な地理的分布をもつアルタイ諸語の満州・ツングース語群に属する。満州族のほとんどは公式には仏教徒だが、伝統的な信仰体系を守っていたり、中国の儒教を信奉したり、あるいは無神論者や不可知論者を自認する人もかなりの数にのぼる。中華人民共和国政府は、満州族は過去にも現在も独立したひとつの民族集団であったことはなく、中国で多数派を占める漢族を構成する多様な地域および文化的グループのひとつにすぎないとしている。

満州族の祖先は、7 世紀から女真または粛慎と呼ばれ、満州平野北部に住むツングース系民族として中国の歴史書に登場する。初期のツングース系部族は、中国のさまざまな王朝に服属していたとされ、貢納はしていたが、中国の直接統治下に置かれることはなかった。10 世紀には、女真族は 698 年に建国された渤海の住民として中国の学者らに記録されている。この王国は最盛期には満州のほぼ全域、モンゴル東部、朝鮮北部に勢力を広げていた。926 年にモンゴル系契丹族の侵攻によって滅ぼされ、その後、女真族は中国の遼王朝に従属した。1114 年、女真族の一部族長であった完顔阿骨打が全部族の統治者として女真族を統一し、金王朝を樹立した。彼の弟であり、後継者である呉乞買は、中国の遼と北宋の王朝を滅ぼした。金朝下の 1120 年頃、おもにモンゴル系契丹族の契丹文字を基にした最初の女真文字が作成された。1206 年、金の統治下にあったモンゴル系諸集団が東モンゴルで帝国を勃興した。彼らの統治者チンギス・ハーンはモンゴルの戦士を率いて金に侵攻、1234 年に女真族はついに敗北し、モンゴル支配下で分裂した。南部地域に住む人びとは中国系民族とみなされ、満州中心部の人びとはモンゴル民族として扱われ、その多くがモンゴルの習慣、名前、モンゴル語をとり入れていた。中国は 1368 年にモンゴルの支配を覆し、女真族はふたたび従属に転じた。1449 年、モンゴルによる 2 度めの中国侵攻が始ま

る。混乱と暴力が蔓延するこの時代、モンゴル侵略軍に加わる部族もあれば、中国の明朝に忠誠を尽くす部族もあった。当時、女真族の多くが表記にモンゴル文字を使用したため、女真文字はほとんど使われなくなっていた。女真族に対する明の報復により、多くの地域が廃墟と化し、多数の族長が殺害され、住民は家を追われた。女真族の故郷の混乱の時代は1世紀続いたが、1586年にヌルハチという族長が女真諸族の統一に乗り出す。彼は父と祖父を含む家族を虐殺した明への復讐を求めていた。ヌルハチは八旗制(はっき)という軍事制度を創始し、学者たちに新しい女真文字を作成するよう命じた。1603年、ヌルハチは部族長や同盟者であるモンゴル系民族に女真族の支配者として認められ、1616年に女真族のハーン（君主）として王位についた。その後、彼は憎き中国明王朝に対して広範な攻撃を開始し、中国東北部の一部を征服したのち、都を奉天(ほうてん)に移した。彼の息子で後継者であるホンタイジは、民族の名称を女真族から満州族に変更し、北の故郷を満州と呼んだ。1644年、満州族は中国軍を破って北京(ペキン)に遷都して、中国に満州族清王朝(しん)を打ち立てた。約400万人の満州族が支配層の貴族を構成し、4億人以上の中国人臣民からなる広大な帝国を統治した。満州族の多くは朝廷の命に従って北京に赴いたり、駐屯軍や政府官僚、あるいは入植者として中国全土に散らばった。ロシアとの一連の国境紛争後、清の歴代皇帝は故地満州の戦略的重要性を認識し、多くの満州族を少しずつこの地域に送り返した。政府はこの地域を伝統的な満州族の美徳が育まれ、保たれる場所として、また忠実な軍人の宝庫として保護した。皇帝はさまざまな方法で伝統的な満州文化を守ろうとしたが、何よりも重要なのはこの地域への漢族の移住を制限することだった。

満州族は自分たちを"女真"と呼ぶ。たんに「人びと」という意味だとされる。彼らは大多数の漢族よりも平均して約13センチ背が高く、頑健である。今日、満州族のほとんどは中国語の方言を話すが、とくに東北部の満州族の町や村に住む人びとは独自の文化と伝統を保っている。満州族の伝統的な信仰は、その祖先が信奉していた初期のシャーマニズムに根ざしている。魔術を用いる治療師であるシャーマンは、女性の出産を助け、病気を治し、呪文を使って人びとを危険や危害から守っている。満州族の村では今もシャーマニズム信仰が残っているが、都市部に住む満州族のあいだではずっと前に見られなくなっている。赤、黄、白、青の旗で家の扉を飾る新年祭などの伝統的な祝祭は、今でも大多数の満州族に祝

われている。秋にはそれぞれの家族が先祖に豚などの動物を捧げるなど、供犠をともなう習慣も残っている。数十年にわたって共産主義の支配下にあったにもかかわらず、満州族は近隣の中国人よりも高い教育を受け、裕福な傾向にある。満州族は伝統的に農民だが1990年までに人口の半数以上が都市部に住むようになっている。満州族の文化では、今も拡大家族がその基盤にあり、たいてい3、4世代が同じ屋根の下に暮らしている。1980年代まで、中国政府は満州族が中国文化に完全に同化していると発表していたが、それ以降、彼らの古くからの文化と遺産を取り戻すための文化復興が活発になっている。1911年より、中国の歴代政府は東アルタイ諸語の南西ツングース語に属する満州語を公式に禁止したため、現在、満州語を話しているのはおもに高齢者と、満州族の言語や文化に新たな関心をもつその孫たちの世代だ。

　1800年頃まで、満州族の支配層は輝ける中国の強大な統治体制を何とか維持してきたが、その頃から急速に国力も威信も失われていったように思われる。満州族の領土は、すぐ北で版図を広げるロシアに脅かされ、イギリスやフランスをはじめとするヨーロッパ諸国も帝国の各地に侵入してきた。1860年、外満州と呼ばれる地域（現在の極東ロシア南部）は、ロシア帝国の強い圧力を受けてロシアに割譲されることになる。帝国政府も省政府もますます深刻な財政問題に陥り、秩序を維持できなくなっていく。人口の急速な増加も重大な問題だった。満州族政権は、何十年にもわたって満州族のために満州を保護してきたが、高まる人口圧力により、ついに1878年から満州族以外の人びとの移住を許可せざるを得なくなった。制限つきの移民だったにもかかわらず、満州族はすぐに故地で少数派に転じた。1900年には、漢族移民が満州の人口の約80パーセントを占めるまでになっていた。満州の勢力が衰えると、ロシア人は満州を事実上の属国とした。また、日本も1895年の短い戦争で満州族の中国に勝利すると、鉱物資源が豊かなこの地域での支配力を拡大しようとした。ロシアによる侵略が続いたため、政府は1896年に制限なしで移民を許可した。満州の支配をめぐるロシアと日本の対立は1904年から1905年の戦争をもたらし、勝利した日本は満州における経済的、政治的影響力を強化することができた。日本の勢力下でこの地域は工業化され、大都市が発展し、漢族の新たな移民の波が押し寄せた。かつて強大だった満州族の長い衰退は、1911年の辛亥革命でついに終わりを迎える。満州族王朝の最後の皇帝で、まだ幼い溥儀が

退位し、中国の共和制が宣言された。満州族清王朝は1644年から1912年まで中国を支配し、中国を統治してきた歴代王朝のなかでもっとも長い王朝に挙げられる。満州語は国語としての地位を失い、満州文化は異文化として蔑視された。改革志向の強い満州族の多くが革命を支持したにもかかわらず、中国の民族主義者は満州族を外国からの入植者とみなした。満州族の多くが迫害を避けるために中国名を名乗った。1920年には、中国の正式な満州族人口は半分に減っていた。1931年、中国の混乱に乗じた日本が満州の大部分を占領した。翌1932年、日本当局の後押しを受けた満州族の民族主義者の小さな集団が満州国の独立を宣言した。実際に満州国を統治したのは日本人だったが、退位させられた中国の皇帝、溥儀が満州国の皇帝に即位した。第二次世界大戦で日本が敗北すると、独立国家満州国は廃止され、満州はふたたび中国に編入され、満州族は中国の少数民族のひとつに認定された。第二次世界大戦後の1945年から1949年にかけての中国の内戦では、ソ連の共産主義政権は親欧米路線の政府と戦う中国の共産主義者を支援した。中国共産党の勝利により、ソ連は満州でかなりの影響力をもち続けることになった。満州（中国東北部）の指導者、高崗は共産主義者を支持したことで、1949年に東北人民政府主席となった。1954年、彼は満州をふたたび独立させようとしたと非難され、失脚して姿を消した。満州は中国の3つの省に分割された。共産主義当局は、これまで満州族という独自の民族は存在しなかったと断じ、満州族または満州という名称の使用と、200年以上にわたる満州族の中国統治に関連するあらゆる言及を禁じた。共産主義革命後、満州族の待遇はよくなり、1953年の公式の国勢調査では、約250万人が満州民族を自認していた。1967年から1977年の文化大革命で迫害を受けた数万人の満州族が、漢族として登録された。1980年代にさまざまな緩和が見られるようになると、満州族は歴史と文化の復興に取り組み始める。1990年には、中国の公式国勢調査で数十年ぶりに満州族が少数民族に挙げられた。1982〜1990年のあいだに公式な満州族人口は2倍以上に増加し、中国でもっとも急速に増えている民族となった。これは自然な増加によるものではなく、かつて漢族として登録されていた人びとが正式に満州族としての認定を申請したことによる。1990年代から21世紀初頭にかけて、中国の満州族時代の歴史に多くの人——漢族のあいだでも——が興味を抱き、満州族固有の文化と言語の復興が生じた。かつて満州と呼ばれた中

国東北部では、遠く南部の地方が国の経済成長の原動力となるにつれて、重工業が衰退し、豊かな満州族の経済が著しく低下していった。今日の満州族は、古代の女真族の子孫というだけでなく、満州族に同化した多数の漢族やモンゴル族を含む民族共同体に近い。とはいえ、ソロン族、シベ族、ナーナイ族など、20世紀初頭まで清朝時代に満州族とみなされていたグループは、中華人民共和国政府によって満州族とは別の民族集団とされている。満州族の文化の復興にともない、馬術や弓術、満州レスリングといった伝統的な活動に対する新たな関心も高まっている。アイススケートは昔から満州族の娯楽だったが、今では東北地方全域で人気のアクティビティとなっている。

ラストエンペラー

満州族の愛新覚羅溥儀は、中国最後の皇帝であり、満州族清朝の12番めにして最後の統治者だった。溥儀はまだ幼い頃に中国の皇帝に即位し、1908年から中国革命後の1912年に退位するまでその座にあった。1917年に地域の軍閥が溥儀を一時的に復位させたが、1934年までは一市民だった。その年、溥儀は中国東北部にある故国満州で、日本統治下の満州国の康徳皇帝として即位する。そして第二次世界大戦が終わるまで日本の満州国の傀儡の皇帝にとどまった。ベルナルド・ベルトルッチ監督の1987年の映画『ラストエンペラー』は溥儀の生涯を描いた作品である。

もっと知りたい人のために

Crossley, Pamela Kyle. The Manchus. Hoboken, NJ: Wiley-Blackwell, 2002.

Elliott, Mark C. The Manchu Way: The Eight Banners and Ethnic Identity in Late Imperial China. Palo Alto, CA: Stanford University Press, 2001.

Giles, Herbert. China and the Manchus. Seattle: CreateSpace, 2012. Manchu Studies Group. Accessed July 30, 2013. http://www.manchustudiesgroup.org/

Society for Anglo-Chinese Understanding. "Barbarian Empire." Accessed July 31, 2013. http://www.sacu.org/manchu.html

ミャオ(苗)族

Miao

　ミャオ(苗)族(モン族、Meo、Miautso とも)は、中華人民共和国が公認する 56 の民族のなかで最大の民族のひとつに数えられる。ミャオは、文化や言語を通して遠い関係をもつ異なる 4 グループをさす政府の公式名称である。そのなかには貴州省南東部のムー族、湖南省西部のコション族、雲南省の滇東北次方言を話す人びとに、貴州、広西、雲南、四川の 4 省のモン族が含まれる。中国にはミャオ族に指定されている人口がおよそ 980 万人いるとされ、そのうちの約 3 分の 1 をモン族が占めている。中国国外ではベトナム、ラオス、アメリカ、タイ、ミャンマー、フランス、オーストラリア、仏領ギアナにミャオ族／モン族が多数分布している。

　学者たちは、ミャオ族を現在の中国の領土に最初に定住した民族のひとつと考えている。科学者たちは、ミャオ族を紀元前 5000 年～前 3000 年頃に中国中部で栄えた大渓文化と結びつけている。長江中流域で発展した大渓文化では、東アジアで初めて稲作がおこなわれたとされる。大渓は九黎としても知られ、北方の漢族の祖先と長期にわたって戦いを繰り広げた。漢族が九黎の地に侵入し、現在の北京の近くで大きな戦争が起きた。ミャオ族の伝説によると、九黎は最初の 9 回の戦いで勝利をおさめたが、10 回めの戦いで壊滅的な敗北を喫する。彼らは南に逃れて黄河の下流域に入り、約 4000 年前にそこに新たな王国をつくった。歴史は繰り返され、漢族の祖先がふたたび三苗と呼ばれたミャオ族の王国を脅かした。続く紀元前 2200 年頃の戦争でミャオ族はまたしても敗北し、大禹と称される漢族の皇帝によってほぼ皆殺しにされた。伝説の君主にちなんで蚩尤とも呼ばれるミャオ族の生き残りは、北と西からこの地域に進んできた部族の攻撃を受けて、南、南西、南東に移動するなかでミャオ族とリー族という 2 つの小部族に分かれた。ミャオ族はそのまま南下を続け、いっぽうのリー族も漢族の祖先が南に拡大するのにともない、南東へと移動した。"ミャオ"という名称は、紀元前 221 年に秦朝が誕生するより前に、漢族によって初めて使用された。彼らはこの呼称を、南部の非漢族の集団をさすのに用いた。歴代の中国王朝のほとんどがミャオ族に自治を任せ、毎年の朝貢だけはおこなわせた。1300 年代から 1400 年代にかけて、中国南部では、ミャオ族や先住民族のさまざまな集団による反乱が続発し、ミャオ族蜂起として知られるようになる。初期の蜂起のひとつである

1370年代の蜂起の際には、反乱軍を鎮圧するために明の皇帝は数千人のウイグル・ムスリム戦士を送り込んだ。ムスリムは反乱を終わらせ、その地域にとどまり、その多くは敗北した反乱軍から没収した土地に住み着いた。1449年にもミャオ族主導の深刻な反乱が生じる。この蜂起は貴州と湖広地方全域に広がった。1459年から1460年にかけて、帝国軍が貴州を制圧し、略奪をくり広げた。明の司令官は、生き残ったミャオ族の少年の多くを去勢させ、生殖できないようにした。多数の町が蹂躙され、生き延びた住民は奴隷として売られた。1460年代にもいくつかの大きな反乱が起きたが、たいてい容赦なく鎮圧され、殲滅作戦で数千人が死亡した。ミャオ族の反乱を平定するために派遣された漢族の兵士の大半は、過疎化した地域に入植者として移り住み、土地や捕らえられたミャオ族女性を与えられることも多かった。1502年、明政府はミャオ族の封建領主による統治システムの廃止に乗り出す。彼らの代わりに朝廷の官吏が任命され、ときには地方官を転任した。1644年、満州族の中国征服に続いて樹立された清王朝は、直接統治によって先住民族を管理しようとした。その結果、ミャオ族とのあいだに3度の戦いが生じた。1735年、漢文化への強制同化の試みに対して貴州地方の南東部でミャオ族が蜂起した。1738年に反乱が終結したときには、ミャオ族の人口のおよそ半数が何らかの戦いの影響を受けていた。1795年から1806年にかけての反乱は貴州と湖南地方に広がった。この蜂起も失敗に終わったが、清朝は反乱を鎮圧するのに11年を要した。

　この先住民族の中国の呼称であるミャオまたはメオは、「野蛮」や「未開」を意味する。これは、今日の多くのミャオ族が「自由」を意味する"モン"という名称を使用する一因となっている。中国と東南アジアのミャオ／モン族の人口は1200万人に達し、70〜80のグループに分かれていて、それぞれが独自の方言や習慣、服装のスタイルをもっている。何世紀にもわたる戦争、強制同化、移住のなかでミャオ族は紅苗、黒苗、白苗、花苗、青苗の5つの主系統に区別されてきた。ほとんどはその衣服の色に基づいている。ミャオ族の伝説、民話、宗教的信仰、音楽はすべて似通っており、今でも伝説的な蚩尤を始祖として尊崇している。文化や伝統はきわめてよく似ているが、中国と東南アジアのミャオ／モン族には特有の重要な習慣や伝統もいくつか見られる。概してミャオ族は、同族だけで村や大きな都市にある地区に集住することを好み、異民族が混在する地域には住みたがらない。ミャオ語は、シナ・チ

ベット諸語のオーストロ・タイ語派のモン・ミエン語群のモン語派に属する言語である。ミャオ語には大きく3つの主要な方言があり、さらに30〜40の下位方言に分かれ、相互の言葉は通じない。ミャオ族の方言は、中国語の方言と同じく、方言ごとに異なる声調をもつ声調言語である。貴州省で話されている黔東(けんとう)方言は、中国政府に標準語に指定されている。ミャオ族の大多数は独自の精霊信仰を守っており、通常は悪魔や自然の精霊、祖先の霊魂を崇拝や尊崇することが含まれる。伝統的に、動物をいけにえに捧げたり、「紙銭(しせん)」を燃やしたりして霊を鎮める。時が経つにつれて、仏教を信仰する人もあらわれ、さらには20世紀初頭の布教活動の結果、キリスト教のさまざまな宗派を信奉する人も少数だが存在する。

政治的にも軍事的にも、ミャオ族はずっと中華帝国にとって頭痛の種だった。19世紀半ばの1854年、近代のミャオ族の3つの戦いのうちで最大のものが貴州省で起きた。この蜂起は100万人以上に影響を与え、近隣のすべての省に広がった。1873年にこの大反乱が敗北に終わったとき、ミャオ族の人口は約30パーセントが残るのみとなっていた。戦いと敗北により、ミャオ／モン族は中国領からベトナム、ラオス、タイ、ミャンマーなどの東南アジア北部へ大移住することになった。帝国政府はミャオ族の居住地域に多数の軍駐屯地を置き、その駐屯兵の子孫の多くが今日もそうした地域に居住している。ミャオ族の同化を促進するために、政治的・金銭的な手段が用いられ、清朝に仕える意欲のあるミャオ族のために、さまざまな高い地位が創設されたりした。アヘンはこの地域最大の換金作物となり、そのほとんどが政府機関や外国企業に販売された。地主制度は拡大を続け、ますます多くの肥沃な土地が地主や富農の管理下に置かれるいっぽうで、土地をもたないミャオ族農民の数も増え続けた。20世紀初頭には、多くのミャオ族が新生の共産党を含むさまざまな反政府組織や反体制活動にくわわった。第二次世界大戦前が起こる前の数年間、共産主義者と政府との対立が激化し、多くのミャオ族コミュニティも巻き込まれた。共通の敵である日本と戦うために両者はいったん停戦したが、1945年にふたたび国共内戦が再開した。内戦に勝利した共産党は1950年から1951年にかけてミャオ族の居住地域に進出し、地主や裕福な農民を打ち倒し、普通の農民を賛美した。土地が再分配されたが、それもすべての土地を集団化して農民は国家の従業員としてその集団農場で働くという政府の決定がなされるま

でのことだった。ミャオ族は教育、健康、生産面で大きな進歩を遂げたが、中国文化大革命（1967〜1977年）が始まると、多くの紅衛兵部隊がミャオ族の寺院や史跡を破壊した。ふたたび同化が政府の公式政策となり、1980年代に厳しい共産体制が緩和されるまで続いた。中国の新しい経済体制と世界市場への参入により、多くのミャオ族は非生産的な小規模農場にとどまるのではなく、他国の同族との関係を再構築し、産業の発展と貿易品の開発に取り組めるようになった。

もっと知りたい人のために

China: Facts and Details. "Miao Minority: History, Religion, Men, Women." Last updated April 2010. http://factsanddetails.com/ china.php?itemid=174&catid=5

Jenks, Robert Darrah. Insurgency and Social Disorder in Guizhou: The Miao Rebellion, 1854-1873. Honolulu: University of Hawaii Press, 1994.

Schein, Louisa. Minority Rules: The Miao and the Feminine in China's Cultural Politics. Durham, NC: Duke University Press, 2000.

Tapp, Nicholas, Jean Michaud, Christian Culas, and Gary Yia Lee, eds. Hmong/Miao in Asia. Chiangmai, Thailand: Silkworm Books, 2004.

ムーラオ（仏佬）族
Mulao

ムーラオ（仏佬）族（ムーラム、Kyam、Mu Lao とも）は、中華人民共和国で公認されている民族のひとつ。およそ26万2000人のムーラオ族が、中国南部の広西チワン族自治区河池市の羅城ムーラオ族自治県に集住している。ムーラオ語と呼ばれるムーラオ族の言語は、タイ・カダイ語族のカム・スイ語派に属している。ムーラオ族は大部分が仏教徒か道教の信者だが、原始宗教の精霊信仰の強い影響を受けている。

ムーラオ族の起源は、3、4世紀にこの地域に住んでいた伶や僚にさかのぼる。4世紀後半から6世紀末までの南北朝時代の歴史記録では、彼らは帝国の支配民族である漢族の文化に同化させるべき先住民族として言及されている。17〜18世紀の満州族が主導する清朝統治下では、ムーラオ族の土地は"冬（トン）"と呼ばれる地域に分割され、それぞれが10戸から構成されていた。冬ごとに責任者（冬頭）がいて、秩序の維持、税金の徴収、中国の首都に送られる年2回の貢物の監督などを担っていた。通常、冬は同姓の家族で形成されていた。のちに地域の人口が増加すると、冬はさらに"房"という小単位に分けられた。18世

紀には、ムーラオ族はこの地域のほかのタイ系民族に比べていくぶん進歩していた。彼らの農業はかなり先進的で農業技術、作物の種類、農具は基本的に近隣の漢族やチワン族と同じだった。

　ムーラオ族の文化は、中国南部や東南アジアのほかのタイ系民族の文化と似たタイ文化である。この文化固有の特徴のひとつが、ムーラオ族の調理用の穴またはこんろだ。ムーラオ族の住居は通常3部屋からなり、土壁と瓦屋根でできた平屋が一般的である。家のなかは、必ず入り口の扉の高くしたところの地面が掘られて、石炭を燃やす穴や土こんろがつくられる。この地域には、犬のグリルやロースト、ヘビのスープ、ローストしたタケネズミ、マカク（サル）の脳みそ、アリ、ローストしたジャワオオコウモリ、アルマジロなど、中国でもっとも珍しい食べ物が数多くある。羅や呉という姓のムーラオ族の家族は、犬の肉やほかの動物の内臓を食べることを禁じられている。ムーラオ族は紡績、染色、織物で名高く、とくに藍色の布地で有名だ。結婚の風習には見合い結婚も含まれていたが、新婦は最初の子供が生まれるまで夫と同居しなかった。伝承や民話、そして地域の演劇の一種である歌垣"彩調"は今もとても人気があり、ムーラオ族の文化の重要な要素となっている。公式には、ムーラオ族の大多数は仏教または道教を信奉しているが、精霊や魔術に対する伝統的な信仰も根強い。数十年にわたる共産党の無神論政策を経て、今日のムーラオ族の多くが無宗教を自認している。ムーラオ語は、広西チワン族自治区北部の河池市羅城県で話されているカム・スイ諸語に属する言語である。15〜16世紀の明の時代から、ムーラオ語の表記には漢字が用いられている。1950年代に、ラテン語に基づく文字を中国政府が開発したが、ほとんどのムーラオ族は昔ながらの漢字を使い続けている。ムーラオ族の多くが標準中国語やチワン語、あるいは近隣民族の言語を話す。

　19世紀、ムーラオ族の農業経済は近隣の漢族と同程度で、おもな役畜として牛や水牛が使用されていたが、耕作には馬を使うことも増えていった。いちばん豊かな土地の約60パーセントは、すぐれた灌漑システムを備えた水田が占めていたが、そのほとんどは地元の地主の管理下にあり、彼らは水の大半を自分たちの土地に使っていた。貧しくなるいっぽうのムーラオ族は、薬草を採取したり、家畜を飼育したり、織物や陶器をつくったり、鍛冶を営んだりして副収入源をもつことが多かった。土地、なかでももっとも肥沃な一帯は裕福な地主の手に集中していた。地主はムーラオ族の農民に対

し、収穫物の一部と無給の労働奉仕で地代を払うよう強要した。1949年に共産主義者が中国本土を制圧すると、ムーラオ族の居住地域も急激な変化にさらされた。1950年から1951年にかけて、共産党の役人らがやってきて、地主による支配を終わらせた。地主たちは事実上排除されるか、再教育収容所に送られた。ムーラオ族の農民は賛美され、土地が再分配された。だがそれも、私有地がすべて集められ、ムーラオ族の農民は国家の従業員として国有の共同体で働かされるという政策が下されるまでのことだった。1960、1970年代の文化大革命はムーラオ族に壊滅的な打撃を与えたが、1980年代に新たな経済政策がとられ、強制同化が終わったこともあり、ムーラオ族の復興が始まった。以降、ムーラオ族は教育、生産、繁栄において大きく前進を続けている。

もっと知りたい人のために

Gall, Timothy L. Worldmark Encyclopedia of Cultures and Daily Life. Farmington Hills, MI: Gale, 2009.

MacKerras, Colin. China's Minorities: Integration and Modernization in the Twentieth Century. Oxford: Oxford University Press, 1994.

West, Barbara A. Encyclopedia of the Peoples of Asia and Oceania. New York: Facts on File, 2008.

メンパ（門巴）族
Monpa

メンパ（門巴）族（モンパ、Moinba、Menba、Monba、Mon pa、Menbazu など）は、中華人民共和国が公式に認定した56の民族のひとつで、中国での正式な民族名称は門巴である。中国の約2万5000人のメンパ族は、そのほとんどがチベットのツォナ県に住んでいる。インドのアルナーチャル・プラデーシュ州にメンパ族の人口の大半が居住するほか、ブータンにも小規模なコミュニティが存在する。メンパ語は、チベット・ビルマ諸語のチベット・カナウリ語派に属する東ボディッシュの言語に分類される。メンパ族の大多数が大乗（チベット）仏教を信奉しているが、仏教以前の土着宗教であるボン教を信仰している者も少数いる。

この地域の初期の記録に、紀元前500年頃から後600年頃まで存在したロモンまたはモンユルと呼ばれるメンパ族の王国に関する記述が見つかる。1世紀頃、メンパ族の一部がチベット南部からブータン東部、現在のアルナーチャル・

プラデーシュ州に移住した。11世紀に、タワング地方の北部メンパ族はチベット系民族とチベット仏教の影響を受けるようになる。メンパ族はチベット文字をとり入れ、自分たちの言語に適応させた。13世紀には、メンパ族の居住地区の全域でチベット仏教の布教活動がおこなわれていた。当時のメンパ族の領土は32の地区に分かれてブータン東部、アルナーチャル・プラデーシュ州の北部、チベット南部に広がっていた。その社会は自治的な政治体を維持し、地域の僧侶が大きな政治的・宗教的権力を握っていた。17世紀にはチベットの直接統治下に置かれ、その後何世紀にもわたって、チベットの文化・政治的影響をますます強く受けるようになった。1697年、メンパ族出身のツァンヤン・ギャツォ（在位1697〜1706年）がダライ・ラマ6世に即位した。1793年、中国の満州族支配者らは、チベットにくわえてこの地域の主権を求めた。

"メンパ"という名称は「南の人びと」をさし、Monが「南の国」、Paが「出身」や「属する」といった意味になる。メンパ族の生活は仏教と「ゴンパ（僧院）」を中心に回っている。歴史を通して、メンパ族、なかでも北部（タワング）のメンパ族は、富と社会的地位に基づいて3つの階級に分かれていた。伝統的なメンパ族の社会は6人の代表からなる評議会によって運営されてきた。評議会のメンバーは、"ケンポ"と呼ばれるタワングのラマ、または僧院長の下に置かれた。ラマ僧たちはメンパ族のコミュニティの政治的・宗教的指導者とみなされることが多かった。共産党軍によるチベット侵攻とこの地域の占領後は、数多くの僧院やラマ僧院が閉鎖され、現在は中国政府に任命された地方行政官が政治権力を握っている。伝統的にメンパ族の家族では男性が家長となり、すべての重要な決定を下す。この地域の女性が男性と対等な地位を得るための取り組みにおいて、社会主義的な平等主義による制度改革がおこなわれてきたが、達成すべきことはまだたくさん残されている。メンパ族のほとんどは農民か牧畜民である。高地での土壌浸食を防ぐために、山腹の多くが棚田状にされ、現在は米やトウモロコシ、小麦、大麦、唐辛子、豆、タバコ、綿花といった換金作物が貿易や収入のために栽培されている。メンパ語は、チベット・カナウリ諸語に属する東ボディッシュの言語である。メンパ族の多くは第二言語として、または近隣民族とのコミュニケーション手段として、チベット語か標準中国語も用いる。メンパ族の大多数は、何世紀にもわたって大乗仏教の一派であるチベット仏教（かつてはラマ教とも呼

ばれた）を信奉してきたが、仏教以前の土着宗教であるボン教の原理を信仰する者も少数いる。

　19世紀に入ると、南インドのイギリス人がチベット全域に関心を抱くようになる。英領インドからモンユルへと旅して、1875～1876年にかけてメンパ族の地を訪れたナイン・シンはメンパ族が保守的で信心深い民族であり、外部の人間との接触を避け、インドとチベットとの貿易を独占しようとしているようだと述べている。モンユルは戦略的な要衝だったため、イギリスはこの地域での影響力を強化しようとした。1914年、インドの植民地当局は英領インドとチベットの国境線となるマクマホン・ラインを取り決めた。この境界線はモンユルを分断し、南部地区はイギリス領内に残された。チベットがモンユル南部の領有を主張したため、マクマホン・ラインはチベットと英領インドのあいだの争いのもとになってきた。両者の対立はインドの独立後も続き、1951年の中国共産体制によるチベット侵攻・併合のあとも、マクマホン・ライン以南の地域に対する中華人民共和国の主張は続いた。1962年、国境沿いの緊張は中印国境紛争と呼ばれる短い戦争に発展した。この戦争中に、中国侵略軍はマクマホン・ライン以南のメンパ族の居住地区全域とその周辺地区を占拠した。停戦によって中国側は占領地を明け渡すよう義務づけられたが、現在も中国はこの地域の領有を主張している。この戦争は、戦いの多くがメンパ族の居住地域でおこなわれ、地域に恐怖の遺産を残しただけでなく、メンパ族をひとつの政体として統一するという要求も残された。

もっと知りたい人のために

Ethnic Groups. "The Moinba Ethnic Minority." Accessed July 30, 2013. http://www.china.org.cn/e-groups/shaoshu/shao-2-moinba.htm

Kapadia, Harish, and Geeta Kapadia. Into the Untravelled Himalaya: Travels, Treks, and Climbs. New Delhi: Indus Publishing, 2005.

McRae, Michael. The Siege of Shangri-La: The Quest for Tibet's Sacred Hidden Paradise. New York: Broadway Books, 2002.

Schaller, George B. Tibet Wild: A Naturalist's Journeys on the Roof of the World. Washington, DC: Island Press, 2012.

モンゴル民族
Mongol

　モンゴル民族は、モンゴル人／蒙古人とも呼ばれるが、より正確を期すならモンゴル語群の言葉を話す民族となるだろう。中国、モンゴル、ロシアの最大3000万人を含む中央・北アジアの民族言語グループであり、韓国、アメリカ、ヨーロッパ、日本、中央アジアにも小規模なグループが存在する。モンゴル民族の最大の集住地域は、モンゴル国および中国北西部の内モンゴル自治区と新疆ウイグル自治区、ロシア連邦のブリヤート共和国とカルムイク共和国にある。モンゴル国と中国の内モンゴルでモンゴル民族の中核をなすグループには、人口約220万を数えるモンゴル国で最大の民族集団であるハルハと、475万人を擁する内モンゴルのモンゴル（南モンゴルとも）があり、後者はチャハル、ホルチン、ハラチン、バイリン、オルドス（トゥメト）に分かれる。中国では、オイラト族やブリヤート族などを含む推定600万人のモンゴル民族がモンゴル族として民族識別されている。これらのグループは、モンゴル語と呼ばれる諸方言——モンゴルの中心地であるモンゴルと内モンゴルで話されている方言を話す。チベット仏教（ラマ教）は、この地域でもっとも広く信仰されている宗教で、少数がイスラム教やキリスト教、そのほかの宗教を信奉している。一部の地域では、古代のシャーマニズム信仰を今も守っている。

　"モンゴル"という民族名は、10世紀の中国の年代記『旧唐書』に登場する蒙兀室韋という部族グループに由来している。1271年から1368年までの元王朝下で、モンゴルという名称に変更され、しだいに中国国境付近の多くの遊牧部族の総称として使用されるようになっていった。モンゴル族はもともと、現在の内モンゴルの中央部にあるエルグナ川東岸に住んでいた。7世紀頃、モンゴルの遊牧民が西の草原に移り住むようになり、12世紀にはヘンティー山脈の東にあるオノン川、ヘルレン川、トール川の上流域にまで広がっていた。地域の一部族長テムジンが、現在のモンゴル国と内モンゴルを構成する広大な平原のさまざまな部族連合の統一に乗り出す。のちに偉大な指導者チンギス・ハーンとして知られる彼は、モンゴル部族を率いて近隣のハン国への侵攻を開始し、さらにカフカース、中東、そして南の中国にまで攻め込んだ。周辺のテュルク系民族はこの新興帝国に併合され、モンゴルの軍門に下った。モンゴルの侵略は、ほとんどが征服した土地の民間人の大量殺戮、都市や灌漑システムの破壊をともない、モン

ゴル軍に蹂躙されたあとには、地域に住むほぼすべての人間や動物の死体が残された。1227年に生涯を終える頃には、彼のモンゴル帝国は中央アジアの大部分、中国、シベリアの一部地域を占領していた。彼は帝国を息子や孫たちに分割し、それぞれにハン国を与えた。チンギス・ハーンは現在のモンゴル国のどこか——場所はわかっていない——に埋葬された。彼の後継者たちは、ユーラシア大陸の大部分にモンゴル帝国を拡張し、中国、朝鮮、カフカース、中央アジア、そして東ヨーロッパの大部分、ロシア、中東に属国をもった。拡大を続けるモンゴル帝国は、ヨーロッパのアドリア海から東南アジアのジャワ、そして日本から中東にいたる地域で軍事攻勢をかけた。1240年代にはモンゴルのジョチ・ウルスはロシアに対する支配を確立し、1279年までにモンゴル帝国は中国全土を支配下に置いていた。こうした征服の多くで現地住民の大規模な虐殺がおこなわれ、地域の歴史のなかでモンゴルは恐怖の存在とされた。チンギス・ハーンは文化と政治の両面でモンゴル民族を発展させた。彼はモンゴル語にウイグル文字の表記法を用いることを公布し、拡大する帝国内での宗教的寛容を促進し、のちにモンゴルと総称される遊牧民の諸部族のあいだに固い絆を築いた。ハルハはチンギス・ハーンを近代モンゴル国家の建国の父とみなしている。13世紀の半ばから後半にかけて、フビライ・ハーンの統治下でモンゴル帝国は分裂を始め、1294年に彼が亡くなる頃には4つの帝国またはハン国に分かれていた。どれもチンギス・ハーンの子孫が統治していたが、それぞれが独自の目的と利益を追求していた。キプチャク・ハン国（ジョチ・ウルス）はロシア、シベリア、北西部の領土を支配し、チャガタイ・ハン国が中央アジアを、イル・ハン国が南西部（現在のトルコ中央部からパキスタン）を統治し、モンゴル元王朝が中華帝国を支配した。1304年、西方の3つのハン国は元朝と名目上の臣従関係を結ぶ。だが1368年に元が漢族の明王朝に倒され、大モンゴル帝国はついに終焉を迎える。とはいえ、モンゴル系遊牧国家はその後もアジアや中東、ヨーロッパの広大な地域を支配しつづけた。14世紀後半、西モンゴル族として知られるオイラト族がモンゴルと中央アジアの覇権を狙う。モンゴルと内モンゴルのモンゴル諸部は、15世紀半ばに中央モンゴルの諸民族を再統一したダヤン・ハーンの支配下に入った。ダヤン・ハーンの統治下でハルハはモンゴル国と内モンゴルの多数派部族となった。1635年、満州族が内モンゴルの漠南モンゴル諸部を制圧す

る。その後、満州族は南進して1644年に中国を征服する。ハルハをはじめとする外モンゴルのモンゴル部族は独立を維持していたが、1688年にオイラト・ジュンガルの侵攻を受けて満州族清朝に援助を求めることを余儀なくされた。1691年までに、中央モンゴル部族はすべて、中国の満州族支配者の緩い統治下に置かれていた。内モンゴルでは、モンゴル領が満州族の中国にくわえられたが、外モンゴルでは地域のハーンがほとんどの自治権を握り、満州族の統治は名目上のものだった。満州族は18世紀にその勢力を西方まで拡大し、ほかのモンゴル系やテュルク系民族を支配下に置いた。1755年から1757年にかけて、新疆北部のオイラト・ジュンガル帝国が滅ぼされると、モンゴルの地における満州族支配の最大の脅威が消えた。

モンゴル文化は、歴史的な類似点をもつ文化の集合体で、何世紀にもわたる相互作用を経て、文化的な違いではなく、おもに方言的な相違で区別される現代のモンゴル社会に進化した。モンゴル国に居住するモンゴル民族のなかで最大の集団はハルハで、モンゴル共和国の人口の約86パーセントを占めている。そのほかの大きなモンゴル族グループは、中国の内モンゴル、新疆ウイグル自治区、青海省、甘粛省を中心に分布しており、中国東北部の各省に人口約250万人のホルチン、およそ180万人のハラチン、推定75万人のチャハル、約30万人のオルドス（またはトゥメト）に20万人程度のバイリンにくわえて、小さなグループも多数存在している。モンゴル語にはいくつもの方言区分があり500万人から600万人の話者がいる。モンゴル国ではハルハ方言が公用語となっており、キリル文字でも表記されるが、ソーシャル・ネットワーキングにより適した改良ラテン文字で書かれることも多くなっている。内モンゴルの方言群は、ソヨンボと呼ばれる伝統的なモンゴル文字で表記される。中国当局は、一般に南部のモンゴル語として知られるチャハル方言に基づいて、中国で話されている方言の文学標準を作成した。歴史を通して、モンゴル民族は呪術師、夢の解釈者、そして生者の世界と霊界のあいだの仲介者という役割をあわせもつシャーマンと精霊への信仰に基づく信仰体系を発展させてきた。一部の地域では、祖先にいけにえを捧げたり、太陽や月、自然を特別に崇拝したりといったモンゴルのシャーマニズムの名残が今も見られる。チベット仏教のラマ教は、16世紀にモンゴル部族のあいだに広がり、何世紀にもわたってモンゴル文化に強い影響を与えてきた。モンゴル国と中国の共産主義体制

下で、とくに中国では1949年以降、ラマ教の慣習や信仰が著しく制限された。モンゴル国で毎年開催されるチンギス・ハーンの祝祭は、同国の最大の祭典のひとつとなっている。1990年代以降、この祝祭は内モンゴルでもおこなわれるようになった。

中国の満州族の統治者らは、満州と同じく、モンゴル領土への漢族の移住を禁止した。これは、モンゴルの文化と方言が保持される一助となった。清王朝は軍事的、経済的手段だけでなく、他民族との結婚や同盟を通してモンゴル国を支配し続けた。外モンゴルでは封建領土と教会領の細分化が進み、封建貴族や聖職者はますます人びとの幸福を顧みなくなった。19世紀後半には、この地域に貧困が蔓延していた。1878年、深刻な人口圧力と肥沃な土地の不足を緩和するために、中国政府は国境地域を漢族の入植地に開放した。1880年代、90年代、内モンゴルへの移住にともない、散発的な暴力と広範な反発が起きた。1904年、内モンゴルでの抵抗運動は暴動に変わり、またたくまに地域全体に広がった。モンゴルの反乱軍は移民局や漢族の居住地を襲い、多くの死傷者が出た。激しい反中国活動は、革命によって中国と国境地帯の満州族支配が終わるまで続いた。清朝の崩壊にともない、チンギス・ハーンの子孫であるボグド・ハーンが外モンゴルの中国からの独立を宣言した。すでに多数の漢族が暮らしていた内モンゴルは、新たな中国共和国の一部のままだった。1915年、モンゴルの自治に反対していたロシア政府と中国政府は「キャフタ条約」を締結し、歴史あるモンゴルの領土を事実上両国間で分割した。内モンゴルでの蜂起は容赦なく制圧され、廃墟と化した地区もあった。ロシア革命後の1919年、中国軍がモンゴル国を占領する。ロシア内戦中、白軍がモンゴルに侵入し、中国遠征軍を破った。白軍の脅威を取り除くために、共産主義者、すなわち赤軍当局は、共産主義者によるモンゴル国家の樹立を支援することを決定した。新ソ連の後押しを受けて、共産主義モンゴル軍は旧外モンゴルを解放し、1921年に再度、モンゴル国家の独立が宣言される。宗教指導者であり、君主でもあったボグド・ハーンの死後、モンゴル人民共和国の建国が宣言された。1928年、ホルローギーン・チョイバルサンが共産主義政権の元首となった。彼はただちにソ連の政策にならってモンゴルの家畜の集産化を導入し、何百もの仏教僧院を破壊した。さらには新たな共産主義国家の脅威とみなした僧侶をはじめとする多数の人びとを殺害した。1930年代に入り、日本の侵略と1931年の隣

接する満州への日本軍の侵攻はモンゴルと中国の両政府を警戒させた。日本は内モンゴルでモンゴル民族主義を奨励し、モンゴルでは反共産主義モンゴル組織を支援した。日中戦争の結果、1938年に日本は内モンゴルを占領した。日本は傀儡政権を立てたが、第二次世界大戦での日本の敗北により崩壊した。1945年半ば、この地域を占領するために、モンゴル国からモンゴル軍が南進した。内モンゴルのモンゴル民族は解放者として軍隊を歓迎し、臨時政府を組織して、モンゴルとの統一に賛成票を投じた。中国では内戦のさなか、中国共産党軍がソ連のヨシフ・スターリンに協力を求めた。スターリンはみずからの影響力を行使して、モンゴル国と内モンゴルの統一を阻止し、モンゴル軍を中国領土から撤退させた。勝利をおさめた中国共産党は1947年に内モンゴルに進出する。共産主義下の民族政策により、名ばかりの内モンゴル自治区が創設された。文化的自治という当局のレトリックにもかかわらず、中国政府は南モンゴルの諸部族に同化・中国化を強要した。また、地域への漢族の移住は続いており、南モンゴルは自身の祖国で少数派という立場になった。1951年まで、南モンゴルの人口は2対1で漢族を上回っていたが、1957年には人口に占める割合は8人に1人となり、1980年にはこの地域の南モンゴルはわずか17人に1人にすぎなかった。おもに中国の脅威と拡張主義を打ち消す目的から、モンゴル国とソ連との密な同盟関係が結ばれたことで、ソ連モデルを忠実に模倣した社会が形成された。ソ連における出来事、とりわけ1980年代後半の緩和と1991年のソ連政権の崩壊は、モンゴルの政治に強い影響をおよぼし、平和的な民主革命と複数政党制、市場経済の導入につながった。内モンゴルでは、経済改革と厳格な共産主義教義の終焉が少数民族の南モンゴルの人びとに利益をもたらした。21世紀初頭、この地域は内モンゴルの豊富な天然資源の開発を中心に、急速な成長を遂げている。

もっと知りたい人のために

Inner Mongolian People's Party. Accessed July 31, 2013. http://www.innermongolia.org/english/index.html

Morgan, David. The Mongols. Hoboken, NJ: Wiley-Blackwell, 2007.

デイヴィド・モーガン『モンゴル帝国の歴史』(杉山正明、大島淳子訳、角川書店、1993年)

Rossabi, Morris. The Mongols: A Very Short Introduction. Oxford: Oxford University Press, 2012.

Sneath, David. Changing Inner Mongolia:

Pastoral Mongolian Society and the Chinese State. New York: Oxford University Press, 2000.

や行

ヤオ（瑶）族
Yao

　ヤオ（瑶）族（ミエン、キン・ムン、Byau Min、Pai Yao、Yao Min とも）は中華人民共和国が公認する民族集団のひとつ。アジアにおけるヤオ族の総人口は325万人で、そのうちの約270万人が中国に住んでいる。中国では、広西チワン族自治区の山岳地帯に国内のヤオ族の約60パーセントが集住しているほか、近隣の湖南省、広東省、江西省、貴州省、雲南省にも小規模なグループが分布している。中国以外では、東南アジアにもヤオ族の人口が多く、アメリカ、カナダ、フランス、ニュージーランド、ブラジルにも小さなコミュニティが存在する。ヤオ族は、モン・ミエン語族に属する諸方言を話す。ヤオ族の大多数は道教を信奉しており、少数の仏教徒とキリスト教徒がいる。

　ヤオ族の歴史は、約2000年前の中国の湖南地方にたどることができる。紀元前206年から後900年にかけて、ヤオ族は長江の中下流域から南の山岳地帯へと少しずつ移動していった。漢族から蛮族とみなされることが多かったヤオ族は、漢族のさまざまな言語・文化的伝統を徐々にとり入れ、そのうちの道教は彼らの宗教的信仰にも影響をおよぼした。10～13世紀のあいだにヤオ族の芸術、工芸、農業が急速に発展した。鉄製のナイフや藍染めの織物、石弓、織機などが、ヤオ族がつくったものとして認められている。時が経つにつれて、ヤオ族の多くは漢族の地主が所有する土地で農民として働くようになる。12世紀には、ヤオ族のほとんどは世襲の族長や首長の統治下に置かれていた。首長たちは中国の朝廷から任命されて、首都に送る税金や貢物の管理を任されていた。ヤオ族の多くは、1370年代に近隣のミャオ族（モン族）が起こした大規模な蜂起にくわわった。政府が要求する高額な税金の支払いを拒み、首長や地主の支配を受け入れることを拒否した先住民族を鎮圧するためにムスリムの軍隊が派遣された。1449年にもこの地域で反乱が勃発したが、またしても容赦なく制圧された。先住民族の土地の南部地域への漢族の流入は続き、散発的な反乱も続いた。17世紀中頃、ヤオ族の氏族グループがまず広東、広西、雲南に南下し、そこからベトナム、ラオス、タイ、ミャンマーへと移動した。14～17世紀にかけて、広西と広東のヤオ族は鉄製の道具を用いて、斜面に棚田や段々畑で米やさまざまな種

類の作物を栽培するようになった。彼らはまた用水路や溝を掘って、頑丈な樋(ひ)もつくり、高地の泉から生活用水や灌漑用の水を送った。

現代のヤオ文化は、ヤオ族と漢族との長年にわたる関係を反映している。ヤオ族の芸術、音楽、舞踊、手工芸品、宗教的信仰から、漢文化の影響がなおも続いていることが見てとれる。それはヤオ族の建築からも明らかで、典型的な家屋は木と竹を使って長方形に建てられている。地理的に離れているにもかかわらず、ヤオ族のいくつかの文化的特徴は広く共通している。彼らは父系血統と相続の原則に従い、必要に応じて相続人として男子を養子にしたり、婿を迎え入れたりし、娘には持参金の一部として家族の土地を分け与える。ヤオ族は一般的に、方言や居住地域の点から地元のグループと結婚することを好む。ヤオ社会は父系氏族グループで構成され、さらにリネージ（親族集団）に分かれている。これらの氏族や下位集団には伝統的な儀式と法的な機能があり、メンバーは相互扶助をおこなう。歴史を通して、氏族は地所などの財産を共有していたが、共産主義体制が敷かれて、すべての農地と森林地が国有となったことでそれも終わった。近年の経済改革や法改正により、多くのヤオ族がふたたび共同で土地を購入し、ともに働いている。ヤオ族は口頭伝承で有名である。広西チワン族自治区のヤオ族は今でも「掘りながら歌う」という共同協力の形態を実践している。歌うことは、求愛の儀式を含め、彼らの文化の不可欠な部分を形づくっている。通常、結婚は仲人、結婚仲介人をともなう正式な行事で、彼らが花婿候補の家族に代わって女性の親と取り決めをする。男性側の申し込みが受け入れられたら、花嫁の持参金の交渉に入る。伝統的なヤオ族の家族では、母親の兄弟が家族の事柄についての決定権をもつ。結婚の申し込みの一環として、母親の兄弟に結納(ゆいのう)が贈られることも多い。ヤオ族の結婚の習俗には、彼らが漢族の父系制をとり入れるまでおこなわれていた古来の母系制が反映されている。古くからヤオ族は多数の神々を崇拝し、自分たちの先祖を崇敬してきたが、現在ではほとんどの人が古代の宗教伝統の多くを含む初期の道教の一形態を信仰している。中国のヤオ族は、ミエン語群あるいはヤオ語群に属する多数の近縁の方言を話す。この語族には、密接に関連したヤオ語とモン語の方言が含まれ、どちらも中国でヤオ族と公式に識別されているさまざまなグループに話されている。中国における方言で最大のものが勉方言と金門方言で、小さなヤオ族のグループでは標敏方言や藻敏方言、一部の地域では

モン語の方言が用いられている。ヤオ族のほとんどは標準中国語も話したり、書いたりできる。

　世襲の首長と地主がヤオ族の農民を支配し、清朝はヤオ族の諸集団を領域ごとに分ける分割統治システムをとり、ヤオ族の首長を通してこの地域を統治した。ヤオ族の多くは、過酷な環境から逃れるために、1800年代半ばに川を南下してラオスやミャンマーに入った。古来の土地に漢族の農民が継続的に流入してくることも、ヤオ族の移住に拍車をかけた。清政府はヤオ族がアヘン貿易を拡大するために東南アジアに移ったと非難したが、ヤオ族のほとんどは耕作できる土地を求め、また中国の制度による虐待や重税から逃れるために国を去ったのである。フランスがラオスとベトナムを、イギリスがミャンマーを植民地支配したことで、それまでヤオ族の多くのグループを結びつけてきた伝統的な越境貿易とコミュニケーションがほぼ断たれた。中国のヤオ族と植民地支配下のヤオ族を分断するために、清朝はヤオ族の居住区に行政官を送り、皇帝への変わらぬ忠誠を保とうとした。1911年の辛亥革命で清王朝が打倒され、新しい共和政府は、ヤオ族の居住地域に対して清朝時代と同じ行政システムをとった。政府に忠実なヤオ族の首長に権限が委ねられ、彼らはほぼ無制限に権力を行使した。虐待や怠慢がヤオ族の地域に多数の争いをもたらし、ほとんどの人が数十年にわたる苦難を強いられた。ヤオ族の多くが反政府勢力や団体にくわわったが、その多くはソ連で訓練を受けた共産主義者が主導していた。第二次世界大戦中、政府も共産主義者も日本の侵略者と戦ったため、中国で激化していた内戦は一時的に終息した。だが1945年に内戦は再開され、1949年に共産主義者の勝利で終わった。1950～1951年にかけて、共産党幹部がヤオ族の居住地域にやってきて、首長の一族や裕福な農民、ほとんどの宗教指導者が排除された。当初、ヤオ族の農民に再分配された農地も、その後、森林とともに国有財産として集団化された。ヤオ族の農民は国家の従業員として国営の共同体で働くことを強制された。共産主義体制初期における行き過ぎた行為の数々は徐々に中国文化大革命の恐怖にとってかわった。1967年から1977年にかけて、ヤオ族の多くは紅衛兵師団の恣意的な支配にさらされた。多くの指導者を即時処刑され、寺院や祭壇が破壊され、多数のヤオ族が労働収容所や再教育収容所に送られ、そこで多くの人が命を落とした。1980年代に経済および政治改革が進められ、文化大革命の混乱がおさまり、私企業の復活を含め、数々の資本主義改革

が可能となった。伝統あるヤオ氏族の多くが再結集し、土地を購入したり、小規模な事業を立ち上げたりした。長年にわたる漢族との関係により、1990年代から21世紀にかけて、改革が山岳地帯にも広がり、おおぜいのヤオ族に繁栄をもたらした。

もっと知りたい人のために

Alberts, Eli. A History of Daoism and the Yao People of South China. Amherst, NY: Cambria Press, 2007.

Ethnic Groups. "The Yao Ethnic Minority." Accessed July 31, 2013. http://www.china.org.cn/e-groups/shaoshu/shao-2-yao.htm

Hamilton-Merritt, Jane. Hmong and Yao: Mountain Peoples of Southeast Asia. London: Survive, 1982.

Litzinger, Ralph A. Other Chinas: The Yao and the Politics of National Belonging. Durham, NC: Duke University Press, 2000.

ヤグノブ族
Yagnobi

ヤグノブ族（ヤグノビ、Yagnob、Yagnabi、Yaghnobiとも）は、タジキスタンのソグド州に集住するペルシャ語を話す民族グループである。ヤグノブ族は、おもにタジク人やウズベク人と同化した古代ソグド人の末裔と考えられている。ヤグノブ族は周辺のタジク人住民が話す西イランの言語ではなく、タジキスタンのパミール族やアフガニスタンやパキスタンのパシュトゥーン族が話す言語により近い東イランの言語を話す。推定2万5000人のヤグノブ族は、地中海沿岸地域の人びとと似た身体的特徴をもち、多くが白い肌と金髪に、青か緑色の目をしている。ヤグノブ族の大半はイスラム教スンナ派の信者で、少数がイスマーイール派を信奉している。タジク人の下位集団に分類されるが、ヤグノブ族は歴史的、文化的、言語的に異なる民族集団である。

古代のソグディアナは、長年にわたってペルシャのさまざまな帝国を北と東の遊牧民族から遮断していた辺境地域で、ソグド人の防衛の拠点となっていたのがソグディアナ岩、またはアリマゼスの岩と呼ばれる大きな要塞だった。この要塞は、紀元前327年に長期にわたる遠征を続けてきたアレクサンドロス大王の軍

隊によって占領された。ソグディアナは隣接するバクトリアとまとめてひとつの管轄領とされ、マケドニア軍が駐屯していた。ギリシャ軍に敗北してから、ソグドの軍事力が復活することはなかった。紀元前248年、ギリシャの勢力下でディオドトス1世がグレコ・バクトリア王国を創建し、王国は約1世紀のあいだ続いたが、ソグド人は紀元前150年頃に遊牧民のスキタイ族がこの地域を制圧するまで、ギリシャの支配下にとどまった。ソグド人は一大帝国を築き、紀元前2世紀に交易に目を向けて、ソグディアナから中国までの約2500キロにおよぶ広大な交易路網を確立した。シルクロードとして知られるこの交易路網は10世紀まで活躍した。ソグド語は、交易の場や交易路沿いの隊商の中継地で使われる主要な言語となり、中国東部からインド国境にいたるまで広く話されていた。6世紀はソグド文化の黄金期で、芸術、音楽、文学が大きく開花し、サマルカンドやブハラといったソグド人の主要都市には、壮麗な宮殿や公共建造物がたち並んだ。ソグド人の宗教であるゾロアスター教は、ソグド人の中心地や交易路沿いの地域の主要な宗教だったが、661～750年にかけて、アラブ系民族が中央アジアに侵攻するまでのことだった。アラブ侵略軍は、722年のムグ山の戦いでソグド人を破り、多くのソグド人がアラブの支配を逃れて高地の山間に住んだ。信仰熱心なムスリムのアラブ戦士たちは、低地におけるゾロアスター教とその信奉者の痕跡を残らず破壊した。ペルシャの征服とサーマーン朝の支配下で、低地のソグド人の多くが吸収された。数世紀のあいだに、ソグド人の氏族の多くはテュルク系民族と混血して現在のウズベク人の祖先となったか、周辺地域のペルシャ語を話すタジク人に同化した。高地に住むソグド人は、ヤグノブ渓谷に住んでいたため、ヤグノブ族と呼ばれるようになった。ヤグノブ族は、かなりの人数がイスラム教への改宗を強いられたにもかかわらず、外部の支配や影響力からほぼ隔絶された状態を保っていた。最終的に、ヤグノブ族はみなイスラム教を信奉するようになったが、ゾロアスター教の儀式や習慣の多くが彼らの宗教的慣習にとり入れられた。多数の学者が、ヤグノブ族の言語と文化が生き残ったのは、ヤグノブの高地におけるイスラム化が比較的遅かったからだと考えている。「ヤグノブ族は斧でイスラム教に改宗させられた」というタジクの言葉が、改宗が強制的なものだったことを物語っている。13世紀のモンゴル民族の中央アジア侵攻により、低地のオアシスにあるヤグノブ族の町や都市の多くが破壊された。17世紀には、

多数のヤグノブ族が低地のタジク人が集住する地域により近いヴァルゾブ渓谷に移住した。

ヤグノブ族の文化は、古代中央アジアでもっとも重要な国家のひとつに数えられるソグディアナ——大ソグド帝国としても知られる——の古代ソグド人の文化に由来する。何千年も前に高地に逃れ、閉ざされた山あいの地に住んできたソグド人は独自の言語と文化を維持することができたが、低地のソグド人は周囲の文化に同化していった。タジク人はヤグノブ族をしばしば迫害し、嘲笑的に"ガルチャ"と呼んだ。ヤグノブ族の多くが同化し、20世紀に入る頃には伝統的な言語を話せる低地のヤグノブ族はごくわずかとなったが、ヤグノブ族は独自の民族集団として存続してきた。タジキスタンに住む多くのヤグノブ族は、みずからの伝統を認識しているが、今日では、自分たちをタジク人と考えている。高地のヤグノブ族は、山間部の居住地が孤立していて近づきにくいため、言語と独特の文化を今日まで保ってきた。東ペルシャ語群に属するヤグノブ語は、地理的に分類される2つの主要方言、東部方言と西部方言で話されている。ヤグノブ族のほとんどは2カ国語を話し、タジク語とときにはロシア語の話者でもある。17世紀後半には、ヤグノブ語はサマルカンドとホジェンドのあいだの人口密集地域やフェルガナ渓谷を含む広い地域で話されていた。近年では、キリル文字で書かれたヤグノブ語が地域の小学校の教科にとり入れられている。ヤグノブ族のイスラム教の儀式や儀礼に関連する宗教的な慣行には、火の力を崇拝するなど、彼らがかつて信奉していたゾロアスター教の影響が多く見られる。

1820年代、ロシアの遠征隊がソグド（ソグディアナの意）と呼ばれるヤグノブ族の領域を訪れた。19世紀初頭、探検隊に同行した科学者たちは、ヤグノブ族の言語と文化が低地のタジク語と文化とは大きく異なることを初めて知った。1802年、かつてはウズベク人が支配するブハラ・ハン国に含まれていたソグド地域は、新たなコーカンド・ハン国の一部となり、1842年にはふたたびブハラの支配下に入った。この時期、ヤグノブ族はしばしば迫害を受け、発展の遅れた山岳民として侮蔑された。1866年、帝政ロシア軍が中央アジアに侵攻し、ヤグノブ族の居住区の一部が新たなトルキスタン総督府の管轄下に置かれ、北部地区はロシアの保護国ブハラに組み込まれた。1888年にカスピ海からサマルカンドまでをつなぐカスピ海横断鉄道が完成すると、低地のヤグノブ族はロシアの入植者とより密接に関わるようになり、ロ

シア人はこの小集団をタジク文化に同化させることを重視した。ヨーロッパで第一次世界大戦が勃発した1914年には、低地のヤグノブ族のほとんどはタジク人とみなされていた。1916年、人員を切実に必要としていた中央アジアの帝政当局は、低地のオアシスの町に住むヤグノブ族を含め、25万人を徴兵しようとした。その結果、大規模な蜂起が中央アジアの全領土に広がり、1917年にロシア革命の動乱にかき消されるまで続いた。直接的な影響はなかったものの、混迷と激動のなかでタジク人に対する迫害や没収などの虐待がおこなわれ、たいていが罰せられることもなく見過ごされた。1909年から1920年にかけて、ヤグノブ族の人口の約10パーセントが、領域内に絶えず蔓延する暴力と飢餓から逃げ出した。1920年のボリシェヴィキの勝利に続いて、新赤軍が中央アジアを占領した。低地におけるソビエト権力の強化のために、最初の共産党幹部が高地の渓谷に入ってくる1920年代後半まで、ヤグノブ族は隔絶されていた。大粛清の混乱のさなかに、共産主義者はあらゆる文化的、宗教的なもの、反体制派の指導者らを排除し、多くのヤグノブ族が追放されたり、故郷から遠く離れた強制労働収容所に送られたりした。1924年、ソビエト当局が民族の境界区分にしたがって中央アジアの国境を画定したときに、ヤグノブ族はその領土が新たなタジク人の国家に含まれていたにもかかわらず、別の民族集団とみなされた。ソ連の国勢調査では、タジク人総人口に占めるヤグノブ族の割合は約13パーセントだった。ヤグノブ族にとってきわめて衝撃的な出来事が1957年と1970年に起きる。人口の大半が強制移住させられたのである。山岳部の山あいに住むヤグノブ族は強制的に土地を追われ、ヘリコプターで、あるいはトラックやバスで低地の平原地帯のザファロボド地域に移動させられた。新しい入植地では、経済的に重要な綿花プランテーションで働くことを強要された。ヤグノブ族の一部は反乱を起こし、少数のグループが山へ逃げ帰ったが、大部分は罰せられ、奴隷のような環境で働かされ、低地に残った。逃亡したヤグノブ族が戻れないようにするために、共産主義当局は彼らの高地の集落である"キシュラク"を——モスクや寺院、最古のものは600年前にさかのぼる貴重なヤグノブ族の宗教書も含めて——破壊した。より大きな町や村は地図から消され、ヤグノブ族という民族はソ連当局によって正式に廃止された。それまで住んでいた地域と気候が大きく変わったうえに過酷な労働を強いられたことから、強制移住させられた者たちの多くが

死亡した。1983年、ソ連の支配が揺らぎ出すと、ヤグノブ族の家族が高地の山あいに戻り始めた。だが大半の人は平原に残り、子供たちはタジク語とロシア語だけを教えられていたため、少しずつ同化していった。1991年のソビエト連邦崩壊とタジキスタンの独立により、ヤグノブ族の一部は故郷に戻ることができたが、大多数はタジク人として低地にとどまった。1992年から1997年にかけてタジキスタンで内戦が起こると、交戦している両陣営から虐待や攻撃を受けてヤグノブ族の人口はさらに減少した。ヤグノブ族の言語と文化を保護する取り組みが進められ、今日のヤグノブ族の大部分はザファロボド周辺とタジキスタンの首都ドゥシャンベに集住しているが、ヤグノブ族とその生活様式、そして消滅の危機に瀕している言語を守るためにヤグノブ渓谷を保護区域とするという考えが多くの支持を集めている。

ヤグノブ自然民族誌公園

1991年、ヤグノブ文化の伝統的な中心地で、隔絶されたヤグノブ渓谷に自然および民族学的な特定地域を確立するための実現可能性調査が開始された。この公園の計画は1992年から1997年にかけてのタジキスタン内戦中は中断されたものの、その後、再調査され、タジキスタン国内と国際機関の両方で取り組みが始まった。2007年、いくつかの政府および団体が、ヤグノブ文化を保護し、過放牧などの環境破壊活動を防止し、持続可能で責任ある観光開発を促進する公園の実現可能性に関する詳細な報告書を作成した。報告書は、主要な課題はヤグノブ族の生活環境を改善することだと結論づけている。

もっと知りたい人のために

Beckwith, Christopher. Empires of the Silk Road: A History of Central Asia from the Bronze Age to the Present. Princeton, NJ: Princeton University Press, 2011.

Boulnois, Luce, and Helen Loveday. Silk Road: Monks, Warriors and Merchants. Hong Kong: Airphoto International Ltd.,

2005.

Krader, Lawrence. Peoples of Central Asia. London: Routledge, 1997.

ユカギール族
Yukaghir

ユカギール族（オドゥル、ヴァドゥル、Jukaghir、Walud、Detkil、Dutke、Dutkil、Buguchとも）は、シベリアの民族で、おもにサハ共和国とシベリア北東部のマガダン地方に居住している。約1500〜2000人とされるユカギール族は、ツンドラ・ユカギール語とコリマ・ユカギール語という2つの関連する方言を話すが、現在はほとんどの人がロシア語かサハ語（ヤクート語とも）の話者である。ユカギール、エヴェン、コリヤーク、ロシア系の混血の近縁民族であるチュクチ地方のチュヴァン族も含めると、総人口は4000人近くになる。ユカギール語は、知られている言語との関連性は確認されていないが、一部の学者はこの言語がウラル諸語と遠い関係があると考えている。ユカギール族のほとんどは公式にはロシア正統徒だが、伝統的なシャーマニズムの儀式や慣習も継承している。

歴史的に、ユカギール族はバイカル湖沿岸のシベリア諸民族の一部をなし、シベリア南部に起源をもつと考えられている。かつてのユカギール族は人口もはるかに多く、西のレナ川下流域から東のアナディリ川の中・上流域にいたるシベリア北東部の広大な領域に居住していた。ユカギール族の土地には、レナ川以東のベルホヤンスク山脈の南に位置する北極地域のタイガとツンドラ地帯が含まれていた。ユカギールの諸氏族は、狩人や猟師、トナカイ遊牧民として暮らしていた。文化および言語的なつながりをもちながらも、ユカギール族は広大な地域に広がり、さまざまな部族や氏族に分かれていた。12〜13世紀にかけて、エヴェンキ族とエヴェン族の祖先であるツングース系民族がバイカル湖近くの山地にある領域から北シベリアに侵攻してきた。ツングース系の侵略者は、おそらくヴィリュイ川とアルダン川下流域でユカギール族と衝突した。ユカギール族の多くはさらに北のヤナ川、インディギルカ川、コリマ川、アナディリ川の上流域に移るか、北の森林やツンドラに逃げ込んだ。一部の氏族は伝統的な土地に残り、少しずつツングース族の入植者と混ざり合った。17世紀末には、ユカギール族の人口は約9000人に減っていたが、なおも広大な土地を支配していた。ほかの民族集団、とくにエヴェン族との経済競争や、ヨーロッパロシアから来た探検家や交易商が

シベリアにもちこんだ天然痘（てんねんとう）の流行により、地域が荒廃し、ユカギール族の衰退は続いた。17世紀後半、コサックの哨戒隊に率いられたロシアの探検隊が初めてユカギール族の土地に入った。探検隊は、この地域には毛皮動物をはじめ、狩猟動物、魚類が豊富に生息していると報告した。ロシアの植民地化の初期に、ユカギールの部族グループであるチュヴァン族らがレナ川の東からアナディリ川までの領域を占領した。1669年と1691～1694年に天然痘と麻疹（ましん）が蔓延し、ユカギール氏族の多くが消滅した。エヴェン族との武力紛争、その後のロシアのコサックとの武力衝突により、ユカギールの多数の氏族が殺された。夫が妻の部族や氏族に養子縁組する妻方居住婚の習わしは、混血の民族集団の形成につながり、最終的にユカギール族の一部の部族が消滅したり、ほかの部族と融合する結果となった。西部地域では、多くのユカギール族がエヴェン族と同化したが、東部では18世紀にコリヤーク族またはチュクチ族の言語と文化をとり入れた。ユカギール族の人口は、ヨーロッパの病気の蔓延、内部抗争、近隣民族との紛争、そしてロシアの残忍な植民地政策によって減少の一途をたどった。植民地化はユカギールのトナカイにも影響をおよぼした。いくつかの病気が多くの群れに死をもたらし、野生のトナカイの従来の移動ルートも通れなくなった。

ユカギール族はロシア連邦でもっとも規模の小さな民族集団のひとつである。伝統的に、ユカギールは居住地域によって2つのグループに大別される。ひとつは、サハ共和国のコリマ川上流部とその東に隣接するロシアのマガダン州に住むグループでタイガ・ユカギールと呼ばれることが多い。もうひとつのツンドラ・ユカギールは、コリマ川とインディギルカ川のあいだにあるサハ共和国のコリマ川下流部に居住している。この2つのユカギールのグループは、近隣の大規模な民族グループ、とくにサハ人とロシア系民族の集団と混住している。ここ数十年のあいだにも、マガダン地域のコルコドン・ユカギールをはじめとするユカギール諸氏族が、ユカギール族としてのアイデンティティを失い、地域の民族と同化している。現在、存続している3部族は、サハのネレムノエ村のオドゥル族、マガダンのアンドリューシキノのヴァドゥル族、そしてアナディリ川地域のチュヴァン族である。チュヴァン族は、祖先が混血であることとチュヴァン語が消滅したことから、別の民族集団とみなされることもある。ユカギール語は、ツンドラ・ユカギールとコリマ・ユカギールと呼ばれる2つの異なる地域方言で構成され

ているが、多くのユカギール族が現在はロシア語かサハ語を第一言語として使用しているため、深刻な消滅の危機に瀕している。また、この2つの方言は相互に理解できない。ユカギール語は、周囲のどの言語グループとも明確な関連が見られない、孤立した言語とみなされている。ユカギール族の大多数は名目上ロシア正教会の信者だが、キリスト教以前のシャーマニズム信仰の多くを保持している。その伝統的な信仰では、祖先の霊にくわえ、火、太陽、狩猟、大地、水の精霊が崇拝される。精霊は自分たちの守護者でもあり、敵でもあるとユカギール族は信じている。ユカギールの太陽崇拝では、太陽はもっとも崇高で、最上位の審判としてあらゆる争いを裁くとされている。死者の霊は「影の王国」に行き、そこでユカギール族を見守り、助け続ける。かつてはどの氏族にも"アルマ"と呼ばれるシャーマンがいて、彼らは治療師でもあり、宗教的指導者でもあった。

19世紀、ユカギールの諸氏族は絶望的な状況に置かれていた。昔からの狩猟地や漁場は入植者や近隣の民族グループに奪われ、彼らのシャーマニズム信仰が政府から弾圧されて古来の文化的習慣が廃れてしまった。公式な政策でロシア正教会への強制改宗がおこなわれた。飢餓、病気、武力紛争により、ユカギール族の人口は減少の一途をたどった。20世紀に入る頃には、ユカギールの多くの氏族が消滅するか、近隣民族に同化して姿を消した。ユカギール氏族の大部分は自分たちの住む土地への帰属意識はあったが共通の文化や同じ言語の方言をもつ人びとの集団で構成された大きな民族集団という概念はなかった。1920年にソ連の統治が始まり、生き残ったユカギール人に大きな変化がもたらされた。ソビエトの行政官が資源管理を監督し、ユカギール族の土地で周期的に続いていた飢餓がなくなり、毛皮を買い叩くなどの狩猟部族への搾取も禁じられた。1929年、毎年恒例のトナカイの大移動が終わると、ソ連当局はトナカイの繁殖と毛皮狩猟の共同体としてユカギール族を再編した。1931年にユカギール族の子供たちが初めて学校に通い、その後の10年間で非識字はほとんど解消された。第二次世界大戦中の1940年代初頭、多くのロシア人とすべての工場が激戦地から離れたこの地域に移された。1950年代、タイガ・ユカギールの大半は集団農場に入り、菜園と家畜の囲いがあるロシア風の丸太小屋で暮らしていた。ツンドラ・ユカギールの大多数はロシア系、チュクチ族、エヴェン族が混合する共同体でトナカイの牧畜、狩猟、漁撈を営んでいた。古くは新石器時代にさかのぼるユカギール族の

狩猟・漁撈の手法の多くが、現代的な方法に置き換えられた。彼らの宗教的信仰も、公式に無神論を標榜するソビエト国家によって禁止された。教育や行政、出版に用いられる言語はロシア語となり、多くのユカギール族の第一言語にもなった。そのほかに、話者の多いサハ人の言語をとり入れた人びともいた。ソ連の公式政策である文化のロシア化が、すでに脆弱だったユカギールの文化と言語に追い打ちをかけた。1991年にソビエト政権が崩壊すると、生き残ったユカギール族にふたたび変化が訪れる。狩猟民、漁師、牧畜民としての彼らの生業は変わらなかったが、共同体は地方行政のもとで氏族地区に転換された。1992年には、ユカギール族の諸問題について助言するためのユカギール長老評議会が設立された。21世紀に入ると、ユカギール語を復活させようという運動が始まった。ユカギール族のグループ間の接触が増えることで、彼らを結びつける共通の文化と歴史が再確認された。ユカギール族は彼らの歴史のなかで初めて、自分たちを共通の過去をもつひとつ民族集団として認識するようになったのである。

もっと知りたい人のために

Berthier-Folgar, Sheila Collingwood-Whittick, and Sandrine Tolazzi, eds. Biomapping Indigenous Peoples: Towards an Understanding of the Issues. Amsterdam: Rodopi, 2012.

Forsyth, James. A History of the Peoples of Siberia: Russia's North Asian Colony 1581-1990. Cambridge: Cambridge University Press, 1994.

ジェームス・フォーシス『シベリア先住民の歴史 ロシアの北方アジア植民地1581-1900』(森本和男訳、彩流社、1998年)

Vahtre, Lauri and Viikberg, Jüri. The Red Book of the Peoples of the Russian Empire. "The Yukaghirs." Accessed July 31, 2013. http://www.eki.ee/books/redbook/yukaghirs.shtml

Willersley, Rane. Soul Hunters: Hunting, Animism, and Personhood among the Siberian Yukaghir. Berkeley: University of California Press, 2007.

ユグル（裕固）族

Yugur

　ユグル（裕固）族（ユーグ、Yogir、Ya Lu、Yuku、Yellow Uyghur とも）は、中華人民共和国が公式に認定する 56 の民族集団のひとつである。この民族集団は、モンゴル語の方言を話す東部ユグル族と、テュルク語を話す西部ユグル族の 2 つのグループで構成されている。どちらのグループも内モンゴルのすぐ南に位置する河西回廊地帯に住んでおり、人口は合わせて約 1 万 5000 人とされる。ユグル族の半数以上がチベット仏教の信者で、少数の者が伝統的な精霊信仰を守っている。

　ユグル族は、自分たちが初期の遊牧民族の末裔だと信じている。彼らの祖先が初めて言及されたのは 618 年から 907 年にかけての中国の唐代の記録で、西モンゴルの草原に住む部族グループとされている。700 年代後半にウイグル系民族の支配下に入り、ウイグル帝国やウイグル可汗国とも呼ばれる広大な帝国、回鶻を構成する部族のひとつになった。回鶻は 840 年に崩壊し、モンゴル西部の諸部族は独立状態となった。860 年、例年にない大雪に見舞われたうえ、北方のキルギス人による攻撃やユグル族の貴族同士の争いも重なり、彼らはやむなく故地を逃れて甘粛へと南下する。その後、一時的にチベット族に服属するが、離反すると肥沃な低地の広大な地域を占領した。870 年に、彼らは甘州ウイグル王国を建国する。中国の記録によると、30 万人以上の人口を抱え、シルクロードの隊商路で繁栄したという。テングリ信仰と呼ばれるテュルク系民族のシャーマニズムの一形態を信奉し、そのほかに仏教を信奉する者もいた。西方の近縁のウイグル族とは異なり、イスラム教に改宗することはなかった。1028 〜 1036 年の血で血を洗う戦争ののち、甘州ウイグル王国は征服され、タングート王朝の支配下に置かれた。1227 年、モンゴル軍がこの地域に侵攻し、モンゴルの部族のひとつがテュルク語を話すユグル族と共住し、混血したが、モンゴル語が失われることはなかった。時が経つにつれて、この 2 つのグループは融合し、2 つの言語と大きな文化の違いを有するひとつの民族を形成した。11 〜 16 世紀にかけて、西部地区のユグル族の多くがより大きなウイグル族に同化した。漢族の明王朝の統治下で辺境地域の情勢が不安定になったため、残っていたユグル族の一部はさらに東への移動を余儀なくされた。東に移住した人びとがモンゴル語をもち込み、それが日常生活の言語となった。西部に残った人びとはテュルク語を保持し

つづけたが、どちらのグループもユグルを自称した。東に移ったユグル族は、近隣の漢族のようにしだいに農業を営むようになったが、西のユグル族は伝統的な家畜の飼育と狩猟生活を続けた。彼らは数世紀のあいだ中国の緩やかな統治下にあったが、1696年に最終的に中国の満州族の帝国に組み込まれた。清王朝はこの地域における支配を強化するために、ユグル族を7つの部族に分けて、それぞれの族長と部族全体を統括する長を任命した。ラマ教としても知られるチベット仏教は多くのユグル族に受け入れられ、各部族に独自の僧院があった。

2つのユグル族のグループには歴史、言語、宗教的な相違があるものの、ユグル文化は伝説や民話、ことわざ、物語詩といった豊かな口頭伝承など、多くの共通要素を保持している。ユグル族は、絨毯やバッグ、馬具などに美しい模様を織りこむ熟練した織り手として名高い。彼らの民族衣装は襟や袖、布製のブーツにほどこされた刺繍で知られている。昔ながらの生業が今もユグル族の日常生活の中心にあり、東部のグループではおもに農業が、西部では牧畜が営まれている。過去数十年間で、羊毛の刈り取りが機械化され、家畜が改良され、放牧地がより有効的に活用されるなど、彼らの牧畜は大きな変化を遂げている。かつては乾燥した牧草地だった広大な地域を灌漑し、家畜の群れに水を与えるために貯水池が建設され、池が掘られ、地下水源が利用されている。そのほかにもうひとつ重要な経済活動が、1958年に創設された大規模な集団農場を中心に展開された。ここでは、角と麝香が珍重される野生の鹿の家畜化がおこなわれた。ユグル族は、2つの異なる言語を話す。ひとつはシベリア・テュルク諸語に属する西部ユグル語で、もうひとつはモンゴル語族のシロンゴル・モンゴル語の東部ユグル語である。どちらの言語もテュルク系ウイグル語の話者には理解できない。ユグル族の多くは標準中国語を話し、2つのグループ間のコミュニケーションでもよく使用されている。彼らの宗教の言語であるチベット語を話す少数のグループもいる。現在、ユグル族の大多数はチベット仏教を信奉しており、ダライ・ラマを彼らの宗教的信仰の指導者として尊崇している。そのほかの人びとは、名目上は仏教徒であることが多いが、テュルク系のシャーマニズムであるテングリ信仰という伝統的なシャーマニズム信仰を保持している。

19世紀には、ラマ教がユグル族の領域に広まった。ラマ僧たちは部族の重要な問題に対して、ユグル族の首長や族長と密に協力して取り組んだ。一部の地域

では、仏教と政治が深く結びつくようになった。僧院には、司法の機能をあわせもつ独自の封建的統治システムが見られた。また、僧院はしばしば寄付や無償の労働を強制し、多くの子供に僧侶になることを強要した。信仰のための寄付は各家庭にとって年間で大きな出費となった。僧院とユグル族の首長たちの横暴によって、大多数のユグル族が農場や家畜の群れからのわずかな収入に頼って貧困のなかで暮らすことになった。20世紀に入っても、この地域には近代的な道路も川にかかる橋もなかった。ユグル族は、中国の多数の民族集団のなかでもっとも孤立した民族のひとつだった。1911年の辛亥革命により、帝国による緩い支配は終わったが、僧院や首長の統治はこれまでと変わらなかった。1949年に中国の共和制を終わらせた共産主義革命は、この地域に急激な変化をもたらした。1954年、2つの別々のグループのための自治県と民族郷が設立され、その後、正式にひとつの民族集団として認定された。ユグル族の居住地域はほぼ知られることなく、何世紀にもわたって外界から隔絶されていたが、1963年に彼らの地域を通る鉄道、蘭新線が完成する。1967〜1977年の行き過ぎた中国文化大革命の時代、外界との接触を増やすことは困難だったが、1980年代に経済・政治改革が始まると、ユグル族は何世紀もの歴史ある文化の多くを取り戻し、2000年には農場、牧畜、伝統的な生産品の貿易でささやかな繁栄を謳歌していた。

もっと知りたい人のために

Olson, James S. An Ethnohistorical Dictionary of China. Westport, CT: Greenwood, 1998.

West, Barbara A. Encyclopedia of the Peoples of Asia and Oceania. New York: Facts on File, 2008.

Xiaoming, Xiao. China's Ethnic Minorities. Beijing: Foreign Languages Press, 2003.

ユピック
Yupik

ユピック（ユピク、ユイット、アジア・エスキモー、シベリア・ユピック、Yoitとも）は、シベリア北東部のチュクチ半島と、本土から約60キロほど東に位置するアラスカ州のセントローレンス島に住む北極圏の民族。シベリアにはユピックの人口のうち最多の約1200〜2000人が居住しており、アメリカにもおよそ1000人の住民がいる。ユピックは、シベリアと北アメリカの北極圏で話されているエスキモー・アレウト語群に属する

中央アラスカ・ユピック語を話す。彼らは伝統的なシャーマニズムと霊界の信仰を継承している。

イヌイット、ユピック、アレウト族の共通の祖先はシベリア東部に起源をもち、約1万年前にベーリング海峡地域に到達したと考えられている。およそ3000年前、ユピックの祖先は北方海洋系の文化的適応のきわめて効率的なシステムを発達させた。北極圏下のユピックの居住地域には、厳しい冬の時期に利用する地域と、北極海沿岸の夏の野営地があった。南で定住生活を送るチュクチ族との長年にわたる関わりは、ユピックの物質文化、社会組織、精神生活に大きな影響を与えた。ユピックとトナカイを飼育するチュクチ族のあいだでは、領土や資源をめぐって武力紛争が頻発していた。遊牧民のユピックはおもに海洋動物の狩猟と漁猟に従事し、徐々にかなり上流まで川をさかのぼっていった。セントローレンス島にも定住していたわけではなく、気象条件や海洋動物が捕獲できるかによって土地を離れる期間もあった。飢餓は日常的で、資源の減少によって消滅した集団(バンド)もあった。17世紀に探検家たちがやってきて、ベーリング海峡地域の海岸や島々の地図を作成した。以来、最初はロシア人、その後はアメリカ人との接触が始まった。1640年代からロシアの植民地化が進められると、ユピックは貴重な毛皮というかたちで税の支払いを強いられ、さらにはヨーロッパの病気ももち込まれた。1725年、ロシア皇帝ピョートル大帝はデンマーク生まれのロシアの探検家ヴィトウス・ベーリングにシベリア北東部沿岸の調査と先住民族の征服を命じた。1728年、ヴィトウス・ベーリングはユピックがシヴカックと呼ぶセントローレンス島を訪れる。列強諸国、なかでもアメリカとイギリスがこの地域に関心をしめしたことから、ロシアは1785年にチュクチ半島、諸島、アラスカ西岸の地図作成のために探検隊を派遣した。ユピックの集団(バンド)の数々がアメリカやイギリス、ロシア、ノルウェーをはじめとする欧米諸国の人びとと交易をおこなっていたが、キリスト教の導入や、ユピックに対する支配力を強化しようとするヨーロッパ人の試みはほぼ拒絶された。

ユピックの文化は、居住環境の季節の変化に応じて狩猟民や漁師として半遊牧生活を送る彼らの伝統的な生活様式に基づいている。海洋哺乳類、とくにアザラシやセイウチ、数十年まではクジラの狩猟が文化の基盤をなしていた。植物や果実の採集が食生活に多様性をもたらしていたが、今日では店で購入する市販の食品で補っている。伝統的に、ユピックは

春と夏のあいだは漁場の野営地で過ごし、冬季はほかの集団(バンド)と一緒に定住集落で暮らした。ユピック族は豊富な木材と流木を利用して、男性用と女性用に分かれた定住用の冬の住居をつくった。男性が共住する"カジキ"は、儀式や祝祭の際のコミュニティ・センターとしても使われ、冬のあいだに少年たちに道具やカヤックの作り方を教える一種の学校のような役割も果たしていた。女性用の住居"エナ"はもっと小さく、ほとんどが芝でつくられていた。通常はカジキの隣に建てられ、トンネルでつなぐこともあった。女性用の住居では、集団(バンド)の少女たちが裁縫や料理、織物を教わった。伝統的な冬の住居である"ヤランガ"は、木の棒を骨組みにした丸いドーム型の住居で、現代のヤランガは皮ではなく布地で覆われている。ユピックの村落は通常、血縁や結婚でつながった300人もの人びとで構成されていた。ユピックは、人は実際に死ぬのではなく、死んだ人の魂は次の世代の新生児として生まれ変わり、生命のサイクルは続いていくと信じている。この誕生、死、転生のサイクルは動物にもあてはまる。シャーマンは霊の世界との仲介者の役割を担い、彼らの信仰体系のさまざまな霊や魂、存在と交信した。ユピックの伝統的な儀式や慣習の多くはキリスト教の伝統と混ざり合っているが、今も善と悪の両方の精霊に対する信仰が続いている。ユピックの言語は、エスキモー・アレウト語族のユピック語群に属する中央アラスカ・ユピック語／ベーリング海峡ユピック語に分類される。ロシア、シベリアのチュクチ半島とアメリカ、アラスカ州のセントローレンス島で話されており、シベリアでは話者が急速に減少しているが、近くのセントローレンス島のユピック住民はほぼ全員がこの言語を話す。

19世紀初め、ユピックとヨーロッパ人との接触はわずかで、そのほとんどは交易だった。ロシアは毛皮税を課そうとしたが、ユピックの集団(バンド)が遠く離れた地にいる君主に敬意を払うことを拒否したため、武力抵抗に発展した。1822年、ロシアのコサックが半島にいくつかの交易所と要塞化した拠点をつくったが、ユピックとヨーロッパ人との関わりはまだ少なかった。1867年にセントローレンス島を含むアラスカがアメリカに売却されると、交易の機会が増えた。ロシアとアメリカの商人や交易業者らが競い合った結果、ユピックはボートや銃などの近代的な品物や道具を手に入れることができた。ロシアとアメリカの領土の境界地域に住んでいたユピックが、どちらかに服属することはなかった。1920年にソビエトがロシアを掌握すると、ユピック

の生活は急激に変化した。1923年、ソ連の幹部たちがチュクチ半島にやってきて、ユピックが昔からおこなってきた民間交易が禁止された。狩猟民や猟師はソ連の共同体に強制加入させられた。1931年、民族の多様性を支援するというソ連の短期間の試みの一環として、この地域のユピックは「ユイット」と改称され、最初のユピックの民族集落が設立された。1938年までに、ユピックの大多数は国家の従業員としてトナカイ牧畜や毛皮狩猟をおこなう共同体に再定住させられた。1925年に最初の学校が開校され、1928年には政治啓発センターが設立され、ユピックは文化的に進歩した。ソ連による非ロシア民族集団への短期間の支援のあと、公式な政策はあからさまな植民地主義と、よりすぐれたソビエト文化への同化政策に移行する。1930年代後半にソ連とアメリカの関係が悪化したため、チュクチ半島のユピックとセントローレンス島のユピックの接触は減少した。両国が消極的な同盟関係を結んでいた第二次世界大戦中もつながりは続いていたが、1949年にソ連当局によって突然禁止された。1958年とその後の1971年にも、地域における辺境軍の活動を容易にするためにユピックの集団がチュクチ半島の内陸地域に追放された。ユピックの定住地域は多民族集落の一部となり、行政、教育、出版の言語にはロシア語が用いられた。ロシア文化への同化により、古来の多くの伝統が廃れ、ユピックの若者はロシア語を話して育った。1991年のソ連崩壊後、計画経済が終わり、ある種の資本主義がこの地域にも到達した。今日、ロシアに住むユピックは職もなく、文化的なルーツももたず、多くが希望も失い、病気や乳児死亡率、アルコール乱用といった深刻な問題を抱えながら、ほとんどが国の緊急支援を受けて暮らしている。

もっと知りたい人のために

Burch, Ernest S. Jr. The Eskimos. Norman: University of Oklahoma Press, 1988.

アーネスト・S・バーチ Jr『図説エスキモーの民族誌』(スチュアート・ヘンリ訳、原書房、1991年)

Forsyth, James. A History of the Peoples of Siberia: Russia's North Asian Colony 1581-1990. Cambridge: Cambridge University Press, 1994.

ジェームス・フォーシス『シベリア先住民の歴史 ロシアの北方アジア植民地 1581-1900』(森本和男訳、彩流社、1998年)

Slezkine, Yuri. Arctic Mirrors: Russia and the Small Peoples of the North. Ithaca, NY: Cornell University Press, 1996.

ら行

ラフ（拉祜）族
Lahu

　ラフ（拉祜）族（Lahuna、Launa、Mussuh、Muhso、Musso、Massur、Masur、Co Sung、Co Xung、Guozhou、Kha Quy、Khu Xung、Kucong、Kwi）は、中国南部の雲南省の山岳地帯およびミャンマー、ベトナム、タイ、ラオスの近隣地域に居住する民族集団である。ラフ族の総人口75万人のうち、推定45万5000人が中国に住むとされる。ラフ族は中華人民共和国が公認する56の民族のうちのひとつで、その言語はチベット・ビルマ語族のロロ語派に属し、雲南省瀾滄ラフ族自治県の公用語となっている。ラフ族は伝統的に、さまざまな神々や精霊を崇拝する精霊信仰を受け継いでいる。中国のラフ族の多くは、近隣民族の仏教をとり入れている。

　ラフ族の祖先は、雲南省のサルウィン川上流域に起源をもつと考えられている。ラフ族の伝説によると、彼らの祖先は狩猟民で、アカシカを追っているときにシャン高原地域の青々とした草原を見つけて南下していったという。初期のラフ族は部族グループで生活しており、部族内での争いも多かった。より強い民族に少しずつ肥沃な草原地帯から追い出され、ラフ族は人里離れた山間部に住むようになる。7世紀に、侵攻してきたタイ民族が高原地帯を支配下に置いた。ラフ族は、自分たちの領域が脅かされるたびに山中の拠点へと退いた。8世紀、雲南に南詔国が台頭し、ラフ族はさらに南へと追いやられた。9世紀には、漢族が雲南のラフ族への支配力を強めるなか、ビルマ民族が南から侵攻してきた。多くの場合、ラフ族は伝統的な生活様式を続ける見返りに、中国当局に貢物を納めていた。14世紀、大乗仏教の僧侶がラフ族の住む高地にやってきて、その多くを低地の宗教に改宗させた。15世紀から17世紀にかけて、ラフ族は幾度か農民の蜂起——たいてい仏教僧が率いていた——にくわわったが、清朝の軍隊によって弾圧された。18世紀初めには、中国のラフ族はすでに現在の居住地域に住んでいた。近隣の漢族と傣族の封建制度の影響を受けて、彼らの慣習や伝統の多くもとり入れた。その影響下で、ラフ族の大部分は中国の官僚、地主、富農が支配する封建的階層で農民として定着した。ラフ族のほとんどは貧しい農民、もしくは小作人として、標高の高い辺鄙な土地に暮らしていた。

　ラフ族の文化は国境で分断されている

ものの、居住地区全域で基本的には同じである。地理と民族衣装の色に基づいて、大きく4つに分かれている。ラフ・ナ族（黒のラフ）、ラフ・ニ族（赤のラフ）、ラフ・シ族（黄のラフ）、ラフ・シェレ族だ。この4つのグループは、おもに雲南省の瀾滄江沿いの高地にある小さな村落に住んでいる。伝統的にラフ文化は父系で、財産は男系に受け継がれていく。高床式の大きな家に拡大家族が同居していることが多いが、近年は伝統的な生活様式が大きく変わりつつある。ほとんどのラフ族は結婚相手を自由に選ぶことができるが、漢族の影響が色濃い地域では見合い結婚が一般的だ。ラフ族の言語は、チベット・ビルマ語族のロロ・ビルマ諸語のロロ語派またはイ語派に属する。ラフ語は、中国語の諸方言と同じく、7つの異なる母音をもつ声調言語である。漢族と傣族の文化の影響を大きく受けているため、ラフ族の多くが第二言語として標準中国語や傣語も話す。また、大多数が伝統的な精霊信仰を保持している。この多神原始宗教は、すべての神々とあらゆる生き物に宿る精霊を司る最高神のグシャを中心に展開されている。少数派となる仏教徒もかなり存在し、そのほとんどは仏教以前の祖先の慣習や信仰の多くを受け継いでいる。

19世紀には、ラフ族の大部分は村落に定住し、たいてい漢族や傣族の地主の管理下に置かれていた。ビルマから来たキリスト教宣教師が、この地域に西洋式の教育と新たな思想をもたらした。地主の抑圧はしばしば衝突や地域の暴動を引き起こし、処罰や中国軍の介入につながった。部族としてのアイデンティティは、しだいに雲南高地に住む文化・言語的に関連する多くの部族を包括した、より大きな民族グループという概念に移っていく。第二次世界大戦中、ラフ族の勇猛な戦士たちは前線の背後でゲリラ部隊として日本軍を苦しめた。戦争が終わる頃には、中国政府と共産主義の反政府勢力との武力衝突は国共内戦にまで発展し、雲南の非中国系民族グループもひんぱんに巻き込まれた。1950年代には、雲南のラフ族は隣国ビルマでビルマ系民族の支配に抵抗していたラフ族の反乱軍にしばしば援助を送っていた。内戦が共産主義者の勝利に終わると、共産党幹部がこの地域にやって来て、ラフ族の村々は農民や猟師、さらには女性までもが中国国家のために働く共同体に再編された。1980年代、新しい経済法により、多くのラフ族が自営を始めたり、農業共同体を出て自分の土地で働くことができるようになった。1990年代にはこの地域に穏やかな繁栄が広がった。近隣諸国に住むラフ族との新たな交流が文化の復

興をもたらし、21世紀に入っても続いている。

もっと知りたい人のために
Gall, Timothy L. Worldmark Encyclopedia of Cultures and Daily Life. Farmington Hills, MI: Gale, 2009.

Lewis, Paul, and Elaine Lewis. Peoples of the Golden Triangle. London: Thames and Hudson, 1984.

The People's Daily Online. "The Lahu Ethnic Minority." Accessed July 30, 2013. http://english.people.com.cn/data/minorities/Lahu.html

Walker, Anthony R. Merit and Millennium: Routine and Crisis in the Ritual Lives of the Lahu People. New Delhi: Hindustani Publications, 2003.

リー(黎)族
Li

リー（黎）族（サイ、Hlai、Say、Saiとも）は、中国本土の南海岸沖に位置する海南島に居住する大きな民族集団。人口は推定130万人で、中華人民共和国が公認する56の民族のうちのひとつである。リー族はリー語と呼ばれる独自の言語を話す。リー語はタイ・カダイ語族の主要な語派のひとつに属している。リー族の多くは今も伝統的な精霊信仰をもち、少数派となる上座部仏教徒は有力で数も多い。

唐の時代（619～907年）の歴史記録では、リー族は古代の越族の末裔とされている。越族は、紀元前204年から後111年まで、現在の中国本土の南海岸で栄えた南越という王国を築いた。漢王朝との衝突から戦争が勃発し、南越は滅ぼされた。多くの学者は、リー族は滅亡した王国からの難民だと考えている。彼らは避難を求めて海南島にやってきて、早ければ3000年前から島に住んでいた先住民族と混血したとされる。秦王朝の時代（紀元前221～前206年）より前から、漢族は農民、漁師、商人としてこの島に定住を始めた。続く紀元前206年から後220年までの漢王朝の統治下で、島を平定して県を置いて、中国の支配を強

化するために帝国軍が派遣された。7世紀、漢族の影響を受けて、リー族は古来の共同生活の形態を捨てて、貴族階級と強力な地主が管理する封建社会へと移行した。リー族の多くは、漢族やリー族が所有する広大な土地で農奴や小作人として働くことを強いられた。7～10世紀にかけて、島での中国の支配力が強化され、漢族の行政官が監督する22県からなる5つのリー族自治区が設置され、リー族の居住区域に対する中央政府の統制が拡大された。10～13世紀には大陸から稲作が導入され、水田の灌漑が発達した。熱帯気候に位置するため、リー族の農民は年間に4種の作物を生産できた。14世紀までに、島の土地の大部分は少数の地主の手に渡り、彼らは高利や法外な地代、貢物でリー族の農民を搾取した。リー族に対する抑圧は憤りを煽り、14世紀から17世紀半ばのあいだに18回の大規模なリー族の蜂起が起こり、17～19世紀初頭にかけては14回の深刻な反乱が生じた。

　リー族の文化は中国南部のタイ文化のひとつで、タイやラオス、ベトナムの一部に住む人びとの文化と関連している。伝統的にリー族は杞、哈、潤、賽（加茂）、美孚の5つの地域および言語的なグループからなり、それぞれが独特の文化的特徴と方言を有している。リー族は伝統的に氏族や拡大家族に分かれており、たいていはひとつの村落に住んで共同地を共有耕作し、その利点を分かち合ってきた。リー族は一夫一婦制で、近親者との結婚は許されていない。"合畝"と呼ばれるこの共同農地には、母方または父方の血縁に基づく小さな農地と、親族とは血の繋がりのない家族や外来者を受け入れる大きな農地の2つがあった。合畝の畝頭は生産と分配の責任を負うだけでなく、妻の協力のもと、宗教儀式も司った。牛は共同所有だったが、農具や狩猟用具、漁具、作業道具は個人の所有だった。リー族の言語であるリー語は、タイ・カダイ語族の一分派を形成している。いくつかの方言で話されているが、なかには大きな相違が見られるため、別の系統の言語とみなされるものもある。2010年の時点では、リー族うち、リー語のみを話す人は約25パーセントで、多くの人が標準中国語や広東語、またはリー語とともに海南語と呼ばれる中国語の地域方言を併用している。リー族の大多数は、精霊信仰や魔術、祖先崇拝を含む伝統的なアニミズム信仰を受け継いでいる。

　封建的な政治・社会制度は19世紀に入っても続いた。リー族の農民の貧困と苦難は増すいっぽうで、ほとんどの人が農奴や奴隷も同然の生活を送っていた。封建的特権が拡大され、地主や村長の多

くが中央政府から正式に任命されて島の統治にあたった。権力の乱用にくわえ、大部分のリー族が劣悪な環境に置かれていたことから、20世紀に入っても衝突や小規模な蜂起が続発した。国共内戦で共産主義者が勝利し、1950年5月に海南島へ侵攻した。盗賊や専制的な地主を討伐するというのが島を占領する表向きの理由だった。この新たな紅軍は、リー族に対する激しい攻撃を展開して新体制への抵抗を終わらせた。共産党幹部は伝統的な村落を解体し、支配層を打ち砕いた。リー族は共産主義者の厳しい管理下にある共有農地や共同体に強制移動させられた。1952年7月、海南リー族ミャオ族自治区が設立される。また1950年代半ばまでリー語の表記には漢字が用いられていたが、1957年に言語学者らがラテン文字の表記を考案した。教育の急速な拡大と近代農法がリー族の文化復興を後押ししたが、1967年から1977年にかけての中国の文化大革命は災害そのものだった。紅衛兵部隊が島に押し寄せ、古代の寺院をはじめ、リー族の文化的象徴を破壊した。一部の地域ではすでにかなり進んでいた漢族文化への同化が公式な政策となった。1980年代に中国を席巻した急激な変化の数々は海南島にもおよんだ。安定した気候、トロピカルフルーツ、美しいビーチや景色に恵まれたこの島は、中国本土で新たに成功した人びとのお気に入りの休暇旅行先となった。2010年までには、かつては島の住民のなかでもっとも貧しかったリー族はささやかな繁栄を手に入れていた。

もっと知りたい人のために

Diller, Anthony, Jerry Edmondson, and Yongxian Luo. The Tai-Kadai Languages. London: Routledge, 2008.

Rossabi, Morris. Governing China's Multiethnic Frontiers. Seattle: University of Washington Press, 2005.

Schafer, Edward H. Shore of Pearls: Hainan Island in Early Times. Warren, CT: Floating World Editions, 2009.

リス（傈僳）族
Lisu

リス（傈僳）族（Anung、Lasaw、Lashi、Lasi、Lesou、Lisaw、Lishu、Liso、Loisu、Lusu、Shisham、Yaoyen、Yawyen、Yawyin）は、中国の雲南省に集住する山岳民族で、ミャンマーの近隣地域にも多くが分布し、タイとインドにも小規模なグループが存在する。中華人民共和国で公式に認められている56の民族のうちのひとつである。雲南省に住

むリス族は推定73万人で、約120万人を数えるこの大規模な民族集団の一部を形成している。リス語は、チベット・ビルマ語族のロロ諸語またはイ諸語のリス語派・ラロ語派に属する言語で、雲南省の維西リス族自治県と怒江リス族自治州の公用語となっている。リス族のほとんどは、精霊信仰と祖先崇拝、そして土地に根ざした宗教が部分的に混交した信仰を守っている。19世紀の布教活動の結果、少数だがキリスト教徒も存在する。

リス族はチベット高原東部に起源をもつと学者たちは考えている。中国の歴史記録やリス族の伝承によれば、彼らの祖先はかつて金沙江の両岸地帯に住み、2つの強力な部族に統治されていた。12世紀、雲南のリス族は中国のモンゴル元王朝の行中書省の管轄下に置かれた。17世紀の明朝の統治下で、氏族をもたず、したがって家名ももたなかったリス族に、恣意的に「木」いう姓が与えられた。16世紀に怒江地域で確立された家父長制的奴隷制は20世紀に入っても続いた。農村部のリス族は徐々に個々の農民、氏族の共同所有、各氏族や村の公有を含む土地所有の階層制に組み込まれていった。地主階級が発展し、地主はたいていもっとも肥沃な土地を所有し、そこで借金の高利や地域の法で土地に縛られた奴隷やリス族の農奴を働かせていた。

地主経済制度の普及と小農民経済の不安定さにより、さらに多くの土地が有力な氏族や村の首長、裕福な地主一家の管理下に置かれるようになった。18世紀までに、ますます大勢のリス族が土地を失い、漢族、ナシ族、ペー族の地主や世襲の首長が所有する土地で小作人や雇われ農夫として働くことを余儀なくされた。

リス族の文化では、氏族と村落が社会の重要な役割を果たしている。"卡"と呼ばれる村落は、親族がともに暮らす集落だったと考えられているが、異なる氏族の家族が同じ村に住んでいることもあった。どの村にも、通常は影響力をもった長老が村民に認められた頭人として存在する。共同の土地や仕事のほかに、氏族のメンバーはワインや豚肉から漁師や狩人の獲物にいたるまで、すべてのものを共有した。リス族の若い女性が結婚するときは、一族は彼女の両親への結納品を分け合い、リス族の若い男性が妻を迎えるときは、花嫁の家族への贈り物は一族が用意した。借金も一族の問題とみなされ、全員で支払う。こうした集団的な義務と権利によって、リス族の地域では一族の関係が世代から世代へと受け継がれる日常生活が成り立っている。リス族は伝統的に、生命のあるなしに関係なく自然と万物に宿る神々を崇拝してきた。シャーマンは霊に供物を捧げる際の助言

を求められ、よく当たる占い師とみなされていた。リス族の社会の基本単位は一夫一婦制の家族である。末息子か一人息子は両親の家にとどまり、彼らの面倒をみて、財産を相続する義務を負う。女児には相続権はない。雲南省のリス族は、リス語とリポ語（東部リス語とも）を話す。この2つの方言は似ているが、相互に理解できない。さらに、それぞれにいくつかの地域方言があり、程度に差はあるが近隣民族の言語からの借用語も含んでいる。1957年には、ラテン文字から考案されたリス語の文字が中国政府によって導入されたが、リス族の大多数は、20世紀初頭に2人のプロテスタント宣教師が創出した古いほうの文字を使い続けている。

　1820年代、中国の清政府はリス族の氏族が密集して暮らしている麗江、永勝、華坪地域に役人を派遣する。そして、おもにナシ族やペー族が占めていた世襲の首長を漢族の地主に置きかえた。この変革により、封建制度はほどなく終わり、地主制度に移行したが、貧しいリス族農民の生活にほとんど変わりはなかった。この移行によって、当局はリス族をはじめとする地域の少数民族をさらに厳重に管理できるようになった。20世紀に入る頃、多数の漢族、ペー族、ナシ族の農民が、長年リス族が住んでいる土地に移住してきた。1950年代半ばまで、リス族は地主や下級役人、地域の商人の搾取と抑圧にさらされ、利用したり虐待してもいい劣った民族とみなされていた。中国の国共内戦で共産党軍が勝利し、共産主義者の役人が地域にやってくると、リス族の生活は一変した。地主階級は消滅し、彼らはほかの土地に移されるか、排除された。農民を賛美するという当局の政策のおかげで、リス族のほとんどが肥沃な土地を利用できるようになった。1954年には怒江リス族自治州が設置され、リス族にある程度の自治権が与えられた。土地の再分配により、多くのリス族が自分の農場をもてるようになったが、のちにそれらは接収されて集団農場や共同体にくわえられ、彼らもそこで中国国家の従業員として働かされた。1960年代、70年代の文化大革命の行き過ぎた行為は、1980年代に入って経済・政治改革にとってかわった。新たな資本主義体制はリス族の農業のやり方を変え、多くの人が換金作物や観光業に目を向けるようになった。これらの産業では働いて利益を得ることができたからだ。21世紀に入り、多くのリス族が標準中国語と母国語による教育プログラムで得た知識を活かして、商人、教師、芸術家として成功している。

もっと知りたい人のために

Durrenberger, E. Paul. Lisu Religion. Southeast Asia Publications Occasional Papers, No 13. DeKalb: Northern Illinois University, 1989.

Hattaway, Paul. Operation China: Introducing All the People of China. Pasadena, CA: William Carey Library Publications, 2003.

OMF International: The Minority Peoples of China. Singapore: Overseas Missionary Fellowship, 2006.

琉球民族
Ryukyuan

沖縄人／沖縄民族、琉球人、琉球島民、Lewchewan、Luchu とも呼ばれる琉球民族は、日本の九州から南に中国東海岸沖の台湾にかけて広がる琉球諸島と奄美諸島に古くから居住する民族である。推定150万人の琉球民族は、日本の南の島、九州の鹿児島県に属する奄美群島および琉球諸島の住民の大部分を占めている。琉球民族は日琉諸語の琉球語派の方言を話す。ほとんどの琉球民族は仏教または神道を信仰しており、少数がキリスト教徒である。

琉球列島の初期の住民は、コーカサス系か、東シベリアのウラル・アルタイ系民族に遠縁の民族だったと考えられている。何千年ものあいだ、島民たちはアジア本土からの移民を吸収し、現在の琉球民族を形成してきた。彼らは古代の方言と文化を守りながら、中国文化、のちには日本文化をとり込んできた。古代の琉球は、3つの島群に応じて3つの異なる王国に分かれていた。6〜9世紀にかけて、本土日本人とひんぱんに交流していたが、その後は中国の影響力が強くなっていく。3つの小王国（三山）のあいだでしばしば戦争もあったが、団結して外部からの脅威を防ぐこともあった。14世紀半ば、強力な第一尚氏により、諸島はひとつの王国に統合されていく。第一尚氏王朝のもと、琉球の諸方言でルーチュークク と呼ばれる琉球国は、1429年までに3つの小国を統一して、九州のすぐ南の奄美群島と南の大きな島である台湾にまでその勢力を広げた。規模の小ささにもかかわらず、琉球国はアジア大陸と東南アジアとの海上貿易において中心的な役割を果たした。14世紀以降、琉球民族は尚氏王朝の下で王国として独立を保っていたものの、中国皇帝に忠誠を誓い、毎年の朝貢を強いられていた。15世紀後半から16世紀初頭にかけて、王国は芸術、音楽、文学、繁栄の黄金期を迎える。1609年、徳川幕府は薩摩藩

に琉球国に侵攻する許可を与える。薩摩軍は、反乱を防ぐために琉球民族からあらゆる刀剣を没収したため、農具のみを武器として用いる護身術が近代空手の先駆けとして発展した。貿易関係を通して中国本土とつながっている琉球から利益を得るために、幕府は琉球国を従属させていた。中国と日本の双方に朝貢を強いられた琉球国は衰退し始め、ほどなく台湾は中国の植民地となった。その後2世紀にわたり、中国と日本が支配権を主張するなか、ますます広がる貧困に苦しみながら、琉球国は不安定な独立を保持していた。

琉球文化は、島々の古代社会の文化にその後の中国、日本、アメリカの影響が融合したものとなっている。民族的には、琉球民族は日本民族よりも北日本のアイヌに近いと考えられている。琉球民族は琉球諸島の初期の——おそらくコーカサス系——住民が祖先に含まれており、のちに中国と日本の影響が混じり合った。地理的に見ると、琉球民族は列島の地域区分に対応する7つの主要な方言および文化グループに分けられる。中国や東南アジアとの数世紀にわたる密な関わりを通じて、琉球民族は独特の言語、社会習慣、伝統をもつ固有の文化を発展させてきた。琉球民族の生活の中心は家族で、拡大家族が一緒に住んでいることも多い。絆の強い家族と親密な人間関係は琉球文化の一部である。本土の遠慮がちな日本人とは異なり、琉球民族は親切さ、温かさ、ユーモア、寛大さ、率直さで知られている。ほとんどの琉球民族は仏教または神道の信仰を守っているが、伝統的な宗教的信念の多くも受け継いでいる。琉球の女性はいにしえの時代からシャーマンや家の守護者の役目を果たしながら、諸島の文化と信仰において力強い役割を担ってきた。自然の要素に宿る精霊への信仰や、目に見えない悪魔や神、祖先の霊に対する変わらぬ崇敬など、伝統的な自然への畏敬の念が今も文化の一部として残っている。島のあちこちにある豪華な墓には先祖の霊が宿っていて、先祖が存続するためには霊を子孫の生活に招き入れる必要があると信じられている。琉球語は6つの主要な方言で話されており、北海道の先住民族が話すアイヌ語と関連があると考えられている。行政や教育の場では日本語が使用されるため、とくに琉球民族の若者のあいだで日本文化への同化が進み、琉球語を使うことが減っている。

本土日本人は、琉球民族の自治権を認め、中国から列島を通って日本にいたる重要な貿易関係を維持できるようにした。九州のすぐ南にある奄美群島では、琉球民族の島民の同化が公式な政策

となっていた。琉球民族と日本との関係は、ヨーロッパとアメリカの船が諸島に現われたことで変わった。米海軍のマシュー・ペリー提督は1853年に琉球の首都、那覇に上陸した。アメリカ人は琉球の住民と友好的な関係を築き、最終的に「鎖国」している日本に進出するための基地として琉球の島々を利用した。ペリー提督は来航した際に、古い梵鐘である「護国寺の鐘」を手に入れた。この鐘はアメリカにもち帰られ、1988年に琉球諸島に返還されるまで、陸海軍のフットボールの試合の勝利を知らせるために使用された。中国との緊張と対立が高まると、明治政府は1872年に琉球王国に日本軍を駐屯させる。2年後には琉球民族の激しい抵抗を押し切って、王国を併合した。最後の第二尚氏は、琉球民族を日本文化に完全に同化させるという政府の政策により、1879年に廃位させられた。1920年代、30年代、日本で軍部が政権を握ると琉球民族に対する差別が激化した。太平洋で第二次世界大戦が始まると、日本の軍事政権は琉球民族の忠誠心をつねに疑い、島々を厳重に要塞化した。1945年初めにアメリカ軍が列島に上陸し、島内の日本軍を掃討するために3か月にわたる戦闘が始まった。島に住む琉球民族は、敗北後も長らく日本軍から抵抗を続けることを強いられ、戦前の人口の約3分の1の民間人が犠牲となった。その死者の数の多さは、壮絶な沖縄戦を繰り返すリスクを負うよりも長崎と広島に原爆を投下するという決定を下す重要な決め手のひとつとなった。1945年、琉球諸島と奄美諸島はアメリカ軍の占領下に置かれ、アメリカの援助により、島々の復興が急速に進められた。列島の分離に抗議する琉球民族の反対を無視して、1953年に奄美群島の主権が日本に返還された。1972年、アメリカと日本は多くの島民の支持を得て、琉球諸島を日本に返還する合意に達した。当時、本土の住民よりも高所得だった琉球民族は、経済基盤を失いつつあった。日本の企業は本土の規制を受けることなく、環境をひどく汚染する工場を次々と建てた。1990年代には、琉球民族の生活水準は全国平均の7割にまで低下していた。日本の単一文化という戦後日本のイデオロギーは、異なる民族集団としての琉球民族の存在を否定するいっぽうで差別をもたらし、琉球民族に対する複雑な感情が広がった。緊張と差別は、琉球民族と本土日本人との関係に陰を落としていた。日米同盟の一環として諸島に米軍が駐留を続けることに反対する声も依然として根強く、それも緊張の要因になっている。琉球民族の多くは、軍事基地を閉鎖するか、せめて中央政府が得ている

経済的利益を共有したいと考えている。その対応策として政府は沖縄の所得水準を全国平均に引き上げることを検討している。ところが21世紀になっても、民族的少数派に対する多くの日本人の見方はなおも悲観的で、琉球民族にとって大きな課題が残されたままとなっている。

もっと知りたい人のために

"Daily Publishes Challenge to Japanese Sovereignty over Okinawa." South China Morning Post , May 9, 2013.

Figal, Gerald. Beachheads: War, Peace, and Tourism in Postwar Okinawa. Lanham, MD: Rowman & Littlefield, 2012.

Kerr, George. Okinawa: The History of an Island People. Clarendon, VT: Tuttle Publishing, 2000.

McCormack, Gavan. Resistant Islands: Okinawa Confronts Japan and the United States. Lanham, MD: Rowman & Littlefield, 2012.

ガバン・マコーマック『沖縄の〈怒〉日米への抵抗』(乗松聡子著、訳、法律文化社、2013年)

Minority Rights Group International (2008). World Directory of Minorities and Indigenous Peoples·Japan: Ryukyuans (Okinawans) . Accessed July 31, 2013. http://www.refworld.org/docid/49749cfdc.html

ロッパ(珞巴)族
Lhoba

ロッパ(珞巴)族(ローバ、ロパとも)は、中華人民共和国政府が認定する56の民族集団のうちのひとつ。実際には、チベット南東部に住む多様な部族からなる小集団である。"ロッパ"は政府が制定し、使用している呼称で、ロッパ族に指定された人びとは、地域や部族の名称、すなわちコミュニティで認識されている名前を自称している。中国には推定6000人のロッパ族がいるが、彼らは国境を越えたインドのアルナーチャル・プラデーシュ州に居住するさらに大きな集団の一部である。ロッパ族はチベット語のさまざまな方言を話し、第二言語として標準中国語を用いることも多い。チベット仏教または中国のチベット自治区の主要宗教である大乗仏教を主に信仰している。

現代のロッパ族の居住地域は歴史的に珞瑜(ロユ)として知られ、その大部分は現在のインドにある。7世紀、珞瑜はチベット国家の統治下に入った。何世紀にもわたって、この小さな部族集団はチベット政府やチベットの強力な地主、さらには大きな影響力をもつ僧院によって抑圧され、脅され、差別を受けてきた。この地域では封建制が近代まで続き、

ロッパ族は農奴や小作人、あるいは貧しい農民として社会の下層に追いやられていた。ロッパ族は洗練されたチベット民族から粗野、または野蛮とみなされていた。そのため、許可なく居住地を離れることは禁じられ、ほかの民族集団と交易したり、交流したりすることも許されず、チベット系民族との結婚も禁止されていた。彼らの原始的な農法では収穫できる量も少なかったため、採集や狩猟、漁撈で食生活を補っていた。ほとんどが貧しい農民だったが、ロッパ族は竹細工などの工芸品をつくることに長けていた。彼らは工芸品や動物の皮、麝香、熊の足、染料、生きた獲物などを、チベットの行商人がもってくる農具や羊毛、塩、衣類、穀物、茶などと交換していた。僧院への巡礼の義務は、物々交換や交易をおこなうよい機会となっていた。

中国政府から独自の民族集団として認定されているロッパ族だが、昔から単一の民族という意識はもっていない。ロッパ族に指定される2つの主要な部族グループは、イドゥ・ミシュミ族とボカル・アディ族で、どちらも多数がインドのアルナーチャル・プラデーシュ州に暮らしている。中国政府は、ナ族（またはバングニ民族）もロッパ族に含めている。それぞれの部族グループは、独自の文化と方言を守っており、多くの場合、チベット語や標準中国語を共通語として使用している。長年にわたってチベット民族と関わってきたため、衣服や食べ物をはじめとするロッパ族の文化的要素にはチベットの影響がますます色濃くなっている。ロッパ族は、少なくとも3つの言語——アルナーチャル・プラデーシュ州で広く話されているイドゥ・ミシュミ語、ボカル（アディ）語、ナ語の話者だが、相互の言葉は理解できない。狩猟は今も地域文化に不可欠な部分で、少年たちは幼い頃から狩りを教え込まれる。しとめた獲物は狩人が自分と家族が必要とする分をとりよけたら、村民で分配する。伝統的に、部族グループには"メド"と"ニエバ"という2つの階級が存在していた。メドは自分たちを貴族とし、ニエバを劣った者とみなした。ニエバはどれだけ財産や知識を蓄えてもメドにはなれず、階級の違う相手との結婚は禁じられていた。ニエバの多くは1950年代半ばまで奴隷として扱われていた。家庭内、そして文化においても、女性の地位はかなり低い。また、チベット仏教は部族の文化になくてはならない要素となっている。

19世紀、ロッパ族の多くは塩不足によって生じる風土病に悩まされた。貧しくて栄養不良のため、ロッパ族の人口は20世紀に入っても減り続けた。貴族

階級やチベット当局、さらには富農による虐待が大多数のロッパ族の苦痛をさらに増大させていた。1951年の中国のチベット侵攻により、共産党幹部がロッパ族の居住地域にもやってきた。貴族階級は消滅し、平民は土地を購入できるようになったが、のちに国家によって集団化された。近年、ロッパ族はより進んだ農法をとり入れ、山間部に新たな農地を開拓するかたわら、冬のあいだの生活を補うために狩猟のほか、竹編みなどの手工芸も始めている。成人向け夜間クラスを含め、教育の進歩がロッパ文化に新たな精神を吹き込んだ。現代医学のおかげで、ロッパ族は多くの風土病を克服し、高い乳児死亡率を下げることができた。新しく建設された橋が交通と通信を可能にしたことで、この地域の貿易や商業が活発化している。

もっと知りたい人のために

Bell, Charles. *The People of Tibet*. New Delhi: Motilal Banarsidass, 2011.

Guo, R., and Luc Guo. *China's Provinces in Transition: Tibet*. New York: CreateSpace, 2012.

Ministry of Foreign Affairs of the People's Republic of China. "The Lhoba Ethnic Minority." Modified November 15, 2000. http:// www.fmprc.gov.cn/eng/ljzg/3584/t17897 .htm

Nyori, Tal. *History and Culture of the Adis*. London: SOS Free Stock, 1995.

わ行

ワ(佤)族
Va

　ワ(佤)族（アワ、Wa、Parauk、Ba rāogとも）は、中華人民共和国で公式に認められている56の民族集団のひとつだが、ワ族の約3分の2は隣国ミャンマーの北部とタイに居住している。中国では、ワ族は雲南省南西部の小さなコミュニティに集住している。雲南省に約40万人いるとされるワ族は、モン・クメール語群のパラウン語派に属するワ語を話すほか、中国語の地域方言の話者でもある。ワ族のほとんどは伝統的な精霊信仰を守っており、少数の者が仏教を信奉している。

　チベット東部に由来するとされるモン・クメール語族の祖先は、中国で瀾滄江と怒江として知られるメコン川とサルウィン川をたどって南下した。のちにワと呼ばれる民族は、おそらく紀元前5世紀から前3世紀のあいだに川の上流域に定住した。低地を含め、もっと広い地域に分布していた可能性もあるが、より強力な部族によって山岳地帯に追いやられた。紀元前109年、漢の武帝は高黎貢山まで広がる地域を含む益州郡を設置した。中国の管轄下に入ったことで、雲南地方のワ族をはじめとする諸民族の祖先は漢族の支配下に置かれた。南に住む彼らの血縁集団は首狩りで有名な原始部族民のままだったが、中国の統治下にあったワ族のほとんどは、首を狩る風習を捨てて、狩猟や果物の採集、家畜の飼育にくわえ、原始的な農業経済を営んでいた。17世紀には、おもに共同集落に住んでいたワ族の主要な生業は農業だった。近隣の傣族や漢族、ラフ族との交流により、中国のワ族はビルマが領有を主張する近隣地域に住んでいた同族よりもずっと早くから文化と農業経済を発展させることができた。阿佤山と呼ばれる彼らの居住地域では18世紀に私有制をとり入れたが、より辺鄙な地域では原始的な共同体システムの名残が見られた。一部の地域では、近隣の傣族の影響を受けて、多くのワ族が仏教を受け入れた。アメリカとヨーロッパの宣教師がキリスト教を伝えた地域では、たいてい教会や教会学校が建てられた。

　ミャンマーではワ族、タイではラワ族とも呼ばれるワ族は、雲南高原地帯に最初に住んだ民族のひとつと考えられている。民族的にも言語的にも、ワ族はミャンマーのモン族やカンボジアのクメール族と近しい関係にある。伝統的に、ワ族は大多数の平民と少数のエリート層に分

かれていた。中国では、ワ族は公認された民族集団だが、ワ族と密接な関連をもつプーラン族は別の民族に識別された。ワ族の文化は、基本的な一夫一婦制の家族単位を基盤にしている。家族の財産は通常、末息子が相続し、年老いた親の世話をするために家に残る。家を出た娘や年上の息子たちに相続権はない。ワ族の男性は伝統的に複数の妻をもつことを許されていたが、この習俗は中国共産党当局によって廃止された。また、結婚前の男女の性的な自由も認められていたが、この慣習も20世紀半ばに禁止された。ワ族の伝統には、山や川をはじめとする森羅万象に宿る精霊を崇拝する多神教のアニミズム信仰体系が含まれている。多数の神々の最高神が"モイック"で、その5人の息子が天、大地の創造、雷、地震、そしてワ族を司る神だと信じられている。悪霊や神、幽霊からの保護を受けるために、ひんぱんに宗教儀式がとりおこなわれる。動物をいけにえに捧げることは、宗教儀式の重要な部分になっている。おもに鶏、豚、牛が供物にされ、儀式にはひじょうに多くの金と時間が費やされる。ワ族の言語は、オーストロアジアの言語のモン・クメール語群、パラウン語派のワ語に分類される。ワ族は雲南省南西部とミャンマーの隣接地域、そしてタイの狭い地域で話されている言語群の諸方言を話す。この言語は6つの主要な方言で話され、中国のワ族は国境を越えた同族と密接な関係にあるが、雲南省で用いられる方言とミャンマーやタイの方言とのあいだにはほとんど類似点がない。雲南省では非識字がなおも大きな課題となっているが、多くの地域で学校教育の欠如を改善するための教育プログラムが計画されている。

1870年代、ワ族をはじめとする雲南省の跨境の民族グループがビルマ国王への忠誠を放棄した。その結果生じた混乱は、英領インドの植民地政府に介入する口実を与えた。1880～1886年にかけて、雲南省南西部のワ族はイギリスに服属し、雲南省の国境地域がイギリスの支配下に置かれた。警戒を強めた中国が国境地域の軍事化を進め、ワ族をはじめとする先住民族の強制移動がおこなわれた。1911年の辛亥革命で中国の帝政が倒され、共和国の建国が宣言された。1922年までには雲南省でも新体制がとられたが、新たな政権はほとんどの場合、少数民族に無情だった。多数のワ族が雲南の山中で活動する反乱軍に参加し、のちに多くが中国で勢力を広げつつあった共産党にくわわった。第二次世界大戦の末期、政府軍と共産主義者の反乱軍との内戦が再開された。1949年の共産党軍の勝利に続き、共産国家の中華人民共和国の建

国が宣言された。共産党幹部は1950年に雲南高原に進出し、すぐさま貴族と地主階級を排除した。土地の再分配により、ワ族の多くが初めて土地を所有できるようになったが、集団化がおこなわれ、ワ族の農民は新中国政府の従業員となり、土地は没収された。1967〜1977年の中国文化大革命の暴挙と破壊に続いて、1980年代に経済・政治改革が進められた。すでに国境地帯で密輸に関わっていた多くのワ族は、貿易、さらにはミャンマーから国境を越えて入ってくる麻薬の密売に目を向けた。教育と福祉の進歩により、ワ族の寿命は伸び、乳児死亡率は低下したが、ワ族は変わらず雲南省の民族グループのなかでもっとも貧しい民族に数えられる。

もっと知りたい人のために

McCarthy, Susan K. Communist Multiculturalism: Ethnic Revival in Southwest China. Seattle: University of Washington Press, 2009.

Mitchell, Sam. Ethnic Minority Issues in Yunnan. Kunming, China: Yunnan Fine Arts Publishing, 2004.

West, Barbara A. Encyclopedia of the Peoples of Asia and Oceania. New York: Facts on File, 2008.

日本語版監修者あとがき

　21世紀第1四半世紀が「時代の転換期」（オラフ・ショルツ、ドイツ首相）とよばれるように、世界の民族の理解が今ほど求められている時はない。その主な理由は：1）人口移動（移民・難民・旅行）の着実な増加と 2）グローバリゼーションの各国国内社会への浸透である。

　人口の移動がこれほどまで活発に、大量になっている時代はなかった。先進国の人口減少が顕著になる一方、途上国の人口が増加した。さらに途上国から先進国への移動人口は、途上国のなかでも新興国とよばれ、経済成長率が高くなっている社会からは、極貧から脱出しようと先進国に移住を希望する人に加えて、中流の階層から先進国に移住を望む人々が急激に増加している。さらに先進国の人口激減が加速しているために、先進国での生産・サービス業務の成人人口が負けずに減少しており、とりわけ高教育・高技術の移民が急増している。

　グローバリゼーションによって、20世紀までは各国の経済活動はその国家が主要な役割を果たしたが、21世紀には世界市場の相互連結、相互依存が強まり、各国国内の経済勢力に加えて外国の経済勢力（政府、非政府組織、企業、金融機関、対外経済活動に励む巨大な貿易商や対外投資家）が影響力を拡大化した。とりわけ多国間条約が冷戦後着実に増大し、グローバリゼーションの勢いを深化させた。二国間条約で貿易や関税を決めていたものが、多国間条約が活発になると貿易や金融もその関連業務が容易になるため上昇する。さらに中国が軍事的にも経済的にも米国を脅かすまでになって、米国が高関税と強い経済制裁を中国に課し、また米国の同盟国・友好国にも中国との経済関係を米国の政策への協力強調を促している。

　欧州連合はその経済規模の増大とその統合力を背景に対抗制裁を中国やロシアに課している。経済制裁の競争になると世界全体の貿易や金融は必ずしも減少しないようである。なぜならば、米国や中国の同盟国・友好国は経済制裁で減少する見込みがなされれば、市場が時間差をとりながらも、世界市場のなかで代替貿易先、代替金融先が形成されるようである。

　対外的に市場の力が浸透していくのはグローバリゼーションと呼ばれる。グローバリセーションは各国国内社会に地球市場の勢いを分断浸透させる。その結果、歴史的に地理的文化的に民族主権国家の一部として軽視されてきた民族を、その大小

にかかわらず、歴史的文化的にも生き延びている少数民族集団の存在を浮き上がらせている。

　アフガニスタンの少数民族は山間部に存続し、イラン系の影響が強いアフガニスタンの主要民族と違ってモンゴル系の血が多く入っているのではないかと思われる。主要民族は宗教的にもシーア派イスラム教であるのに、この少数民族はスンナ派イスラム教で、アフガニスタンからイランに、あるいは西欧に難民として移動することが多かった。最近でも2022年の米軍の撤退によりタリバンが政権をとると、迫害が強まり難民として存在が際立った。

　2021年ロシアの軍事的手段によるウクライナの割譲が始まるとき、ロシアの前国防大臣セルゲイ・ショイグに焦点が当たった。日本語が達者で、ウラル・アルタイ系の出自である。ロシア連邦の軍隊では少数民族系が人口数に比して多い。将校にはロシア系が多いが、兵士には少数民族や釈放された元囚人が少なくない。

　ミャンマーの国軍勢力は主要民族ビルマ系に反抗する多くの少数民族に武装包囲されている状況がしばらく続いている。ビルマは長くインドに隣接する英領植民地だったし、地理的に中華人民共和国に隣接する山間地には中国系の影響力が強く行使される。ミャンマー国軍政府は英米に強く影響された非政府集団と考える民主勢力を軍事クーデターで排除してきている。このようなところでは少数民族の動向が強調される。

　埼玉県川口市は半世紀前には「キューポラのある町」という映画で良く知られていたが、現在は中近東のクルド民族が多く住んでいることでも有名だ。クルド人はトルコ共和国の東部にいたが、主要民族トルコ系に迫害され、外国に移住することが多いし、トルコでは反トルコ政府のテロリスト集団として警戒されている。日本のクルド系は日本ではそのような活動者としてではなく、川口の住民に協力的なことを強調している。

　このように少数民族の動向が世界に大きな影響を与えている。主要民族でないから、主要国家でないから、あるいは経済的に重要ではないからなどという理由で、低評価するのではなく、世界動向の重要な趨勢として正確に理解し、世界的・人類的な視点からもしっかりと認識することが今ほど必要でしかも実行可能な時代はないだろう。

2024年11月25日

民族名索引

【あ行】

アイニ族 40, 80, 303
アイニー（愛尼）族 303
アイヌ民族 33-36, 78, 260-262
アイノ族 33
アイマク族 37
アイマーク族 36-39
アイマック族 36
アカ族 40-42
アジア・エスキモー 389
アゼリ族 43-47, 149, 183-184
アゼルバイジャン系トルコ人 43
アゼルバイジャン人 43, 47, 189
アタヤル／タイヤル（泰雅）族 124
アチャン（阿昌）族 49-51, 170
アッカ族 40
アニ族 80
アノン族 269
アフガニスタン人 273, 292-293
アブダル族 80-81
アフリディ族 296, 298
アーマ族 198
アミ（阿美）族 124
アメリカ先住民族 130, 200-201
アラスカ先住民 201-202
アーリア人 236, 309-310
アルタイ系民族 275, 400
アルタイ族 51-54

アルメニア人 46, 183
アレウト族 390
アワ族 407
安南人 210
イコー族 40
イシュカーシム族 307
イスラム教徒タート族 182, 184
イ（彝）族 55-58
イッサカル族 327
イテリメン族 59-62
イドゥ・ミシュミ族 404
イヌイット 390
イラン系アゼルバイジャン人 47
イルクーツク・ブリヤート 334
インド・イラン系民族 294
ヴァドゥル族 384
ウイグル族 52, 62-67, 80-82, 91, 93, 98, 144, 152, 173, 387
ヴォグル（マンシ族）353
ウォニ（窩尼）族 40, 303
ウゴル系民族 166, 275, 353
ウズベク人 37, 68-73, 99, 102, 114, 177, 178, 180, 239-240, 293, 307, 378-380
内モンゴルのモンゴル（モンゴル民族）370, 373
ウツル族 74-76
ウリチ族 77-80, 258
ウルチ族 77
エイニ族 80

エイヌ族 80-82
エイマック族 36
エヴェキ族 233
エヴェンキ族 83-85, 89, 139, 233-235, 383
蝦夷 36
越人 319
越族 347, 396
エネツ族 233
オイラト族 85-88, 157, 282, 369-370
オイロート族 51
沖縄人 400
沖縄民族 400
オグズ族 52, 101-102, 147, 183, 236-237, 239
オスチャーク・サモエード族 165
オズベク族 68
オドゥル族 384
オビ・ウゴル諸民族 353
オリアンハイ（ウリャンカイ）民族 223
オルチャ族 77
オルドス（トゥメト）族 369, 371
オロチ族 78, 258
オロチョン（鄂倫春）族 88-90

【か行】

回族 75-76, 91-96, 145, 230-232, 248-250, 279-280, 339-340
海南チャム族 74
カウカート族 124
カオシャン族 122
華僑 109

カザフ族 101
カチン族 160
カハブ（噶哈巫）族 124
カバラン／クバラン（噶瑪蘭）族 124
カフカース系アゼリ族 44
カマシン族 166
カム族 245
カラカルパク族 101-105
カラーシャ族 271-271, 273-274
漢人 105, 125, 251
漢族 49-50, 55-57 63, 65-67, 74-75, 91-93, 95, 105-111, 117-118, 122-125, 128-129, 144, 151-156, 161, 169-172, 174-175, 190, 198-199, 204-205, 209-210, 212, 217-221, 227-230, 243, 244-246, 248-249, 251-253, 258-259, 261, 269-270, 279, 300-301, 317-321, 328-329, 332, 337, 340-344, 347, 356-362, 364-365, 370, 372-373, 375-378, 387-388, 393-399, 407
広東人 301-302, 350-351
北モンゴル人 323
契丹族 173, 356
キプチャク族 52, 101
キリスト教徒タート 182
ギリヤーク族 260
キン（京）族 117-118
キンパン族 269
キン・ムン族 375
クシャン族 285, 295
クメール族 74, 407
黒いタタール族 51

民族名索引　　415

ケジア族 301
ケタガラン（凱達格蘭）族 124
ケチャ族 300
コー族 40
古アジア諸族 120, 130, 200
高山族 122-126
コーカサス系 34, 68, 101-102, 185-187, 236-238, 307, 400-401
コーカサス人 43
コーカサスユダヤ人 146
古羌人 49, 55, 255
コサック 52, 59-60, 71, 77-78, 83-84, 97-98, 102-103, 115, 119, 130, 139, 157, 174, 196, 201, 233, 258, 262, 276, 282, 334, 342, 353, 384, 391
コション族 361
古代アーリア系部族 294
古代テュルク系民族 52
古代満州族 77
古代ラウ族 245
コーラオ（仡佬）族 127-129
コリアン・ジャパニーズ 135
コルコドン・ユカギール 384
ゴルディ族 257-258
ゴルド族 257-258
コンドマ・タタール 156

【さ行】

サイ族 396
サイシャット（賽夏）族 124
在日韓国・朝鮮人 135-138
サオ（邵）族 124

サキザヤ（撒奇莱雅）族 124
サハ人 138-142, 384, 386
サマギル族 341
サモエード族 275
サラール（撒拉）族 143
サルト族 69
サルール族 143
山岳タジク人 177, 306
ジーヌオ族 190
シベ族 151, 360
シベリア・ユピック族 389
シボ（錫伯）族 151-153
シャニ（山哈）族 154
シャン族 42, 160
シュグナーン族 306-307
ジュンガル（オイラト）族 102
ジュンガル部族 87, 113
ショオ（畬）族 154-156
女真族 258, 260, 341, 356-357, 360
ショル族 156-159
シラヤ（西拉雅）族 124
白いカルムイク族 51
ジン族 117
シンハラ族 350
ジンポー（景頗）族 160-162
森林ネネツ 276
スイ（水）族 162-164
スキタイ族 222, 379
スラヴ系コサック 52, 157, 282
スラヴ系民族 71, 73, 115, 139, 140-142, 180, 225, 275
西部バローチ人 309

西部ユグル族 387
セデック（賽德克）族 124
セリクプ族 165-168
セルジューク族 183
ソグド人 80, 378-380
ソロン族 83, 360

【た行】

タイ系民族 162, 169, 170-171, 209, 212, 246, 275, 365, 400
タイ族 127, 170, 318, 337, 348
タイ（傣）族 49-50, 161, 169-172, 221, 332, 393-394, 407
タイガ・ユカギール 384-385
タイ・ルー族 169, 171
台湾原住民 122
台湾先住民族 122
ダウル族 173
ダウール族 83, 89, 173-176
タオカス（道卡斯）族 124
高砂族 123
ダグール族 173
ダゴール族 173
タジク人 37, 70, 176-182, 293, 306, 378-379, 380-382
タジク民族 38, 306
タタール 51, 77, 138, 156-157, 165-166, 258, 260, 276, 282, 314-315, 342
ターティー族 182
タート族 148, 182-185
ダルド系民族 291
タロコ（太魯閣）族 124

タングート族 230
地中海人種 178
チノー（基諾）族 190-192
チベット族 55, 192-197, 199, 248, 279-280, 387
チャイニーズ・シャン族 169
チャハル族 369, 371
チャハール・アイマーク 37
チャム族 74-75
チャン（羌）族 192, 198-200
チュアン族 209
チュヴァン族 383-384
中央アジア・ユダヤ人 324
中国シャン族 169
チュクチ族 131, 200-204, 385, 390
チュクチャ族 200
チュコト族 200
チワン（壮）族 209-212
チンポー族 170
ツォウ（鄒）族 124
ツングース系民族 33, 83, 151, 257-258, 260, 341-342, 356, 383
ツンドラ・ユカギール 383-385
ツンドラネネツ 276
デーアン族 219
デアン・パラウン族 221
デカセギ 213-216
テュルク系オグズ族 102, 147, 183, 239
テュルク系キプチャク族 101
テュルク系ハザール族 147
テュルク系民族 43-44, 52, 62-66, 68-69, 81, 97, 112, 138, 147, 152, 156-157,

173, 177-178, 183, 186-187, 194, 222, 230, 232, 236, 238-239, 281-282, 285, 310, 369, 371, 379, 387
テュルク系ムスリム 65
テュルク系モンゴル 37
テレ族 51
テレウト族 51
テレンギット族 51
トーアン族 170
ドアン族 219
トゥ（土）族 217-218
トゥー族（モンゴル）279-280
ドゥアン族 219-221
トゥヴァ族 222-226
トゥチャ（土家）族 227-228
東部バローチ人 309
東部ユグル族 387
トゥルン族 243
トゥンガン族 91
ドゥンガン（東干）族 229-232
トジュ・トゥヴァ族 223
トハラ人 176
渡来系弥生人 264
ドラヴィダ族 309-310
トランスバイカル・ブリヤート 334
ドルガン族 232-236
トルグート部族 87
トルクメン人 70, 236-242
ドルベド部族 85
トールン族 243-244
トロビアワン／トルビアワン族 124
トン（侗）族 245-247

トンガン族 91
ドンガン族 91
トングース族 83
トンシャン（東郷）族 248-250, 279-280
ドンシャン族 248
トンシャンホイ族 248
トンジン族 245
屯堡人 251-254

【な行】
ナ族 404
ナシ（納西）族 255-256
ナーナイ族 77-78, 257-260, 342-343, 360
ナニ族 77, 257-258
ナフタリ族 327
南部アルタイ族 52
南部バローチ人 309
ニヴフ族 260-263
日系アルゼンチン人 214
日系コロンビア人 214
日系人 213-215, 266
日系ブラジル人 214
日系ペルー人 214
日系ラテンアメリカ人 213, 215
日本人 33-35, 76, 85, 137, 213-216, 260, 263-268, 343, 350, 359, 400-403
日本民族 263, 401
ヌー（怒）族 269-270
ヌス族 269
ヌリスタニ族 271
ヌリスタン族 271-274
ヌーリスターン族 271, 291,

ネギダール族 258
ネネツ族 275-277
ノス族 55-57

【は行】

巴族 227
バイ族 337
バイイ族 169
バイリン族 369, 371
パイワン（排湾）族 124
バオアン（保安）族 279-280
バサイ（巴賽）族 124
ハザラ族 37
ハザーラ族 284-290
パサン族 295
パシャイ族 291-293
バジュイ族 307
パシュトゥーン族 37, 39, 179-180, 285, 287, 289, 291-300, 307, 378
パジリク族 51
パゼッヘ（巴宰）族 124
バダフシャニ 305
パターン族 295
客家 154-156, 228, 300-302
客家人 300, 302
客族 301
ハニ（哈尼）族 303-304
バブザ（巴布薩）族 124
パポラ（巴布拉）族 124
パミール族 177, 305-308, 378
パミール民族 305, 307-308,
パミール・タジク人 177, 305

ハムニガン族 83
パラウン族 219-221
ハラチン族 369, 371
バルタング族 306-307
バルーチ族 313
ハルハ族 88, 369, 370-371,
バルバリー族 284
バローチ民族 308-314
パローン族 219
バングニ民族 404
パンゼー族 91, 93, 339
パンセイ族 91
ハンティ族 314-316, 353-355
ビャオ（標）族 317-318
ビラル族 83
ビルマ民族 393
蒲族 330-331
プー（濮）族 219
プイ（布依）族 319-323
プーイ族 209
プイョイ族 319
フサ族 50
プーチワン族 209
プートウ族 209
ブヌン（布農）族 124
プーノン族 209
ブハラ・ユダヤ人 324-327
フフ族 307
プーマン族 209
プミ（普米）族 308-330
プマ（卑南）族 124
ブラーフイー系ドラヴィダ族 310

ブラーフイー族 309-311
ブラーフイー・バローチ 309
プーラン（布朗）族 330-332
ブリヤート人 138, 333-336, 369
ブリヤート部族 334
ブリヤート・モンゴル人 333
フン族 176
ペー（白）族 337-340
平埔族 123, 125
平野部タジク人 177, 180
ヘジェ（赫哲）族 341-345
ヘジェン族 257-258, 341
ペーヅ族 337
ベトナム系民族 74
ペーニ族 337, 340
ペーホ族 337
ペーホー族 337
ペルシャ系民族 36, 69, 176, 186-187
ボー・イー族 319
ホアンヤ（洪雅）族 124
ホウェイ族 91
ボウナン族 279
崩龍族 220
ボカル・アディ族 404
北部アルタイ族 52
ホシュート部族 87
ホッカ族 300
ホニ（豪尼）族 303
ホルチン族 151, 369, 371

【ま行】

マインタ族 49

マオナン（毛南）族 347-348
マカイエンサ 349-352
マカエンセ族 349
マジャール人 353
マネグル族 83
マレー系民族 74, 350
マングン族 77
マンシ族 314, 353-355
満州族 63, 65-66, 77, 79, 84-85, 87, 92, 94, 108-109, 117, 123, 127, 144, 151-152, 175, 193, 195, 198, 205, 210-211, 223-224, 227, 230-231, 255, 258-261, 269, 301, 317-318, 338, 342-343, 356-360, 362, 364, 367, 371-372
満族 356
ミエン族 375
ミャオ（苗）族 361-364
ミンチャ族 337
ムー族 361
ムスリム・アラブ人 96, 102, 147, 186, 237
ムーラオ（仏佬）族 364-366
ムラス・タタール 156
メディア人 43
メンパ（門巴）族 366-368
蒙古人 369
蒙兀室韋 369
モソ族 256
モーラオ族 364
モン族 361-363, 375, 407
モンゴル系 37, 51-52, 68-69, 85-86, 88, 101-102, 138, 140, 144, 151, 157, 173,

175, 177-178, 217, 222-223, 230, 248, 279, 281-282, 284-285, 291, 333, 342, 356-357, 370-371
モンゴル族 37, 52, 83-84, 88, 91, 97, 107, 193, 217, 248, 303, 331, 360, 369, 370-371, 373
モンゴル民族 86-87, 151, 217, 223, 258, 286, 334, 338, 356, 369,-371, 373, 379
モンパ族 368

【や行】

ヤオ（瑶）族 375-378
ヤクート族 84, 233, 234-235
ヤグノビ族 378
ヤグノブ族 378-382
ヤズグレム族 306-307
大和民族 33-34
山のカルムイク族 51
ヤミ（雅美）族 124
ヤンホワン族 348
ユイット族 389, 392
ユカギール族 59, 139, 383-386
ユーグ族 387
ユグル（裕固）族 387-388
ユダヤ・タート（山岳ユダヤ人）182
ユピク族 389
ユピック族 391

【ら行】

ラフ（拉祜）族 393-394
ラフ・シ族（黄のラフ）394
ラフ・シェレ族 394

ラフ・ナ族（黒のラフ）394
ラフ・ニ族（赤のラフ）394
リー（黎）族 395-396
リス（傈僳）族 397-400
琉球島民 400
琉球民族 400-403
僚族 127
ルイラン族 124
ルオラウェトラン族 200
ルオラベトラン族 200
ルカイ（魯凱）族 124
ルーシャーン族 306-307
ルマ族 198
老漢族 251
ロシア人 34, 52-53, 59, 60-61, 71, 77, 79, 97, 99-100, 103, 114-115, 120-121, 130-131, 139-140, 142, 148, 153, 157-158, 165-167, 186-189, 202, 225, 233-236, 239-240, 248, 258, 261-262, 275-276,282, 312, 315, 334, 343, 358, 381, 385, 390
ロッパ（珞巴）族 403-405
ロバ族 403
ローバ族 403
ロロ族 41

【わ行】

ワ（佤）族 407-409
ワハン族 306-307

言語名索引

【あ行】

アイヌ語 33-35, 401,
アイマーク方言 37
アカ語 41 303
アゼリ語 43, 182, 184, 187, 189
アチャン語 50
アムール語 78
アムール方言（ニヴフ語）261-262
アラビア語 68, 82, 93, 230-231, 249, 286
アラビア文字 43, 64, 98, 179, 249-250, 296, 312
アルタイ語族 158, 239, 263
アルタイ語派 138
アルタイ諸語 204, 206, 356, 358
アレウト語 201, 390-391
イ語 55, 57, 191, 303
イ語派 40, 303-304, 394
イディッシュ語 149
イテリメン語 59, 60-61
イドゥ・ミシュミ語 404
イラン語群 146, 187, 271, 306, 309
インド・アーリア語群 271, 291
インド・アーリア諸語 292
インド・イラン語 311
インド・イラン語族 271, 273, 294
インド・イラン諸語 307
インド・ヨーロッパ語族 176-177, 271-272, 305
インド・ヨーロッパ諸語 273, 291
ウイグル語 53, 62, 64, 67, 80, 145, 176, 223, 283, 388
ウイグル諸語 81
ウイグル文字 249, 370
ウイグル・チャガタイ語派 62
ウゴル語群 314, 353
ウズベク語 70, 73, 103, 179, 236
ウリチ語 78, 257
ウルドゥー語 294, 296-297, 310
英語 112, 114, 150, 294, 297, 324
エヴェンキ語 83-84, 88-89
エヴェンキ語群 89
エヴェンキ語派 83
エスキモー・アレウト語群 389
オイラト語 86-87
オグズ諸語 43, 145
オーストロ・タイ語派 363
オーストロネシア語族 122, 125
オーストロネシア諸語 122, 125
オビ・ウゴル諸語 353
オロチ語 257
オロチョン語 89

【か行】

回輝語 74-75
海南語 396
改良ラテン文字 43, 103, 325, 371
カザフ語 96, 98, 101, 145, 176

カシミール語 292
賀州方言（標準中国語）280
カダイ語派 128
カチン語 160-161
カフカース諸語 187
カマス語 166
カム・スイ語群 318
カムチャツカ語派 59-60
カルルク語群 68
カルルク・テュルク語群 333
韓国語 135-136, 206
漢字 50, 106, 109, 118, 145, 164, 211, 246, 249, 266, 270, 280, 365, 397
簡体字 109
カンダハール方言 296
広東語 211, 301, 349, 351
炯奈（キオンナイ）語 154
北語群（テュルク諸語）51
契丹文字 356
キプチャク諸語 101
キリル文字 53, 98, 103, 141, 179, 189, 206, 231, 236, 239, 262, 325, 354, 371, 380
クルド語 311
クレオール言語 349, 351
ケート語 119, 120-122
現代ウイグル語 62, 64
現代モンゴル語方言 173
黔東方言（ミャオ語）363
古アイヌ語 35
古シベリア諸語 200, 261,
古代ドラヴィダ語 311

古代ヘブライ語 324
五屯語 217
コミ語 353
コリマ・ユカギール語 383
コリヤーク語 130-132, 261
コワール語 292

【さ行】
サハ語 140-141, 383, 385
サハリン方言（ニヴフ語）261-262
サモエード語派 165, 276
サラーイキー語 309
サンタ語 249
シェ語 154
四川彝語 57
シナー語 292
シナ・チベット語族 41, 337, 339
シナ・チベット諸語 49, 362
シベリア諸語 121, 200, 261
ジュフリ語 146, 148-149
上古漢語 339
消滅危機言語 84
女真文字 356-357
ショル語 156, 158-159
シロンゴル語派 248
シロンゴル・モンゴル語 217-218, 249, 388
シンディー語 309
シンハラ語 351
森林ネネツ語 276
スペイン語 213, 215-216
スンガリ方言 343

声調言語 74-75, 363
西南官話 211
西部パシュトゥー語 296
セリクプ語 166
ソヨンボ（モンゴル文字）371

【た行】
タアン語 221
タイ語 41, 127, 171, 209, 210-212, 220, 246, 321
タイ諸方言 171
タイ文字 172, 220
タイ（傣）語 171
タイ・カダイ語 319
タイ・カダイ語群 162, 164, 171, 318, 321, 347
タイ・カダイ語族 127, 209, 317-318, 364, 394-396
タイ・カダイ諸語 128, 348,
台湾諸語（フォルモサ諸語）122, 125
タジク語 176, 179, 306-307, 324, 380, 382
タート語 146-148, 182, 184-185
ダリー語 36-38, 179, 273, 284, 294
ダルド語群 292
ダルド語派 291
チアン語派 199
チアン諸語 328
チトラル語 292
チノー語 190-191
チベット・カナウリ語派 366
チベット・ビルマ語族 40, 55, 160-161, 190-191, 199, 243-245, 255, 269, 328, 393-394, 398
チベット・ビルマ語派 49, 339
チベット・ビルマ諸語 50, 57, 270, 303-304, 366
チャハル方言（南部モンゴル語）371
チャハル・モンゴル語 223
チャム語 74-75
チャン語 198
中央アラスカ・ユピック語 390-391
中央パシュトー語 296
中国語 64, 75, 91-92, 95, 108-109, 118, 124, 145, 152, 218, 227, 230-231, 251, 259, 266, 270, 337, 339, 349, 357, 363, 394, 396, 407
チュクチ・カムチャツカ語群 200
チュクチ・カムチャツカ語族 59-60
チュクチ語 200, 202, 261
チュノム（字喃）118
朝鮮語族 206, 263
調声言語 394
チワン語 118, 211, 365
チワン・トン語群 246, 348
チワン・トン語派 245
ツァイワ語 161
ツングース・満州諸語 257
ツンドラ・ユカギール語 384
ツンドラネネツ語 276
テュルク語方言 44, 233
テュルク諸語 38, 43, 51, 53, 62, 96, 112, 138, 143, 145, 156, 222, 230, 232, 282, 388

滇東北次方言 361
トゥヴァ語 222-225
トゥチャ語 228
東部パシュトー語 296
東部リス語 399
ドゥンガン語 231
ドラヴィダ語 310-311
ドルガン語 232-233
トールン語 244
トールン文字 244
トンシャン語 248-250, 280
トン・スイ語群 246
トン・スイ語派 348

【な行】

ナ語 256, 404
ナシ語 255-256
ナシ語派 255
ナスタリク文字 312
ナーナイ語 257, 258-259, 343
ナーナイ語群 77, 257, 341
ナレウト方言（アルタイ語）53
南西イラン語群 146
南西タイ語派 171
南西ツングース語 358
南西方言（カラカルパク語）103
南東語群 294, 307
南部ツングース諸語 77-78
南部パシュトー語 296
南部方言（トン語）43, 53, 55, 199, 228, 246, 296
南方ツングース語派 341

ニヴフ語 260-262
ニヴフ文字 262
西オグズ語群 43
西テュルク諸語 145
日琉諸語 400
日　　本　　語 34-35, 135-137, 213-215, 263, 266, 401
日本語族 263
ヌリスタン語群 271
ヌン（ラワン）語 161
ヌン語派 243
ネネツ語 275-276

【は行】

ハオバイ方言（ハニ語）304
ハカ方言（ハニ語）304
ハザーラギー語 284-286
パシュトー（パシュトゥーン語南部方言）296
パシュトー語 273, 291, 294, 296-297, 307
パトゥア語 349
ハニ語 42, 304
パフトー（パシュトゥーン語北部方言）296
パラウン語 219
パラウン語派 407
パラウン・リアン語群 219
ハルハ・モンゴル語 223
ハンガリー語 353-354
パンジャービー語 309
繁体字 109

ハンティ語 314-315, 353
東アルタイ諸語 358
東イラン語群 306
東イラン諸語 306
東テュルク語群 68
東ペルシャ語群 380
東ボディッシュの言語 366-367
東ミャオ諸語 251
ビャオ語 317
標準中国語 50, 57, 84, 89, 91, 117-118, 128, 143, 156, 164, 169, 171, 175, 190-191, 211, 228, 231, 246-247, 251-252, 270, 280, 318, 329-330, 332, 341, 343-344, 348, 356, 365, 368, 377, 388, 394, 396, 399, 403-404
ビルマ語 40, 49-50, 55, 160-161, 190-191, 199, 243-245, 255, 269, 328, 337, 339, 393-394, 398
閩語 75
ファルシ語 184
ブハラ語 324-325
ブラーフイー語 309-311
プリンミ語 328
文語 53, 64, 101, 103, 141, 184, 187, 223-224, 239, 292, 296, 307, 315
ペー語 339
北京語 108
ヘジェ語 341, 343
ヘブライ語 147, 149, 324-325
ペルシャ語 36-38, 68-69, 80-81, 93, 176-177, 182-183, 186, 187, 230-231, 236-237, 239, 284-286, 307, 312, 324, 378-380
ペルシャ語ダリー方言 36, 38, 179, 284
ペルソ・アラビア文字 43, 179, 296
ボカル（アディ）語 404
北西タイ語派 171
北西方言（カラカルパク語）103
北部ツングース諸語 88-89
北部方言（トン語）43, 53, 199, 211, 228, 246, 296
北方タイ諸語 245, 319
北方ツングース語群 83
ボディック語 192
ボド・ナガ・カチン語群 161
ホラサン語 36
ポルトガル語 213, 215-216, 349-351

【ま行】
マル語 161
マレー語 351
マレー・ポリネシア語群 74
マレー・ポリネシア諸語 125
満州語 84, 152, 356, 358-359
満州文字 152, 175
満州・ツングース語群 356
南ツングース語群 257
ムーラオ語 364-365
モン語派 363
モン・クメール語群 330, 407-408
モン・クメール諸語 219-220, 332
モン・ミエン語群 154, 363
モンゴル語 217
モンゴル系言語 173, 175

モンゴル語 36-37, 87, 152, 173, 175, 193, 217-218, 224, 249, 280, 285, 356, 369-371, 387-388
モンゴル語群 369
モンゴル語族 87, 217-218, 249, 280, 388
モンゴル諸語 218, 279
モンゴル諸語北方派 333

【や行】

ヤオ語 376
ヤオ語群 376
ヤクート語 233, 383
ヤグノブ語 380
悠楽方言（チノー語）191
ユカギール語 383, 384-386
ユースフザイ方言 296
ユダヤ・タート語 146
ユダヤ・タジク語 324

【ら行】

ラシ語 161
ラテン文字 43, 64, 70, 98, 103, 105, 161, 189, 206, 211, 218, 239, 249, 262, 325, 339, 371, 397, 399
ラフ語 303, 394
ラロ語派 398
リー語 75, 395-397
リス語 161, 398-399
リス語派 398
リポ語 399
琉球語派 400
ロシア語 60-61, 70, 77-78, 98, 102-103, 112, 114, 119, 121-122, 131-132, 142, 148-149, 156-158, 165-167, 179, 187-189, 200, 203, 224, 230, 232, 235, 239, 259-260, 262-263, 315-316, 325, 343, 354-355, 380, 382-383, 385-386, 392
ロロ語派 40, 41, 57, 303-304, 393-394
ロロ・ビルマ諸語 394
ロロ＝ビルマ語派 50

【わ行】

ワ語 330, 332, 407-408
ワ語派 330, 332

事項・人名・地名索引

【あ行】

アイグン条約 79, 262
愛新覚羅溥儀 360
アイドル・ポール 343
アイヌ文化 33-34
アイマーク・ハザーリー 38
アーガー・ハーン 306
アガ・ブリヤート自治管区 333
アク・ヤン 54
アケメネス朝ペルシャ 237
麻 256, 320
アザラシ 78, 390
アジア 33, 36, 43-44, 52, 59, 62, 64-65, 68-74, 80-82, 86-87, 91-92, 96-97, 99-104, 109, 112-113, 115, 120, 125, 130, 135, 139, 147, 157, 159, 168-169, 171, 176-180, 183, 192-194, 200-202, 206, 224-225, 229-232, 236-238, 240, 245, 248, 260-261, 263-265, 267, 281, 285-286, 300-302, 307-308, 318, 324-327, 333, 349-350, 355, 361, 362-363, 365, 369-370, 375, 377, 379-381, 386, 389, 392, 400-401
阿加（アジャ）56
アゼリ文化 44-45
アゼリ油田 45-46
アゼルバイジャン 43-48, 146, 149-150, 182-185, 187, 189, 236, 238

アゼルバイジャン共和国 43-44, 47, 184
アゼルバイジャン系トルコ人 43
アゼルバイジャン文化 183-184, 189
アゼルバイジャン民主共和国 45
アゼルバイジャン・ソビエト社会主義共和国 46, 187, 189
アッサム 171
アッシリア捕囚 324
アッパー・フンザ（パキスタン）306
アッバース朝カリフ 68
アドリア海 370
アニミズム 34, 89, 227, 243, 300, 330, 395-396, 408
アバーシ 234
アブ・サイード・ミールザー 306
アブー・マンスール・サブク・ティギーン 291
アフガナ 294
アフガニスタン 36-40, 51, 54, 62, 65, 68-69, 101, 114, 176-181, 236, 239, 271-274, 284-299, 306-309, 312-313, 378
アフガニスタン王国 287, 307
アフガニスタン侵攻 180, 293, 298
アフガニスタン紛争 298-299
アフガニスタンの国王 297
アフガン戦争、第一次 287
アフガン戦争、第二次 287
アブシェロン半島（アゼルバイジャン）

184
アブドゥル・ラフマーン・ハーン 274
アフマディ派 294, 297
アフマド・シャー・ドゥッラーニー 285, 306
アブラギリ 320
アヘン 42, 109, 128, 228, 231, 289, 318, 343, 363, 377
アヘン戦争 109, 246, 318, 351
アヘンケシ 41
アマヌッラー・ハーン 293
奄美諸島 402
アマラヴァティー 74
アムド（チベット）194, 279
アムール川（ロシア）77-79, 83, 88, 173, 257-258, 260-261, 341-342
アメリカ 35, 43, 47, 59, 62, 68, 71, 105, 109, 130-131, 133, 136, 146, 176, 181-182, 192, 200-205, 207-208, 211, 213-216, 263, 265-268, 274, 284, 289, 293-294, 299-300, 302, 318, 324-326, 349-350, 361, 369, 375, 389-392, 401-402, 407
アメリカ同時多発テロ事件 274, 293
アラシャン高原 230
アラシャン地方 230
アラス（アラクス）川 45
アラスカ州 200, 389, 391
アラブ系イスラム教徒 37, 44, 68, 310, 324
アラブ首長国連邦 294
アラル海 101-105, 130, 178

アリハーン・トラ 66
アルカイダ 181, 299
アルコール依存症 114, 168, 201-203, 234, 236, 283-284
アルゼンチン 204, 214, 263
アルタイ共和国 51
アルタイ山脈 51-52
アルタイ・ステップ 53
アルダン川 138, 383
アルナーチャル・プラデーシュ州（インド）366-367, 403-404
アルメニア 47, 238
アルメニア共和国 47
アルメニア系キリスト教徒 149
アレクサンダー・ガードナー（大佐）273
アレクサンドロス大王 37, 69, 176, 186, 237, 272-273, 291, 294, 306, 379
アレッポ 310
アンカリン 201
安徽省 154
アングロ・アフガン戦争 38
安順 251
安寧河 55
イオマンテ 34, 82
医学 316, 338, 405
異教徒 37, 92, 186, 230, 271-272, 274
イギリス 38-39, 57, 65, 105, 109, 159, 161, 179, 186, 192, 194-196, 203-204, 263, 267, 273-274, 287, 292, 294, 297-299, 307-308, 312-313, 318, 351, 358, 368, 377, 390, 408

イスナ・アシャリ法学派 286
イスマーイール派 285-286, 294, 297, 306-307, 378
イスラエル 146-150, 294, 324-327
イスラム教スンナ派ハナフィー派 70, 102, 176, 297, 306
イスラム教徒 36-38, 43-44, 62, 64, 66-69, 71-74, 80-82, 87, 91-94, 96, 98-100, 103, 112, 114, 143-145, 147, 149, 177, 180, 182, 184, 188, 230, 236, 239-240, 248-250, 271-273, 279-280, 285, 291-292, 294-295, 309-310, 312, 324, 339-340
イスラム原理主義 70, 285
イスラム寺院 248
イスラム法 75, 102, 238, 298, 311, 324
維西 328
維西リス族自治県（中国・雲南省）398
イタリア 105, 213, 267
一妻多夫制 194
一夫一婦制 57, 64, 84, 124, 163, 191, 194, 198, 211, 329, 348, 396, 399, 408
一夫多妻制 93, 198, 329
いとこ婚 198
稲作 147, 160, 244, 264, 361, 396
イヌイット 390
イフワーン派（新教）75, 249
イラク 236-239
イラン 36-37, 38, 43-47, 68-69, 96, 146-148, 174, 176-178, 180, 183, 184-185, 187-188, 236, 239, 284-285, 287-288, 294-296, 306-310, 312-313, 378

イラン領アゼルバイジャン 46-47
イラン領バローチスターン 313
イリ渓谷 65, 151
イルクーツク 335
イルクーツク・ブリヤート 334
イル・ハン国 370
殷 106
インド 63, 65, 69, 105, 109, 161, 171-172, 192-196, 224, 255-256, 265-266, 272, 274, 285, 291, 294-295, 297-298, 302, 310-313, 331, 338, 366, 368, 379, 397, 403-404, 408
インド亜大陸 192, 285, 310
インド洋 302, 312
インドネシア 75, 105, 123-124, 204, 300, 302
インフルエンザ 262
ウー・ツァン（チベット）194
ヴァシーリー・ポルヤコフ 77
ヴァルズブ渓谷 380
ウイグル帝国 80, 387
ヴィジャヤ 74
ヴィトゥス・ベーリング 390
ウィレム2世（オランダ国王）267
ヴェネツィア 169, 210, 291
呉乞買 356
ウクライナ 68, 83, 112, 142, 176, 204, 229
ウスチオルダ・ブリヤート自治管区 333
ウズベキスタン 62, 68, 70, 72-73, 91, 96, 101, 102, 105, 112, 115-116, 143, 176, 180-181, 204, 229, 324

ウズベキスタン共和国 68, 101, 105
ウズベク共和国 72
ウズベク人ムスリム 70
ウズベク文化 70, 73
ウズベク・ソビエト社会主義共和国 104, 180
ウズベク・ハン国 69, 71, 114,
ウスペンスキー修道院 69, 71, 114
ウスリー川（ロシア）257, 341
ウゼイル・ハジベヨフ 45, 48
禹大王 106
内チベット 192-193, 195-196
内モンゴル 84, 87-88, 127, 174-175, 198, 224, 369, 370-371, 372-373, 387
内モンゴル自治区 83, 151, 173, 369, 373
ウツル文化 74, 76
ウラル山脈 130, 165, 314, 353
ウラル・アルタイ系 34, 400
ウラン・ウデ 334
ウリゲル 334
ウリチ文化 78, 80
ウルミア湖 44
雲貴高原 320
雲南行省
雲南高地 394
雲南省 40, 56-57, 93, 160, 169, 171-172, 191, 270, 319, 328-330, 332, 337-338, 340, 393-394, 398-399, 407-409
雲南省大理ぺー族自治州 340
永勝（中国）399
英領インド 65, 109, 194-195, 274, 298, 312-313, 368, 408

英領パシュトゥーニスタン 297
英領パレスチナ 149
英領バローチスターン 312-313
エコツーリズム 42
エジャン 234
エセン・ハーン 86
江戸 265
江戸時代 33, 265
江戸幕府 34
エニセイ川 63, 112, 119, 165-166, 282
エルグナ川 369
燕州 127
閻魔大王 252
オアシス 37, 62, 68, 72, 80, 81, 177, 236-238, 240, 380-381
オイラト 53, 85-88, 97, 113, 157, 222
オイラトの部族連合 97, 113, 157
オイラト・ジュンガル帝国 371
オイロト 52-54
オイロト・ハーン 53-54
欧州連合（EU）47, 146, 284, 324
『王になろうとした男』273
大麦 147, 187, 249, 367
オカルティズム 320
沖縄 33, 35, 214, 402, 403
オグズ・ハーン 239
オスチャーク・サモエード 165
オスチャーク・ヴォグル自治管区（ソ連）355
オーストラリア 62, 68, 105, 109, 192, 204, 213, 263, 284, 294, 324, 361
オスマン帝国 38, 44, 65, 147-148

オセアニア 123
オノン川 369
オビ川 165-166, 314-315, 353-354
オペラ 45, 48
オホーツク海 77, 130
オランダ 105, 203, 267, 350,
織物 34, 77, 210, 228, 257, 261, 318, 320, 338, 365, 375, 391
オレニョク川 233
オレンブルク・タシュケント鉄道 71
音　楽 35, 44-45, 48, 51, 64-65, 80, 148, 183, 199, 206, 210, 223, 265-266, 288, 293, 299, 325, 331-332, 338, 340, 352, 362, 376, 379, 401

【か行】

夏 106
回疆 82
外興安嶺 89
回鶻 387
改正入管法 215
海南島 74-76, 395, 397
海南リー族ミャオ族自治区 397
カイバル峠 297
カイバル・パクトゥンクワ州 291, 294
外満州 258-259, 358
回民蜂起 94, 145, 231, 280
華夏 106
華僑 109
核家族 339
岳石文化 106
拡大家族 50, 60, 108, 154, 178-179, 329, 339, 341, 358, 394, 396, 401
賈湖文化 106
カザフスタン共和国 101, 229
花山 209
呷西（ガシ）56
カシミール地方 194, 285
「鍛冶屋タタール」157
カージャール朝 38
賀州地方 248
カシュガル王国 65
ガズナ朝 272, 291
カスピ海 63, 98, 146, 148, 182-184, 186-188, 239, 380
カスピ海横断鉄道 380
家畜 34, 36-39, 53, 72, 90, 96-98, 100, 116, 121, 123, 132, 145, 164, 174, 219, 233, 246, 249, 255, 283, 329, 331, 335, 365, 372, 385, 388-389, 407
家畜の集産化 53
カチン山地 160
カチン地方 161
割礼 82
割礼をおこなうカースト 82
カディーム（老教）249
ガナサン 233-234
カナダ 62, 105, 131, 146, 176, 192, 203-204, 263, 284, 294, 300, 302, 324-325, 349, 375
カナート 309
河南省 300
カピサ州（アフガニスタン）291
カプアス川 302

カフィリスタン 272-274
カフカース 43-44, 146-148, 182-184, 186-187, 369-370
カフカース高地 147
カフカース山脈 148
カフカース・アルバニア王国 147
家父長制 50, 57, 120, 124, 154, 190, 234, 256, 398
カブール 179-181, 274, 286, 293, 295
華坪（中国）399
鎌倉時代 264
鎌倉幕府 265
カムチャダール 59, 61
カラ・イスカンダリア 273
カラ＝キタイ 173
カラカルパクスタン共和国 104-105
カラクム砂漠 236
カラチ 311-312
カラート藩王国 312-313
樺太（サハリン島）262
樺太千島交換条約 262
カリブ海 302
カルムイク共和国（ロシア）369
漢 107, 108, 245, 331, 407
韓国 135-137, 204, 206, 208, 363, 344, 369
甘州ウイグル王国 387
甘粛省 231-232, 250, 279-280
甘粛省民勤県 248
カンダハール州 309
ガンダーラ王国 291
広東省 154, 302, 317
貴州高原 319

貴州省 56, 127, 245, 253, 323, 363
貴州布政使司 251
気象学 338
寄生虫感染症 201
北室韋 88
北朝鮮 136-137, 204, 206-209
契丹 127, 173, 356
吉林省 151
絹 320, 338
キャフタ条約 372
九州 33, 264, 400, 402
救世主 53, 312
旧石器時代 33, 157, 209, 264
旧石器人 264
キュロス1世 176
羌 192, 198, 303
共産主義 46, 50, 58, 61, 66, 76, 82, 86, 88, 92, 94-95, 101, 108, 118, 125, 137, 141, 145, 153, 155-156, 164, 172, 175, 191, 194, 196, 199, 202, 206, 208, 212, 218, 220-221, 229, 231-232, 241, 247, 250, 256, 262, 270, 274, 276, 287, 293, 305, 319, 321-322, 332, 339-340, 344, 348-349, 355, 358-359, 363, 366, 371-373, 376-377, 381, 389, 394, 397, 399, 408
共産党 58, 66-67, 72-73, 85, 90, 94, 100, 109-110, 116, 121, 129, 145, 162, 171-172, 180, 191, 196, 199, 212, 229, 241, 244, 247, 250, 252-253, 256, 281, 305, 319, 321, 330, 332, 340-341, 344, 352, 359, 363, 365, 366-367, 373, 377, 381,

394, 397, 399, 405, 408-409
仰韶文化 106
強制労働収容所 53, 66, 140-141, 156, 172, 203, 219, 381,
ギョクデペの戦い 240
漁撈 33, 35, 59-60, 77, 117, 119, 120-121, 123, 132, 139, 157, 175, 203, 233, 235, 243, 258, 261, 263, 317, 337, 342-343, 354, 386, 404
ギリシャ 68, 237, 272, 291, 294, 379
キリスト教 40, 42-44, 51-53, 59, 68, 103, 106, 108-109, 119, 120-121, 125, 131-132, 135, 138-140, 147, 156-158, 161, 166, 174, 182, 184, 201-202, 204, 206, 211, 218, 227, 234, 244, 251, 265, 275, 281, 283, 294, 297, 300, 315, 318, 337, 340, 351, 353-354, 363, 369, 385, 390-391, 407
キリスト教宣教師 42, 318, 340, 394
ギリン川（ロシア）257
キルギスタン 68, 91, 96, 229, 282
ギルギット・バルティスタン州 292
ギルザイ 295
ギルザイ部族連合 37
義和団の乱 109
金 141, 158, 175, 356, 398
銀 41, 221, 255
金鉱山 338
金沙江 398
キン族3島 118
偶像崇拝 272, 288, 290
クエッタ 284, 289, 311

グシャ（最高神）394
クシュ 309
グシュテンギリ 178
クズネツ・タタール 156
クズネック盆地 156-158
果物 117, 147, 163, 183, 191, 318, 407
グッバ 146, 150
『旧唐書』369
懐仁可汗／クトゥルグ・ビルゲ・キョル・カガン 63
クナシリ・メナシ地方 34
クナシリ・メナシの戦い 34
クナル州（アフガニスタン）274, 291
グバ・ハン国 187
クマ 34-35, 78, 82, 89, 259, 343
クマ崇拝 78
熊祭 35, 262
グーラグ（矯正労働収容所）159
クラスノヤルスク（ロシア）165
クラスノヤルスク地方 119, 166, 232, 281
クリル列島 33
グルジャ 65-66
グルムズ・ガサバ 146, 150
グレコ・バクトリア王国 37, 237, 379
グレゴリウス13世（ローマ教皇）350
軍閥 94, 109, 193, 212, 218, 228-229, 252-253, 267, 319-321
芸術 44, 68, 107, 136, 148, 163, 183, 194, 205, 206, 210, 246, 264-266, 338, 375, 376, 379, 401
桂皮 318

毛皮 34, 41, 52, 59, 60, 64, 77, 79, 84, 99, 119, 120-121, 130-131, 139, 157, 165, 167, 175, 201-202, 233, 235, 259, 261, 276-277, 282-283, 315, 353-354, 385, 390, 392
毛皮交易 52
毛皮税 52, 60, 84, 119, 121, 131, 139, 142, 157-158, 167, 233, 235, 261, 276, 282, 391
結核 201, 284
ゲットー 324-325
元 86, 338, 370
元寇 265
『原初年代記』353
建設業 81, 146
『元朝秘史』86
ケントン 42
紅衛兵 219, 250
黄河 106
康熙帝 89, 301
紅軍 58, 247, 253, 397
高崗 359
貢山 49
孔子廟 252
広州 348
口承叙事詩 65, 140, 223
口承文芸 35
更新世 260
湟水河 217
江西省 154, 300, 375
広西チワン族自治区 56, 245, 317, 365, 376

紅茶 320
黄帝 106
黄帽派チベット仏教 217
高黎貢山 49
牛王節 321,
コーカサス文化 102
コーカソイド 178
コーカンド 69, 72, 114-115, 178
コーカンド・ハン国 71, 114, 178-179, 380
国民政府 46, 125-126, 321
国民党 58, 66, 125, 172, 252, 318-319, 321
黒竜江省 90
国連 36, 126, 196, 208, 298
ココア 320
湖広 362
コサック 52, 59-60, 71, 77-78, 83-84, 97-98, 102-103, 115, 119, 130, 139, 157, 186, 201, 233, 258, 262, 276, 282, 334, 342, 353, 384, 391
コサック遠征隊 71
コシャマイン 33
ゴジャール（パキスタン）306
互助トゥ族自治県（中国）218
果占璧王国 169
国家の従業員 79, 90, 164, 199, 229, 256, 330, 366, 377, 392, 399
国共内戦 58, 90, 94, 108, 129, 145, 155, 164, 171, 175, 208, 212, 221, 229, 250, 256, 270, 281, 302, 305, 329, 332, 344, 348, 352, 363, 394, 397, 399

湖南 245, 362, 375
湖南省 228, 245
ゴビ砂漠 230
コーヒー 320
コーヒー農園 213-214
コヒスタン 292
古墳時代 264
コミュナリズム 270
小麦 128, 147, 163, 187, 243, 256, 320, 367
米 41, 50, 117, 125, 128, 148, 154, 161, 162-164, 187, 191, 231, 246, 255, 266-267, 282, 291, 318, 322, 328-331, 367, 375
暦 41, 164, 184, 193, 338
コラ半島（ヨーロッパロシア）275
コーラン 67, 75, 82, 143, 250, 292
ゴルノ・アルタイ 53
ゴルノ・バダフシャン自治州（タジキスタン）176, 308
ゴレスターン条約 45
コロアネ島（香港）351
古勒山の戦い 151
コロンビア 214
コンデ・コマ 216
コンドマ川 157
昆明 93, 337

【さ行】
サアスィ（最高女神）246
再教育収容所（中国）156, 172, 199, 219, 348, 366, 377
採集 33, 34-35, 60, 89, 120, 123, 243, 390, 404, 407
在日本大韓民国民団（民団）136
在日本朝鮮人総聯合会（朝鮮総聯）136
サウル（イスラエル王）294
ザカスピ州 240
鮭 35
サーサーン朝（ペルシャ）182, 237
薩摩藩 401
サトウキビ 50, 154, 172, 291, 318, 320, 331
ザバイカリエ地方（ロシア）260
サハ共和国 138, 140, 142, 383-384
サハ文化 141
サハ・オムク 140-141
サハリン島（樺太）33, 84, 260, 262
サパルムラト・ニヤゾフ 241
サファヴィー朝（ペルシャ）44, 183, 186-187, 285-286
サマルカンド 68-69, 143, 180-181, 379-380
サーマーン朝 177, 379
ザラスシュトラ（ゾロアスター）43
サルウィン川 220, 269, 393, 407
三亜 75
三界公 348
山岳部族 52, 286
山心 117
山西省 93, 231
山東 348
山東龍山文化 106
ザンバラ 328-329

三苗 361
詩 48, 113, 148, 163, 171-172, 182-183, 239, 286, 331
シーア派 36, 43-44, 69, 80, 184, 188, 249, 285-289, 294, 297
塩 338, 404
シオニズム運動 149
洱海 337
シーク教徒 297
ジクリ派イスラム教徒 312
西双版納傣族自治州 190
刺繍 41, 64, 320, 388
シースターン・バローチスターン州 309
四川省 56-57, 200, 303
四川大地震 200
四川盆地 328
七イマーム派 286
室韋 151
失業率 114, 168, 201, 234
シナゴーグ 149, 325-326
ジハード（聖戦）38, 115, 287
シプソーンパンナー・タイ（タイ・ルー）171
シプソーンパンナー（西双版納）169
シベリア 59, 77, 83-84, 119-120, 130, 158-159, 165-166, 201, 225, 233, 234-235, 260, 276, 282, 333, 353, 370, 383-384, 389, 391
シベリア鉄道 53, 283, 335
シベリア文化 78, 120
シャー・アッバース 285
『シャー・ナーメ（王の書）』178

ジャアファル法学派 44
シャイバーニー・ハーン 69
ジャガイモ 145, 249-250, 255, 320, 329
シャクシャイン 34
ジャマイカ 302
シャーマニズム 42, 49, 52, 55, 57, 59, 64, 68, 77, 79, 83-84, 119-120, 130, 132, 138-140, 156, 159, 165, 167, 173, 201-202, 206, 223-224, 228, 232, 234, 244, 257, 259-260, 275-276, 281, 283, 300, 318, 320, 333-334, 341, 343, 357, 369, 371, 383, 385, 387-388, 390
シャーマン 50, 57, 78, 86, 114, 120, 131-132, 141, 158, 164, 174, 191, 202, 218, 224, 234, 259, 262, 283, 316, 343, 357, 371, 385, 391, 398, 401
ジャムシーディー 38
ジャワ 370
シャン高原 393
シャン州（ミャンマー）42
上海 348
周 107
蚩尤 362
十月革命 72, 100
銃器 120, 131, 166, 202, 276, 353
重慶 227
集産化 53, 281
絨毯織り 39, 183,
集団化 50, 72, 79, 90, 100, 116, 121, 132, 141, 145, 164, 167, 172, 175, 199, 202, 212, 219, 221, 229, 235, 240, 256, 270, 283, 316, 330, 335, 363, 372, 377, 405,

409
集団農場化 50
十二イマーム派 286
シュエ 221
儒　教 107-108, 125, 136, 204-206, 252, 356
熟番 123
シュクルガン・タジク自治県（中国）176
珠江デルタ 301
ジュフロ 146
狩猟採集文化 33
ジュンガリア 87
ジュンガル帝国 87, 371
春秋時代 107
蔣介石 66
松花江 341
将軍 265, 267
上座部仏教 50, 171, 220, 332
縄文時代 264
縄文人 264
昭和天皇 268
蜀 55
ジョージア 43
叙事詩 113-114, 172, 239, 334, 343
諸子百家 107
女真 258, 342, 357
ジョチ・ウルス 102, 282, 370
ショリア山 157, 159
ショル自治地区（ソ連）158,
新羅 205
シリア 236-239, 310

シルクロード 63-64, 68-69, 80, 92, 96, 112, 177, 181, 237, 306, 324, 379, 387
シルダリヤ川 102
秦 107, 198, 227, 245, 300, 317, 337, 349, 361, 395
清 50, 77-79, 108, 123, 127, 153, 171, 193, 198, 228, 245, 261, 357
辛亥革命 57, 65
神学校 67, 72, 75, 79, 202, 248, 298, 350
新疆ウイグル自治区 64, 151, 153, 371
新疆省 82
新石器時代 83, 106, 135, 204, 317, 385
シンド州 311
神道 213, 215, 266, 400-401
人民解放軍 109, 196, 247
森林ネネツ 276
神話 34, 54, 131-132, 192, 214-215, 266, 342
水牛 304, 365
水産物 175
スィースターン・バルーチェスターン州 313
水　田 161-164, 188, 191, 243-244, 303, 347, 365, 396
水稲耕作 264
ヨシフ・スターリン 116, 141, 208, 316, 335, 373
スーフィー教団 279
スペイン 105, 213, 216, 350
スルタン 38, 91, 94, 230, 306
スンガリ川（中国）341-342
西周 198

西夏 91, 230
青海省 143, 195, 217-218, 279-280
青海チベット高原 303, 328
青海省アムド地域 279
西昌 328
聖像 172
製造業 81, 146, 175, 268, 320, 322
成都 338
正統派（イスラム教）38
西道堂 249
青銅 264, 317
青銅器時代 106, 135, 204
生番 123
性病 85, 284
精霊信仰 51, 55, 59, 122, 128, 152-153, 160-161, 165, 169, 171, 190, 244, 269, 303-304, 320-321, 347-348, 363-364, 387, 393-394, 396, 398, 407
青蓮崗文化 106
世界貿易センタービル 288
赤軍 100, 115, 141, 225, 277, 283, 372, 381
積石山 280,
石油 45-46, 132, 149, 184, 261, 316, 355
石器時代 43, 135
浙江省 154
セルジューク朝 44, 68-69, 102, 147, 177, 310
宣教師 42, 57, 79, 121, 125, 132, 139, 141, 157, 174, 202, 211, 218, 265, 272, 283, 315, 318, 340, 350, 354, 394, 399, 407
戦国時代 106-107, 265

先住民族 33, 35-36, 50, 59-61, 119-120, 122, 125, 131-132, 138-139, 156-157, 165, 167, 182, 200-201, 203, 209-210, 233-234, 258, 260, 275, 282, 301, 316, 353-354, 356, 361-362, 364, 375, 390, 395, 401, 408
禅宗 265
染色 318, 365
セントローレンス島 389, 390-392
鮮卑 127
僧侶 172, 197, 218, 220, 223, 256, 335, 367, 372, 389, 393
族外婚（異民族間結婚）84, 331
ソグディアナ 68, 176, 378-380
ソグド州（タジキスタン）378
祖先崇拝 42, 49, 152, 156, 161, 174, 191, 228, 244, 301, 330, 396, 398
外チベット 193, 195-196
外モンゴル 87, 196, 371-372
ソバ 320
ソビエト 45-46, 53, 61-62, 66, 70, 72-73, 79, 100, 104, 115, 121-122, 132, 141, 159, 167, 180, 184-185, 187, 189, 203, 223, 225, 232, 235, 238, 240-241, 261-262, 277, 282, 308, 316, 335, 355, 381-382, 385-386, 392
ソビエト・ロシア文化 79
ソビエト共産党 180
ソルガム／モロコシ 320
ゾロアスター 43
ゾロアスター教 44, 68, 178, 182, 379-380

事項・人名・地名索引　　439

ソロン族 83, 360
ソンツェン・ガンポ 193
孫文 301

【た行】

タイ 40, 55, 74, 91, 105, 127, 169, 172, 204, 263, 302, 330, 361, 363, 375, 393, 396-397, 407-408
タイ文化 347, 365, 396
タイ（傣）文化 171
第一次世界大戦 38, 45, 71, 99, 104, 121, 141, 189, 202, 224, 235, 240, 283, 313, 326, 335, 381
第一尚氏 400
大禹 361
大韓帝国 136, 207
大瞿越（ダイコベト）74
大溪文化 361
大興安嶺山脈 83
大乗仏教 266, 367
大通河 217
大渡河 303
第二次世界大戦 46, 53, 66, 76, 82, 90, 100, 110, 125, 129, 137, 141, 145, 153, 164, 172, 175, 196, 207, 212, 214, 218, 221, 225, 229, 250, 253, 259, 287, 298, 305, 319, 321, 332, 335, 340, 343-344, 348, 352, 359-360, 363, 373, 377, 385, 392, 394, 402, 408
第二尚氏 402
大日本帝国 125, 136, 207, 213, 267
タイパ島（香港）351

大汶口文化 106
太平天国の乱 57, 109
大ホラーサーン 37
タイマーニー 38
大名 265
タイムィル自治管区（ロシア）275
タイムィル半島（シベリア）234, 275
タイムィル自治管区 232, 235
大躍進政策 50, 110
大理国 338
台湾 91, 105, 109-110, 122-126, 154-156, 171, 192, 263, 267, 300, 302, 400-401
台湾海峡 122
台湾島 122-123, 125-126, 302
タオ（達悟）124
高床式 210
タギエフ劇場 48
タクラマカン砂漠 62, 80-81
ダゲスタン 149
ダゲスタン共和国 182
タジキスタン 36, 68, 112, 176-181, 229, 284, 294, 305-307, 378, 380, 382
タジキスタン共和国 324
タジク自治ソビエト社会主義共和国 180
タジク・ソビエト社会主義共和国 308
タシュケント 71-72
タシュケント・ソビエト 71
多神教 59, 61, 162, 164, 198, 211, 246, 266, 319-320, 408
タズ川 165-166
タタール 51, 138, 165-166, 276, 282, 314-315, 342

タタール海峡（間宮海峡）260
タタール・ハン国 276, 315
ダツァン 335
タート文化 183-185
タバコ 50, 78, 131, 139, 147-148, 261, 320, 367
ターバン 75, 92, 161, 230
ダヤン・ハーン 370
ダライ・ラマ6世 367
タリシュ山脈 185-186
タリシュ・ハン国 187-188
タリバン 180, 274, 288-290, 293, 298-299
タリム盆地 62-63, 80-81
タルバガタイ地区（塔城地区）173
タルムード 148, 327
男系 50, 221, 394
探検家 102, 119, 139, 169, 210, 258, 273, 314, 384, 390
探検隊 38, 77, 130, 186, 233, 380, 384, 390
ダンス 299, 344, 352
タンヌ・トゥヴァ 225
チトラル地区（パキスタン）271, 291
チトラル藩王国 274
チノー郷 190-191
チノー文化 190
チベット高原 55, 160, 192, 194, 255, 398
チベット自治区 192, 194, 269, 403
チベット仏教 83, 87, 106, 152, 173-174, 193-194, 198, 217, 223, 248, 255-257, 259, 269-270, 328, 334-335, 341, 343, 367-369, 371, 387-388, 403, 405

チベット亡命政府 192
チャウ 128
チャウチュ 201
チャガタイ・ハン国 248, 370
チャガン・モンゴル 217
茶馬古道 255
チャプチャル・シベ自治県（中国）153
チャンパ王国 74
中央アジア 36, 43-44, 52, 62, 64-65, 68-74, 80-82, 86-87, 91-92, 96-97, 99-104, 109, 112-113, 115, 130, 139, 147, 157, 176-180, 183, 193, 206, 229-232, 236-238, 240, 248, 281, 285-286, 307-308, 324-327, 333, 369-370, 379-381
中華人民共和国 55 62, 64, 67, 76, 83, 88, 93, 110, 117, 122, 127, 143-144, 151, 154, 160, 162, 170, 173, 190-192, 198, 209, 217, 219, 221, 227, 243, 245, 248, 253, 255, 269, 279, 303, 305, 318-319, 328, 330, 337, 339, 340-341, 347, 349, 352, 356, 360-361, 364, 366, 368, 375, 387, 393, 395, 397, 403, 407, 409
中華帝国 91, 109, 211, 227, 230, 258, 261, 342, 350, 363, 370
中華民国 66, 109, 125-126
中原 91, 317
中国イスラム共和国 94
中国共産党 67, 110, 247, 305, 332, 352, 359, 373, 408
中国系ムスリム 91, 229, 248, 279
中国皇帝 55, 86, 117, 400
中国人民解放軍 196

チュクチ自治管区 200
チュクチ半島 201, 389, 390-392
チュコト半島 201
曲諾（チュノ）56
彫金 45
肇慶 317
長江 169, 195, 361, 375
朝鮮王朝 136, 205, 207
朝鮮戦争 137, 208
朝鮮半島 135-137, 204-205, 207-208
朝鮮文化 136, 205-206
長征 247, 252
腸チフス 85, 105
チョワン 209
チワン文化 210
チンギス・ハーン 37, 63, 69, 86, 151, 177-178, 248, 258, 285, 333, 356, 369-370, 372
鎮寧プイ族ミャオ族自治県 323
ツァンヤン・ギャツォ 367
ツォナ県（チベット）366
津軽海峡 33
妻方居住婚 384
ツングース文化 342
ツンドラ地帯 201, 233, 236, 353, 383
ディアスポラ 206, 214
氐羌 337
鄭経 123
帝政ロシア 65, 79, 103, 139, 188, 282, 342, 380
鄭成功（国姓爺）123
ティムール（タメルラン）69, 177, 183, 186, 306
丁零 63
鉄器文化 33
鉄鉱石 63
テムジン（チンギス・ハーン）369
デュアランド・ライン 274, 292, 297
デュアランド・ライン条約
テュルク系ムスリム 65
テュルク系モンゴル 37
テュルク文化 64, 97, 140, 286
テルアビブ 149
テングリ信仰 387-388
テンゲル 174
天山山脈 112
天神 175, 199
天神アボモミ 304
テンジン・ギャツォ（ダライ・ラマ14世）196
天津条約 118
纏足 111
天台山 252
滇池 55
天然痘 60, 85, 384
天皇 125, 265-266, 268
天命信仰 108
天文学 338
唐 111, 245, 395
トゥヴァ共和国 222, 225, 281
トゥヴァ人民共和国 225
東京 265
道教 55, 57, 107-108, 125, 127-128, 154-155, 160, 198, 209, 211, 217-218, 227-

228, 255, 317-318, 320-321, 329, 337, 339, 347-348, 364-365, 375-376
鄧小平 301
同仁県 279
ドゥッラーニー朝 295
ドゥッラーニー帝国 37, 297
ドゥッラーニー部族連合 298
トゥーデ党 46
東南アジア 92, 109, 125, 169, 171, 245, 264, 267, 300, 302, 318, 362-363, 365, 370, 375, 377, 400-401
東寧王国 123
東部パシュトゥーニスタン 294
徳宏 220
徳宏タイ（タイ・ヌー）171
トウモロコシ 128, 243, 250, 255, 320, 331, 367
東洋人 213
トゥーラ 296
トゥルク 124
トゥルハン川 166
ドゥンガン料理 231
土器 264
徳川家康 265
独龍江 243
怒江 244, 270, 398
土司 169-171
土地の集団化 172, 212
訥河市 83
突厥可汗国 151
トーテム・ポール 82, 343
トナカイ 78, 83-84, 89, 119-121, 130-131, 139-140, 167, 201-203, 233-235, 275-277, 316, 355, 383-385, 390, 392
トナカイチュクチ 201
吐蕃 193, 217
都播 222
杜文秀 340
トミ川 157
トムスク州（ロシア）166
吐谷渾 217
渡来人 264
トランスバイカル 333
トリニダード 302
都柳江 162
トール川 369
ドルガン・ネネツ自治管区 235
トルキスタン総督府 71, 239, 380
トルキスタン・ソビエト社会主義自治共和国 72
トルクメニスタン 68, 96, 101, 236, 239, 240-242, 327
トルクメニスタン共和国 241
トルクメン・ソビエト社会主義共和国 240-241
トルコ 43-44, 47, 62, 68, 96, 105, 236, 238-239, 284
トルコ領パレスチナ 326
トルコマーンチャーイ条約 188
ドルベン・オイラト 52, 86, 113
トールン族ヌー族自治県 243
トールン文字 244
奴隷 55-58, 60, 66, 117, 131, 160-161, 166, 195, 213, 218, 243-245, 247, 251, 255-

256, 269, 285, 287, 303, 317, 321, 328-329, 337-338, 347-348, 350, 354, 362, 381, 396, 398, 404
トロント 149
トン族自治州 247
ドンゴト 234
東郷族自治区 250
屯田兵 252
トンパ教 255-256

【な行】
ナイン・シン 368
ナゴルノ・カラバフ地域 47
ナスィール・ハーン1世 311
ナーディル・シャー 285
ナナイスク地区（ロシア）259
ナナワティ 296
那覇 402
ナームース 296
奈良 264
奈良時代 264
南越 395
ナンガルハール州（アフガニスタン）291
南詔 40, 170, 209, 243, 331, 338-339
南詔国 393
南北国時代 135, 205
南北朝時代（中国）364
難民 33, 74-75, 80, 93, 100, 125, 129, 163, 196, 217, 230-231, 281, 288, 298, 300, 302, 310, 313, 332, 336, 340, 349, 395
南籠蜂起 320

ニザール派 291, 306
西突厥 143
日露戦争 136, 259, 262
日露和親条約（下田条約）262
日本 33, 34-36, 58, 76, 78, 85, 89, 94, 105, 110, 125, 135, 136-137, 145, 153, 155, 175, 204-205, 207-208, 210, 213-216, 229, 253, 259-268, 302, 343-344, 350, 352, 358-360, 363, 369-370, 372-373, 377, 394, 400-403
日本列島 33-34, 135, 264
ニームルーズ州 309
ニムロデ 309
ニューヨーク 149, 288
怒江リス族自治州 399
ヌリスタン 271-274
ヌリスタン州（アフガニスタン）274
ヌルハチ 151, 357
寧夏回族自治区 91, 248
寧夏省 94
寧蒗 328
ネネツ自治管区（ロシア）166, 235, 275
ネパール 192-194
ネルチンスク条約 77, 258, 261, 342
ノア 309
ノヴゴロド 276, 314, 353
ノヴゴロド共和国 276
農奴 55-56, 171, 195, 244, 276, 320-321, 396, 398
諾蘇（ノス）56
ノブルーズ祭り 44
ノリリスク 235-236

嫩江 84
儂智高 209

【は行】
バイカル湖 63, 83, 130, 138, 333-334, 383
擺手舞 228
馬一族 94
バオアン（保安）族トンシャン（東郷）
　族サラール（撒拉）族自治県 279
保安刀 280
パキスタン 62, 68, 176, 180, 236, 271,
　273, 285, 288-289, 291-292, 294, 296-
　299, 311-313, 370, 378
バクー（アゼルバイジャン）45, 48, 148-
　149, 184
バクー油田 45
白軍 53, 100, 104, 115, 141, 372
バクトリア 68, 176, 379
パクパ 193
ハザーラ文化 285-286
ハザラ・アフガン戦争 288
ハザーラジャート 284-285, 288-289
パシャイ文化 292
パシュトゥーニスタン 294-295, 297-298
パシュトゥーン文化 292
パシュトゥンワーリー 296
バスマチ 72, 179-180
バダフシャン（タジキスタン・アフガニ
　スタン）306-308
バダル 296
八旗 342
八旗制 357

バナナ 246, 320
ハナフィー派 68, 70, 102, 176, 231, 297,
　312
パナマ 302
ハバロフスク（ロシア）77, 257
バビロン捕囚 324
バーブル 285
ハミ反乱 82
バーミヤン 284-285, 287-288, 290
パミール高原 114, 306-307
馬明心 144
ハラ（哈拉）151, 174
馬来遅 289
バル・ミツヴァ 325
パレ 221
パレスチナ 149, 325-326
バローチ文化 311
バローチ蜂起 312
バローチスターン州 294, 309-313
バローチスターン藩王国 312-313
パロパミサス山脈 284
ハン国 45, 70, 87, 103, 148, 157, 179, 183,
　187-188, 222, 276, 282, 370
ハンガリー大平原 353
番禺 209
槃瓠信仰 154, 156
パンジ川 139
パンジャブ地方 285-297
パンゼーの乱 93, 339
パンチェン・ラマ 87
ハンティ・マンシ自治管区（ロシア）
　314

ハンティ・マンシ自治管区・ユグラ（ロシア）353
集団（バンド）77, 83-85, 89, 120, 130-131, 201, 217, 233-235, 251, 277, 343, 390-391
ハンバル学派（イスラム教スンナ派）231
バンプール地方 310
反ボリシェヴィキ 53, 224
半遊牧生活 38, 81, 140, 286, 316, 390
半遊牧民 36, 121, 131, 179, 202
万里の長城 175
ヒヴァ王国 69
ヒヴァ・ハン国 69, 71, 102-103, 179, 238-240
ビカ 305
東シベリア 34, 400
東ティモール 300
東トルキスタン 62
東トルキスタン・イスラム共和国（第1次東トルキスタン共和国）66
東トルキスタン共和国（第2次東トルキスタン共和国）66
東日本大震災 268
東パキスタン 313
非漢族 109-110, 152, 172, 212, 252, 361
羊 52, 81, 98, 145, 174, 194, 217, 222, 249, 329, 334
ヒマラヤ 194, 255
百越 245, 347
ピョートル大帝（ロシア皇帝）390
ビリュイ川 138

ビルマ 160, 170, 171, 331, 332, 338, 394, 407-408
ビルマ公路 171, 332, 340
ヒンドゥークシュ山脈 292
ヒンドゥー教 236, 272, 291, 313
ヒンドスタン平原 294
花児（民族歌謡）249
プーアル茶 331-332
プイ文化 320
フィリピン 105, 123-124, 204, 213, 300, 302
フィールーズクーヒー 38
フェルガナ盆地 69, 102, 116
フェルドウスィー 178
不可知論者 356
父系制 41, 50, 376
戸撒刀（フサダオ）50
ブズカシ 178
部族連合 52, 55, 87, 99, 106, 135, 151, 173, 217, 282, 295-296, 333-335, 369
豚 75, 92, 94, 145, 250, 321, 358, 398, 408
ブータン 192, 194, 366
仏教 33, 40, 42, 52, 57, 64, 68, 84, 86-88, 106, 108, 122, 125, 127-128, 135-136, 154-155, 160, 169, 171-172, 175, 192-195, 204, 205, 209, 211, 213, 218, 220, 221-222, 224-225, 227, 243-244, 248, 251-252, 264, 266, 270, 279-280, 283, 291, 294, 303, 317-321, 328-329, 332-335, 337, 339, 341, 348, 356, 363, 365-368, 375, 387, 389, 393-394, 400-401,

407
仏教寺院 172, 218, 220, 225, 252, 341
福建 123, 154-155, 300, 302, 348-349
福建省 123, 154, 300
仏陀 64
仏領ギアナ 361
武帝（漢）331, 407
ブテハ 84
ブハラ 68-72, 102, 178-179, 307, 308, 325-326, 379-380
ブハラ・アミール国 307-308, 324, 326
ブハラ・ハン国 238, 240, 324, 326, 380
フビライ・ハーン 193, 370
ブラジル 105, 204, 213-214, 216, 263, 266, 302, 349, 352, 375
プランテーション 214, 381
ブリトゥン島 302
プリネッティ命令 213
ブリヤート共和国（ロシア）333, 335
ブリヤート文化 334
ブリヤート・モンゴル自治共和国 335
ブリヤート・モンゴル自治州 335
武陵山脈 227
フリンボイル市 173
ブルカ 288, 293
ブルハニズム 52, 54
プロテスタント 349, 399
プロテスタント諸派 213
プロテスタント福音派 103
文　学 171-172, 205, 220, 265-266, 286, 338, 379, 401
文化大革命 50, 67, 94, 110, 129, 153, 156, 162, 164, 197, 212, 219, 229, 244, 248, 271, 302, 340, 359, 377, 389, 397, 399
文成公主 193
文廟 252
ペー族自治州 337, 340
平南国 340
北京 357, 361
北京条約 224, 262
ペシャワール渓谷 295
ペスト 262
ペチョラ川 314, 353
ベトナム 41, 55, 57, 74-75, 105, 117-118, 127, 169, 204, 211-212, 245, 303-304, 319-320, 361, 363, 375, 377, 397
ベネズエラ 105
ヘラート州 36
ベーリング海峡 59, 131, 201, 390
ペルー 105, 213-214, 263, 349
ベール 64, 92-93, 114, 188, 280, 293, 307, 315, 354
ペルシャ帝国 36, 43, 176-177, 236, 309
ベルホヤンスク山脈 383
ヘルマンド州 309
ヘルレン川 369
ヘンティー山脈 369
ベント・デ・ゴイス（イエズス会宣教師）272
辮髪 107
鳳凰山 154
封建社会 154, 218, 317, 342, 396
封建制 50, 56, 107, 127, 136, 155, 161, 163, 170-171, 247, 251, 255, 311, 320-

321, 331, 393, 399, 404
宝飾品 45, 271
宝石 306
奉天 357
封土 195
樊 337
樊侯国 337
北魏 151
木氏 255
牧場 213
北宋 91, 258, 300, 356
ボグド・ハーン 372
母系社会 190, 198
ホジェンド 380
ホータキー朝 37, 292
渤海 135, 205, 257, 342, 356
北海道 33-35, 260-261, 401
北海道旧土人保護法 35
北極圏 140, 201, 275, 316, 389-390
ホラーサーン州 284
ホラーサーン地方 37
ホラズム・シャー朝 69
ボリシェヴィキ 72, 100, 104, 180, 224, 354, 381
ポリネシア 74, 123
ボリビア 263
ボルネオ島 302
ホルローギーン・チョイバルサン 372
ホロンバイル草原 84
ボン教 192, 194, 256, 328-329, 368
香港 105, 109, 300, 302, 349, 351-352
ホンタイジ 357

【ま行】

マウラウィ・ムハンマド・ハニフ 288
前田光世 216
マカ 309
マカオ（ポルトガル領）105, 109, 349-352
マカオ特別行政区（中国）349
マグトゥムグリ・プラグ 239
マクマホン・ライン 195, 368
マクラーン 309, 312
マケドニア 379
マシュー・ペリー 267, 402
マシュハド（メシェッド）37, 325
麻疹 384
マダイ 161
マダガスカル 123
松やに 318
豆 243, 256, 320, 331, 367
マル 237-238, 240, 327
マルコ・ポーロ 169, 210, 291
マレー半島 302
満州 63-64, 79, 81, 83-85, 89-90, 92, 108-109, 127, 135, 144, 151-153, 173-175, 193, 195, 204-205, 207, 210, 230, 258-260, 267, 300, 320, 342-343, 356-360, 372-373
ミクロネシア 263
南アフリカ 302
南カフカース 147, 183-184, 187
南モンゴル 373
ミャンマー 40-42, 49-50, 160-161, 169, 219-220, 269, 303, 330, 332, 361, 363, 375, 377, 393, 407-409

ミール・シャー 307
ミール・ムスタファ 187-188
明 41, 49-50, 74, 108-, 117, 127, 144, 154, 163, 169-170, 193, 205, 210, 217, 245, 248, 255, 301, 303, 317, 331, 338, 370
民間信仰 40, 64, 106, 354
民族衣装 83, 280, 340, 388
民族郷 389
民族主義者 73, 180, 225
民族舞踊 44, 228, 344
ムガル帝国 285, 291, 295, 310
ムグ山の戦い 379
無神論 44, 76, 86, 97, 103, 108, 112, 167, 188, 206, 234, 356, 365, 386
ムスリム 44, 63-66, 71-72, 75, 82, 92, 94, 144-145, 229-231, 237, 273, 279, 295, 325-326, 338-339, 362, 375, 379
ムハモウダリ・チェフレガニ博士 47
ムハンマド 95, 312
ムラス・スー川 157
明治維新 265
明治時代 213, 267
メキシコ 214, 216, 263
メコン川 169, 220, 269, 303, 407
メルヴ 237, 327
メルマスティア 297
綿 41, 71, 210, 221, 256, 338
綿花 104, 241, 320, 331
勐海県 330
毛沢東 66, 109, 196
モスク 67, 72, 75, 82, 94, 144, 180, 248-250, 381
モーセ五書 325
モホン（氏族集団）174
モユン・チョル（磨延啜）／葛勒可汗 63
モーリシャス 105, 302
モリンダワー（莫力達瓦）・ダウール族自治旗 173
モンゴル 37, 40, 44, 52, 55, 63, 83, 86-88, 91, 96, 98, 102, 112-113, 127, 157, 163, 173, 183, 187, 193, 205, 210, 218, 220, 222-225, 230, 237-238, 248, 251, 255, 258, 269, 272, 282, 285-286, 291, 295, 300, 303, 310, 317, 324, 328, 331-332, 335, 338-339, 356, 369-373, 387, 399
モンゴル人民共和国 372
モンゴル帝国 63, 86, 112, 138, 157, 177, 248, 265, 282, 306, 370
モンゴル文化 174, 258, 371-372
モンゴル盟旗 84
モンゴルの大軍 102, 160, 310, 349
モンゴル・オイラト法典 86
モンゴロイド 166, 333
モンスーン地帯 308
モンマオ王国 169

【や行】
山羊 52, 81
焼畑農耕民 243
ヤグノブ渓谷 382
ヤサク 119, 121, 139, 157, 201, 276, 282

事項・人名・地名索引　449

ヤマラージャ（閻魔羅闍）272
ヤマロ・ネネツ自治管区（ロシア）275
ヤムイモ 249
弥生時代 33, 264
ヤルカンド川 81
ヤルンツァンポ川（チベット）192
遊牧民族 37-38, 68, 119, 127, 177, 237, 255, 309, 378
ユーカラ 35
ユグラ（マンシ族）314, 353
ユダヤ教 146-149
ユネスコ 290, 351
ユネスコ無形文化遺産 65
ユルト 97, 222-223, 286
ヨシフ・スターリン 104, 116, 141, 159, 206, 208, 335, 373
読み書き能力 171
ヨーロッパ 43, 45, 48, 52, 57, 59-60, 68-69, 71, 84, 96-100, 105, 109, 112, 116, 120, 125, 130, 149-150, 159, 167, 178, 182, 201-202, 213, 216, 224, 271-272, 275, 283, 307, 312-315, 324, 350-355, 358, 369-370, 381, 384, 390-391, 402, 407
ヨーロッパロシア 53, 70, 99, 115, 121, 133, 139-140, 142, 203, 235, 240, 276, 314, 384

【ら行】

『ライラとマジュヌーン』48
ラオカイ省（ベトナム）319
ラオス 40-41, 105, 169, 172, 304, 361, 363, 375, 377, 393, 396
駱越 163
ラグマン州（アフガニスタン）274
ラサ 193, 195
羅城ムーラオ族自治県（中国）364
ラドヤード・キプリング 273
ラビ・ヨセフ・マイモン 325
ラピスラズリ 306
ラホール 272
ラマ教 86, 192, 217, 219, 222, 255, 257, 279-280, 329, 333-334, 368-369, 371, 388
蘭州 144
瀾滄ラフ族自治県 393
瀾滄江 49, 269, 330, 394, 407
ラーンナー（八百媳婦国）王朝 170
蘭坪 328
リアウ諸島 302
「リグ・ヴェーダ」272
陸稲 320, 331
李氏朝鮮 136
李登輝 301
リネージ（親族集団）376
琉球国 400-402
琉球諸島 400, 402
琉球文化 401
竜江 163
龍山文化 106
遼 151, 173, 258, 356
梁河県 49
漁師 75, 77, 81, 103, 118, 120, 130, 132,

140, 167, 276, 309-310, 349, 390, 395, 398
猟師 81, 130, 276, 383, 392, 394
遼寧省 151, 217
ルマイ 221
伶 364
麗江 255-256, 269, 328, 399
冷戦 67, 137, 208, 268
レザー・シャー 313
レナ川 138, 233, 383-384
レユニオン島 302
蠟纈染め 322
隴川 49
労働改造所 66
ロシア 33, 35, 39, 43-45, 52-54, 59-62, 65, 71-72, 77-79, 82-84, 89, 96, 98-100, 102-105, 108, 112-115, 119-121, 130-132, 138, 140-142, 148-149, 153, 157-158, 166-167, 174, 176, 179, 184, 186-188, 194, 200-204, 207, 223-224, 229, 231, 233-236, 238-240, 257-263, 275-277, 282-283, 287, 294, 307-308, 315-316, 324, 326, 333-335, 341-343, 353-354, 357-358, 370, 372, 380-381, 384-386, 390-392
ロシア革命 45, 53, 71, 99-100, 104, 115, 121, 141, 149, 225, 240, 262, 316, 326, 335, 372, 381
ロシア皇帝 201, 202, 390
ロシア正教 33, 51-52, 59-61, 77, 79, 119-121, 130-132, 140-141, 157-158, 165, 167, 202, 222, 260, 276-277, 281, 283, 315, 336, 353-354, 383, 385
ロシア内戦 141, 188, 235, 277, 283
ロシア領中央アジア 231
ロシア領トルキスタン 179
ロシア連邦 33, 61, 83, 138, 140, 142, 146, 182, 200, 203, 222, 224, 275, 281, 284, 314, 333, 335, 353, 369, 372, 384
ロシア・ペルシャ（イラン）戦争 184, 188
ローマ帝国 237
ローマカトリック 124, 215, 350-351
ローマカトリック信徒 213, 215, 252, 349, 351
珞瑜（ロユ）403

【わ行】

倭寇 205, 227
ワジリスタン 297
瓦加（ワチャ）56
ワッハーブ派 249
完顔阿骨打 356

英和対照索引

【A】
Achang アチャン（阿昌）族　49
Aimaq アイマーク族　36
Ainu アイヌ民族　33
Akha アカ族　40
Altay アルタイ族　51
Aynu エイヌ族　80
Azeri アゼリ族　43

【B】
Bai ぺー（白）族　337
Baluchi バローチ民族　308
Biao ビャオ（標）族　317
Blang プーラン（布朗）族　330
Bonan バオアン（保安）族　279
Bouyei プイ（布依）族　319
Bukharan Jews ブハラ・ユダヤ人　324
Buryat ブリヤート人　333

【C】
Chaunqing 屯堡人　251
Chukchi チュクチ族　200

【D】
Dai 傣族　169
Daur ダウール族　173
De'ang ドゥアン（徳昂）族　219
Dekasegi デカセギ　213
Derung トールン（独龍）族　243
Dolgan ドルガン族　232
Dong トン（侗）族　245
Dongxiang トンシャン（東郷）族　248
Dungan ドゥンガン（東干）人　229

【E】
Ewenki エヴェンキ族　83

【G】
Gaoshan 高山族　122
Gelao コーラオ（仡佬）族　127
Gin キン（京）族　117

【H】
Hakka 客家（ハッカ）　300
Han 漢族　105
Hani ハニ（哈尼）族　303
Hazara ハザーラ族　284
Hezhe ヘジェ（赫哲）族　341
Hui 回族　91

【I】
Itelmen イテリメン族　59

【J】
Japanese 日本人　263
Jingpo ジンポー（景頗）族　160
Jino チノー（基諾）族　190
Juhuro 山岳ユダヤ人　146

【K】
Karakalpak カラカルパク族　101
Kazakh カザフ人　96
Ket ケート族　119
Khakass ハカス族　281
Khanty ハンティ族　314
Korean 朝鮮民族　204
Koryak コリヤーク族　130
Kyrgyz キルギス人　112

【L】
Lahu ラフ（拉祜）族　393
Lhoba ロッパ（珞巴）族　403
Li リー（黎）族　395
Lisu リス（傈僳）族　397

【M】
Macanese マカイエンサ　349
Manchu 満州族　356
Mansi マンシ族　353
Maonan マオナン（毛南）族　347
Miao ミャオ（苗）族　361
Mongol モンゴル民族　369
Monpa メンパ（門巴）族　366
Mulao ムーラオ（仏佬）族　364

【N】
Nanai ナーナイ族　257
Naxi ナシ（納西）族　255
Nenets ネネツ族　275
Nivkh ニヴフ族　260
Nu ヌー（怒）族　269
Nuristani ヌリスタン族　271

【O】
Oirat オイラト族　85
Oroqen オロチョン（鄂倫春）族　88

【P】
Pamiri パミール族　305
Pashayi パシャイ族　291
Pashtun パシュトゥーン族　294
Pumi プミ（普米）族　328

【Q】
Qiang チャン（羌）族　198

【R】
Ryukyuan 琉球民族　400

【S】
Sakha サハ人　138
Salar サラール（撒拉）族　143

Selkup セリクプ族　165
She ショオ（畲）族　154
Shor ショル族　156
Shui スイ（水）族　162

【T】
Tajik タジク人　176
Talysh タリシュ族　185
Tat タート族　182
Tibetan チベット族　192
Tu トゥ（土）族　217
Tujia トゥチャ（土家）族　227
Turkmen トルクメン人　236
Tuvan トゥヴァ族　222

【U】
Ulch ウリチ族　77
Utsul ウツル族　74
Uyghur ウイグル族　62
Uzbek ウズベク人　68

【V】
Va ワ（佤）族　407

【X】
Xibe シボ（錫伯）族　151

【Y】
Yagnobi ヤグノブ族　378
Yao ヤオ（瑶）族　375
Yi イ（彝）族　55
Yugur ユグル（裕固）族　387
Yukaghir ユカギール族　383
Yupik ユピック　389

【Z】
Zainichi 在日韓国・朝鮮人　135
Zhuang チワン（壮）族　209

【著者】ジェームズ・B・ミナハン（James B. Minahan）
世界の国家や民族に関する事典などの著書多数。

【日本語版監修者】猪口　孝（いのぐち・たかし）
東京大学名誉教授。元新潟県立大学学長。元国連大学上級副学長。専門は政治学、国際関係論。政治学博士（M. I. T.）。著書多数。2023年、瑞宝中綬章受章。

【訳者】村田綾子（むらた・あやこ）
翻訳家。主な訳書に『ウィリアム・モリス百科図鑑』（柊風舎）、『絶望死』（朝日新聞出版）などがある。

北東・中央アジア民族百科事典

2024年12月27日　第1刷

著　　者　ジェームズ・B・ミナハン
日本語版監修者　猪口　孝
訳　　者　村田綾子
装　　丁　古村奈々
発 行 者　伊藤甫律
発 行 所　株式会社 柊風舎
〒 161-0034 東京都新宿区上落合 1-29-7 ムサシヤビル 5F
TEL 03-5337-3299 ／ FAX 03-5337-3290

印刷・製本／アイエーケー
ISBN978-4-86498-116-3

© 2024 Printed in Japan